鬼脸历史课①

先秦到西汉

GUI LIAN LI SHI KE

石不易◎著

南京师范大学出版社

图书在版编目（CIP）数据

鬼脸历史课 . 1 / 石不易著 . -- 南京 : 南京师范大学出版社 , 2018.4（2022.6 重印）
ISBN 978-7-5651-3662-7

Ⅰ . ①鬼… Ⅱ . ①石… Ⅲ . ①中国历史—青少年读物
Ⅳ . ① K209

中国版本图书馆 CIP 数据核字（2018）第 041180 号

书　　名 / 鬼脸历史课 . 1
作　　者 / 石不易
责任编辑 / 曹红梅　朱海榕
责任校对 / 刘晓晓　王志鹏
出版发行 / 南京师范大学出版社
地　　址 / 江苏省南京市玄武区后宰门西村 9 号（邮编：210016）
电　　话 /（025）83598919（总编办）（0371）68698015（读者服务部）
网　　址 / http://press.njnu.edu.cn
电子信箱 / nspzbb@njnu.edu.cn
印　　刷 / 河南瑞之光印刷股份有限公司
开　　本 / 710 毫米 ×1010 毫米　1/16
印　　张 / 22
字　　数 / 400 千字
版　　次 / 2018 年 4 月第 1 版　2022 年 6 月第 4 次印刷
书　　号 / ISBN 978-7-5651-3662-7
定　　价 / 45.00 元

出 版 人 / 张志刚

序

写给讨厌历史的人

我曾是一个讨厌历史课的人，相信很多人也都和我一样。

有些人把这种“不幸”的结果归罪于老师。

但老师也有老师的苦衷，他们中的不少人认为，自己已经尽力了，因为哪怕把历史课讲成单口相声，也无法阻止某些学生在课堂上埋头苦做数学题。

于是这就导致了一种现象，老师怪学生花在历史上的时间太少，学生怪老师讲得不好，结果谁也说服不了谁。

作为一个过来人，我也曾认为问题的症结在老师，但随着对历史的深入学习，我发现先前的想法实在有些牵强，因为同是一个老师教的学生，为什么会有高下之分？如果去掉智商这个非人为因素，其中最主要的一个原因就是兴趣问题。

而一个人要想对历史产生兴趣，首先得具备一个条件，那就是必须掌握相关的基础性知识。这好比你连简单的加减乘除都不知道，就遑论自己是个数学爱好者一样。

但历史相关的基础性知识又不是靠你看几部历史剧、穿越剧就能获得的。

很多人在这个时候就想到了历史教材，认为既然是教材，那就应该有一定的基础性。可事实上，历史作为一门非常庞杂的学科，绝不是教材上的那几句话就能够说清楚的。再加上教材的内容过于简略，使得许多知识点之间的关联性很弱，懂的人觉得很浅显，而大多数学生去看则感觉云山雾罩、不知所云。

就这样，不少学生仗着自己年轻，把学历史当成一件体力活，但凡书本上有的内容全都一字不落地背下来；考试前更是小心翼翼，生怕动作幅度太大把那些贴在脑子里的文字给晃掉。但是，学历史从来都不是靠死记硬背的，尤其是在历史考试越来越注重考查学生对知识的理解和运用能力的情况下。

也就是说，你的书背得好，但试不一定能考得好。

我上中学的时候，在这种思维的驱使下，常常思考这么一个问题：同样是历史，为何我看历史小说要比看历史教材记得牢？要是能读到像小说一样的教材就爽了。

由此可见，一个人不喜欢历史，错的不是历史本身，而是历史的表现形式。

我就那么傻傻地等待像小说一样的历史教材出现，结果等到我大学毕业，彻底告别教材了，也没看见谁去写。本来这无关我的事，毕竟我不是上帝。可是，每当我路过校园，听到那些声音已经嘶哑的学生在那把历史课本当成散文去念时，就立马想到自己当初受苦受难的情景，心情很是纠结。

终于，在我肠子纠结成麻花之前，我决定自己动笔，用小说的笔法，杂糅散文、杂文的技巧，再以有趣的历史故事为佐料，把历史课本做成一道大众化的开胃菜。

《鬼脸历史课》就是这么一道菜。

相信你吃完这道菜，回头再看历史课本，会有一种读小人书的感觉。当然，即使你没这种感觉我也不会负任何责任。因为历史毕竟是一门人文基础学科，多读一点还是有好处的，至少能在生活中提升一个人的素养。比如你在与人交谈的时候，用历史知识作为调剂，别人会认为你有学识，但你要是说我可以口算一道超难数学题，则可能会有人怀疑你精神有问题。

最后，按照惯例，作者需要谦虚一番，说一些“如有不足之处，望读者斧正”之类的话。我也难免落俗，在这里就希望你们在阅读的过程中，给本书多提点意见和建议，如果以后有机会再版，定将逐一斟酌修订。

石不易

2011 年 10 月 19 日于合肥

序二

一、“鬼脸历史课”书系自 2012 年 6 月上市以来，得到不少读者的认可。一些学校的学生和老师，在没人发钱的情况下，充当“鬼脸历史课”的“水军”，向周围的人推介这套书，令我十分感动，在此表示十二分感谢。

二、人都说电影是一种遗憾的艺术，其实图书也是。当然，为了减少遗憾，电影可以重拍，图书可以再版。我呢，也可以对这套书进行修订。

三、关于这套书的修订，其实早在几年前就已开始了。在修订的过程中，我综合参考了各类读者的建议，不仅对文字进行了细致打磨，而且扩充了内容，增加了配图，使其更具阅读性。应该说，这是一次全面的、立体的升级。

四、此次修订特别感谢古代兵马服饰研究专家、上海戏剧学院刘永华教授在配图上的大力支持。

五、欢迎新老读者阅读体验，是为修订版序。

石不易

2018 年 1 月 23 日于郑州

目录

第一章 远古时代

很苦很快乐

> 打仗收益虽高，风险也很大。打胜了还行，万一打败了可是要赔个底儿掉——自己和老婆孩子都有可能成为对方的俘虏和奴隶。于是，为了提高打胜仗的把握，一些邻近的氏族部落出于共同的掠夺和自卫需要，相互联合起来，结成部落联盟。

北京曾是个动物园

几十万年前，北京这块土地上没有高楼大厦，没有柏油马路，没有堵车喧嚣，更没有沙尘暴。那时候，整个北京林深树茂，野兽出没，简直是个超级大的野生动物园。

动物园里也有人，但与今天不一样的是，这些人不是动物园的管理者，而是和其他动物一样，是自然界食物链上的一环，吃别的动物或被别的动物吃。

当时的人从外形上看很像我们今天在动物园见到的猩猩，长着两条罗圈儿腿，能够直立行走，不穿衣服，没有尾巴，解放出来的双手要么用来抓痒，要么用来抓猎物。但他们又和猩猩有不少区别：四肢伸开显得更直溜，与今天的人区别不大，脑门辽阔且向后倾斜，眉脊粗壮，左右相连，形貌总的来说介于猿和人之间，智商也是。

因此，严格上讲，我们还不能直接称之为人，好在古人类学家给它起了个学名，叫直立人（旧称猿人）。

按照达尔文生物进化论的观点，人是由低等动物逐步进化而来，且祖先只有一个，即无论是白种人、黑种人，还是黄种人，祖先都是猿人。

人类的祖先确定下来了，但各个人种是何时、何地从猿人这一总干上分离开来的，又将成为我们接下来需要思考的问题了。

因为这事关乎祖宗的出生地和出现时间，世界各国的古人类学家都非常重视。

很多人甚至倾尽一生精力研究这件事，并梦想着有一天能够找到人类最早发源地的有力证据。经过埋头苦干，一些古人类学家成果颇丰，但分歧也颇大，有的专家认为人类起源于欧洲，有的专家认为人类起源于亚洲，大家吵吵闹闹、争论不休，谁也说服不了谁。

人类进化史

直到20世纪二三十年代，古人类学家在南非和东非等地陆续发现一系列的人类化石——统称为“南方古猿”，经过推算，这些化石的时间要比其他几个洲发掘的人类化石要早。于是，人类起源于非洲这个论断日益受到大家的认可。

中国历史悠久，生活在这块土地上的人民又向来重视出身问题，所以，关于我们的祖先，即对中国古人类的研究，政府和人民向来是非常支持的。

我国境内已确认的最早人类是生活在约170万年前的元谋人。

元谋人发现于云南省的元谋县，留存下来的物品主要是两颗门齿化石和一些经过粗加工的石器。同时科学家还在遗址中发现了大量的炭屑和烧骨（不是烧排骨）。由此可以证明，元谋人已经学会了制造工具和使用火。

关于人与动物的区别，恩格斯曾说过，主要在于是否会劳动。元谋人会制造和使用工具，说明他们会劳动，因此我们可以将其归入人类大家庭。但是由于元谋人遗留下来的东西不多，关于他们具体活动的时间，学者之间还存有不少分歧，如有的学者认为元谋人生存的年代没有那么早，可能在距今60万—50万年之间。

考古这件事

古人类研究就是这样，没有影像资料，没有文献记载，要想让人信服，只能靠考古发掘。

什么是考古？祖先去世埋掉，隔几年就被人挖出来，这不是考古，这叫刨人祖坟；祖先去世埋掉，隔几千年后被人挖出来，这就是考古了。考古尽管也是对亡灵的不敬，但它的目的是进行科学研究，造福后世子孙，所以无论是逝者还是生者，相信都会理解和支持的。

但人类不过是血肉之躯，死后如果埋的不是地方，别说千年了，十年后遗骸能否被找到都难说。好在古人类学家对百十年的遗体没兴趣，他们把目光放在了几万或者几十万年前。

几十万年前的遗体自然不可能留存到现在，除非变成化石。

元谋人变成化石的东西只被找到两颗牙，尽管如此，已经是轰动考古界的大事了。

相比于元谋人，鼎鼎大名的“北京人”就幸运多了。

需要注意的是，这里的“北京人”不是指今天拥有北京市户口的北京人，而是指几十万年前生活在北京范围内的北京猿人。“北京人”遗址的具体位置在北京市西南的周口店龙骨山上，今天已成为当地一个著名的旅游景点。

“北京人”的幸运在于他们有更多的身体零部件变成了化石，且这些化石有不少被我们找到了。

从 1927 年第一次发现猿人的下臼 [jiù] 齿开始，到 20 世纪 60 年代止，“北京人”遗址共发现 6 个比较完整的猿人头盖骨和代表 40 多个个体的各部位化石；另外还有 90 余种哺乳动物化石以及数以万计的石器。“北京人”遗址也因此成为世界上出土古人类物品最为丰富的古人类遗址。

经过科学推算，这些出土的化石距今约 70 万—20 万年。

“北京人”头盖骨，你在哪里？

第一个北京猿人头盖骨是 1929 年由裴文中发现的。

裴文中 1927 年毕业于北京大学地质系，当时是北京地质调查所的一名普通工作人员，主要任务是找矿。

谁知还没工作多久，裴文中就被调查所的领导叫去。领导对他说：“小裴同志啊，我看你就别去找矿了，还是带领一拨人去找祖宗吧，这可是件大事。”

所谓找祖宗，其实就是寻找古人类化石。

估计裴文中当时听到这话一定很郁闷，找矿和找化石虽然都是找石头，但后者要比前者难多了。矿石只要找对路了，漫山遍野都是，而且还能迅速转化成经济效益，化石就不一样了，数量少不说，还没什么“钱途”。

如果说找化石难，那么找古人类化石就更是难上加难了。

幸运的是，裴文中等人找古人类化石并不需要背着铁锤、铲子全国各地风餐露宿地瞎转悠。他们有明确的目的地——北京市周口店村龙骨山。

龙骨山以出产“龙骨”而闻名，说是只要把“龙骨”研磨成粉末敷在伤口上，便可缓痛止血，比云南白药还好用，附近的很多百姓家都备有这玩意儿。到了近代，这种现象引起了一些古生物学家的注意，他们经过研究，认为所谓“龙骨”，不过是古生物的骨骼化石。

中国人对于化石还是不陌生的，北宋科学家沈括在他的《梦溪笔谈》中就已经有过论述，不少人也对其进行过深入研究，所以当听说龙骨山有化石后，不少专家学者便蜂拥来到这里进行发掘和考察。

大家兴高采烈地挖寻自己需要的东西，从1921年开始，断断续续地挖到1926年。突然有一天，一则重磅消息在国内外科学界引爆了，其内容是说有人在龙骨山发现了两颗早期人类的牙齿化石。

科学家听闻这个消息后兴奋至极，因为在以前的学术界，老有外国科学家说中国人不是由本土的类人猿进化的，而是从外国移民过来的。这话听起来让人十分憋屈，但你又无法反驳，因为你没有证据。

而这两颗牙齿化石的发现让中国的科学家看到了希望——周口店这一区域极有可能还有其他人类化石的存在。

裴文中也就是在这种情况下加入周口店古人类遗迹发掘工作的，并很快成为发掘现场的负责人。

经过不懈的努力，1929年12月2日，北京猿人第一个头盖骨出土了。这件事在中国考古界绝对具有划时代的意义，引起的轰动堪比20世纪70年代发现的秦始皇兵马俑。而这个头盖骨，自然是属于国宝中的国宝。

周口店遗址大门

但就是这么一个平常人花再多钱也很难看一眼的稀世珍宝，却在十二年后连同另外几个头盖骨失踪了。

1937年7月7日，“卢沟桥事变”爆发，在周口店正热火朝天进行的考古工作被迫停止。为了确保已出土的五个北京猿人头盖骨化石的安全，当时它们被存放进了美属北京协和医院，并由中美学者共同创建的“中国地质调查所新生代研究室”负责保管。

1929年12月裴文中先生发现的第一颗“北京人”头盖骨化石模型。

后来随着战事的吃紧，国民党政府出于“保护‘北京人’头盖骨化石”的目的，在1941年年底和美国方面达成一致意见：头盖骨化石由美国领事馆安排，带出中国，暂存美国。

“北京人”头盖骨于是就被移交给即将撤离北京回国的美国海军陆战队。按理说由军队押送头盖骨是最安全不过的了，起码不会遭到山贼土匪抢劫。

美国大兵于同年12月5日乘坐火车驶往秦皇岛，一路顺顺当当的，确实没有遇到什么麻烦。几天后列车按计划抵达目的地，美国大兵心情都很不错，因为只要一坐上船，睡几觉老婆孩子就能触手可及了。

谁知，正当他们准备好好欣赏一下秦皇岛外的打鱼船时，却吃惊地发现一群日本兵端着枪把他们给围了个结实。

他们被俘了，时间是1941年12月8日（夏威夷时间12月7日）。

这一天，是日军偷袭美国珍珠港的日子。因此，不光是这帮美国大兵心情不爽，所有美国人的心情都不爽。

如此一来，美国大兵回家的计划不仅泡汤了，由他们负责押运的“北京人”头盖骨也跟着遭殃了，一并成为日军的战利品。

1945年日本战败投降，二战结束，国民党政府第一时间向日本政府反映了“北京人”头盖骨化石的相关情况，希望其能够尽快归还。但日本当局对此却回复说，当年在秦皇岛驻扎的日军的相关资料已经丢了，该部队人员姓名和现在住址不详，所以你们要找的那玩意儿我们也不知道。

接着，中国方面又通过各种渠道调查“北京人”头盖骨的下落，仍是毫无结果。于是随着时间的推移，有关头盖骨的线索也是层出不穷，而每一条线索，都在历史的回溯中，显得非常扑朔迷离，最终把这件事打造成了一个世纪历史大悬案。

有关“北京人”头盖骨化石去向之谜，目前主要有以下几种说法：

一是可能已经被毁坏。化石毕竟是在战乱年代失踪的，什么样的意外都有可能发生。但多数人对此持保留意见，认为这玩意儿又不能吃又挺硬，只要不被药店磨成骨粉做止血药，或被人故意破坏，应该还存在这个世界上。

二是还在日本人手里。这种说法合情合理，因为日本早就对“北京人”头盖骨化石觊觎 [jìyú] 良久，据说日本天皇本人就是一位铁杆的古生物化石迷；1937 年七七事变之后，日本方面甚至曾经派人到北京打探过相关的情报。再加上日本确实经手过化石，所以无论日本怎么否认，也无法摆脱嫌疑。

三是仍在中国。化石是在中国消失的，如果确实不在日本人手里，那么它们极有可能仍留在中国。后来有不少这件事的当事人回忆说化石是在天津和秦皇岛一带丢失的，可能是被埋在地下，具体位置不知道。倘若这事是真的话，那么住在这一区域的朋友可要注意了，说不定哪天你刨地种菜就能把这几个国宝给掘出来。

此外，还有流入美国和沉入海底等说法。有人统计，若把那些靠谱和不靠谱的都算上，和“北京人”头盖骨的下落有关的说法要在一百种以上。按照目前趋势，我们有理由相信，在不久的将来，这个数目还会继续增长，而希望，则很可能越来越渺茫。

吃烤肉要看老天的脸色

在当时，“北京人”生活的周口店附近自然环境很不错，芳草鲜美，落英缤纷，有河流、草原和丛林，绝对原生态，比今天 5A 级风景区都要好。可是正因为好，四面八方的野兽也都聚集在这里，“北京人”如果出门打猎，很容易就能和剑齿虎、鬣 [liè] 狗之类的猛兽照面。

遇到这种情况，“北京人”通常只有两种结果，要么干掉对方，要么被对方干掉。如果是单挑的话，“北京人”肯定只有被吃的份儿，好在他们过的是群居生活，只要是外出打猎，肯定是结队而行，普通的野兽见到这种阵势多半会绕道走的。

虽然野兽很多，但“北京人”也不是经常能够吃上肉。因为打猎的风险大不说，还不稳定，打到了还好，万一空手而归，一家老小就得坐在洞门口喝西北风了。所以，相对于打猎，通过采集果实填饱肚子就显得十分划算。

为了采集更多的果实和猎获更多的动物，“北京人”学会了打制并使用工具，他们用木棒敲落树籽或挖掘植物根块，用石器对付猛兽或割掉兽皮；另外他们不仅会使用火，而且能够控制火，也就是说可以让火持续燃烧。这一点可以从“北京人”

遗址那个六米厚的灰烬堆积层得到证明。

火的使用，使人类摆脱了茹 [rú] 毛饮血的生活状态，增强了体质，提高了人类改造自然的能力。不过需要说明的是，那时人类还不会人工取火，火的来源主要是被雷劈过的树木或干燥天气草木产生的自燃。因此，人们能不能吃上烤肉还得看老天的脸色。

山顶洞人：冬天里能给自己生一把火

又过了几十万年，就到了以山顶洞人为代表的旧石器时代晚期。

山顶洞人距今约 3 万—1.8 万年，主要生活在周口店龙骨山山顶的洞穴中。根据目前的考古发现，全部化石资料主要包括 3 个完整的头骨以及一些其他人体骨骼残片化石。从体貌特征上看，山顶洞人代表了原始的蒙古人种，与中国人、因纽特人、印第安人十分接近，脑容量已达 1 300—1 500 毫升（现代人脑容量平均为 1 400 毫升，“北京人”的脑容量平均为 1 100 毫升，类人猿的脑容量平均为 415 毫升），男性身高约为 1.74 米，女性约为 1.59 米，可以说除了毛发旺盛一些，别的与今人几乎没有什么差异了。

作为“北京人”的邻居，山顶洞人的社会生活要相对发达得多。他们不仅会打制石器，还会在一些小件器物上抛光钻孔，并有了爱美观念，比如在其遗址上，就发现了一枚长约 8 厘米的骨针以及大量已经钻孔的装饰品。

山顶洞人生活想象图

钻木取火

在食物获取方面，山顶洞人除了采集、狩猎，还学会了捕鱼捞蚌。打鱼要比打猎的危险系数低，而吃鱼可以增强人的体质，扩大人类的活动范围，以前他们只能守住洞门，哪儿也不敢去，现在则可以沿着河流散布到各地。

更为重要的是，人类在发展的过程中，逐渐懂得了人工取火的方法，即打击、钻孔和摩擦的生火技术，此时山顶洞人也已经掌握了这门技术。人工取火的发明意义非常重大，按照恩格斯同志的话说："摩擦生火第一次使人支配了一种自然力，从而最终把人同动物界分开。"

至此，人类终于可以在饭点的时候在吃烤鱼和吃刺身之间进行自由选择了。

需要指出的是，这里的山顶洞人并不一定就是"北京人"的后代，毕竟他们之间隔着几十万年呢。

在当时的中国大地上，类似山顶洞人这样的群落有很多，他们各自有着自己的"势力范围"，相互之间极少交往，也没法交往。比如山顶洞人会人工取火，与他们隔几座山的另一个原始人类群落说不定还在茹毛饮血。同样的道理，有些人类群落会的技艺，山顶洞人也不一定懂得。像山西朔州境内发现的"峙峪 [zhìyù] 人"就已经发明了弓箭、标枪等先进武器，可以猎获远距离的动物，日子肯定过得要相对滋润些。

懂得了人工取火，会使用弓箭等复合工具，说明那时人类的生产力水平已经显著提高。

生产力提高了，也就意味着能够养活更多的人。但是，由于人类群落的规模没有发生变化（一般在三五十人之间），那么同一地区范围内就会出现更多的群落。而这就为族外婚和氏族的形成提供了条件。

"族外婚"顾名思义，指的是血缘家族之间的通婚。也就是说，要想形成族外婚，在一定区域内必须存在两个或者两个以上的人类群落。而氏族是以母系血缘为纽带联结在一起的，每个氏族的群体成员都有一个共同的老祖母。这是因为，人类虽然实行的是族外婚，但其产生的子女则属于母亲的群落。

这就是所谓母系氏族。

母系氏族的确立首先是由女子在生产中的地位决定的。

和封建社会男人独当一面不一样的是，那时女人起着十分重要的作用，可以说关乎族群的存亡。道理很简单，男人打猎捕鱼没有保证，女人采集果实收获较为稳定；男人猎取的东西只能用作改善生活，而女人采收的东西才真正能确保大家的温饱。说白了，谁为家庭贡献大，谁就说话算话。

其次，在族外婚的过程中，男女间的婚姻关系没有法律保证，显得十分不稳定。两人虽然结合了，但男子也只是在有需要的时候才临时去女方那儿过婚姻生活，之后还得回到自己的族群，并不能成为女方氏族的家庭人员。这也就印证了我前面所讲的一个氏族内的成员都是同一女祖先后代的说法。

另外，因为女方的伴侣可能不止一个，于是又导致了那时候人们只知有母，却不知父亲是谁的情况发生。

山顶洞人遗址以前所居住的就是一个早期的母系氏族。遗址分为上室和下室，前者是居住区，大概可以容纳十人作息，后者是埋葬地，葬有两个妇女和一个男子。这反映出氏族成员不仅生前在一起，死后也不分离的习俗。

在旧石器时代晚期，中国境内的人类就开始使用弓箭了。弓箭的发明和改进使得人们能够在较远的距离准确而有效地杀伤猎物，而且它携带、使用方便。恩格斯说：“弓箭对于蒙昧时代，正如铁剑对于野蛮时代和火器对于文明时代一样，乃是决定性的武器。”图为瑞士画家阿尔伯特·塞缪尔·安克尔绘制的关于远古人类使用弓箭狩猎的油画。

吃穿住是件大事

氏族制确立后，又过了一段时间，大概在距今 1 万多年前，我国原始社会在黄河流域、长江流域开始进入繁荣阶段，其繁荣的情况反映在星罗棋布的新石器文化遗址中（目前已发现 7 000 多处），比较著名的有黄河流域的仰韶 [sháo] 文化和长江流域的河姆渡文化。

仰韶文化是因 1921 年最早在河南渑 [miǎn] 池县仰韶村发现而得名的，距今 7 000 到 5 000 年。

需要注意的是，我们今天所说的仰韶文化更多指的是一种文化概念，也就是说不一定非得是与仰韶村有关系才能叫仰韶文化。这就好比华南虎一样，并不是只有生活在华南地区的老虎才可以被称为华南虎，事实上华东、西南都有这种老虎，所以只要具备华南虎的特点，就可以称为华南虎。

同样的道理，所谓仰韶文化，指的是具备仰韶文化特征的文化。它的分布非常广泛，以陕晋豫三省为中心，东至鲁西南，南达江汉平原，西及甘肃洮 [táo] 河流域，北抵内蒙古河套地区都有仰韶文化的踪迹——不知超出一个村的范围多少万倍。

仰韶文化是一种彩陶文化，根据时间跨度与分布地域的不同，学术界又对其进行了分类，主要有半坡类型、庙底沟类型和西王村类型三种。其中，半坡类型与庙底沟类型前段，代表的是仰韶文化前期发展面貌。

河姆渡文化第一次（1973 年）发现于浙江余姚河姆渡，因而得名，主要分布在浙东一带，距今 7 000 到 6 000 年。虽然河姆渡文化与仰韶文化隔着上千公里，但因为它们所在的时期人类使用的都是磨光的石器，所以考古学家就把这个时代称为新石器时代。

新石器时代，人类使用的工具进步了（尽管还都是石头），改造自然的能力增强了，以前砍倒一棵树需要花费四个小时，现在两个小时就能搞定。这样一来，人类便能腾出更多的时间和精力做点别的。

比如，男人今天出去打猎，一下子猎获五只野猪，吃掉一只后全家老小便已经撑得直打饱嗝，那么剩下几只就没有必要再吃了。虽然吃不掉，但也不能把它们放掉，毕竟打猎挺不容易的，谁也不知下次能否还有这么好的运气，于是就把剩下的野猪用绳拴起来。

不料等到第二天饭点，全家人由于昨天吃得太饱，油腻太大，一看到野猪便感觉有股猪屎味，不太想吃肉了，想换换口味，改吃一些清淡的。

清淡的东西主要是一些植物果实，哪知这几天可能伙食不错，女人干起活来分外有劲儿，采集的果实也吃不完。吃不完扔掉可惜，想保存又没有冰箱，这就使得人们非常纠结。

在纠结的过程中，有些妇女想到曾看见植物果实掉在地上可以发芽、生长、结果。于是她们就想，不如就把吃不完的果实撒在空地上，真要是有收成，那以后就不用漫山遍野地去采集了。

结果如人所愿，拴起来的野猪的味道和刚猎获的一样鲜美，播种下的果实隔上一段时间真的有了收获。人类最早的畜牧业和农业便这样形成了。

考古学家在半坡遗址中发现了一个地窖，里面保存了厚达 18 厘米的腐烂谷粒；而在河姆渡遗址中更是发现了大量的稻谷、稻壳、稻草等遗存，有的堆积层甚至有 1 米多厚。另外再加上在这两个遗址上都发现了大量的石斧、石铲、骨耜 [sì] 等农具，就可以证明当时的半坡原始居民已经掌握了种粟的技术，河姆渡原始居民则会种植水稻。

然后参考世界其他地区同时期的人类发展，就可以知道我国是世界上最早培植水稻和粟的国家，对人类有杰出贡献。

但是，要想把日子过得舒坦，光解决吃饭问题显然是不行的。参考“衣食住行”是人类四大基本生活需要，穿衣的重要性不言而喻。在原始社会，人类最初和其他动物一样，都是光着屁股每天跑来跑去。

后来人们发现，光屁股虽然在夏天挺凉快，但是如果赶上阴雨天气或者冬季，则非常不爽。

在这种情况下，有些原始人类就开始有意无意地把一些树叶或者兽皮挂在或者裹在身上，不仅看起来好看，而且还能挡雨御寒。前文我在写山顶洞人的时候曾提过在遗址中发现了一枚骨针，应该就是用来缝制兽皮衣服的。

山顶洞人生活在旧石器时期，都已经能穿上兽皮，那么作为新石器时期的“新新人类”，档次怎么也得高一级吧。情况确实如此，像当时的半坡居民不但懂得种植麻，还有较高的纺织技能，会织麻布，制麻衣。

吃饭穿衣的问题解决了，人们就开始考虑住房的事情。以前猿人的以树为巢、凿穴而居的生活方式虽然看起来很酷，但却越来越不适合人类的需要，前者的弊端是不能避风雨，且睡觉的时候容易从树上掉下来，后者的弊端是居住环境太恶劣，阴暗潮湿见不到太阳不说，还十分不安全——洞穴没有防盗门，晚上睡觉一个不小心就有可能被野兽叼走。

好在此时有些人类不仅已经学会了建造房屋，还把房屋聚集在一起，形成了一些远古村落。半坡人是以氏族或部落为单位建立村落的，村落遗址略呈椭圆形，北面是氏族墓地，南面为居住区。居住区内的建筑有一定布局，以一个大房屋为中心（面积达160平方米，可能是首领的住所或氏族开会的地方），四周遍布着一系列小型的房子。小房子住的是过婚姻生活的妇女以及不定期来访的其他氏族男子（看来原始社会结婚没房子也不行啊）。

与半坡人不同的是，河姆渡文化居民的房子则是一种干栏式的地上建筑。其建造方法是以桩木为基础，上架横梁，构成高架建筑基座，接着在上面铺设楼板，楼板之上再建立柱，作为墙体架构，最后则是盖顶。如果你是南方读者，看到这里可能感觉奇怪，这种建筑怎么和我家住的竹楼差不多？你要是真能这么想，那我恭喜你答对了，因为竹楼就是干栏式建筑的一种。

半地穴式房屋

干栏式房屋

半坡半地穴式房屋与河姆渡干栏式房屋对比

南方建造干栏式建筑主要是为了应对当地多雨潮湿的气候，底层一般不住人，通常用来饲养家畜家禽，上层才用来住人。

当然，尽管不是所有的古人类都是按照我所列举的这两种方式建造房屋，但是它们多少能代表南北方的居住环境。而人类，则再也不用每天东奔西突，漫山遍野地去找洞穴钻了，哪里食物充沛、气候宜人我就在哪里建房，如果住腻了就再换个地方。

真爽！

母系氏族的繁荣：男人靠边站

半坡文化与河姆渡文化属于母系氏族公社的繁荣时期，与山顶洞人时代不同的是，此时的氏族制度经过这么多年的发展，已经变得非常成熟。

由于这时人们有吃、有喝、有住，各个地区的氏族人口增长得很快，原先的氏族不便于生活和活动，就一分为二，变成两个氏族。这样，先前的氏族就成了胞族，若干个胞族则组成了部落。

在有些古人眼里，部落是一种理想的社会类型，每个部落都有自己的名称与领土，具有共同的语言、共同的经济、共同的宗教与祭祀仪式。部落内各氏族地位平等，部落最高首领称为酋长，由各氏族推选产生，公共事务由各氏族首领组成的部落议事会讨论决定。

部落议事会的权力很大，凡是涉及部落安危（如外敌入侵）或者前途的大事，都需要由他们商讨决定。如果酋长不配合或者反对的话，议事会可以对其进行罢免。不过，令人惊奇的是，控制部落议事会的人是部落中的女子。

因此，即使酋长是男人，也不妨碍这个部落是一个母系氏族社会。

而女人当家，并不意味着可以任意欺压男人。事实上整个母系氏族时期，是人类有史以来男女关系最为和谐的时代，因为那时候一切制度都是建立在传统习惯之上，没有国王、军队、皂隶，没有强凌弱、智欺愚、富侵贫，更没有财产和等级的差别，所有人都是自由平等的。

有人看到这里，可能会说，既然是这样，那你为啥还说母系氏族社会男人要靠边站？

其实，所谓男人靠边站，指的是男人没有权力决定氏族或部落大事（男人通常是从别的氏族嫁过来的，毕竟是外人），但开会的时候可以作为观众列席旁听，在通过议案的时候负责鼓掌（哪怕议案的内容是让男人加班）。

男人处于从属地位，氏族向部落发展，男女之间的婚姻关系也相应地发生了变化。如以前是族外婚，现在就逐渐变为了对偶婚。

对偶婚指的是一对男女在或长或短时间内保持配偶关系。当然，对偶婚家族，并不意味着是一夫一妻两口子过一辈子。根据美国生物学家和遗传学家摩尔根的研究，这种家族形态即一个男人在他许多妻子之中，有一个主妻；反之，一个女子在她的许多丈夫之中有一个主夫。

因此，这种对偶家庭还不稳定，没有构成独立的家庭经济，如果双方育有子女，则无须经过裁判，直接归母亲。由此可见对偶婚只是向一夫一妻制过渡的中间环节。

虽然两口子不是稳定的夫妻关系，但是居家过日子，还是要置办一些生活用具的。当时的家具很简单，通常是一些盛装粮食的大陶瓮和吃饭喝水用的器皿。因为这些东西不是土里长的或树上结的，需要人自己去创造，所以就出现了一种新的生产门类——手工业。

猪纹陶钵 · 河姆渡文化

不过，这时的手工业生产的产品比较单一，主要是陶器，也没有从农业中分离出去，员工通常是一些有经验的妇女。半坡人的制陶技术就非常高，甚至能烧制出彩陶。

彩陶是仰韶文化的特征，故而仰韶文化又称彩陶文化。

与半坡人不同的是，河姆渡人生产的陶器主要是黑陶。黑陶陶质疏松，器形多为敞口深腹，质量不敢保证，端着它吃饭得小心翼翼，估计稍微一用劲儿就会把它弄碎。

母系氏族时期还有一个显著特征是盛行图腾崇拜。图腾崇拜是对一种或数种特定的自然现象及动植物的崇拜，那时候每个氏族都有自己的图腾，比如，渔业的氏族往往会选择若干特定的鱼类为图腾，狩猎的氏族往往会选择若干特定的禽兽为图腾，而农业的氏族则会选择若干特定的植物及自然现象（像古代日本人崇拜太阳神）为图腾。

图腾崇拜和现在一些年轻人盲目追星是一样的道理，根源都是因为不懂。所不同的是，原始人是由于对自然力无法解释和克服，没有办法，才去寻找自己的图腾，并希望它给自己带来好运和庇佑。因此，这一点又和宗教有点类似，说明图腾崇拜也是一种原始宗教信仰。

而人类，就是在这种崇拜自然到试图征服自然的心态下缓步前进的。

父系氏族确立：谁劲儿大谁当家

父系氏族公社距今大约四五千年（相当于考古学上的新石器时代晚期），是氏族公社的第二阶段，也是原始社会的最后阶段。

关于这一时期的文化遗址目前发现的有很多，黄河流域的主要代表为龙山文化、大汶口文化和齐家文化；长江流域为屈家岭文化和良渚 [zhǔ] 文化。

较之之前的母系氏族公社时期，父系氏族阶段的文化有很大发展。我们小时候常说的中华文明上下五千年，大致就起源于这时。考古发现，在龙山时代，除良渚文化外的各类考古文化遗址中都已经发现了铜器（多为红铜）或炼铜渣。

虽然这时的铜器除了用来装饰，顶不了什么用，更无法代替石器，但是意义非凡，因为它不仅为后来的青铜制造业的发展奠定了基础（红铜里加入少量的锡便能制成青铜），还说明了我国原始社会后期已经进入金石并用时代。

与铜器能相提并论的是，这一时期的陶器也有了新品种，主要是黑陶和白陶。

黑陶是大汶口文化晚期的典型器物，造型美观、纹饰精细，有的黑陶胎薄如蛋壳，表面光滑，很结实，盛再多的饭都能给人安全感，因此这里需要注意一下与河姆渡时期黑陶的区别。

而白陶是用高岭土烧制而成的，工艺也非常精湛，在龙山文化和大汶口等遗址都有出土，是后来瓷器的雏形。

手工业发展如此迅速，作为人类生存基础的农业自然也不甘落后。其首先表现为农业工具的改进，如在大汶口中晚期遗址中还发现了一件用鹿角制作的鹤嘴锄，可以用来松土和打碎土块。农具的改进，不仅提高了劳动效率，还提高了土地报酬。

农业产量增高，粮食有了剩余，这就使得酿酒业和畜牧业大为发展。此时，畜牧业已经从农业中分离出来，成为独立的社会经济部门，这是人类历史上第一次社会劳动大分工。从遗址出土的情况来看，当时六畜俱全（马、牛、羊、鸡、犬、猪），

《左传》中有“为六畜、五牲、三牺以奉五味”一句，“五牲”具体所指说法不一：一种指牛、羊、猪、犬、鸡；一种指麋、鹿、麏（jūn，古书上指獐子）、狼、兔；还有一种指麏、鹿、熊、狼、野猪。第一种说法流传较广。“六畜”说法则比较统一，一般是指马、牛、羊、鸡、犬、猪六种家畜。

尤以养猪之风最盛，数量也多。

值得一提的是，这一时期的纺织技术非常高超，有些麻布的密度与现代的细麻布相当。与此同时，浙江一带的人们已经掌握了养蚕缫[sāo]丝的技能，这就证明我国是世界上最早发明养蚕和丝织技术的国家。

然而，正当人们日子越来越红火的时候，男人与女人的社会关系却在悄无声息地发生着变化，父系氏族日渐形成。

父系氏族的形成过程，也是原始社会瓦解的过程。但它的确立，不是靠男女决斗来定的，而是当时生产力发展的结果。

那时，由于农业、畜牧业得到较大发展，男人不用冒着被猛兽吃掉的风险去打猎，只需侍弄好自己的那一亩三分地，便可衣食无忧了。

于是男人对女人说："孩他娘，我明天就不去打猎了吧，看你每天又种地又养猪挺累的，我实在心疼得不行，要不我给你搭把手，咱们再多开垦点地，应该足够我们生活了。"

女人确实很辛苦，就同意了丈夫的要求。

男人的劲儿比女人大，干起活来一个顶仨，根本容不得女人去插手，她唯一能做的就是站在旁边傻乐呵。看着自己的丈夫这么累，女人想，我得干点啥才好，思

新石器时代部落生活想象图

来想去，觉得最实在的就是把男人的胃给伺候好。于是女人拍拍身上的土，一头扎进厨房做饭去了。

如此过了一段时间，男人干农活，女人做家务，日子不但过下去了，而且越过越红火。但是，由于这时实行的是对偶婚，男人干完活后还得到女方家居住，十分不便。终于有一天，男人又对女人说："不如我们在咱家地头建造一座属于自己的房子吧，你来我这儿住，这样不仅我上下班方便，还能缓解你家的住房紧张问题。"

女人一听男人说得在理，就同意了，不但把锅碗瓢盆搬到了丈夫家里，连他们的子女都顺便带过来了。就这样，对偶婚终于过渡成为一夫一妻制。

一家老小每天生活在一起，果然其乐融融，男人为了让老婆孩子吃饱穿暖，每天不知疲倦地日出而作，日落而息，等到临终前发现经过这么多年的奋斗居然还薄有家产。按照以前的规矩，这些资产应该是归氏族所有的，但是男人现在犹豫了。

经过这么多年的朝夕相处，男人对子女们有一种特殊的感情，他觉得自己要是不给他们留下点什么，恐怕会死不瞑目。于是，男人开始向氏族叫板："我辛苦打拼的东西，除了我的老婆孩子，谁也别想打它主意！"

终于，在男人的坚持和争取下，他的子女们顺利地继承了他的财产。久而久之，母系氏族就被废除了，父系氏族确立了。

由母系氏族过渡到父系氏族，是"人类所经历过的最激进的革命之一"，但是这次革命是在不破坏氏族制度的前提下完成的，氏族内的任何一个活着的成员，在革命的过程中，全都像往常一样照常生活。他们可能只需要一个简单的决议，说从今天起，氏族男性成员的子女应该留在本氏族内，而女性成员的子女应该离开本氏族，转到他们父亲的氏族中去就行了。这样，就"废除了按女系计算世系的办法和母系的继承权，而确立了按男系计算世系的办法和父系的继承权"①。

父系氏族确立后，女人开始逐渐处于从属地位，不但吃得少、干得多，还经常受气挨打。尤其是当原始社会结束，进入奴隶社会和封建社会之后，女子更是被贱视，被隶属。

不过，此时他们仍处于一个氏族大家庭，维系氏族的纽带是血缘，生产资料如土地、牧场、森林等也归全氏族公有。人们共同享受劳动成果，过着民主的生活。但这种和谐的状态维持不了多久了，因为随着生产力的发展，私有制就不可避免地出现了。

而私有制正是压垮原始社会的最后一根稻草。

① 引自《马克思恩格斯选集》第4卷，51页，人民出版社，1972年。

私有制的出现：我的就是我的

原始社会的经济基础是生产资料的公有制，生活在那个时代的人用石斧或石镰斩伐森林、芟[shān]夷草莱、开辟耕地、建筑房屋，他们饥则求食，饱则弃余，没有任何积蓄，也没有私有观念。

在父系氏族社会前期，由一夫一妻组成的小家庭，依附在父亲大家庭内，过着氏族公有制生活，受家长的支配。但是随着生产力的提高，人开始能生产出比维持生活所需的更多的产品，即有了剩余产品，私有制就产生了。

私有制的产生，使一夫一妻的小家庭逐渐成为独立的生产单位，今年的收成好，我天天摊煎饼（当时似乎还没有煎饼）吃别人也管不着，若收成不好，我顿顿喝稀粥也认了。结果，夫妻小家庭与氏族大家庭之间的矛盾日益尖锐，使得“同族共财制”走向消亡。

别的氏族成员看见那些小家庭的成员每天吃香的喝辣的，很是羡慕，也纷纷脱离氏族组建属于自己的家庭。所以，一夫一妻制家庭的形成过程，也就是家庭私有财产产生的过程。其具体表现为牲畜、农产品及手工艺品等动产逐渐成为家

原始社会生活交易想象图

庭的私有财产。按照马克思和恩格斯的说法，“真正的私有制只是随着动产的出现才出现的”。

这一时期，尽管土地等不动产还是公有的，但是各个小家庭渐渐把自己的责任田据为私有。只不过土地还不允许让渡，因而在名义上，还是为公社所共有。

但是由于生产条件的不同（如有的人使用的工具先进，有的人使用的粗糙），各个家庭之间所生产的产品就不同，进而造成私有财产的差别。

私有财产的差别，就会造成另一种社会活动——商品交换出现。

这里举个例子，比如我家只是种地的，你家只是养猪的；我家今天想吃饺子，可没有猪肉，你家今天也想吃饺子，但没有白面；而我家生产的小麦可以磨成白面，你家出栏的肥猪可以做成肉馅。倘若不发生交换，我只是坐在那儿等天上掉肉馅，估计这辈子也吃不上饺子，反之你家亦然；而我要是用一袋白面换你家几斤猪肉，则你我两家都能吃上饺子，可谓皆大欢喜。

这种互通有无的方法是最简单的商品活动，同时也是原始社会最初的交换形式。

可现在情况发生了变化，我家肉馅剁好后却发现盐吃完了，还是包不成饺子；好在隔壁王老二家是晒盐的，我可以用面和他换点盐巴。但他家上次换我的面还没吃完，再换的话容易放霉变质，不划算。因此王老二听到我的难处只是表示很同情，并没有解决我的实际问题。不过当他听说我家要包饺子，就也想吃，有趣的是他家也缺一样东西——肉。于是王老二找到你家，想用盐或面和你换点猪肉，可你家已经储存了足够多的盐，而现在也不缺面，所以王老二今天吃饺子的计划同样会泡汤。

由此可见，以物易物的交换形式存在很大弊端。

有人看到这里，可能会说，笨啊，怎么不用钱买。是的，今天我们只要有钱，吃顿饺子很容易，但你别忘了，我上面的故事场景设置的时代可是原始社会，那时的很多人还没有钱的概念。

然而话又说回来，如果有钱作为交换媒介的话，上面的问题还真可以迎刃而解。过程是这样的，只要市场有需求，我就可以把我多余的面换成钱，然后用钱去王老二家买我需要的盐；而王老二就可以拿着卖盐的钱去买你家的猪肉，你呢，则可以用猪肉换来的钱去买自己需要的东西。

是不是感觉有点乱？但在现实生活中，上面的这种“物品——钱——物品”的交换形式却无时无刻不在发生。对于大多数人来说，只要他有足够多的钱，再乱的事情也能变得简单，缺啥，拿钱买去呗。

到了原始社会末期，有些地方的人们终于发现了钱的妙用，即用某些商品作为一般等价物（如猪、玉等），甚至还形成了不固定的交易市场，需要的时候大家聚集在一起，“交易而退”。

在交易活动中，一些氏族首领由于掌握交换的权力，便利用职权，化公为私，趁机揩油，将一些原本属于氏族公有的东西据为己有。

于是，有钱的人想吃面条吃面条，想喝稀饭喝稀饭，没钱的人不想喝稀饭也得喝，贫富差距拉大，逐渐就产生了阶级。

阶级的出现：我就是比你贵

阶级存在后，就意味着人与人之间不再平等，奴役、压迫、剥削这些事情将会不可避免地发生,两个阶级之间再怎么唱“相亲相爱的一家人”,也不可能成为一家人。

不过，在阶级形成的初期，阶级对立关系还不明显，人们称之为家长奴隶制（又称父权奴隶制），奴隶所进行的劳动只是辅助性劳动，他们充任的是主人的帮手，在社会生产中不起主要作用，因此阶级关系比较隐蔽，为家庭关系所掩饰。

然而，这种和谐的主奴关系并没有持续多久，随着奴隶在劳动中所占的地位越来越重要，其主人对他们的控制也就越来越严格，使他们如同牛马一样成为主人“会说话的工具”。

既然是工具，主人的随意性就很大了，吃饭是按照人的量给的，劳动则是参考牲畜的工作量，而且还不开工资。你说你想辞职不干，门都没有，因为在人治而不是法治的社会，主人就是把你拆成十块八块都不会有人管。

奴隶这项工作不好干，那么从一开始就不选择这个职业行不行？也不行，因为奴隶作为一项吃力不讨好的工作，从它形成的那一天起，就是就业的最冷门，但凡干这一行的，没有自愿的，全是被逼的。

可那么多的奴隶是从哪儿来的？关于这个问题，有人总结了一下，主要是两个方面，一是来源于战俘，二是来源于自卖为奴。

战俘是由战争形成的。在原始社会，氏族部落内部关系通常是很融洽的，但是一个地区往往会存在着很多个氏族部落，部落与部落之间的关系如何，那就不好说了。而制造矛盾要比消除矛盾容易得多，因此两个部落之间经常会为领地、粮食、水源等事情相互掐架，在掐架结束后，有些运气不好的人就成了敌方的俘虏。

在最开始，俘虏的命运只有一个，那就是被杀掉。理由很简单，我们自己都还吃不饱饭，哪有粮食去养活外人。可后来人们又发现，奴隶虽然吃粮食，但也可以用他们去生产粮食，这样我们就能少干点活。于是，就驱赶奴隶到田野上进行无休止的劳动，以榨取他们的剩余价值。

除了战俘，还有一种奴隶是自卖为奴型的，其主要来源是氏族内部成员。前面已经讲到，私有制的产生导致了贫富差距，同是一个氏族部落的人，有的人吃肉，有的人连汤都没得喝。没汤喝的人被逼无奈，只好向吃肉的人借债，直到这个时候，双方的地位还是平等的。

但是，还债的日期很快到了，没汤喝的人还是吃不上饭，更别说还债了。这种情况下，欠债人唯一的办法就是自卖为奴，把自己抵押给债权人。由于长时间还不上债，债权人于是就对欠债人说："我看你这辈子也没可能还上欠我的钱，不如这样吧，你就留在我家给我干活，我管你饭！"欠债人一听这话，尽管不愿意，但也没办法，终于沦落为奴隶。

既然成了别人的奴隶，那你就没有资格要求和主人平起平坐了——别说坐了，恐怕连站着的资格都没有。而无论主人是坐着还是躺着，都会有人把田里的庄稼种好，把圈里的牲畜给喂好。更有甚者，有些主人享受惯了，怕自己死后没人伺候，就把奴隶作为殉葬品进行活埋。

于是，奴役与被奴役、剥削与被剥削的关系日渐明显，人类社会最终划分为奴隶主与奴隶两个对立阶级。

原始社会宣告瓦解。

原始社会部落战争想象图

原始社会的解体

奴隶主的构成主要是氏族贵族、军事首领和有钱人。这帮人每天小酒喝着，小曲唱着，没事就琢磨怎样才能福寿万年长。但由于长时间缺乏体力劳动和锻炼，他们一不小心就高血压、冠心病等富贵病附体，甩都甩不掉。

与今天上层人士去健身房、高尔夫球场锻炼不同的是，奴隶主应对上述问题的办法是打仗。在他们看来，打仗是一项极富娱乐性的健身运动，不但能强身健体，而且还能顺道获得今后用作享受的资本——财富和奴隶。

但是，打仗收益虽高，风险也很大。打胜了还行，万一打败了可是要赔个底儿掉——自己和老婆孩子都有可能成为对方的俘虏和奴隶。于是，为了提高打胜仗的把握，一些邻近的氏族部落出于共同的掠夺和自卫需要，相互联合起来，结成部落联盟。

部落联盟由氏族贵族操纵，设立由部落首领、军事首领和宗教祭司组成的管理机构，负责处理日常事务。若遇到重大军事行动，则由氏族贵族会议决定，并交由军事首领进行统一指挥。

后来，随着战争规模的扩大、程度的升级，军事首领的权力也在不断扩张。这一时期，在历史上被称为军事民主制时期。

财富刺激着人们的贪欲，战争使部落首领的权力不断扩张，地位和作用也随之提升。一场激烈的战争过后，战败的一方可能就会丧失一切，整个氏族或部落甚至都会沦为奴隶。而战胜的一方，处理这些胜利果实，也不再是像母系氏族时期那样大家平分。

因为所有的原则都要建立在“胜者为王，败者为寇”的基础之上。

就这样，部落首领占有的财富和奴隶越来越多，权力越来越大，地位越来越高。而与之相反的广大氏族和部落成员的地位却不断下降，有的成为平民，有的沦为奴隶。如此一来，仇富心态日益泛滥，阶级对立的情况日益严峻，奴隶牵着奴隶主家的牛去放养，有可能转眼就与牛一起逃跑。

在这种情况下，奴隶主们觉得，“军事民主制”已经不能适应阶级斗争的需要，十分有必要建立一个代表其利益的永恒的权力机构。

于是，氏族制度走到了尽头，国家开始产生。

而夏朝，就是中国历史上第一个具有国家形式的王朝。

第二章　传说时代

一段掺水的历史

除了会打仗，黄帝还是一个发明家和改革家。黄帝亲自操刀或带领部落民众，造屋宇，制衣冠，造舟车，并且在仓颉造字、嫘祖养蚕、伶伦造律吕、大挠作甲子等事迹中，也都可以看到他的功劳。因此，我们能有这么一个祖先，还是有资本自豪一番的。

传说时代：一段掺水的历史

夏朝的建立，标志着历经一百多万年的原始社会，终于被奴隶社会代替。不过，在讲夏朝之前，还需要插入一段介于信史和神话之间的内容，即传说中的传说时代。

所谓传说，指的是辗转述说，其事情的可信度完全取决于人们在转述过程中掺了多少水。

不过，只要事情不是空穴来风，相信无论你掺了多少水，这段历史也不可能变成纯净水。只要我们客观理性地去分析，肯定能透过水面泛起的涟漪看到本原的影子。

传说时代的历史主要存在于古文献中，神话色彩浓厚。根据我国的神话传说，世界是一个名叫盘古的神创造的。

盘古哪儿来的不知道，只知道他很能睡觉。世界形成之前，天地混沌如鸡蛋，盘古在里面睡了　万八千年，醒来后发现黑灯瞎火的，很不爽，就抡起板斧把“鸡蛋”劈开。然后“阳清为天，阴浊为地。盘古在其中，一日九变，神于天，圣于地。天日高一丈，地日厚一丈，盘古日长一丈。如此万八千岁，天数极高，地数极深，盘古极长”。

盘古死后，呼吸成风云，声音为雷霆，左眼为日，右眼为月，四肢五体为四极五岳，血液为江河，筋脉为地里，肌肉为田土，发髭 [zī] 为星辰，皮肤为草木，齿骨为金石，精髓为珠玉，汗流为雨泽……看来这哥们儿浑身是宝，全身上下没有一点浪费。

盘古开天辟地（美国／卫三畏）

盘古开辟了天地，功劳是很大的，但令人奇怪的是，在中国人的心中，天上的主宰却不是盘古。这一点就和犹太人有很大不同，“犹太人认为创造世界的是耶和华，即主宰世界的耶和华。中华人的盘古，他的任务只在创造世界，而主宰世界的却是另一位被称为玉皇大帝的神祇 [qí]。玉皇大帝是道教发明出来的，民间称他为‘天老爷’或‘老天爷’，他在天上拥有一个庞大的政府组织，由道教佛教中各种奇形怪状的神灵担任文武百官。因为他的形象是人间大多数帝王的投射，所以他永远是一个低能的熊包”（柏杨《中国人史纲》）。

这么看来，超级爷们盘古没有成为天上的主宰倒也不见得是一件坏事。不过，还有一个问题盘古可能没有考虑到，就是他死后这个世界居然没有一个人（天地开辟，未有人民）。好在这件事并没有一直耽搁下去，最后由另一个神来完成。

这个神名叫女娲。

女娲是八卦的创始人伏羲的妹妹，同时也是伏羲的老婆。女娲长得很怪异，人首蛇身。她兄弟姐妹十二个，个个都是神，按理说她应该没有什么烦心事。但也不知是没人待见还是咋的，反正她经常一个人独处，觉得世界很无聊。

于是女娲就想造一些人让世界热闹起来。

女娲造人之前，还在正月初一到初六先后造出鸡、狗、猪、羊、牛、马等动物，直到初七这天，才用黄土和水仿照自己的样子造出一个个小泥人。她造了一些，觉得太慢，便用一根藤条，蘸满泥浆，挥舞起来，泥点落地后，就都变成了人。

后来有人据此说，富贵之人是女娲亲手抟 [tuán] 黄土造的，贫贱之人是女娲用藤条甩出来的——这当然是瞎扯。

然而有意思的是，关于用泥巴造人的神话传说，世界上不独中国所有，古埃及的赫奴姆神与古希腊的普罗米修斯巨神也都曾用泥土塑造了人。至于其他国家和地区有关造人的神话，更是数不胜数，反正没有一个说人类是从猿人进化而来的。

人类刚被造出来的时候，还十分弱小，加之当时的自然生存环境很不好（四极废，九州裂，天不兼覆，地不周载，火爁 [làn] 炎而不灭，水浩洋而不息，猛兽食颛 [zhuān] 民，鸷 [zhì] 鸟攫 [jué] 老弱），民众吃了不少苦头。

女娲心肠倒是真不坏，看到这种情景非常着急，于是她就炼五色石，以补苍天；断鳌足，以立四极；杀黑龙，以济冀州；积芦灰，以止淫水——世界终于变得越来越宜居。

三皇五帝：我们不是一般人

盘古开天辟地，女娲抟泥造人，这事听着就很魔幻，你千万别当真。不过，也有人认为，这些虽是神话故事，但也不是凭空捏造的，如女娲作为神话传说中的人类始祖，地位和威望都很高，其形象应该是在母系氏族时期的人物形象基础上进行艺术加工而成的。

而根据中国第一部纪传体通史《史记》记载，中国历史的开端是“五帝”。

“五帝”指的就是“三皇五帝”中的“五帝”，很多人应该不陌生。但如果进一步去问究竟谁是“三皇”谁是“五帝”，恐怕就没几个人能答上来。

这事不怪你，因为自古以来关于谁是“三皇五帝”的问题，一直都没有一个统一的说法，民间流传着很多不同的版本，大致如下：

“三皇”的说法有六种：伏羲、女娲、神农；伏羲、神农、祝融；伏羲、神农、共工；天皇、地皇、人皇；天皇、地皇、泰皇；伏羲、神农、燧人。

“五帝”的说法有三种：黄帝、颛顼 [xū]、帝喾 [kù]、唐尧、虞舜；伏羲、炎帝、黄帝、少昊、颛顼；少昊、颛顼、帝喾、唐尧、虞舜。

按照《史记·秦始皇本纪》

伏羲（明代 / 仇英）

传说伏羲根据天地万物的变化，发明创造了占卜八卦，后人遂尊其为八卦祖师。

的说法，“三皇”指的是天皇、地皇、泰皇，且泰皇最贵。但是，泰皇究竟是谁，没人知道。后来，又有书中指出“三皇”为天皇、地皇、人皇，似乎泰皇即人皇的说法更为靠谱。

而关于“五帝”的说法，因为《史记》的权威性，一般书籍都采用司马迁的观点，即认为黄帝、颛顼、帝喾、唐尧、虞舜是“五帝”。

虽然“五帝”在正史中有介绍，但是史学界中以顾颉 [jié] 刚为代表的疑古学派，一直认为五帝时代的历史是虚构的。后来随着以田野考古为基础的近代考古学在中国的兴起，有些学者考证出传说时代中国存在着华夏、东夷、苗蛮三大集团，从而认定五帝是当时一些部落的首领，因此这个时代应该是客观存在的。

在“五帝”中，排在头一号的人物就是黄帝。

黄帝，本姓公孙，后改姓姬，号轩辕，也叫有熊氏，主要的老婆有嫘 [léi] 祖和嫫 [mó] 母（历史上有名的丑八怪，以贤德著称），其领导的部落最早居住在陕西一带，后来向山西、河北一带迁徙，最后定居于河北涿 [zhuō] 鹿附近。

神农尝百草

黄帝是中华“人文初祖”，其余四帝都是他的后裔：颛顼为黄帝之孙；帝喾为颛顼侄子，系黄帝曾孙；尧为帝喾之子；舜为黄帝九世孙。

根据《国语·晋语四》记述，黄帝还有一个亲兄弟叫炎帝。炎帝生于姜水（渭水支流），故姓姜，为神农氏后裔①，所在部落以从事农业生产为主。据传他牛首人身，身高八尺七寸，龙颜大唇，很是吓人。

炎帝最大的贡献在于尝百草之实，察酸苦之味，教民食五谷，他是农业发明者和医药之祖。

黄帝和炎帝部落，并不是当时华夏大地上独有的两个部落。在我国南部的江汉流域，还居住着一支以蚩 [chī] 尤为首的九黎部落。

蚩尤这人光从长相上看就知他不是一个

①学术界关于炎帝和神农氏是否为同一个人有不同说法，多数人认为神农氏指的不是具体的某个人，炎帝只是他的后裔之一，本书就采用这种观点。

涿鹿之战（当代 / 刘永华）

凡人，据传他兽身人首，有八只脚，铜头铁额，刀枪不入，食沙石，勇悍善斗，威猛无比。

一般来说，像这种人最好少惹，远远看见就应该绕道走。但是，以炎帝、黄帝为首的华夏部落却无法绕开，因为它们与蚩尤的部落接壤。当炎帝部落由西向东推进时，在鲁西一带与蚩尤部落相遇，双方发生很激烈的冲突，结果炎帝被打败。

炎帝被打败后，逃到涿鹿附近求助自己的兄弟黄帝。

这哥俩不愧是一个娘生的，黄帝在听到炎帝的诉苦后，立马制订了共同对付蚩尤的作战方案。最后，炎、黄部落联盟在涿鹿之野与蚩尤展开大战。

蚩尤先是制造大雾，让对方的人搞不清方向，黄帝于是发明指南车，在迷雾中仍然行动自如；蚩尤又请来风神雨神助战，黄帝九战而不胜，只好请旱魃 [bá]（传说中引起旱灾的怪物）相助，制止了大风雨，擒杀了蚩尤，这才取得了涿鹿之战的胜利。

击败了蚩尤，事情并没有算完，因为矛盾具有普遍性，无处不在，无时不有。旧的矛盾一解决，新的矛盾就会产生；外部矛盾一消亡，内部矛盾便凸显（俗称窝里斗）。黄帝与炎帝很快就在谁是盟主的问题上争得不可开交。

由于矛盾不可调和，双方终于反目成仇，炎帝和黄帝各自带领自己的兄弟厉兵秣马，准备厮杀一场。因为黄帝在与蚩尤的战争中曾凭借自己的睿智和果敢赢得大家的信任，树立了无可匹敌的权威，获得了更多部族的支持，所以无论在军事还是民意上，都占有绝对的优势。

而炎帝军队则是由一群走路都需要人搀扶的老弱妇孺拼凑而成的。

所以说其实在开战之前，胜负已定。

但作为一场完整的战役，无论结果多么没有悬念，仗还是要打的。

双方作战的地点是一个名叫阪泉的地方。黄帝统率以熊、罴 [pí]、貔 [pí]、貅 [xiū]、貙 [chū]、虎六种野兽作为图腾的部落与炎帝进行了三次大战，擒获了炎帝，取得了最后的胜利。

仓颉像（清代 / 佚名）

据史书记载，仓颉“龙颜四目”，即指仓颉有四只眼睛。

后来，黄帝释放了炎帝（杀掉也不合适，毕竟骨肉相连），用自己的人格魅力征服了炎帝。炎帝输得心服口服，就率全族投降。再后来，炎帝部落与黄帝部落逐渐融为一体。直到今天，我们汉族人仍自称是“炎黄子孙”。

除了会打仗，黄帝还是一个发明家和改革家。黄帝亲自操刀或带领部落民众，造屋宇，制衣冠，造舟车，并且在仓颉造字、嫘祖养蚕、伶伦造律吕、大挠作甲子等事迹中，也都可以看到他的功劳。因此，我们能有这么一个祖先，还是有资本自豪一番的。

禅让制里面的猫腻

在距今约四千多年前的黄河流域，出现了尧、舜、禹三位部落联盟首领。这三人与后来的商汤、周文王、周武王被儒家一同推崇为古代明君，是人们理想中的圣哲。

尧是帝喾的儿子，同时也是黄帝的五世孙，因受封于唐，故又被称为“唐尧”。不过尧的部落首领位置并不是从他老爹帝喾手中得到的，而是从他兄长帝挚手中接管的。

帝挚是个草包，荒淫无度，自己的事都弄不好，更别提部落事务了。部落贵族见帝挚当不好部落首领，就把他给废了，又共同推举盛德闻名天下的尧为首领。

尧受命于危难之时，先是十日并出，庄稼焦枯，继而洪水泛滥，淹没田园，各地部落方国[1]，更是割据称雄，独霸一方。在这种情况下，尧依靠后羿 [yì] 等部落方国领袖的支持，一方面削平群雄，重新统一中原，另一方面考查百官政绩，区分高下，奖善罚恶。

经过上述措施，部落整体风貌很快焕然一新，绝对称得上是政治清明，世风祥和。

尽管取得了这么大的功绩，但尧并没有骄傲自满，而是更加严格要求自己。平时他生活很是节俭，住茅屋，吃糙米，穿麻布，不知道的人绝不会把他和部落联盟首领联系在一起。

不过，仅仅是政治清明还不能称得上国泰民安，因为在当时，洪水危害天下的问题还是没有真正解决。为此，尧征询四岳（四方诸侯之长）的意见，问有没有谁可以消除水患。四岳经过开会讨论，最后联名推荐了当时著名水利专家鲧 [gǔn]。

鲧是黄帝的后代、颛顼的儿子，按照辈分算，他还是尧的叔叔。但尧对这个叔叔是比较了解的，知道此人志大才疏，自私自利，让他负责治理水患，他难免会做些中饱私囊的事情，于是尧就不同意四岳的提议。

四岳好不容易找到一个能顶雷的，结果又被否决，心有不甘，便说："要不让鲧先试试，实在不行，到时候再把他换掉也不迟。"

看在民主决策的面子上，尧只好尊重他们的意见，任命鲧去治理水患。鲧领命后，使用筑堤方法，企图挡住洪水，结果苦战九年，人力、物力、财力花费了不少，就是不见成效，治水最终失败。

这或许算得上尧执政时期的最大一次失误。

好在瑕不掩瑜，谁一辈子还能没犯过几回傻，只要以后注意，把接下来的人生过辉煌就好了，曾经的那些小污点，没有人会在意的。

尧晚年的时候，除了身体不太好，别的方面都可以说是臻于至善。这一时期，他考虑最多的一件事就是谁来接他的班。

如果是一般人遇到这事，首先想到的肯定是自己儿子——没儿子认个干儿子也行，总之不能让肥水流入外人田。但尧是圣人，他头上的这个无上的光环注定他不能这样自私地思考问题。

尧的嫡长子（大老婆生的第一个儿子）名叫丹朱。作为一个官二代，丹朱打小

---

①一种高于部落以上的、稳定的、独立的政治实体，即早期城邦式的原始国家，也有学者称其为"部族国家"或"早期国家"。

养了一身毛病，“心既顽嚣，又好争讼”，反正尧是一百个看不上他。

既然儿子不能被选为接班人，尧就只好把目光转向部落的其他成员，并再次征求四岳的意见。

四岳上次识人不明，举荐鲧去治水，结果失败，估计正自责呢。谁知尧既往不咎，在挑选继承人这样重大的问题上又一次询问他们的意见，四岳很是感动。

于是四岳为了证明自己不是吃干饭的，就抓住这次机会，把眼睛擦得雪亮，逐个排查入围人选。

最后，他们一致把目光聚集在一个名叫舜的年轻人身上。

舜这个人，祖上几代都是刨土地的农民，家世寒微，一直在社会最底层摸爬滚打。

家境不好也就算了，如果能得到亲人的关爱，生活一样能过得很精彩。但实际上，舜的父亲瞽[gǔ]叟心术不正，且是个盲人，母亲过早离世，继母每天只会两面三刀。继母还有个儿子，也不是个善茬，经常与父母串通一气，欲置舜于死地。

幸亏舜每次都能逢凶化吉，及时避险。但令人不解的是，只要他觉得情况稍有好转，就立马回家，坚守自己的孝道。

孝感动天图（日本／歌川国芳）

传说，舜的孝心不仅感动了邻居，也感动了天地万物。温驯善良的大象会来到田间帮他耕田，天上的鸟儿会成群结队地飞来帮他除草。

就这样，随着舜的名气越来越大，越来越多的人愿意围着他生活——但凡他居住的地方，一年之内就能聚集成小村庄，三五年则能变为小城镇。

四岳于是就向尧推荐舜，说这小伙子不错，不仅吃苦能干、品行高洁，而且恪守孝道，有很强的凝聚力，是块做部落联盟首领的料。

尧自从上次吃了鲧的亏后，做事愈加小心翼翼，心想，虽然别人都说舜不错，但谁知他是不是作秀，我不能听信片面之词，得仔细考察一番才好。

而尧考察的办法，居然是把自己的两个女儿娥皇和女英无条件嫁给舜，然后从女儿那里来获知他的德行情报。

经过几年多渠道全方位的考察，尧对舜这个女婿表示很满意，于是决定将部落联盟首领的位置禅让于舜，命他“摄行天子之政”。

舜摄政以后，励精图治，召见诸侯，考察民情，把整个部落联盟治理得有声有色。

后来尧去世，舜为其服丧三年，完事后按理说应该正式登基，但他没有那么做，而是出人意料地把部落联盟首领的位置让给了尧的儿子丹朱，自己则退居山野。

他的这个决定遭到部落成员的强烈抗议，大家根本不理会什么丹朱，诸侯朝见去见舜，民众打官司也去见舜，和往常无异。按照今天的话说，这就叫民心所向，天意所归，你不当部落联盟首领，地球还真有可能转不了了。

最后，舜无奈，看见自己的能力和威望都在丹朱之上，这才返回都城当部落联盟首领。

老子不行儿子上

舜在位时期，最大的功绩就是解决了水患问题。

那时他刚展开工作，为了进一步了解民情，经常巡视天下。

在巡视的过程中，舜发现洪水仍然很严重，而负责这事的鲧难辞其咎，应该受到处罚。于是他就请示了尧，将鲧杀死于羽山。

鲧死后，治水的工作还得有人做，舜就对鲧的儿子禹说：“你父亲没有完成大家交给的任务，你就接替他的位置，去做完他未竟的事业吧。”

就这样，禹怀着丧父的悲痛心情当上了“水利部长”，踏上了与洪水斗争的征程。

在治水之前，禹先是分析了老爹失败的原因，最后得出一个结论：水来土掩治标不治本，无法根本解决洪水问题，得想办法疏导洪水，使其流入江海。

《禹贡》是《尚书》中的一篇，是先秦最富于科学性的地理记载，囊括了当时各地的山川、河流、土壤、物产等情况。图为明代画家仇英根据《尚书·禹贡》所绘的大禹事迹。

客观来说，这个方法是正确的。

但正确的方法需要落实后才能有正确的结果。禹刚好属于实干派人物，他与伯益、后稷[jì]带领百姓，扛着工具，逢山开山，遇洼筑堤，以疏通水道的方式，把洪水引入大海。为了治水，他费尽脑筋，不怕劳苦，把新婚宴尔的妻子留在家里，居外十三年，三过家门而不入，等他把水治好后，儿子都差不多该上初中了。

舜正式即位后，举贤不避仇，任命禹为司空（掌工程兼内政）。这一点很是难得，要知道，他可是禹的杀父仇人，此事要是搁在一般人身上，就是不斩草除根，也得让这枚“炸弹”离自己远远的。

更为难得的是，舜还在晚年召开的部落联盟会议上，同意了四岳推荐禹为继承人的建议。

禹的接班人身份被认定后，舜退居二线，然后两人共同处理部落联盟事宜达十几年。在这期间，禹无论在能力还是威信方面都有了很大提升。

待到舜死后，按照先前说好的，应该是由禹即位。但禹仿照舜当初的做法，说什么也不肯干，最后把部落联盟首领的位置让给了舜的儿子商均。

然而，历史像是被复制了似的，天下诸侯根本没有人待见商均，全都跑到禹那里去朝见。禹看到自己确实是天下归心，再推辞下去该有人说他作秀了，“遂即天子位”，并建立了夏朝。

舜和禹的这种让位于前任之子的做法，不管是否发自内心，但结果都很不错。

一方面，他们必须得以让位的形式来观测民意动向和了解双方力量对比；另一方面，他们要有足够的自信，确定“前任之子”的力量尚不足以破坏禅让制度。否则，这种试探无异于肉包子打狗，有去无回。

很快，这种说法就得到了印证。

在禹晚年的时候，按照传统，他也没有把部落联盟首领的位置让给自己的儿子，而是传给了他的得力助手伯益。

伯益继续执行先让位于前任之子的做法，把这个位置又给了禹的儿子启，结果启的政治手腕和威信比伯益高，上位后不但不归还王位，反而把伯益给杀了。

而启的即位，标志着“世袭制”代替了“禅让制”，“家天下”代替了“公天下”，华夏民族从此进入血雨腥风的阶级社会。

揭器求言（清代／佚名）

禹在位时，将钟、鼓、磬、铎、鞀[táo]五样乐器挂在外面，并告谕臣民：“有用‘道’来教育我的，就击鼓；有用‘义’来启发我的，就撞钟；有来向我反映情况的，就振铎；有来向我诉说忧虑的，就敲磬；有来打官司的，就摇鞀。”禹在里面，听见哪一件乐器响，便知是哪一类人到，就让其觐[jìn]见尽言。

第三章 夏朝兴衰

铁打的王位流水的王

当时是奴隶社会，社会性质决定了统治阶级不用给人民好脸色，像什么爱民如子、关心群众疾苦这样的事，统治阶级别说没做过，听都没听说过。因此，奴隶与奴隶主之间的关系不是鱼和水，而是冰与火。

“家天下”叫板“禅让制”

尧、舜、禹是古代有名的圣君，虽然是部落联盟首领，但是只讲奉献，不求索取，与群众打成一片，有肉吃肉，没肉喝粥，反正大家都一样。权力交接也采用非常民主的禅让制，主要是看能力和人品，只要你通过了各方面的综合考评，就有机会为老百姓服务。

于是，尧把位子传给素质卓越的舜，舜年老的时候，又把位子让给了治水有功的禹。禹则建立了我国历史上第一个王朝——夏。

夏原本是一个部落的名称，由十二个同姓氏族组成，是以尧为首的部落联盟成员。到了禹的父亲鲧时，夏部族兴旺发达，主要雄踞在中原一带。后来，其首领鲧虽因治水失败而被放逐杀死，但是鲧的儿子禹很争气，靠着成功治水的资本被拥立为部落联盟首领。

从此，随着禹权力的增大，夏部落也日益强大。

禹在位的时间不长，却有极强的权力欲，只要一有空闲就巡行各地，看谁不听话就揍谁，结果“四方归之”“辟土以王”。

但你光在嘴上承认禹是老大还不行，得有具体的行动。禹比较喜欢利用生活中的小事来检验别人对他是否忠心，以便更好地强化自己的权威。

一次，禹在会稽 [kuàijī] 山召集各部落首领开会，有个叫防风氏的部落酋长不知是因为路上堵车，还是因为遇到别的情况，反正给耽误了，迟到了一会儿。本来这不是什么大事，自我检讨一下也就过去了，结果你猜怎么着，禹直接让人把他给拖出去砍了。这事以后，各部落的首领开始对禹不再是敬佩，而是敬畏，毕竟谁也不想窝囊地死在迟到、早退这种小错误上。

在确立王权的过程中，禹最大的手笔就是征伐三苗。

三苗又称苗蛮，是生活在长江中游一带的南方氏族部落集团。当年以尧、舜为代表的华夏势力向南发展时，经常与三苗发生冲突，双方也算是宿敌。

到了禹掌权的时候，他决定干一票大的，就率领众多方国酋长，打着替天行道的旗号前去攻打三苗。经过激战，禹取得了胜利，三苗部众有的往南逃窜，有的与诸夏之族融合。

涂山之会（清代版画）

征服了三苗，禹并没有沾沾自喜。为了巩固王权，他又沿颍水南下，在淮水中游的涂山（今属安徽怀远县）隆重召开方国酋长及部落首领大会，史称“涂山之会”。这次大会十分成功，与会首领及代表一致同意向禹朝贡，行臣服礼。

一般认为，涂山之会是夏王朝正式建立的重要标志。夏王朝的都城设在阳城，也就是在今天少林寺所在地河南登封市，后来又迁往阳翟（今河南禹州）。

不过，禹虽然已经拥有了很大的权力，但在选择继承人的问题上他还是不敢贸然向“禅让制”发起挑战。

禹年老时，部落联盟会议先是推荐东夷首领皋 [gāo] 陶 [yáo] 为继承人，谁知皋陶没有那命，不久就去世了。然后联盟会议又推选皋陶的儿子伯益为继承人。伯益不仅是舜的女婿，而且还当过舜的畜牧业部长，协助过禹治理洪水，算是个比较有能力的人。

禹尽管心底不乐意，可也没有正当理由反对，就同意了。

禹让皋陶图（清代版画）

伯益图（清代版画）

但私下里，禹却一直不肯交出实权。他的想法是这个位置是我好不容易得到的，想当年我为了治水，长时间泡在水中，连腿毛都绝种了，如此轻易地把首领位置交给一个外人，实在心有不甘。于是禹就暗中培植儿子启的势力和威信，把伯益给架空，让他在群众中混不开。

禹死后，伯益遵循传统居丧三年。期满后，他屁颠屁颠地准备去任职。但是依据惯例，他还需要和禹的儿子启客气一番，让启先当首领，自己去隐居，然后等诸侯子民去朝见他，这样才能显得更加名正言顺。

伯益想前几届都没出什么差错，自己运气又向来很好，应该不会有意外。可谁知当他隐居后，左等右等，就是不见人影，最后实在忍不住了，跑出去一看，发现启不仅没有交还权力的意思，而且以结党营私为己任，连拉带打，把各个诸侯部落收拾得服服帖帖。

伯益急了，质问启："怎么回事，你父亲是把位置传给我的，你咋在上面赖着不走了？"

启回敬说："是你自己不干，让给我的，现在又找回来要，哪有这样好的事。"

伯益说："你是后辈，我也就和你客气一下，哪想你还真顺杆爬，现在的年轻人真是太让人寒心了。”

启说：“这本来就是我们年轻人的事业，你们老一辈昏聩无能，尸位素餐，你还是哪儿凉快哪儿待着吧。”

伯益气得直哆嗦，心想我连洪水都治了，你一小毛孩还能治不了？就返回东夷纠集一帮人来与启理论。

说是理论，其实双方见面连招呼都不打就干上了。然而打仗毕竟是个体力活，伯益很快就招架不住了，不仅兵败被杀，而且所管辖的东夷地区也被夷为平地。

伯益被摆平后，西部又有一个叫有扈 [hù] 氏的部落起兵反对启，说本来部落联盟是一个股份有限公司，你夏族部落与大伙儿是平等的，我们都是股东，各部落酋长也都有机会当董事长。结果你这么一破坏禅让制，部落联盟好像就成了你家开的家族公司，我们都成了给你打工的了。说实话，要不是看在你爹的面儿上，我现在就能把你收拾得服服帖帖。

启本来就没把有扈氏放在眼里，但听他说话的口气比脚气还大，便重视起来，

征扈誓师图（清代版画）

大战于甘图（清代版画）

亲率大军去讨伐。

有扈氏原本就是一群乌合之众，怎能是中央正规军的对手，几个回合下来便溃散得用万能胶都粘不到一块儿。

启扫除了障碍，巩固了王权，这以后，再也没人敢和他叫板，王位的世袭制度终于得以确立，我国历史上的“家天下”局面由此开始。

论打猎的危害性

夏王朝是一个奴隶制国家，国姓为姒 [sì]。

虽然当初禹即位时号称“天子”，但是实际上他仍是一个部落联盟的军事首长，而不是国家的君主。后来，他的儿子启即位，把禅让制变为世袭制，破坏了军事首长由部落联盟会议推举产生的制度，开始成为国家君主。

启除掉伯益、搞定有扈氏后，为了使众多诸侯承认世袭王权，又在都城召集天下诸侯，举行盛大的“钧台之享”。

“钧台”指的是为天帝群神修建的台坛，“钧台之享”说白了就是一场大型的献祭神灵的活动。其目的是让大家明白，启的王位合法有效，是经得住神灵考验的，你们要是和启过不去，那就是和老天过不去。

钧台之享（明代 / 仇英）

这样一来，夏王朝的统治基础便正式确立了。

当时是奴隶社会，社会性质决定了统治阶级不用给人民好脸色，像什么爱民如子、关心群众疾苦这样的事，统治阶级别说没做过，听都没听说过。因此，奴隶与奴隶主之间的关系不是鱼和水，而是冰与火。

但是，要想使一个国家机器正常运转起来，单靠一个人的力量是不够的。夏王朝为此设立了一整套维护其统治的暴力系统。

首先是官僚系统。

夏王是一国之君，拥有最高权力，其下设“六卿”，分管民事、军队等事务，相当于今天省部级之类的高级官员。“六卿”之下设僚属和下属官吏，可以各自组成一定的统治部门。

其次是军队系统。

军队自古以来是国家最为锋利的爪牙，和平时期可以用来维护社会稳定，动乱时期则能以暴制暴。夏王朝不仅拥有一支高水准的强大军队，而且这支军队有一定规模和严密的组织纪律。

最后夏王朝还设立了刑法——《禹刑》。这部刑法不仅是我国历史上第一部奴隶制法典，而且是国家形成的重要标志。

有了上面几点保障，夏启可以更加肆无忌惮地折腾，每日淫逸放纵、不务正业，早就把老一辈艰苦奋斗的优良传统丢到了九霄云外。

于是，腐败像瘟疫一样在统治集团内部迅速蔓延，并为争权夺利和分裂内讧提供了滋长土壤。

夏启死后，其长子太康继承王位。由于当时宗法制度还尚未成熟，兄弟之间谁也不服谁，相互也不客气，于是就发生了争夺王位的内讧。太康作为长子，毕竟多吃了几年干饭，最终挫败了政敌夺得政权。

面对来之不易的权位，太康欣喜若狂，他深谙春宵一刻值千金的重要性，把生命中的分分秒秒都用来荒淫无度。而这一切，全被东夷族有穷氏首领后羿看在眼里。

这里，需要注意后羿与神话中射掉太阳的那个后羿的区别。

在神话中，后羿是尧时期的英雄。当时天上挂着十个太阳，把大地晒得直冒烟。眼看再这么下去，人类免不了要变成烤肠，天帝于是就给后羿一把神弓，命他解民众于倒悬。后羿接到任务后，用神弓射掉九个太阳，成了大英雄，追求他的姑娘有一大串。

最后，后羿与一个名叫嫦娥的姑娘对上眼，搭伙成了夫妻。

后羿工作比较忙，不是传艺狩猎就是访友求道，经常把嫦娥扔在家里独守空房。后来，一次偶然的机会他得到一包不死药，吃下后就能升天成仙。后羿狠不下心让嫦娥独自在人间，也不愿升天去做神仙，就把不死药交给嫦娥保管。

令人想不到的是，不死药的事情无意中被后羿的一个徒弟逄蒙知道了。

逄蒙是个阴险小人，他趁后羿率众徒外出狩猎，假装生病留了下来。待后羿等人走后，逄蒙就仗剑潜入嫦娥房间，威逼她把不死药交出来。嫦娥知道自己不是逄蒙的对手，又不想让他这种恶人成仙危害天庭，便当机立断，以迅雷不及掩耳之势吞下不死药，飘离地面，冲出窗口，向天上飞去。

这就是我们耳熟能详的神话故事中的后羿，他与我即将要讲的有穷氏部落首领后羿是有所不同的，希望你们在阅读过程中注意区分神话与历史的不同。

嫦娥奔月（日本 / 月冈芳年）

夏朝时期的有穷氏部落是东夷诸部之一，其首领后羿是个野心勃勃的人，一直觊觎夏王太康的权力。太康昏聩无能，不理政事，专爱打猎，致使民怨沸腾。

一次，太康带着随从去洛水南岸打猎，越玩越高兴，晃荡了三个多月也没想起回家这事，比职业猎户还要敬业。后羿一看这真是千载难逢的好机会，就带上一帮兄弟趁着夏都空虚之际一举将其拿下。

那时通信极其不畅，都城都被人攻陷了太康还不知道——不是没人想告诉他，而是没人能找到他。

等到太康兴高采烈带着各种山珍野味欲渡洛水返回都城的时候，这才傻眼了，因为河对岸已布满了后羿的军队。

太康回头看看自己的随从，觉得对付一下野鸡兔子还行，真要和善射的后羿部队硬拼，恐怕只有当刺猬的份儿。思来想去，太康也没想到一个靠谱的办法，只好继续在洛水南岸过他的游猎生活。

这件事在历史上有个专业称呼，叫“太康失国”。

后羿夺取夏都自立为王，像个十足的暴发户，很快就继承了太康畋 [tián] 猎游乐的爱好，不修民事，只把政事交给一个名叫寒浞 [zhuó] 的人去处理。而寒浞是个野心家，不久又杀死后羿，自立为王。

太康盘游图（清代版画）

后羿距河图（清代版画）

夏朝的王子复仇记

话说太康因为游猎失国，心情很是郁闷，于是落下心病，不久又得了重病，很快就去世了。

太康死后，夏朝臣僚、贵族顿时没了主心骨，不知该何去何从。为了防止散伙，最后众人一合计，就拥立太康的弟弟仲康为王，在斟寻（今山东潍坊）一带建立了一个小朝廷苟延残喘。

先前的大朝廷都保不住，何况是小朝廷，不久仲康也去世了。仲康的儿子姒相走投无路，只好依靠斟灌、斟寻等东方同姓诸侯和亲夏势力的支持，试图积蓄力量，进行反攻。

而另一边，寒浞在杀死后羿后，野心继续膨胀，想一统天下。他采取了分而治之、各个击破的战术，先后灭掉了斟灌和斟寻，除去姒相的左膀右臂。紧接着，寒浞又兵分三路围攻姒相居住地帝丘（今河南濮阳），试图对夏朝斩草除根。

仲康肇位图（清代版画）

姒相势单力薄，虽率领城中军民拼死抵抗，最终还是难逃城破被杀的结局。

不过，尽管姒相战死，他的老婆缗[mín]却从墙洞中逃脱掉了。

当时缗已经怀孕，历经千辛万苦才逃回娘家有仍（今山东济宁），并在那里生下了姒相的遗腹子少康。

少康是夏朝的第六任王（从禹算起），虽然家世很牛很耀眼，但他出生时没有赶上好时候，童年生活简直可以用悲惨来形容，因为他老娘是按照特种兵的标准去培训他的。从这一点上看，少康受到的教育和金庸小说《天龙八部》中的慕容复差不多。他从小就信念坚定，一副苦大仇深的表情，每天只琢磨一件事，那就是如何才能复国。

然而复国不是打网游，花点儿钱买几个好装备，熬几个通宵就能闯出一片天地。少康面临的问题是关于自己家族存亡的大问题，不是光有钱就能解决的。

况且他还没钱。

在很多人看来，少康复国无异于痴人说梦。

少康也这么认为，但每当他的信念动摇的时候，他母亲缗就会站出来对他说："娃儿，别灰心，路还长着呢，放羊是一辈子，复国也是一辈子，那你干吗不选择更辉煌的那个呢？你现在看起来一无所有，但你身上流淌的血液注定你将是一条龙，而不是一条虫。"

多数情况下少康听到这话就会重拾信心，但随着年龄和认知的增长，他也会提出一些自己的看法："即使我是一条龙，也是一条困在浅滩的龙，动弹不得啊。"

缗一听少康居然这样说，勃然大怒，扬手对他就是一巴掌，骂道："你怎么会有这么混账的想法？打今天起，你给我记住了，龙困浅滩遭虾戏只是暂时的，等到涨潮时，龙还是龙，虾却永远只是虾。”

这一巴掌让少康有一种脑震荡的感觉，但效果很显著，他立马回到母亲给他设定的正确路线，说：“哦，我明白了，但还没全明白，你还得告诉我潮涨前我该做哪些准备。”

缗摸摸少康的脑袋，满脸爱意和歉意，说：“这个你不用操心，我和你姥爷会把一切都给你安排好，只要你不偏离轨道，我肯定能把你扶上天。”

缗的父亲，也就是少康的姥爷，是有仍氏这个部落的首领。部落虽然不大，但对早期的少康来说已经足够他折腾的了。他第一份工作是在有仍氏做牧正（畜牧局局长），谁知单位环境还没熟悉好，寒浞的儿子浇便派人追捕他。没办法，少康只好远避他乡，来到一个名叫有虞（在今河南虞城县西南）的地方。

有虞的首领虞思是夏朝的铁杆追随者，一听说少主子来了，立马让人高规格接待。在这里，虞思不但颇有心思地让他担任了庖正（餐饮部部长），以培养他的理财能力，还送给他两个美貌女子做老婆，以及两份大礼：一块十里见方的土地（有田一成）和五百个供他驱使的仆人（有众一旅）。

少康终于过上了小康日子。

这种日子和复国比起来，不但安逸，而且安全，如果不是名利心特别强的人，舒舒服服过一辈子也就算了。但少康却无法平静下去，他无法消除母亲那一巴掌带来的后遗症，他觉得如果不做一个真正的有为青年，无论死活，都会面临一个非常尴尬的局面——地下无法向列祖列宗交代，地上无法向老娘交代。

他原本一无所有，赢了，都是

命掌六师图（清代版画）

仲康即位后，任命胤侯为大司马，掌管六师，以有计划地进行军事训练，提高作战能力。

赚的；输了，顶多赔上一条命。

这大概是所有光脚不怕穿鞋的人的惯有心思。

但是，光脚的人虽然敢拼，却无法保证能赢，因此，上面的那个心思顶多算是一种心理安慰。古往今来，无论是单挑还是群架，靠的都是实力，历史上的那些以少胜多、以弱胜强事件属于宣传片，永远不会成为普遍规律。

少康想来想去，觉得即使习得一身旷世奇功，也无法以一己之力 PK 寒浞和他的爪牙。他现在唯一能做的就是依靠身份优势，挖掘自己身上的所有正能量，把寒浞的敌人全部争取过来。

寒浞的敌人是劳苦的人民大众。

于是少康打着先祖大禹的旗号，广泛施恩布德，并对劳苦的人民大众说："我祖上出了个太康这么不靠谱的人，让各位的祖上受苦了。不过，后来他也得到了应有的惩罚，前天我还梦见他，至今仍被祖宗罚跪呢。当然，我今天召集大家来的目的，除了替太康道歉，还准备替他赎罪。或许你们也知道，太康虽然做了不少不着调的事，但多是个人作风问题，危害范围仅限于宫内，不影响大家生活。寒浞就不同了，他自己是恶人不说，还养了一群恶人为非作歹。我不知这么多年你们是怎么忍受过来的，反正我是看不下去。"

民众想想觉得少康说得很有道理，就决定与他一同反对寒浞。

就这样，打仗的人马算是凑齐了，但是指挥打仗的人还不够。

幸运的是，这个问题很快就得到了解决，他祖上逃亡的旧臣听说他要起兵复国，乌泱泱的，全都前来与他会合。在旧臣们看来，寒浞败亡是迟早的事情，而少康又年少有为，跟着他混，极有可能把失去的前程给追回来。

但是，完成了争取民心和积蓄力量这两项任务后，还不能立马起兵复国，因为寒浞并没有露出致命破绽。贸然行动，即使胜利也会付出极大代价。

好的猎手绝对是一个善于等待时机的人。

而这个等待并没有花费太多的时间，最后一根稻草——寒浞持续强有力的暴行，终于压垮了那个早已不堪重负的国家机器。

于是少康趁机联合夏朝旧臣伯靡，带领他们的复仇之师，一路势如破竹，攻克旧都，灭掉寒浞，夺回王位，重新恢复夏王朝的统治。

接着，少康为了兑现先前的承诺，玩命工作。很快，在他的治理下，天下安定，文化大盛，各部落齐心拥护，夏朝再度兴盛，开启了中国历史上首个以"中兴"二字命名的时代——少康中兴。

关于少康中兴，我们可以拿当时酿酒业的发达来佐证。我们都知道，酿酒比较耗费粮食，肚子都填不饱肯定不会想着用口粮去酿酒，因此酿酒业的发达只有在粮食有剩余的情况下才有可能出现。而相传使用粮食酿酒的鼻祖就是少康（一说是杜康，也有说杜康与少康是同一人），他也因此被后人尊为酒圣。所以，从侧面来看，少康中兴时的百姓生活即使达不到小康，也肯定能填饱肚子，这在中国历史上已经算是很不错的了。

凉风吹变（明代版画）

据研究，中国古代最早用曲蘖[niè]酿酒。曲是一种经过酵母菌发酵后含有酿酒菌类的谷物，把曲放进煮熟的谷物中发酵，就可以造出酒来。蘖是一种发芽的谷物，里面含有麦芽糖，遇到酵母菌即发酵成酒。图为明代《天工开物》中关于曲蘖制造的插画。

不过，少康复国的故事虽然十分励志，但我们在感动的同时还应该看到一个亘古不变的真理，那就是得民心者才能得天下。

得民心者得天下的道理很浅显，做起来却很难，历史上的朝代其实就是在得民心与失民心的轮回中一次次更迭，宿命一样无法改变。

夏桀：史上第一个帝王反面教材

少康死后，他的儿子予即位为夏王。

予，又称作季杼[zhù]，为夏朝的第七任王，曾带领一支军队协助老爹铲除寒浞父子的势力，是少康的左膀右臂。据传他以善于制造兵甲出名，在位期间，主要致力于夏朝的中兴，巩固和发展少康创立的业绩，彻底肃清寒浞的残余势力，并大力征伐东夷各部。在我国历史上，有这么一个观点，创业难，守业更难，所以要论对夏朝的贡献，季杼绝对不会输给他爹少康。

事实上夏族的后人也的确用实际行动来表达了对季杼的认可，每逢祭拜祖先的时候都把他放在重要的位置。在他们看来，季杼是能继承大禹事业的一代明君，给予高规格的待遇也是理所当然的。只可惜后来的历史对季杼一直没有重视起来，这也没办法，谁让老爹的光芒太耀眼，儿子受点委屈也只好认了。

季杼之后，夏王朝的五六位王能力都很一般，工作业绩也不突出，不过倒是没出现什么大乱子，夏朝基本处于一个平稳发展时期。直到一个名叫孔甲的人继承王位，夏朝才开始再次走上衰败的道路。不少诸侯蠢蠢欲动，胆大的甚至已经开始叛离。然后这种混乱又持续了几代，最后夏朝王位的权杖就传到了夏桀（jié，桀是后人给取的谥号，意为凶猛）手中。

夏桀是个很有能力的人，才智与勇力兼备，据传能折断钩锁和生擒野牛。

但越是有能力的人，做起坏事来破坏力也就越大。夏桀生性残暴，酷好酒色，看谁不顺眼就对其武力威逼，仗打了不少，虽胜多败少，可也使夏朝元气大伤。

夏桀最为宠爱的妃子是妺 [mò] 喜。妺喜曾是一个方国的公主，夏桀攻其国家，把她当成一个战利品据为己有。

不知是出于报复还是心理不正常，妺喜养成了三个与众不同的癖好：一是喜欢看人在大到可以划船的酒池里饮酒；二是爱听撕裂绢帛的声音；三是喜欢穿戴男人的官帽。于是，夏桀征服妺喜的国家，到头来却被妺喜征服，凡是她提出的要求，全都一一满足。有个叫关龙逄 [páng] 的大臣实在看不下去，就劝夏桀不要再折腾了，多少做点靠谱的事情，否则整个国家都会玩儿完的。

脯林酒池

这个时候，已经走火入魔的夏桀哪会听人劝，说：“我是否快完蛋咱先放一边，但我知道你肯定快完蛋了。”说完，就让人把关龙逄给处死了。

关龙逄的死并没有阻止其他大臣劝谏的浪潮，最后

关龙逄多次向夏桀进谏，夏桀却对关龙逄施以酷刑，关龙逄遂赴火而死。图为明代《人镜阳秋》中关龙逄赴火而死的插画。

夏桀实在不耐烦了，说："老子我就好比天上的太阳，哪能说完就完？"

当时虽然没有网络，但这句严重脱离地球引力的雷语还是不胫而走，并很快在百姓中传开。而百姓对夏桀的回复更是经典：只要你能死掉，我们就是与你同归于尽也可以。

百姓若无惧生死，暴君就只能等死，只不过，夏桀还没有意识到这点。

胜利不见得是件好事

由于夏桀太过胡闹，一些诸侯看不下去，就通过各种方式表达不满。夏桀为巩固统治，没有选择安抚，也没有选择暴力，而是决定向所有不安分的诸侯秀一秀自己的肌肉，以期能摁灭他们心中的怒火，防止其捣乱。

于是他召集各路诸侯，在少康的出生地有仍举行大会。

大会开得很热闹，该来的也都来了，效果甚至比预期的还要好。

这是一次成功的大会，不出意外的话也将是一次圆满的大会，夏桀踌躇满志，连大会胜利闭幕的演讲稿子都准备好了。然而就在这时，有人告诉他，一个叫有缗[mín]氏的部落在大会开到一半的时候突然早退了，听说回去还不是为了抢收庄稼，而是准备造反。

夏桀勃然大怒，这是对他自尊心的极大侮辱。这辈子，他除了在乎宠妃妹喜，最在乎的就是他那张已经不再年轻和俊朗的脸面了。他决定不惜一切代价也要把丢掉的脸面给找回来，于是大兴问罪之师，前去讨伐有缗氏。

经过激烈战斗，夏桀如愿灭掉有缗氏，取得了胜利。

他很高兴，决定好好犒劳一下为他挣回脸面的虎贲[bēn]之师。他让人准备了酒海肉山，以自助餐的形式让将士们尽情享用。将士们卖力吃喝，但酒海肉山就是一点也不见消减。

夏桀待宴会散去后看到这个情况，便问厨师长是咋回事，怎么这一仗打下来将士们的饭量不升反降，不会个个都是在减肥吧！想想又觉得不对，摇摇头说："不至于啊，减肥向来都是我一人的事，将士们每天进行高强度体能训练，该增肥才对啊。"

厨师长回复夏桀说："将士们的饭量没有下降，而且有所增加，但是人数比出师前锐减，所以才剩了这么多。"

夏桀问："到底损失了多少将士？"

厨师长回答："几乎损失殆尽，活下来能来吃饭的，也都是缺胳膊少腿相互搀扶来的。"

夏桀颓然倒地，说："我不是打胜仗了吗？"

厨师长回答说："我们的确打胜仗了，但付出的代价也是惨重的。现在，我们夏朝只剩下胜利勋章和一个空壳子了。"

夏桀又问："我这是不是叫自掘坟墓？"

厨师长看了看远方，没有回答。

不过，后人对这件事倒是有一句精准的评价："桀克有缗以丧其国。"也就是说，夏桀赢得了战斗，却耗尽了最后一丝力气，输掉了国家最后一丝希望。

也就在夏朝江河日下的时候，东方的商国却如一轮红日冉冉升起。

商国是由居住在黄河下游的商族部落发展来的，始祖名契，与尧、舜、禹大致生活在同一个时代。

据司马迁《史记·殷本纪》记载，契的出生非常玄幻，他的母亲简狄一次与人在水边洗澡，看见一个燕子的蛋，吞下去就怀孕并生下契来。另外，《诗经·商颂·玄鸟》

中也有“天命玄鸟（即燕子），降而生商，宅殷土芒芒”这样的记载。

天命玄鸟，降而生商（东晋 / 顾恺之）

于是，有人据此考证说，燕子可能是商族的图腾，而契无父而生的现象则恰好说明当时商族部落还处在母系氏族社会阶段。

契既然不是一个凡人，那他所做的事自然也带有传奇色彩。

根据文献记载，他长大后曾辅佐大禹治水，立下汗马功劳。后来开庆功大会，论功行赏，大禹除了任命契为司徒，还将商地作为采邑分封给契，因此契的后人就以“商”作为自己的族名。

虽然商族的祖先很有来头，但商在汤之前却很少被人关注过，只是夏朝众多附庸中的一个。等到汤当上商的首领时，正好赶上夏朝走下坡路，而下坡路的尽头就是悬崖。在这个时候，汤可以有两种选择，一个是拉主子一把，另一个是趁他快到悬崖边时踹他一脚。

汤，又称商汤，是历史上著名的圣君，道德水平和思想境界全都高耸入云，但他还是选择了后者。道理很简单，夏朝已经病入膏肓，却还在讳疾忌医，谁要是说它得了绝症，它就让谁立即绝命，根本没得救，也没人敢去救（不死心的人可参照一下关龙逄的下场）。因此，如果救夏朝，就是置天下苍生于水火；灭夏朝，则反能解民于倒悬。

不过，夏朝虽然已经奄奄一息，但余威尚在，危险尚在。商汤为了安全起见，决定利用自己年富力强的优势，准备熬到夏朝油尽灯枯时再动手。

夏朝的统治者夏桀虽然平时动手能力很强，但这一点都没影响到他的智力发展，不用人给他打小报告，便揣摩出商汤的心思。于是，夏桀准备在商部落发展成毒瘤之前就把它给切除掉。他采用的方法是利用自己主子的身份把商汤召到自己的都城。

商汤知道如果去夏朝都城，肯定凶多吉少，但他没有别的选择，因为现在商与夏的力量还有很大差距，如果立马翻脸就可能导致他最不愿看到的后果——功亏一

徯我后（现代 / 徐悲鸿）

《徯我后》是徐悲鸿在“九一八事变”后创作的描写夏桀残暴统治的油画。在夏桀的残暴统治下，人民痛苦不堪，故殷切地期盼商汤带兵讨伐暴君来解救他们。

箦。不过据他分析，夏桀虽然狂妄自大，做事还算光明磊落，这次可能只是他给我一个警告，应该不会使用什么下三烂的手段，因此还是非常值得赌一把的。

商汤如期来到了夏都，令他失望的是，他刚到便被夏桀囚禁于夏台。但是，当夏桀准备下令杀掉商汤的时候，却突然犯了难，思来想去，愣是找不到一个除掉商汤的正当理由。更让他犹豫不决的是，商和支持它的军队正蠢蠢欲动——当然，这不是夏桀犹豫的理由，他不是怕打仗，而是不愿授人以柄。于是，又经过若干天的思来想去，夏桀最终也没向商汤举起屠刀，只好将他放了回去。

古代战争檄文的模板

夏朝祚命将终，商汤死里逃生，这就使他愈发觉得上天在对他暗示什么。他想，如果老天真选中我了，那最好再给夏朝下点猛药，至少能够减少一些将士的伤亡。

果然，在这一年，夏朝的中心区域伊洛一带发生了百年一遇的旱灾，不光是百姓没饭吃，就连宫里的那些大臣，每天看夏桀的眼神都越来越不对——他们看的不是君主，而是乳猪。

商汤觉得发起进攻的时机已经成熟，便召集归附他的诸侯，举行了一场声势浩大的誓师大会。

在大会上，商汤先历数夏桀的罪行，点燃大家的熊熊怒火；然后又宣读战争规则，让大家团结友爱，互帮互助，取得胜利后一定会按功行赏。

会后，商汤的这个演讲词被秘书整理成一篇极具煽动性的檄 [xí] 文《汤誓》，并传到全国各地，取得了非常好的宣传效果。最牛的是，后世中的很多战争檄文也都是以这篇文章为模板的。

公元前 1600 年，在这种极为有利的局势下，商汤发动了消灭夏王朝的战争。夏桀势孤力穷，节节败退；汤乘胜追击，在鸣条（一说在今河南封丘东，一说在今山西运城东北）一带将夏军击溃。

夏桀被俘，与他的宠妃妺喜一同被放逐到当时还很荒僻的南巢（今安徽巢湖），并很快在那里终结了自己的一生。

夏桀既死，夏朝也随之成为历史。

时间的车轮继续滚滚向前，一个属于商的时代方才真正开始。

商汤放桀（当代／刘永华）

附：

夏年表

（据《夏商周断代工程 1996—2000 年阶段成果报告》）

朝代	王	年代
夏	禹	前 2070—前 1600
	启	
	太康	
	仲康	
	相	
	少康	
	予	
	槐	
	芒	
	泄	
	不降	
	扃 [jiōng]	
	廑 [jǐn]	
	孔甲	
	皋	
	发	
	癸（桀）	

第四章 商朝沉浮

刻在甲骨上的朝代

王位经过两个叔叔的接力，最后居然还能安全地传到自己的手里，对太甲来说，是幸运的。王位来之不易，太甲分外珍惜，在即位之初，太甲勤勉工作，表现得很不错。但是没过多久，太甲突然发现，相对于枯燥乏味的工作，吃喝玩乐要有意思得多。

商汤是个有人格魅力的人

商汤能建立商朝，开辟一个新时代，和他极大的人格魅力密不可分。

和其他很多开国君主不同的是，商汤出生的时候父母双全，也没有什么奇异的现象发生，即使后来当上首领成为夏朝的一个方伯[1]，也都是顺顺当当的，没有遇到什么大的波折。

他不像以往的圣君那样具有那么多的神秘色彩，让人觉得高高在上，无法企及。

他长得很普通，就像一个邻家大叔或大爷。

他虽贵为国君，却没有一点架子，是那种扔在人堆里就找不见的人。

他给后来的君王起到了一个很好的示范作用，并让他们感觉，做圣君其实是件很简单的事情。

所以，商汤不但是当时的全民偶像，也是后来君王追捧的对象。

商汤浑身散发着巨大的正能量，使得他好像成了一个具有强大引力的磁场，吸引着越来越多的诸侯前来追随。但也有不开眼的，与商国紧邻的葛国（今河南宁陵）就顽强抵御了商汤的诱惑，坚持做夏朝走狗的路线不动摇。

①古代诸侯中的领袖，谓一方之长。

商汤和葛国没什么深仇大恨，可他知道若想推翻夏朝，必须得先拔掉这颗毒牙。不过两国睦邻友好这么多年了，如果商汤毫无缘由突然翻脸实在有失风范，这让他十分苦恼。恰在这时，有人向他告状，说葛国的国君真是太不像话了，为虎作伥也就算了，居然还不敬鬼神，像这种人怎么还有脸活在世上。

听到这话，商汤两眼一亮，觉得这真是个极好的把柄。要知道，商汤除了有“行仁义”这个大优点外，还有极浓厚的“敬鬼神”的思想。他认为人活着必须要学会感恩，而感恩的最主要途径就是敬天法祖。葛国不把鬼神放在眼里，我商汤就不能坐视不管，得给它提个醒，这也是我向鬼神表现的绝佳机会。于是商汤就派人去问葛国国君葛伯到底是怎么回事。

葛伯听完商汤使者的问话，气得一戳就爆，心想大家不都说好不干涉别国内政吗？退一万步说，不敬鬼神顶多算是我的家事，就是不对也轮不着你管啊。

尽管很生气，但葛伯知道对方就是来找碴儿的，现在敌强我弱，还不是翻脸的时候，一定要压住怒火，以防掉入对方圈套。想到这里，他满脸堆笑对商汤使者说：“这个实非我所愿，谁不想把鬼神给伺候好啊，但现在我们正处于空前的经济困难时期，人吃的是牲畜的东西，牲畜没得吃，都饿死了，所以根本没有东西去孝敬鬼神。国情如此，我也没办法。”

使者把原话带给商汤，商汤沉吟一下说：“这样吧，派人去挑选一些肥嫩的牛羊给葛伯送过去，先看他什么反应。”

过了一段时间，使者回来汇报说：“葛伯还是没有祭祀鬼神，送去的牛羊全被他吃了。问其原因，他就说只有肉没有酒，不是两全其美，鬼神肯定不满意，送还不如不送，只好自己吃了。”

商汤说：“这个能理解，酿酒需要粮食，你去再吩咐一下，派些国都附近有经验的老农去葛国帮其恢复农业生产。另外，我们要自带吃喝，只贡献不索取，这次看他还有什么话说。”

又过了一段时间，使者回来了，不过是拄着拐杖回来的。商汤问：“怎么回事，咋还挂彩了？被狗咬了？”

使者摇头又点头说：“是被葛伯的那些狗腿子给弄的。我们不是去帮助葛国的农民种地吗？但到那儿才发现，那里的很多人饿得只剩下喘气了，根本没法开展工作。于是我们就把带去的口粮分给他们吃，谁知这时突然冲来一群脑满肠肥的打手，见人就打，见东西就抢，连小孩都不放过。我运气好，只折了一条腿。”

商汤听到这里，叹了口气说：“看来连鬼神都把葛国放弃了，我已经仁至义尽，只好替天行道，把葛伯这个毒瘤给挖掉。”于是他立马吩咐早已整装待发的军队向葛国开进。

葛伯这才傻了眼，忙向他的大哥夏桀求援，但夏桀正忙着纸醉金迷，哪有工夫搭理他。很快，商国军队如洪水一样涌入葛国，葛伯兵败被杀。

商国灭葛，其实只是拉开了灭夏战争的序幕。随后，商汤再接再厉，一口气又灭掉了其他十个不听话的部落或小国，“十一征而无敌于天下”。到了这个时候，夏桀终于开始恐慌起来，这才有了前文中讲述的夏桀囚禁商汤于夏台的事情。

伊尹：一个有理想的厨子

商汤能够从夏桀的手中成功脱险，除了与夏桀的性格缺陷有关，还有一个重要原因，那就是他背后有一支高水平的智囊团在高速、积极地运作。这个智囊团以一个名叫伊尹的人为代表，伊尹对商朝的建立和发展甚至起到了决定性作用。

根据《吕氏春秋》记载，伊尹的出生非常传奇，他的母亲是个居住于伊水边的普通村妇，因违逆神的旨意，被洪水淹死，变成了一棵中空的桑树。伊尹就是从树洞里生出来的。后来桑树托着伊尹随波逐流，一直漂流到有莘国，被一位采桑的女子发现。采桑女将伊尹献给了君主，君主便命厨师哺育伊尹。从这一点上看，伊尹和同样被水漂走的弃婴唐僧有相似的地方。所不同的是唐僧遇到了一个好处所，长大后成了御弟哥哥；伊尹则继承了养父的手艺，长大后成了一名职业厨师。

在当时，厨师的地位很低，连开饭馆成为个体户的资格都没有，唯一的出路就是给有权有势的人家当做饭的家奴（其实就是奴隶）。

伊尹运气不错，几经辗转，最后居然成了有莘国御膳房的厨子。

有了运气，再加上手艺不错，伊尹很快就被莘侯提拔为厨师长。

但伊尹的思绪很少停留在厨房的那个狭小空间，他平时非常关注时事政治，天下大势

商代平民服饰复原图（当代／刘永华）

更是了然于胸。他认为自己是个能做大事的人，而这个大事肯定不是能在厨房里实现的。

经过分析，伊尹觉得夏朝气数已尽，这个时候如果有个强势人物能够顺天命振臂一呼，一定能成就大业。他首先把莘侯给排除掉，莘侯人虽不错，但是国小力弱，跟在别人后面呐喊助威还行，单独让他去带头反对夏桀，给他地图估计他都不知走哪条路。

相对于莘侯，商汤就不一样了，他是那种天生就具有大哥气场的人。再加上他有一定的政治野心和雄厚的国力，可以说是造反的不二人选。伊尹觉得，跟这样的人混才有出息，也只有这样的人才能配得上当他的主公。

但这时伊尹还只是个奴隶，没有自由，也就意味着没有可能选择自己喜欢的老板。因此，他的那种良禽择木而栖的感叹也只不过是自己一厢情愿的闪念而已。

幸运的是，正当伊尹为这事苦恼不已的时候，一个绝无仅有的机会降在了他头上，而制造这个机会的人正是莘侯。

莘侯是一国之君，虽然没有工作上的苦恼，但是他必须要为莘国的未来操心。莘国是小国，周围强敌环视，在外交上没有话语权，只能找一个可靠的大哥罩着。

按理说，夏朝是所有诸侯共同的大哥，现在他还在，你们这些小弟不应该有别的想法啊。莘侯其实也不想有别的想法，但他见夏朝只剩下一个空壳子，别的诸侯都在另谋出路，自己要是不做点什么，真怕跟不上形势，以后就是想跟也跟不上。

莘侯新找的大哥就是伊尹准备要跟的老板——商汤。

找大哥其实就是找靠山，虽然不需要交什么保证金，但至少要表现出一定的诚意。这个和《水浒传》中入伙上梁山一样，得有个凭证证明自己的忠心，别你今天信誓旦旦说要忠于大哥一辈子，明天就磨刀霍霍砍过来了。

上面说的是帮派中的规矩，国与国之间的情况尽管复杂得多，道理也是一样的。今天国际上通行的法则是叫一大帮媒体记者，在一个公开的场合，由两国相关负责人共同签署一个已经达成的协议或条约。而在古代，由于背信弃义是常有的事，除了签订白纸黑字的东西外，往往还需要一些别的方法进行制约，比如最常用的是互换人质或进行联姻。

互换人质的方法一般在两国实力相当时采用得比较多，像齐桓公公子小白以及秦始皇的父亲秦庄襄王都曾当过别国的人质；而联姻多是在讨好或安抚对方的时候用，比如大家熟悉的王昭君就是在这种情况下嫁出去的。

莘国相对于商国属于弱国，互换人质是别想了，那就只剩下巴结的份儿了。莘侯思来想去，最后觉得送人质不如联姻好，因为联姻不但能够起到送人质的效果，而且双方结为儿女亲家，在面子上也很能过得去。

经过一番考量，莘侯决定把自己最宠爱的一个女儿嫁给商汤。

这是一个关乎国运的政治联姻，莘侯很重视，倾全国之力来筹备这个婚礼。而伊尹就是在这场婚姻中发现了自己苦苦寻觅的机会。他找到莘侯，说：“公主嫁到商国，刚开始生活一定不习惯，如果您不介意的话，我愿意追随公主陪嫁过去。”

莘侯一想也对，女儿长这么大也没受过什么委屈，到了商国不同于在自己家，想吃什么吃什么。伊尹这个人心细，做的饭菜也很符合女儿的胃口，一同陪嫁过去至少在饮食上我可以放心。

于是莘侯就同意了伊尹的请求。

伊尹随着公主来到商国后干的还是老本行，给商汤的家族成员做厨子。值得一提的是，虽然伊尹每天都不怎么把心思放在做饭上，但是他的厨艺水平仍然是无人能敌。

对于做饭，他很有一套自己的理论，认为烹饪之道，全在于鼎中的变化，必须用心才能去领悟，即“鼎中之变，精妙微纤，口弗能言，志弗能喻。若射御之微，阴阳之化，四时之数”。而经过精心烹饪的饭菜，需要达到什么水平才能算好呢，伊尹的标准是“久而不弊，熟而不烂，甘而不哝，酸而不酷，咸而不减，辛而不烈，澹而不薄”——晕菜了，这几条标准即使今天的五星级饭店也未必能达到。

但正因为此，这个原本在伊尹看来是个副

顾绣伊尹出山图（清代／佚名）

业的工作，却给他在餐饮界带来一个无上的荣誉——中国厨师的祖师爷。

由于做饭太好吃，伊尹很快就引起了商汤的注意。这天闲来无事，商汤便让人把伊尹叫来，想看看他究竟是个什么样的人。

伊尹长得很普通，这点让商汤有点失望；但伊尹的神情和别的奴隶有很大不同，这点又让商汤感到很好奇，于是他就试着与伊尹交谈了几句。

古往今来，但凡成功的人，通常善于等待和抓住机会，但是，若想取得更大的成功，必须还得具备另一条，那就是善于创造机会。

伊尹就是一个善于创造机会的人。从做厨子的那天起，他并没有因为工作低贱而整日抱怨，而是刻苦钻研饮食之道，试图用饭菜来抓住主人的胃，进而抓住主人的心。结果他成功了，并顺利地实现了第一个愿望——走进商国。

来到商国后，伊尹没有选择等待，而是主动出击，几顿饭菜下来就实现了他的第二个愿望——走近商汤。

所以当商汤派人来传唤伊尹的时候，他一点也没吃惊，因为在这之前他已经做了足够的准备。他相信他准备的那些东西一定能征服商汤的心，然后实现他的第三个愿望——走进商汤。

伊尹先是向商汤阐述了自己的饮食之道，这些都是商汤闻所未闻的东西；然后他话锋一转，就从饮食之道谈到了治国之道。他说："治国其实和做饭是一样的，都需要掌握火候，火太小了，饭容易夹生；火太大了，饭容易烧煳。据我观察，大王您现在就已经掌握了治国的火候，所以我建议您可以把志向设定得更大更远一些。"

桑林祷雨（清代／佚名）

商汤时，天下大旱。太史占卜后说："必须杀一个人来向上天祈雨。"商汤说："我正是为了百姓才求雨的。如果一定要杀一个人才能求雨，那就让我自己来吧。"于是商汤亲自到桑林中祈求降雨。

商汤自然明白伊尹的意思，激动得连碗里的汤都来不及喝了，连忙起身向前握住他的手说："你是谁招来的？一个具有政治才干的人怎么给安排了烧菜的工作？"

伊尹倒显得很平静，说："我的本职就是厨子，但我这个人平时比较喜欢看新闻，所以对时事政治也了解一些。"

商汤的激动还没有退却下来，说："我刚才从你说的那一番话中知道你绝对是个经天纬地之人，因为你是第一个能看穿我心思的人。这样吧，咱们明白人不说糊涂话，你开条件吧。"

伊尹想了一下，说："这样吧，我现在先不和您提要求，您先试用我一段时间，对我有个系统的评估后再给我安排相应的职位。"

商汤竖起拇指佩服地说："痛快！那咱就这么定了，从今天起，你也别进后厨了，先留在我身边暂时做个秘书吧。"

伊尹会心一笑，他终于站到了他梦寐以求的舞台上。在这个舞台上，他将舞出一场属于他自己的波澜壮阔的人生。

君臣同心，其利断金

需要指出的是，关于商汤和伊尹见面的场景，不同的文献有不同的说法，在《墨子·贵义》中，还记述了另一个流传较广的版本。大致内容讲的是商汤听说伊尹很有能耐，就要前去见他，但是他的司机想不通，说："你是国君，他是奴隶，要了解什么情况派个人问问不就行了吗？"商汤却回答说："伊尹是一剂能让人耳聪目明的灵药，你阻止我去见他，是不想让我好啊！"于是就把司机赶下车，另换个人一同前去见伊尹。

通过对比我们可以发现，墨子的这个记载多少掺杂些文人一厢情愿的情结，那就是希望君主能够礼贤下士，不拘一格地任用人才。这个思想在后来的那个著名典故"三顾茅庐"中其实也有体现。

综上所述，有人认为墨子的这个版本可信度不大，因为当时毕竟是奴隶社会，阶级矛盾还比较尖锐，商汤就是再怎么开明，估计也很难自降身段前去探访一个低贱的奴隶。

但不管是哪一个版本，结果都是一样的，即商汤和伊尹不仅见上面了，而且一见如故。

于是在君臣二人的共同努力下，商国的发展一日千里，百姓对商汤的认可度越来越高。

比如有一次，商汤带人下乡考察民情，路上偶遇一个农夫正在那里挂网捕鸟。和以往见到的不同的是，这个农夫在东西南北四个方向都悬挂了网，只要是飞进这个范围内的鸟无一能逃。

商汤觉得太残忍，就命手下把其中的三面网给没收了，并上前对农夫说："哪有你这样赶尽杀绝的，鸟虽然不是人，但它在天上是自由自在的，想往左飞往左飞，想往右飞往右飞，我们对它也应该有仁德之心。所以，我命令你必须网开三面，只捕捉那些不听天命往里钻的鸟，否则的话，你和夏桀能有什么区别？"

结果这件事很快流传开来，人们纷纷议论，认为如果事情是真的，那说明商汤还真是不错，你想啊，他对待飞禽都这么仁慈，对我们劳苦大众也应该差不了。

而周边的诸侯也都通过此事以小看大，觉得商汤不错，跟着他混应该会有一个好的前程。就这样，商国的力量滚雪球似的越滚越大，商汤很高兴，便提拔伊尹为右相。

然而由于商汤实力过于外露，终于引起了夏桀的注意，夏桀将他召到国都，囚禁于夏台。在商汤被囚的日子里，伊尹可是没闲着，每天都带着自己的团队加班加点谋划营救策略。经过商议，伊尹确定了三个营救举措：一是在诸侯中大肆宣传夏桀囚禁商汤的恶劣影响，给大家造成一种心理上的恐慌；二是收集大量珍宝美女，

商汤解网施仁（清代 / 佚名）

投夏桀所好，以一种低姿态向他服软；三是贿赂夏桀宠妃妺喜，让她给夏桀吹枕头风，多贬低一下商汤，好让夏桀放松警惕。

事实证明，这三点取得了非常好的效果，成为夏桀最后决定释放商汤的重要因素。

若苗有莠图（清代版画）

此图描绘了商汤被囚禁在夏台的情景。

商汤虽然平安归来，但他还是心有余悸，觉得这次能够化险为夷，实在是福大命大。也正因为此，他认为征伐夏桀这事不能再拖了，以防夜长梦多。

可伊尹对此表示反对，他说："尽管夏朝穷途末路，但它几百年的基业在那儿摆着呢，其声威余绪，不可忽视。另外，我们是夏之方国，贸然讨伐有以下犯上之嫌，在舆论上很吃亏，所以我建议必须有十足的把握才能进行。"

商汤听到这话，急了，说："那你说什么时候？"

伊尹微微一笑，回答说："我们不能立即讨伐，主要原因是不知夏朝还有多少追随者，因此我们可以先试探一下虚实。"

商汤问："如何试探？"

伊尹说："我们就停止向夏进贡，以观反应。"

商国停止进贡，夏桀很愤怒，怎么刚把你放回去就不知自己几斤几两了，看来我这回得给你教育好了，真要是不知悔改，那也只好交给你地下的祖宗去管了。于是夏桀调动自己全部力量，起用"九夷之师"共同征商。

九夷位于商的东面，实力雄厚，如果与夏桀一起进攻，商国就会陷入两面受敌的危险境地。伊尹看到这个情况，对商汤说："对方太强，现在还不是硬拼的时候，咱们得赶紧给夏桀认个错，避免战争发生。"

于是商汤连忙给夏桀回复说："大哥，真对不起，负责进贡的人没经验，事一多就忙晕了，把这事给忘了。后来等我觉察到，发现已经晚了，对此，我非常抱歉。不过你放心，欠您的贡品我会加倍补上的。您有的是度量，应该不会因为这点小事就和我们过不去吧。”

夏桀被商汤几句恭维话哄得晕乎乎的，又见他认错的态度很诚恳，面子和贡品也都要回来了，继续较真实在有失风度，就给商汤回复说：“鉴于你是初犯，又能这么积极地认错，我也就不追究了，但是下不为例吧。”

第一次试探就这么有惊无险地过去了。

过了一年，又到了进贡的时间，伊尹说：“我们再试探一下，别交贡品了吧。”

商汤想起去年凶险的情景，不是特别有底气，问：“有把握吗，要是还和去年一样咋办？”

伊尹说：“那你是愿意再等一年呢，还是立马想知道结果？”

商汤叹了口气说：“等待的日子也不好过啊，整天提心吊胆的，既然迟早都会面对，还真不如赌一把。”

于是商国再次拒绝进贡的消息很快就传进了夏桀的耳朵，这回他是真愤怒了，拍案而起，说：“这回谁要是拦我，我就连他一块儿修理了（其实去年也没人拦他）。”

夏桀再次召集九夷等方国准备伐商，可命令下达了许久也不见动静，派人去各国问，九夷都回复说正忙着抓生产保民生，没工夫去打仗。夏桀不傻，知道这些都是托词，直骂他们个个都是白眼狼。

商汤和伊尹见机不可失，连忙指挥早已待命的军队一举灭夏。

因此可以说，如果没有伊尹，仅凭商汤一人想开辟一个全新时代还真有点难。

大臣是如何流放君主的

商朝建立后，国都设在亳（bó，今河南商丘）。虽然这也是个奴隶制国家，但在商汤执政的时候，由于实行的是“以宽治民”的政策，所以商朝刚开始时的阶级矛盾较为缓和，政权较为稳定，国力也日益强盛。

就全国而言，商王是最高统治者，同时也是最大的奴隶主。商王为了凸显自己至高无上的权力和地位，通常自称“余一人”“一人”或者“予一人”。又因为他们认为自己是天帝的嫡系子孙，死后是要回到天上继续当帝王的，所以商王名字前都冠以“帝”号，如大家熟悉的商纣王名号就叫帝辛。

商汤死后，因其儿子太丁早亡（《史记》称他尚未成为王就已去世，不过有些人仍然把他列为商朝君主之一），就由太丁之弟外丙即位；外丙死后，其弟中壬即位；中壬死后，太丁之子太甲即位。

太甲即商汤的长孙。

王位经过两个叔叔的接力，最后居然还能安全地传到自己的手里，对太甲来说，是幸运的。王位来之不易，太甲分外珍惜，在即位之初，太甲勤勉工作，表现得很不错。但是没过多久，太甲突然发现，相对于枯燥乏味的工作，吃喝玩乐要有意思得多。

而这一切，全被老臣伊尹（据传活了一百多岁）看在眼里。伊尹一辈子可以说把所有精力都投入在商朝的创建上，眼见太甲每天糟蹋先祖和他的劳动果实，实在心痛。

这时伊尹虽然已经老态龙钟，但是精力还是惊人的旺盛，工作起来更是不要命，因此，举国上下，无论是谁，都无法忽视他的存在。

最要命的是，伊尹凭借自己多年的威望，手中还握有连太甲都无法企及的权力。

这天没有任何征兆，正当太甲玩得高兴的时候，伊尹找来了。他把闲杂人员支开，问太甲："你还记得你刚即位那会儿我给你写的那三篇文章不？"

太甲记忆力不赖，说："记得，分别是《伊训》《肆命》和《徂 [cú] 后》，文章写得不错，我现在还能背呢。"说着就要背给伊尹听。

伊尹忙用手制止，说："我今天来不是为了听你背文章的，而是问你文章的内容是否领悟了。"

太甲说："领悟了啊，不就是讲一些我爷爷时期的法度，以及怎样做一个好君主，如何分辨是非之类的大道理吗？"

伊尹见太甲装傻充愣，只好把话挑明："我问的不是这几篇文章的中心思想，而是问你领悟到怎样做一个好君主没有；或者更直白一点，就是你现在感觉自己是一个合格的君主不？"

太甲支支吾吾说："这个……这个我还真不好意思夸自己。"

伊尹终于愤怒了，略带讽刺地说："你不是不好意思，是没脸说自己吧。看看你现在，斗鸡走狗，游手好闲，把王宫弄得乌烟瘴气。"

太甲听伊尹这么说，有点不服气，说："现在宫里宫外的大小事务不都是由你来主持吗，我倒是想管，可我插得进手吗？工作不让干，剩下那么多无聊时间，我也只好找些无聊的事做了。"

伊尹听太甲反驳得有理有据，气得直哆嗦，说："你想管，那你得看有没有

桐宫思训图（清代版画）

能力去管，我已是土埋半截的人了，还能贪恋这些死不带去的权力？你倒说说看，真要是哪天我走了，你是否有把握对付那些在官场和战场上身经百战的大臣？如果不能，那你是否对得起先祖对你寄予的厚望，是否对得起苍生对你寄予的期待？”

太甲听完，汗如雨下，低头不语。

伊尹叹了口气说：“为了对苍生负责，也为了对你先祖有个交代，我准备把你放到你祖父的安息地桐宫好好反思一下，什么时候悔改了，什么时候你再回来。”

太甲到这时方才明白伊尹这次来不是像往常一样给自己上思想教育课的，而是来下达放逐命令的，一时间忧惧、愤怒、无奈涌上心头。

需要说明的是，关于伊尹放逐太甲这事，在历史上是一直存在争议的。

一种说法是，伊尹是为了自己的政治野心，把太甲赶下台，自己即位当了王，后来太甲经过七年准备，终于潜回都城，杀死伊尹后复位。

还有一种说法是，太甲被放逐后，经过三年反思，把身上的毛病全都改掉了，一心一意就想着如何把国家给治理好，伊尹见太甲浪子回头，便把他接回，并把权力归还，让他继续当王。

前一种说法是从人性本恶的角度去分析伊尹的，认为人都是有私欲的，当一个人拥有绝对权力时，很难再像以前那样坚持自己固有的原则，因此，伊尹从贤臣变为佞臣也是顺理成章的事；后一种说法是从儒家视角进行解说的，认为贤人之所以被称为贤人，就在于他高尚的人格魅力。

比如，后来孟子对伊尹放逐太甲并归还其位这事曾进行评价，说“有伊尹之志则可，无伊尹之志则篡也”，意思是遇到像伊尹这种高素质的倒还罢了，若遇到没素质的，恐怕他早就篡位了。因此，从这一点上看，伊尹作为中国儒家认可的一位圣人，是当之无愧的。

盘庚：靠迁都扬名立万的人

太甲复位后，继续开拓商汤的事业，为商的发展出力不少，后世称之为“太宗”。太甲之后，沃丁、太庚、小甲、雍己、太戊先后即位。在雍己时期，商王朝走了一段时间的下坡路，出现了一些地方诸侯不来朝贡的现象。

好在不久后太戊即位，任用伊尹的儿子伊陟 [zhì] 为相，进行了大刀阔斧的改革，国力很快得到恢复。太戊也因此被后世尊为“中宗”。

从商汤到太戊，前后经历五世十王，是商王朝从建立到巩固并逐渐强大的阶段，可以被看作商朝历史的第一个发展时期。

但是从中丁到阳甲期间，国力又开始迅速衰弱。其主要原因是这一时期商朝内部发生了长期争夺王位的斗争（史称“九世之乱”，都是“兄终弟及”的王位继承制度惹的祸），使得作为国都的政治中心不断迁移，先后共迁了五次。

我们知道，迁都无论在什么时候都不能算是小事，况且是在没有搬家公司的商代。

数次迁都，再加上洪水等天灾不断，商朝的经济受到很大影响，进而影响到政权稳定。这一现状直到盘庚时期才得到改观。

德灭祥桑（清代 / 佚名）

盘庚是阳甲的弟弟，是商代第二十个国王。他即位的时候，政治极为混乱，阶级斗争也不让人省心。为了改变现状和挽救危机，盘庚最后还是决定再迁一次都，而地点，他选择了“前带河，后背山”的风水宝地殷（今河南安阳）。

盘庚的决心很大，想法也不错，就是有一点，没人买账。

而其中最大的阻力来自于贵族。这些贵族属于既得利

盘庚迁殷图（清代版画）

迁殷奠居图（清代版画）

益团体，迁都就意味着财富可能被分割，事业需要从头打拼。最让盘庚郁闷的是，一些平民安土重迁，也不愿意离开已经生活习惯了的地方。他们共同的心思是，迁都可以，但我们不愿再继续折腾，要迁你一个人迁。

盘庚没有当光杆司令的爱好，当然不会一个人迁。于是他在好言劝说不成的情况下，严厉告诫所有人，要么死，要么迁。

这种情况下，喜欢吃硬不吃软的贵族终于妥协，同意迁都；贵族同意后，平民自然也都没话说。

公元前 1300 年，盘庚正式迁都于殷，然后商朝的国都在这之后就再也没有挪过窝。因为盘庚迁殷意义重大，所以历史上以此为界，将商朝分为前后两个阶段，同时又称商朝为殷商。

迁殷后，由于这里土肥水美，非常适合生产建设，再加上盘庚本人水平比较高，能力比较强，坚持“行汤之政”，所以很快就“百姓由宁，殷道复兴，诸侯来朝”。商朝终于摆脱了中衰的危机，并为后来的兴盛奠定了基础。

盘庚也因此被称为“中兴贤王”。

把打仗当成娱乐的武丁

盘庚死后，王位由其弟小辛、小乙先后继承。公元前 1251 年，小乙去世，他的儿子武丁即位。

武丁是商朝第二十三个国王，在位时间长达五十九年（再熬两年就赶上康熙了），是一位文治和武功均负盛名的国王。虽然生在帝王家，但是武丁的父亲小乙对他还是高标准、严要求。只要一有机会，武丁就会被下放到基层锻炼。

由于长时间生活在民间，武丁十分了解普通民众的疾苦。他即位后，政事勤勉，生活节俭，任人唯贤，不问出身，如他的宰相傅说，以前身份就是一个筑墙的奴隶；武丁在空闲时也会搞个娱乐活动，多偏向暴力刺激，比如打仗。

武丁一辈子究竟打了多少场仗，估计连他自己都说不清。他连年对各方国用兵，北征河套，西伐渭汭，南讨江淮，为商朝“邦畿 [jī] 千里，维民所止，肇域彼四海”的广大疆域做出了极大贡献。那时的战争规模虽然没有后世的大，但每次征伐也有数千人，其中最多的一次达到了一万三千人。

不过在攻打众多方国时，武丁不是乱打一气，而是有侧重点的。比如他对羌 [qiāng] 人就重点关注，一有机会就带兵前去找碴儿。在甲骨文的卜辞中，经常会出现诸如“击羌”“伐羌”的记载，如果羌人不幸被抓回，下场通常会很悲惨，不是被杀掉用来祭祀祖先，就是被分配给贵族当牛做马。

被征服的方国，不但要定期向商朝进贡，还要提供免费劳力，奉命征伐，遵守一切礼仪制度，商王更是对方国的首领握有生杀大权。此外，每个方国为了便于管理自己的区域，都仿照王室建立地方性的政权机构，组织军队，设置监狱，征收贡赋。

由于方国众多，各个方国地位有高有低，封域有大有小，力量有强有弱，这就使得一些小国成为大国的附庸。而那些大的方国的领袖通常被称为“方伯”。

方伯雄视一方，成为一方之长，如果他们服从王室，就能镇抚一方，加强王室的统治力量；但如果王室羸 [léi] 弱，他们往往又是让人头疼的捣乱分子。像后来灭掉商朝的周国，其实就是一个很大的方国，其首领的称谓就是大家比较熟悉的“西伯侯”。

可见商王说话是否有人听，和自身的人格魅力无关，只和实力有关。

虽然商王对外的权力有一定的局限性，但是在商王的势力范围内，他还是比较吃得开的。在盘庚迁殷前，由于商朝没有稳定的政治中心，王权也不振，王室统治的范围很小，力量很弱。等到迁殷后，内乱消弭，都城不再迁移，于是就逐渐形成了一个以国都为中心的王畿。

王畿又称畿内，是商王的统治区域，其规模远大于单个的方国。这是商王国凌驾于诸方国之上的基础和保障。王畿之外的地方称为畿外，就是众多方国、部落的地盘。

说完了方国，再简单说一下商朝的军队。

商朝的军队组织庞大，商王为最高统帅，另有左、中、右三师。商朝有一定的常备军，用来维护日常统治，但打仗的时候往往还需要临时再征召一些士兵。士兵的主要来源是平民，如果人手不够，有时也会拉一些奴隶去充数。

从兵种上说，商朝前期以步兵为主，后期出现了车兵，并逐渐成为作战主力。

车兵作战，主要就是靠配合，通常是每辆战车驾两匹马，配三个甲士：一人是司机，负责驾车；一人手持戈或矛，负责刺人或砍人；还有一人是弓箭手，负责远距离射杀敌人。另外，战车两旁和后面还跟随着由平民组成的步兵数十人，打仗时以兵车为主力，兵车与步兵相互配合，进退攻守自如。

而武丁，就是靠这些战车和士兵，攻克一座又一座城池，赢得一个又一个胜利，并最终让商朝的疆域和威望达到了顶峰。

值得一提的是，武丁的老婆，一个名叫妇好的女人，对领兵打仗的兴趣要比对做饭喂孩子的兴趣大得多。她跟随丈夫南征北战，屡立战功，是中国历史上有据（甲骨文）可查的第一位女性军事统帅。更令人惊奇的是，妇好不但会打仗，而且还负责国家的主要祭祀活动，在这个国家拥有很高地位。

虐待狂商纣王

武丁死后，他开创的兴盛局面一直维持到祖甲在位期间。但是在祖甲之后，商王的整体质量就开始长时间居低不上，全都是些“不知稼穑之艰难，不闻小人[1]之劳，惟耽乐之从”的货色。好在这帮人寿命都不长，在位的时间多则十年八年，少则三四年，还没等把自己恶的一面充分发挥便去世了。

然而这个时期，商朝的问题已不限于商王了，因为当时整个社会从上到下都弥漫着一股惰性气息——贵族贪图享乐，平民消极怠工，奴隶大量逃亡，有时甚至还

---

①在商代，“小人”指的是平民百姓，而“百姓”是贵族的总称。

会发生武装暴动。

所有的这一切，都在商朝最后一个王帝辛那里得到集中体现。

帝辛就是商纣王，“纣”是后人给他起的谥号，意思是“残义损善”。和夏桀一样，商纣王也属于那种智勇双全的人，他博学多才，力能扛 [gāng] 鼎，要智慧有智慧，要口才有口才，连司马迁都夸他“资辩捷疾，闻见甚敏，材力过人”。只不过，经过图书、影视、网络等媒介的卖力宣传，商纣王的知名度和流传范围要比夏桀更大一些罢了。

除了优点，商纣王最突出和最让人关注的还是他的那些缺点，这些缺点具有独创性，把他的很多优点都遮住了。

但商纣王根本没有想过去改掉他的缺点，因为他根本不在乎别人对他的看法，也因为那些对他有看法的人大多已经死了。

人都说商纣王最大的缺点是好色，关于这个问题商纣王从来没有否定过。

商纣王最为宠爱的女人名叫妲己。

妲己最大的特点是长得好看，据传她是一个苏姓诸侯的女儿，也算是系出名门。后来因为国家被商纣王征讨，她的父亲为了讨好商纣王，就把她献了出去（这与之前夏桀获取妹喜的方式是一样的）。

没有经过两情相悦的恋爱过程，妲己就将以一个战利品的身份去面对她的男人。在见到商纣王之前，妲己心里还没底，如果将要与她生活的男人是个糟老头子，她实在不知如何抉择。她还很年轻，不想死去，也不想让自己的青春死去。

幸运的是，她的一切担忧都是多余的，商纣王不仅不是个糟老头子，而且还是个孔武有型的大帅哥。更重要的是，这个帅哥对她百依百顺。

一切都显得那么美好，妲己甚至有点抱怨父亲为啥不早点把她献给商纣王。

而商纣王自从得到妲己之后，一向花心成性的他居然做到了万千佳丽不看，唯独宠幸妲己一人……如果隐去姓名，相信很多人看到这里绝对会以为这是一段值得让人祝福的姻缘。

然而事实上，这个姻缘的形成，造成了商朝历史上一系列惨绝人寰事情的发生。

按照中国台湾作家柏杨的话说，商纣王和妲己这对夫妇简直是一对超级虐待狂。他们俩在相遇之前，虽然偶尔做些不靠谱的事，但整体来看还都算是正常人。可当两人结合在一起之后，仿佛发生了化学反应，人性突然之间就变成了兽性。

我们还是先看看他们都做了些什么吧。

他为了讨好她，除了修筑众多亭台楼阁，还特地建造酒池肉林，让青年男女在里面嬉戏，以便能够从中寻找乐趣。

酒池肉林（日本 / 佚名）

他为了满足她对奢侈品的需求，不惜“厚赋税以实鹿台之钱，而盈巨桥之粟”，致使民众叫苦连天，被逼造反。

他为了镇压反抗，创造性地设计出了“炮烙之法”，即让反对他的人在一根被炭火烧透的铜柱上赤足行走，如果掉落下去就会被烧成烤串。

他同样视王公大臣为草芥，三公之中的九侯被剁成肉酱，鄂侯则被制成肉脯，西伯侯姬昌刚要对他们表示一点同情，自己也很快中招，被囚禁在羑 [yǒu] 里（纣王时期的监狱）。

他拒谏饰非，连自己的亲戚也不放过。大臣比干是他的叔父，看其所作所为实在不像话，便劝了两句，结果被当众挖心。

他一直认为自己掌握着天下命运，谁不听话，就武力解决，武力解决不掉那就用更强的武力解决。

他啃掉不少难啃的骨头，也遇到不少挫折，在征讨劲敌东夷族的时候，战争前后持续了三年，尽管最后获胜，但一抹嘴却发现满嘴的牙齿全都被磨光了。

《左传·昭公十一年》中说：“纣克东夷而殒其身。”意思是商纣王攻打东夷的同时也在给自己挖坟——这一点与当年“桀克有缗以丧其国”是何等相似。

遗憾的是，商纣王和夏桀一样，都是属于比较自大的人，比较喜欢活在自己的世界里。

因此，可以这么说，商纣王是一个好男人，好丈夫，但绝不是一个好君主。任何人只要把自身的缺点发挥到极致，那缺点就不再是缺点，而是错误，致命的错误。

而看到你致命错误的人将会是你致命的敌人。

所以，当商纣王把好色和狂妄都发挥到极致时，在黑暗中，一双潜伏了很久的复仇眼睛已经注视他很久了。这双眼睛的主人就是当年被商纣王囚禁的西伯侯姬昌。

不过姬昌并没有最终完成他的复仇计划，他死后，这个任务就交到他的儿子姬发手里。

公元前 1046 年，姬发率领一帮“志同道合”者开始造反。他们渡过了黄河，与纣王的军队相遇于牧野，一场在当时看来史无前例的群殴开始了。

我在这儿之所以用“群殴”而不是用“战斗”来形容，是因为他们之间根本没有太多的流血牺牲。

事情是这样的，当纣王军队遇见姬发的军队后，不是立即开打，而是问他们是来干什么的。姬发的军队说：“我们是来推翻商王的暴政的。”

纣王的军队说：“那咱们是一伙的啊，我们也想推翻商王，但苦于力量不够，你们这一来，事情就好办了。”

姬发的军队说：“那最好不过了，大家同去，同去。对了，顺便问一句，我们来打仗是为了赢点战利品回去，以便养活老婆孩子，你们的目的是什么？”

纣王的军队答：“我们不如你们，先娶个老婆再说。”

于是姬发的军队在纣王军队的引导下很快攻破朝歌（今河南淇县，商朝陪都），纣王自焚，妲己自缢而死（一说被杀）。

商朝灭亡，姬发建立周朝，定都镐 [hào] 京（今陕西西安），历史上叫作西周。

刻在甲骨上的历史

虽然商朝已经灭亡，但是关于商朝的故事却还在延续。

2001 年 3 月，“中国 20 世纪 100 项考古大发现”在北京评出，其中殷墟的发现和发掘以最高票数居榜首。殷墟，顾名思义，指的就是商朝国都殷的遗址，其具体位置在今天河南安阳市西北小屯村附近。

殷墟在考古界得到如此高的重视，凭借的应该是自己的实力。根据目前的考古发现，殷墟有三样东西最为世人所熟知：甲骨文、青铜器、妇好墓。

甲骨文和散文、杂文不一样，它不是指文体，而是一种刻在龟甲或兽骨上的文字。我们知道，先秦时期的历史比较简单，不是因为那时候的人不做事，而是由于年代过于久远和史料记载较少。在甲骨文发现之前，我们对这一时期历史的了解多局限于文献和传说，像夏朝和商朝，有没有在历史上真实存在过谁也拿不准。

对于拿不准的事，证明它最好的办法就是用事实说话。

最早发现甲骨文的载体甲骨片有学术价值的是清末金石学家王懿 [yì] 荣。

王懿荣是山东福山（今山东烟台）人，出身于官宦世家。虽然家境不错，但他对香车宝马不感兴趣，打小就喜欢研究一些古本旧书或者是金石之学。为搜求文物古籍，王懿荣足迹遍及鲁、冀、陕、豫、川等地，“凡书籍字画、三代以来之铜器印章、泉货残石片瓦无不珍藏而秘玩之”。如此一来，他的那点工资根本不够折腾的，有时手头紧，连老婆的嫁妆都被他典卖掉。

1899 年秋天，身为国子监祭酒（相当于国家最高学府的校长）的王懿荣身患痢疾，就派人到北京宣武门外的达仁堂去抓几包药。在煎药之前，王懿荣偶然发现有一味名叫“龙骨”的药很特别，上面被刀横七竖八划了一些貌似古文字的刻痕。具有极强学术敏感性的王懿荣觉得这玩意儿不一般，很有可能是已经失传的古文字，于是就按字论价，以每字二两银子的高价开始收购甲骨片，前后共购得一千五百多片。

所谓“龙骨”，其实就是刻有文字的甲骨片，其产地在河南安阳一带。当地农民在耕地的时候如果发现了甲骨片，就把它当成中药卖给药店，算是一项副业收入。因此，在王懿荣发现它的真正价值之前，究竟有多少甲骨片被吃进人的肚子，就不得而知了。

甲骨文被人遗忘了几千年，最后又被人重新认知，算是不幸中的大幸。

相比于甲骨文，它的发现者王懿荣的结局实在是大不幸，因为在他发现甲骨文的第二年（1900），发生了震惊中外的八国联军侵华事件。在战争期间，搞了一辈子学术研究的王懿荣被任命为京师团练大臣，负责保卫京城。最后兵败城破，王懿荣与继室谢夫人、长媳张夫人，从容投井殉国，时年五十六岁。

王懿荣死后，他的好友、著名学者刘鹗（字铁云，著有《老残游记》）在 1903 年出版了第一部著录甲骨文的著作《铁云藏龟》，正式拉开了甲骨文研究的大幕。

与甲骨文研究相对应的是甲骨片的发掘。

1908 年，考古学家、金石学家罗振玉首先弄清楚了甲骨片的出土地点，然后他和王国维（与罗振玉是儿女亲家）考证出殷墟是商朝晚期的旧都，这就促成了 1928 年殷墟的发掘，从而使商朝历史真正成为信史。

目前殷墟被科学发掘几十次，总计出土甲骨十五万片以上，共有单字五千字左右（目前能识别一小半）。从文字结构来看，如象形、指事、会意、形声、假借等汉字造字原理都已具备，是一种相当成熟的文字。

甲骨文因为是用刀把文字刻在龟甲或兽骨上，书写比较麻烦，所以必须言简意赅，绝不允许有废话。这与今天老师让学生写作文动不动就要求 800 字以上有很大不同。好文章哪有靠字数取胜的，王安石曾写过一篇议论文《读孟尝君传》，全文仅用 90 个字，照样能把事情和观点说得清清楚楚。幸亏老祖宗没有这种字数要求，

“甲骨四堂”是指对甲骨学做出重大贡献的四位中国学者，因为他们的名号中都包含一个“堂”字，故称“甲骨四堂”。

▶董作宾，字彦堂，多次主持或参与安阳殷墟的科学考古发掘工作。

▶罗振玉，号雪堂，首次提出考释甲骨文的正确方法。

▶王国维，号观堂，最先把甲骨文和商朝历史的研究结合起来。

▶郭沫若，字鼎堂，以马克思主义为指导进行甲骨文和商朝历史研究的第一人。

◀商代『王为般卜』龟甲刻辞

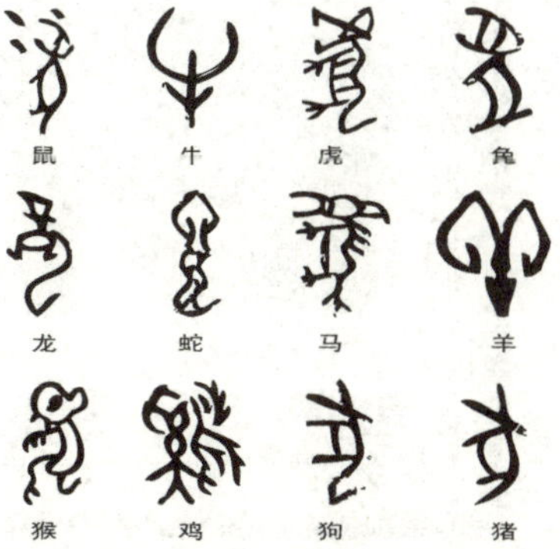

◀甲骨文十二属相的写法

否则一个养龟专业户产的龟甲也不够他儿子写一篇作文。

商朝人超级迷信鬼神，以商王为代表，几乎无日不卜，无事不占，似乎没有神灵的指示，连饭都不知吃几碗，所以甲骨文的内容多是祭祀、战争、渔猎、农事等重要事情的问卜结果。其中祭祀和战争是国家的头等大事（国之大事，在祀与戎）。

在祭祀的时候，商代奴隶主贵族除了宰杀大量的牛、羊、猪、狗外，还要杀人作为祭品，实行人祭。

人祭的主要构成是战俘，也有奴隶。根据甲骨卜辞中的材料统计，武丁以后历代商王所用的人祭数目，多达 1.3 万，其中用人最多的一次达到 500 人。

人祭的大量存在，表明商代还处于奴隶制不发达阶段，还无法将大量的俘虏由贡献神灵的牺牲转变为从事生产的奴隶。

当然，根据礼制，祭祀不是光杀几个人和摆上两个猪头就行的，在这之前，还需要制造大量的礼器。

商代最重要的礼器是青铜器，根据历年考古发掘的结果，已经出土的商代青铜礼器有数千件之多。青铜礼器的大量制造，表明商代青铜冶炼技术的发达。据对出土的青铜器进行分析，当时的工匠已比较熟练地掌握了青铜合金的特点和性能。

学过化学的人都知道，纯铜呈紫红色，质地比较软，别说用来耕田种地，就是做成器具摆在那儿，时间长了也会瘫软成一团。所以铜要想发挥功用，必须要与其他金属混合锻造才能弥补缺点。而青铜作为金属冶铸史上最早的合金，就是由红铜、锡、铅合铸而成的。

目前商代出土的青铜器中，最著名的要数司母戊鼎（有学者认为应称“后母戊鼎”）。

司母戊鼎通高 133 厘米，口长 112 厘米，口宽 79.2 厘米，形制雄伟，重达 832.84 千克，是目前已知中国古代最重的青铜器。虽然鼎的最基本的用途是用来烹煮食物，但是像这么大的鼎，估计也只有祭祀的时候用得上，平时应该没有谁用它来烧火做饭。

因为青铜器不太具有实用功能，所以人们在制作的时候十分重视它的外表形象。

商代的青铜器表面一般都铸刻有漂亮的花纹，前期线条比较粗疏，多是动物纹、几

邮票上的司母戊鼎

何纹；后期的纹饰日渐繁缛，主要有饕餮 [tāotiè] 纹、夔 [kuí] 龙纹、蝉纹、云雷纹、蟠 [pán] 龙纹等。其中以云雷纹为最常见的底纹。而有的青铜器，不光有花纹，还有铭文。这些铭文因铸刻于青铜器上，所以又叫金文或钟鼎文。

在商代前期，青铜器具上几乎看不到任何铭文，商代晚期才出现少量表明器主族氏的各类符号，直到商王武乙之后方才出现字数较多的铭文，最多的有 40 余字，相当于一个中学生写的排比句。

有了鼎，有了肉，还没法祭祀，因为还缺少酒。

商代酿酒业发达，酿酒的主要原料是黍、稷等谷物。酒除了用于祭祀，还要供给奴隶主贵族。由于对酒需求量巨大，所以就需要雄厚的农业做后盾。

在那个时候，无论是商王还是各级贵族都很重视农业发展。农业不仅是国民经济的基础，还是国民经济的根本，没有农业，那和茹毛饮血的原始社会有什么区别？

但是，农业又是一个比较脆弱的经济门类，与季节天象有着极为密切的关系，今年降水少或者降水多，都会对粮食收成产生巨大的影响。那个时候，农业生产没有化肥、农药和天气预报的帮助，庄稼是否长得好，老天爷说了算。既然是老天爷说了算，那么多拍拍他的马屁总没有坏处，因此在殷墟的甲骨文卜辞中，就有不少关于祈雨和天象的记录。而这些又与天文和历法有关。

在我国古代，第一部传世的历法是夏代的《夏小正》。它是按夏历 12 个月的顺序，分别记述每个月中的星象、气象、物象以及所应从事的农事和政事，是一部自然历的历法。

而商代的历法是一种阴阳合历，是把月亮的一次圆缺算作一个月，有大小月之分，大月 30 天，小月 29 天，一年为 12 个月。然而由于月亮圆缺 12 次比地球绕太阳一圈（称为地球公转，时间为一年）的时间要短，因此就需要弥补这段差数。商代人采取的办法是设置闰月，即在某一年内增加一个闰月，以便让阴历时间跟上阳历时间的脚步。这种阴阳合历的历法一直使用到现在，形成了具有我国特色的历法制度体系。

农业发展得好，只能解决生存问题，而要想跳出生存，奔向高质量的生活，就需要手工业来为我们服务了。

商代的手工业门类繁多，有制造骨器、玉器、车辆以及其他各种生活用品的专业手工作坊。只不过这些手工作坊都掌握在贵族手中，生产的目的也是满足他们的享受和国家的需要。

由于铜在当时是一种稀有的贵金属，主要用来铸造礼器和兵器，因此无论是平民还是贵族，日常生活中最常用的还是陶器。于是制陶业也就成了商代最重要的手工业生产部门之一。

商代的陶器主要是灰陶，也有少量的红陶和黑陶，更高级一点的，就是采用高岭土（瓷土）烧制的白陶。这种白陶，烧制温度在 1 000℃以上，胎质细密，色泽皎洁，吸水性弱，已经具备了瓷的基本特点，为我国后来的陶瓷生产奠定了基础。

阅读链接

我国是世界上最早养蚕缫丝和制造绢帛的国家，到商代，丝织物已经成为贵族们主要的衣着原料。

商朝人对天文现象已经有了比较丰富的认识，在甲骨文中，有人类最早的关于日全食以及日全食出现“日珥”现象的记载。

商代医疗水平有了一定提高，在河北省藁[gǎo]城市台西的墓葬中曾出土过一个石砭[biān]镰，专家考证，这个石砭镰是用来切割脓血的。这是我国已知的最早医疗用具。

由于崇奉神灵，有商一代，工资最高、社会地位最高的职业一直是巫。巫平时除了卜辞算卦外，还有一份重要的兼职，那就是给人看病。

卜辞是有固定的结构的，一条完整的卜辞可以分成前辞、命辞、占辞和验辞四个部分，包括占卜时间、贞人、占卜内容、吉凶判断及占验结果等，和八股文一样让人感觉了无生趣。

商的先王王亥曾用牛群运载货物进行商业活动，因此有的学者进行推断，后世从事商业活动的人之所以称为商人，就是因为商朝人擅长贸易活动。

“司母戊鼎”这个名字是郭沫若给取的，后来别的专家经过对比妇好墓中出土的“后母辛鼎”发现，两个鼎的形制、纹饰和铭文的风格均一致，于是最后就认定“司母戊鼎”应该叫“后母戊鼎”。

妇好的丈夫是声名赫赫的武丁，虽然她的名气没有丈夫的大，但是她的墓却是殷墟唯一保存完整的商代王室墓葬，这也算是另一种声名赫赫吧。

商代时，蜗居就已经是一个很严重的社会问题了，据考古发掘得出的结论，商代平民的住宅面积都很小，大多都在十平方米以下，最小的则只有四五平方米，连两张双人床都放不下。

附：

商年表

（据《夏商周断代工程 1996—2000 年阶段成果报告》）

朝代	王	年代	年数
商前期	汤 太丁 外丙 中壬 太甲 沃丁 太庚 小甲 雍己 太戊 中丁 外壬 河亶[dǎn]甲 祖乙 祖辛 沃甲 祖丁 南庚 阳甲 盘庚（迁殷前）	前 1600—前 1300	
商后期	盘庚（迁殷后） 小辛 小乙	前 1300—前 1251	50
	武丁	前 1250—前 1192	59
	祖庚 祖甲 廪辛 康丁	前 1191—前 1148	44
	武乙	前 1147—前 1113	35
	文丁	前 1112—前 1102	11
	帝乙	前 1101—前 1076	26
	帝辛（纣）	前 1075—前 1046	30

第五章 西周荣枯

这才是王的盛宴

姜子牙有了用武之地后，不顾高龄之躯，每天不计报酬加班加点地工作，一是为了回报文王的知遇之恩，二是为了向那些对他眼红的人证明，我姜某人靠的可不是耍嘴皮子，我是凭真本事吃饭的。

捋顺周人的家谱不容易

周人的始祖弃（后稷）是个地地道道的农业工作者，姬姓，曾被尧举荐为“农师”。弃的父亲是“五帝”中的第三帝帝喾，母亲姜嫄 [yuán] 为有邰 [tái] 氏部族的女儿。

根据《史记·周本纪》记载，姜嫄有一次去郊野，看见一个巨人的脚印，非常好奇，就上前踩了一脚，没承想却有一种触电的感觉。完了也没当回事，谁知十个月后居然生下一男婴。姜嫄感觉事有蹊跷，怕不吉利（估计是怕丈夫责问），就把男婴扔到街巷里，结果牛马见到他都绕道走；随后姜嫄又准备把他扔到山林中，但赶上了伐木工人下班，没机会丢掉；最后姜嫄想来想去，就把他放置在沟渠的冰上，心想即使饿不死也能给冻死。然而令姜嫄没想到的是，男婴被天上的飞鸟发现后，飞鸟就来“搅局”，张开翅膀把他给盖住。

后稷图（清代版画）

到了这个时候姜嫄终于明白，她生的这个儿子可能是个神，既然如此，还是别把他当不祥物扔来扔去了，不如抱回家当祖宗给供着吧。因为最初想把他抛弃，所以姜嫄给

后稷善于种植各种粮食作物，曾教民耕种，被认为是开始种稷和麦的人。此图选自明代仇英所画的《帝王道统万年图》。

他取名叫弃。

为方便大家理解，这里有必要再把弃的家谱简单捋一遍。

弃的父亲帝喾是黄帝的曾孙，帝喾的父亲是蟜 [jiǎo] 极，蟜极有个堂哥名叫颛顼，即“五帝”中的第二帝。黄帝死后，因颛顼有圣德，立为帝；颛顼死后，没有让自己的儿子接班，而是直接把帝位传给了聪明能干的侄子帝喾。

帝喾“聪以知远，明以察微。顺天之义，知民之急。仁而威，惠而信，修身而天下服”，前后共在位七十年，这期间社会和谐，百姓安居乐业。帝喾死后，就把帝位传给了大儿子挚。

挚干了九年，可能是力有不逮（一说是死掉），就把帝位让给了水平更高的尧。尧同志干得不错，对他的那些异母的兄弟也多有照顾，比如聘任弃为农师，负责大禹治水后的农业生产恢复工作。后来大禹接任帝位，对弃的工作给予了高度肯定，就封他于邰，号曰后稷，并尊其为农业神。

从弃开始，到周武王建立西周王朝之间的这段时间，是周人发展历史上的“先公时代”。据《史记·周本纪》记载，周人的先公一共传了十五代。其世系传承如下：

弃→不窋 [zhú] →鞠→公刘→庆节→皇仆→差弗→毁隃→公非→高圉 [yǔ] →亚圉→公叔祖类→古公亶父（太王）→季历（王季、公季）→昌（西伯、文王）。上下两王关系皆为父子。

如果从尧舜时期的弃算起，那么到周文王时候，中间隔了 1 200 多年，但仅仅历经 15 代，也就是说平均每世在位时间有 80 多年，这显然是不可能的——除非他们真有长寿秘诀，否则我们就权当它是传说吧。

弃之后，周族世系延绵不断。夏桀时，弃的四世孙公刘率领全族成员迁至泾水中游的豳（bīn，今陕西旬邑）定居，在那里耕种放牧，社会经济得到了较大发展，史称“周道之兴自此始”。

又过了九世，古公亶父接管了周族的权杖。由于经常受到戎狄的侵扰，古公亶父遂决定迁离居住了三百余年的豳，带领族人翻过梁山、渡过漆水，来到了岐山之下的周原（今陕西岐山、扶风一带），自此称为“周人”。

周原自然环境不错，土地肥美，草甘如糖。周人在这里定居后，开田筑城，设官分职，并利用奴隶从事生产，经济飞速发展，很快就摆脱了戎狄习俗的影响。周族从此开始向国家过渡，古公亶父由于为周人的崛起奠定了基础，被后世尊为太王。

古公亶父死后，他的幼子季历（周人称为王季）即位，对曾经欺负周人的戎狄开始进行反扑，取得了一个又一个胜利。因为商朝也面临着戎狄侵掠的问题，所以商王文丁对季历颇为看重，对他赐地封赏，还任命其为牧师，牧师即西方诸侯之长。

季历于是抓住时机，又娶了殷女挚仲氏为老婆，成了商朝的女婿，使得周国势力日益壮大，成为西方诸侯之长。

周国的喜人进步，与已经是夕阳西下的商朝形成了强烈对比，这让疑心颇重的商王文丁很没有安全感。文丁认为，在周国真正崛起之前一定得把它摁死，于是，他利用宗主国的身份把季历骗到殷都，又设计将他杀死。

令文丁始料不及的是，季历死后，即位的姬昌（即周文王）比他爹还要有水平。只不过文丁还没来得及对他下手就驾鹤西游了，再加上姬昌高调做事、低调做人，所以在很长一段时间内周国并未受到特别关注。

当文王遇到姜子牙

直到“大名鼎鼎”的商王帝辛即位，周与商的关系才又开始变得水火不容。

帝辛是文丁的孙子，也是历史上大名鼎鼎的商纣王。

在上一章中，我已经介绍了商纣王是个有智力、有能力的君主，只不过他的能力和智力不是用在治国理政上，而是用来贪图享乐。

文王即位时，国力还无法与商朝抗衡，所以就表现出一副低眉顺眼的姿态，继续臣服于商。

纣王可能是出于对自己实力的自信，对文王也没什么防备，心情好的时候甚至能跑到周国的地盘上打猎。文王也为了证明自己确实没有野心，还在商王朝中央任职，并与九侯、鄂侯同为王朝三公。

这个时期，商朝与周国的关系至少在表面上还在蜜月期。

不过文王很清楚，政治上的蜜月期如果处理不好，再往前走两步就是坟墓了。

文王没有与纣王合葬的打算，两个人一块儿死就没人埋了，因此文王准备充当那个挖葬坑的人。在给纣王挖葬坑的时候，为了提高效率，文王还有几个帮手。这几个帮手有自个儿来的，也有他主动找来的。

自个儿来的主要有辛甲大夫、鬻 [yù] 熊（熊鬻、鬻子）、伯夷和叔齐等人。

辛甲大夫原本是商朝的臣子，曾不间断地谏言七十五条，但纣王根本不买账。他感觉在商朝展现不出自己的能力，就跑到文王这儿絮叨了。

好在文王这个人心胸比较宽，辛甲说什么他都不介意，要是碰到汉武帝那种自尊心比较强的，辛甲的下场不会好过司马迁。

对了，这里顺便提一下，后来等到周朝建立，辛甲大夫的工作倒是和司马迁差不多，都是史官。所不同的是西周时期的史官位高权重，相当于国王的秘书，而到了汉朝，史官已经沦落为国家图书馆馆长的闲职，除了开会时兼职做个记录员，平时很少有机会与君主接触。

鬻熊姓芈 [mǐ]，据传是火神祝融的后代。他学问很大，被文王尊为老师。后来到了武王、成王时期，也同样被尊为老师。鬻熊十分高寿，他拜见文王的时就已经是九旬老人了，就是不知他是在成王即位后的哪一年死的——成仙是不太可能，但应该能称得上是老寿星。又因为鬻熊的思想里有一些守柔、辩证的道家思想，所以他被认为是道家的开山之祖。

伯夷和叔齐是亲哥俩，家世很不错，父亲是商朝方国孤竹国的国君。孤竹国的大致位置在今天的辽西、冀东一带，地方虽然不大，但好歹是属于自己的一亩三分地。所以，无论从哪个角度上讲，伯夷和叔齐都犯不着跑到周国的人才市场上找工作混饭吃——除非亡国或别的什么原因。

但那时天下还没开始真正大乱，孤竹国国小兵弱，无人搭理，离亡国还远着呢。这么一来，问题就只有可能出在他们自己身上了。

事情的原委是孤竹国的国君临死前，怕他们兄弟争夺王位互相斗殴，便立下遗命要次子叔齐接班。可令人没想到的是，叔齐对这个王位一点都不感冒，即位后三天两头找伯夷，说要让位给他。伯夷感觉这事违背父命，拒辞不受，最后被缠得实在没招，就一拍屁股跑了。

叔齐见伯夷跑了，愈发认为不应该干下去，便追随哥哥的脚步，也开溜了。后来伯夷和叔齐路上又相遇，合计了一下觉得不能再回去，就每天四处瞎溜达；再后来就是他们听说西边的周国很安定，非常适合养老，就一同前往投靠了文王。

文王手下人才济济，但他仍不满足，总觉得还缺了点啥。恰在这时，他听说有个叫吕尚的人很有能耐，虽没有工作经验，但理论功夫很过硬，无论是对经济还是军事，都很有自己独到的见解。文王觉得这个人正是自己急需的，就派人四处打听吕尚的下落。

吕尚字子牙，本姓姜，故又称姜尚，民间则一般叫他姜太公或姜子牙。姜子牙的祖先也是一个有头有脸的人，在夏朝曾被封于吕地。后来经过一代又一代败家子的努力，到了他出生的时候，整个家族已沦为贫民。

为了维持生计，姜子牙年轻时当过屠夫卖过酒，干过不少出卖体力的工作。

与别的体力劳动者不同的是，姜子牙有一个特别的爱好，那就是学习——每天不管工作多累，他都会挤出一点时间用读书的方式给自己充电。这么做的目的只有一个，就是期望某一天能够实现他的治国兴邦的宏图伟愿。

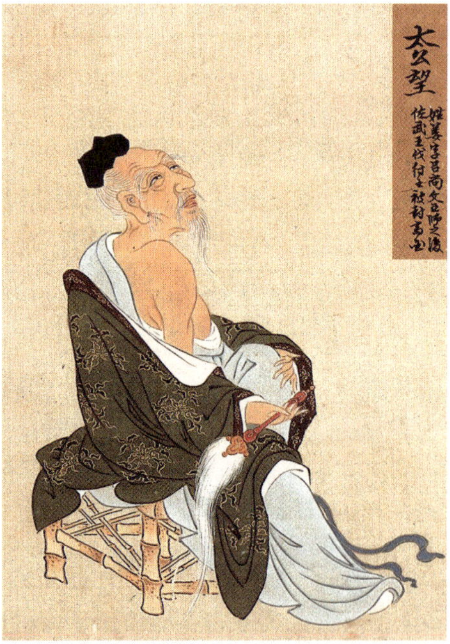

太公望（近代 / 佚名）

遗憾的是商朝根本不需要他这样的人，没办法，姜子牙只好耐心而又不甘心地等待，直等到头发由短变长、由黑变白。

不过，无望的等待还不是最可怕的，因为只要等待，就会有希望；真正最可怕的是万一哪天机会来了，自己却没有了时间和精力去做。

任何时候，遗憾带给人的痛苦都要比绝望大很多。关于这一点，姜子牙很明白。

后来随着商朝的沦落，周国的崛起，终于有一天，他听到了周国国君姬昌发布的招贤纳士的广告。姜子牙满心激动，但他知道，越是这个时候越要把持住自己。于是经过一番思考，他放弃这次应聘的机会，选择了一条曲折迂回的道路。

可能有人对此不理解，怎么到了关键时候反而端起架子？

其实这是姜子牙的自我营销策略。如果你还不明白，那我就给你举个例子。比如你家有半亩白菜急于出售，那么，在对方也急需这些白菜的前提下，求人去买和耐着性子等他来买，价格肯定会有很大不同。道理很简单，因为前者的议价权掌握在对方手里，后者的议价权则掌握在自己手里。

太公望图屏风（局部）（日本／尾形光琳）

此图为日本宗达光琳派集大成者尾形光琳所绘。太公望即吕尚，本图描绘了他垂钓而眠的场面，仿佛是随意而成的场景，但是画中所有的线条都往吕尚身体的中心部集中，是一件充分显示尾形光琳画作的巧妙设计感的作品。

姜子牙的做法是先在群众中散播一些关于他很牛的传闻。那时候的人们由于缺少娱乐活动，就把很多精力投放在传播小道消息上，于是一传十、十传百，姜子牙的事迹经过一次次添油加醋后，很快便传到文王的耳朵里。

文王对姜子牙表现出了极大的兴趣，派去打听的人也很快有了回复："姜子牙住的地方离咱这儿不远，他是个闲人，每天也不工作，就在渭水边钓鱼。但令人奇怪的是，别人钓鱼要么是为了消遣，要么是为了改善生活，姜子牙却两点都不沾，他的鱼钩不但是直的，而且还离水三尺……除非他钓的鱼有问题，否则就是他精神有问题。因此，不管别人对他如何吹捧，反正我感觉他浑身没有正常的地方。"

听到这里，文王哈哈一笑，嘴上不置可否，心里对姜子牙的好奇却又增加了一层。

他决定亲自一探究竟。

这天，姜子牙和往常一样在水边钓鱼，文王则带着随从如路人一样与他不期而遇。两人见面后都有点心照不宣，也不寒暄，直接就进入了要谈的主题。

文王先问姜子牙有没有治国的好点子。

姜子牙对这个问题早有准备，便回答："概括起来说，只有八个字，即经济兴国、人才强国。"

文王毕竟是一国之君，知道经济是政治的基础，经济强大了，国家也就强大了，所以对经济兴国还能理解。但是人才强国这个词他倒是第一次听说，他以前对人才虽然谈不上不重视，但坚持的原则是只要别帮倒忙就成，从来没指望读书人能够促进生产和冲锋陷阵。想到这里，文王便把心中的疑惑说了出来。

姜子牙微微一笑，说："历来各国都很重视经济，因为发展经济出成绩，如以前百姓是喝米粥，现在改喝肉粥了，这些大家都看得见摸得着。而人才培养则是一个漫长的过程，十年八年可能也见不到成效，即使见成效了这些人才也不一定就是你的，因为人是有腿的，如果有更好的去处，他们一拍屁股就走人了。"

文王点点头，认为姜子牙的分析有道理。

姜子牙继续说："别看商朝现在虚弱得气都喘不匀，可搁不住它大，若论经济实力，当今诸侯还没有一个能与之匹敌。所以，要想从经济上赶超对方，困难不小，时间上也不允许。我想来想去，觉得唯一的办法就是不要把自己变大——变大容易引起别人注意，应该把自己变强——是强壮的强，不是强出头的强。"

振贷贫民（清代／冷枚）

文王问姜子牙如何治理天下，姜子牙说："要称王的国家使老百姓富裕，要称霸的国家使士富裕，勉强维持生存的国家使大夫富裕，即将灭亡的国家只要使国库富足。"文王听后，遂让人打开粮仓赈济百姓。

文王越听越糊涂，急问：“你还是赶紧说说如何才能人才强国吧。”

姜子牙见鱼终于上钩了，这才不急不缓地说：“现在去培养人才，肯定是来不及了，我建议你不如利用自己强大的人格魅力，主动出击，深挖本国优秀人才，广挖别国牛人。而这就需要你做到‘三常’，即举贤为常，任贤为常，敬贤为常。”

文王听到这里，十分高兴，说：“本来我感觉治国已经进入了死胡同，没有出路，听你这么一说，还真有种豁然开朗的感觉。这让我想起祖上传下来的一个预言，说当有个圣人来到我们周国时，我们周国就能兴盛，看来我运气不错，您应该就是那个圣人吧。”

于是，文王亲自把姜子牙扶上车辇，一起回宫，拜为军师，并尊称其为“太公望”。

差点功亏一篑

姜子牙有了用武之地后，不顾高龄之躯，每天不计报酬加班加点地工作，一是为了回报文王的知遇之恩，二是为了向那些对他眼红的人证明，我姜某人靠的可不是耍嘴皮子，我是凭真本事吃饭的。

羑里城囚西伯侯（明代版画）

于是周国以文王为中心，在姜子牙的带领下，经济迅猛发展，国力蒸蒸日上。但是，由于怕锋芒外露，引起商朝的注意，周国在做事的时候，可以说是处处留心、时时在意，表现得十分低调。

然而遗憾的是，这一切最终还是被纣王给发觉了——只不过他还没有抓住周国的把柄，无法下手。

有个叫崇侯虎的人揣摩出纣王的心思，就对他说：“大王您当年设计的炮烙之刑多有创意啊，只使用几次，朝堂内外的臣民无不心服口服——只有那个姬昌跳出来说此刑过于残忍，让您废除。大王您宅心仁厚，不跟他一般见识。不承想这个小老头回去后不干正事，每天收买人心，目的就是反衬大王的残暴，真是其心可诛！”

纣王一听崇侯虎这么一分析，觉得文王确实够阴险的。

崇侯虎见纣王对自己的话很感兴趣，就再接再厉，继续说：“姬昌与九侯、鄂侯同为三公，位高权重，却没见他们为朝廷做过什么贡献。大王您为了抬举九侯，把他女儿纳入后宫，谁知他女儿不识好歹，竟敢忤逆大王，实该诛灭九族。鄂侯是九侯的死党，对大王言语不恭，被处死了。但我却听说姬昌好像对此很有意见，每天不知在背后嘀咕什么，应该把他叫过来问问。”

纣王知道姬昌对周易八卦很有研究，能够知天命、测吉凶，心里便犯嘀咕：要是他在背后给我算上两卦，趁我不备给我来个突然袭击，还真不好收场。于是，他便把文王召到朝歌，并随便找个借口把他关到羑里的国家监狱里。

散宜生私通费仲（明代版画）

散宜生为西周开国功臣，是“文王四友”之一。《封神演义》中说，文王被囚禁在羑里后，散宜生通过贿赂权臣费仲、尤浑，赎出文王。图为《新刻钟伯敬先生批评封神演义》中散宜生游说费、尤二人的插画。

姬昌被抓，周国等于失去了主心骨，朝野上下乱成一团。

当然，除了一个人，这个人就是姜子牙。

姜子牙明白，越是这个时候越要冷静，倘若他也乱了分寸，那周国还不如趁早散伙。于是在姜子牙的指挥下，以闳 [hóng] 夭、散宜生等人为主力，四处奔走，广求天下美女和奇宝，准备献给纣王，希望能够赎回文王。

全国百姓感念平日文王厚德，也觉得只要有一线希望，就是砸锅卖铁也得把他给捞出来。

然而，美女珍宝收罗完毕后，周人却又面临着另一个难题，就是不知如何才能把这些东西送出去。

闳夭等人思来想去，觉得最保险的做法还是以纣王身边的人为突破口。经过筛选，大家一致选中了纣王的宠臣费仲。

费仲是纣王手下的“秦桧”，乃商朝奸臣的集大成者，属于坏到无可救药的那种。闳夭找到费仲说：“大王日理万机，看得我们心疼，就特地给他准备了一些薄礼。听说费大人是大王身边最红的人，所以很希望您能替我们传递一下心意。”说着一挥手，随从们便抬进数箱珍奇异宝，打开后看得费仲闭不上眼。

费仲疑惑地问：“这些都是送给大王的？”

闳夭悄声对费仲说：“天下的财富都是大王的，他能看上这些？这些都是孝敬您的。”

费仲听到这话，惊讶得嘴都合不上，说：“这哪好意思……不过，要真是给我的，我也就不客气，否则就显得看不起你。”

闳夭听他这么说，连忙趁机问：“那我们的事情……”

费仲两眼一翻，佯装生气的样子，说：“什么你们我们，多见外啊，放心吧，以后您的事就是我的事。”

接着，在费仲的安排下，周人的“心意”很快就传送到纣王那里，具体包括：有莘氏的美女，骊戎的文马，有熊的九驷 [sì] 以及其他种种珍宝。

纣王虽见多识广，但还是被眼前的东西震撼了，他用手指着那些美女说：“其实只这一样我就能体悟到周人的深情厚谊了，当然，从侧面也可以反映出姬昌其实是个蛮不错的同志，他的百姓是需要他的，既然如此，那我也就不好夺人所爱了。”

麟趾贻休（清代 / 焦秉贞）

本图取材自《诗经·周南·麟之趾》。麒麟是中国古代传说中的仁兽，它不用蹄子踢人，不用额头撞人，不用尖角伤人，被古人看作仁厚的瑞兽，故画家用“麟之趾”来称颂周文王后妃太姒（周武王之母）的仁厚之德。

于是，纣王不但把文王从羑里放出，还赐给他弓矢斧钺 [yuè]，授他在西方征伐不听话诸侯的权力。而文王为了让纣王彻底消除戒心，就将周人在洛西的一块肥如脂膏的土地献给纣王。

表面上看，商与周的关系似乎又回到了先前的蜜月期。只不过，这里蜜月期的“蜜”，是口蜜腹剑的“蜜”。

文王回到周国后，决心把灭商作为基本国策去执行，他除了修治内政外，还加紧对外扩张以发展自己的实力。很快，在他的号召下，不少诸侯加入了灭商集团，不愿加入的，文王就借商王朝西伯的身份去讨伐，先后消灭掉了包括耆 [qí]、邘 [yú]、崇在内的很多硬茬儿，使商失去了西部屏障。

另外，为了灭商，文王还把国都从岐下迁到了东部的丰邑（今陕西沣 [fēng] 水西岸），占有了富庶的关中平原。等到文王晚年，周国已形成了“三分天下有其二”的大好局面，只待那一声春雷惊响，唤起一个崭新的时代。

史上最牛的家庭

不幸的是，文王没能等到灭商那天便已去世；幸运的是，他已为周国基本完成了灭商的前期准备。也就是说，只要他的接班人智力正常，灭商的事就如囊中取物一样容易。

文王儿子众多，其中文献记载的嫡子有十人：长子伯邑考，早卒；次子发；三子管叔鲜；四子周公旦（即周公）；五子蔡叔度；六子曹叔振铎；七子郕 [chéng] 叔武；八子霍叔处；九子康叔封；十子冉季载。另外还有庶子若干。

值得一提的是，文王不但自己牛，生的儿子也都很牛。

文王的牛具体表现为，在他死后若干年，魅力仍不减当年，如唐代武则天称帝，改国号为周，就自称是文王的后代，并追尊周文王为南周始祖文皇帝。假如文王地下有知，不知会不会被这突如其来的封号笑醒——他一辈子没当过皇帝，到头来居然成了千古第一女皇的祖宗。

他儿子的牛主要体现在两个人身上，一个是次子姬发，另一个是四子周公。姬发继承了文王的位置，也就是历史上大名鼎鼎的周武王；周公虽然没有当上君主，但是他平生所做的事，足够称得上是一部传奇（后文会有介绍）。不过这些都不是我要说的重点，重点是他二人还同时拥有另外一个身份——圣人。

根据《现代汉语词典》上的解释，圣人是指品格最高尚、智慧最高超的人物。看见没有，不但有软件（品格）要求，还有硬件（智慧）限制。

要知道，圣人这个头衔可不是随便就能得到的，它不像大学里的教授，只要具有一定学历和相应的科研成果，就可以被授予。圣人这个称号一般在你活着的时候是没机会得到的，因为它是一种后人对前人的客观评价，公平、公开、公正，绝不会出现暗箱操作的现象。

在中国古代，大家比较认可的圣人大概有十八位，即伏羲、黄帝、炎帝、颛顼、帝喾、尧、皋陶、舜、禹、伊尹、傅说、商汤、伯夷、周文王、周武王、周公、柳下惠、孔子，而像孟子这样的绝世大儒，也只被称为“亚圣”，意思是境界接近圣人的人。

然而就是这样一个珍稀称号，周文王和他的两个儿子，一下子就占去了六分之一的席位，而且是非常低调地占据着。因此，虽然没有人说他们是史上最牛的家庭，但他们已经用事实证明，没有人会比他们更牛。

有悬殊无悬念的牧野之战

前文我已经说过，只要文王的接班人智力正常，灭商的事就很简单。很显然，作为圣人的周武王，智力不但正常，而且超常。

周武王即位后，接过文王的灭商大旗，为讨伐纣王积极准备着。他仍然任命姜子牙为军师，负责军事建设和军队筹备工作，任命自己的弟弟周公为辅相，负责日常事务，又任命召公、毕公等人作为助手，一起谋划灭商大计。

需要说明的是，这里的召公不是我们熟悉的那篇《召公谏厉王弭谤》文章中的召公。召公是一个封号，可以像遗产一样由后代继承。此处的召公是第一代召公，名字叫姬奭 [shì]，具体的身世不详，据说是武王同辈的族人。大家知道一下就行了，这里不多讲。

武王这个人做事比较稳重，他没有脑子一热就贸然攻打商朝。他在正式起兵前，做了两件重要的准备工作：一个是把国都丰邑从沣水西岸迁移到沣水东岸，营建了新都镐京；一个是在他即位的第二年，在孟津（今河南孟津，为古代重要渡口）大会诸侯，举行了一次规模宏大的阅兵演练，这就是历史上著名的“孟津之誓”。

孟津之誓共来了诸侯和部落首领八百多个，这帮人大都是一些糙老爷们，聚在一起，粗话满天飞。周武王见状，知道再不控制就变成了一个骂人大会，便端起酒来对大家说："这次我把你们召集到这儿，主要是想提供一个交流平台，你们过会儿在喝酒吃肉过程中一定要相互有个了解，别以后在战场上碰见了不认识，敌人没打，自己人倒先干起来了。"

下面一片大笑，笑完后就有人喊："感情早已经沟通好了，现在就等你发话，好趁征讨商王的机会活动一下筋骨，否则骨头都锈住了。"

周武王说："大家能来捧场我很高兴，但是关于打仗这事，我认真考虑了一下，觉得当下时机还未成熟。目前商王实力还很强大，我们贸然动手会造成很多无谓的牺牲。大家那么多年都能熬过来，还在乎这一时半会儿？你们还是先回去等我的信吧。"

周武王灭商后，访道太行，在陵川找到箕子，向他请教治国的道理。图为明代仇英所画的周武王访问箕子的情景。

所以，孟津之誓算得上是一场让大家发牢骚的大会。周武王召开大会的目的，就是想看看自己的号召力如何，到底有多少诸侯愿意听从他的指挥，以便知己知彼，心里有底。

在孟津之誓后不久，商王朝统治集团内部就发生了大规模内讧和分裂，良臣比干被杀，箕[jī]子（纣王的叔父）被囚为奴，微子启（纣王的庶兄）惧祸出逃，另外还有大批的文臣武将，或为保全身家性命，或为不愿助纣为虐，而前来投奔武王——所有这些事，都在表明征伐商朝的时机已经成熟。

于是武王就问姜子牙："商朝的大臣或死或逃，你说是不是到了讨伐的时候？"

姜子牙回答："天与弗取，反受其咎；时至不行，反受其殃。我们现在若不动手，恐怕上天也不会同意的。"

武王一听姜子牙这么说，终于决意举兵伐纣。他遍告诸侯说："商有重罪，看来不讨伐不行了，你们不是早憋不住了吗？那就赶紧出来活动筋骨吧。"

就这样，在公元前 1046 年的一天，武王率领一支由兵车 300 辆、甲士 45 000 人、虎贲 3 000 人组成的“联合国军”准备东渡黄河，杀奔朝歌。

然而就在这时，有两个人却拦住了武王的马，他们不是请求随军出战的，而是劝谏武王放弃征伐的。

这两人就是前面提到的伯夷和叔齐。

伯夷、叔齐反对的理由是：文王刚死不久，还未下葬就发动战争，是不孝；纣王虽然很坏，可毕竟为君父，武王作为商朝臣子，没有做好辅佐工作，却依仗自己兵壮势威，来为自己求利，是不仁。

武王突然被这两人搅局，有些不知所措。好在他的随从第一时间发现情况，正要向前准备把伯夷、叔齐强行带走，却被姜子牙给拦住了。

姜子牙说：“这二人尽管和我们的价值观不一样，但确实属于有操守的忠义之士，还是不要太为难他俩。”

因此，伯夷、叔齐的劝阻并未挡住滚滚向前的战车，后来武王克商后，天下宗周，伯夷、叔齐则耻于去吃周朝提供的粮食，逃隐于首阳山，每天靠采集野菜生活，最后因营养不良而饿死。

这事在今天很多人看来是不可思议的，他们会认为伯夷、叔齐有些忘恩负义，

仿李唐《采薇图》(局部)(清代/萧晨)

《采薇图》出自南宋画家李唐之手，描绘了伯夷、叔齐耻食周粟，逃避到首阳山采薇(野菜)而食的故事。图中兄弟两人席地对坐，伯夷须发蓬乱，抱膝凝视，神色坚定；叔齐屈身侧坐，左手上指，从容诉说。此图为清代画家萧晨所画的《仿李唐〈采薇图〉》。

周朝好吃好喝供你养老，你不报恩也就算了，关键时刻还拖后腿，实在不厚道。

的确，古人的很多想法我们琢磨不透，比如就无法理解后人为啥还对他二人推崇备至，甚至连孟子都说："伯夷……奋乎百世之上，百世之下，闻者莫不兴起也，非圣人而能若是乎！"

关于这个问题，唐代大文豪韩愈在他的《伯夷颂》中提到的一些观点或能对此进行解答。韩愈认为："若伯夷者，特立独行，穷天地，亘万世而不顾者也。虽然，微二子，乱臣贼子接迹于后世矣。"意思是如果没有伯夷这样的人做榜样，那些想用暴政代替暴政的乱臣贼子就会接连不断地出现。

也就是说，伯夷、叔齐试图阻拦武王发起战争，并不是为了维护纣王，而是怕武王推翻商朝后，变成另一个纣王。如果是这样的话，那么流血牺牲就显得没有必要。事实也确实如此，比如周朝代替了商朝，不过是一个奴隶制王朝代替另一个奴隶制王朝（封建社会也一样），受益的还是那些处于金字塔顶端的人。至于劳苦大众，还是洗洗睡吧，明天该干啥继续干啥。

但一般情况下，新朝换旧朝刚开始的那段时间，君主忙着吸收前朝灭亡的教训，没工夫也不敢折腾；民众则忙着恢复生产，休养生息，没精力也不愿去捣乱。于是统治阶级与被统治阶级互不干扰，社会相对和谐安宁。

而这种和谐安宁，就像挂在驴子前面的萝卜，引诱着驴子一步一步向前走。

武王懂得这个道理，于是就许诺大家前面有萝卜，不过要得到萝卜，就得先打倒偷萝卜的纣王。于是大家同仇敌忾，便跟着武王踏上了讨伐纣王的征途。

而有意思的是，纣王对将要降临的危险没有丝毫戒备。直到有人告诉他，周国军队已经打到家门口，该你出招了，纣王才彻底傻眼。

因为他没法接招，他的军队主力此时正在千里之外的东南对付东夷呢。

但是纣王又无法叫停这场战争，他可以怪自己的运气不好，也可以怪今天的天气不好，可又有什么用呢，他已经被逼得没有退路了。

然而即使在这种情况下，纣王还是快速有效地组织起了他的抗周大军，共计70万人，与武王的军队人数比是14比1。

这看似是一场毫无悬念的战争，因为只要纣王的军队正常发挥，就是空着手也能把武王的人打得找不着回家的路。

战斗终于开始了，从早上打到晚上，商朝的军队越来越少（这个可以理解，毕竟打仗就要有伤亡），可令人奇怪的是，周国的军队不但没有减少，却显得越来越多。这不是由于周国来了援军，而是商朝的军队在打仗的过程中投向了对方。

也就是说与商朝作战的不光有武王的人马，还有纣王的人马。

如果你不好理解，那我就给你介绍一下纣王军队人员的构成：一部分是吃不饱饭的贫民，一部分是只有气受的奴隶。这两种人都有一个共同的心思，那便是无论商朝的结局是好是坏，都不可能改变他们的境遇。与其这样，不如投靠敌军，说不定改朝换代了还能混个崭新的身份来改变自己的命运。

所以，从这一点上看，纣王不是失败在运气上，而是失败在民心上。即使当时他的军队主力就在他身边，也终究会失败的，只是时间快慢的问题。

周公：用配角的身份演主角的戏

牧野之战以商军的溃败而结束，纣王登鹿台自焚而死，商朝灭亡。

两个月后，武王胜利班师，回到镐京，正式建立了周王朝，历史上称为“西周”。西周自公元前 11 世纪中叶成立，至公元前 771 年灭亡，历经二百七十余年，共传十一代十二王。

新的王朝建立起来了，为了使国家摆脱战争阴影，迅速走上正轨，周武王和周公制定了一系列利于稳定的措施。

其中最主要的就是采取拉拢商人和以商人治商的政策。

一是散鹿台之财，发巨桥之粟，让那些饱受困苦的民众能够感受周朝政府的温暖。

二是大赦天下，把纣王关起来的那些忠臣良将全都放了出来，另外还给被挖心的比干起了一座新坟。

三是承认商人保有原有的土地和房屋。

四是封纣王的儿子武庚于殷都，让他继续统治商朝遗民。

用商人治理商人的政策新颖前卫，很容易达到笼络人心的目的。不过，这里面却隐藏着很大的风险，因为你无法确定他们到头来是否会倒打一耙。为了防患于未然，周武王也采取了一些预防措施，派他的弟弟管叔、蔡叔和霍叔分别领兵驻守在殷都周围，就近对武庚进行监视，号称“三监”。

但令人遗憾的是，武王为周朝操劳一生，还未来得及享受胜利果实，就在他灭商后的第二年病死，把偌大的一摊事业扔给了儿子周成王。

周成王当时年幼，还处于玩泥巴的阶段，无法治理朝政，就只好由他的四叔，即武王的弟弟周公摄政。

周公是文王的第四个儿子，姓姬名旦，所以你可以叫他姬旦；又因他封地在周（今陕西岐山），且为太傅，系三公之一，故也能尊称他为周公或周公旦。周公虽然一辈子没有当过国君，但是他的能力和学识绝不输于历史上任何一个明君圣主：文王在时，他就以孝仁而异于群子；武王即位，他则以忠诚辅翼；现在到了成王，他又挑起了“摄行政当国”的重担，并兼任成王的思想政治老师。

也就是说，周公的一生，一直是在用配角的身份演主角的戏。

可即使是这样，他的辛苦和苦衷也并不是所有人都能理解。更让人心寒的是，最先质疑他的不是别人，正是他的几个兄弟：管叔、蔡叔和霍叔。

管叔等人质疑周公有野心，欺负成王年幼，其摄政的目的就是夺取王位。

周公刚开始听到这种谣言并不怎么在意，他相信事实胜于雄辩、清者自清，解释也没用，说不定还会被不怀好意的人解读为心虚的表现。

但是他没想到的是，谣言并没有因为他的置之不理而消失，反而愈演愈烈，每次他上班，都会感觉好像有万千个人在背后对他指指点点。

直到这时周公终于明白，所谓流言止于智者不过是说给他这种有辨识能力的人听的，世间庸人太多，所以谣言是不会自己消失的。周公无奈又无法，于是在经过一次次的权衡后，他最终还是选择了等待——等待对方露出破绽。

果然，周公以静制动的策略让管叔等人心里十分没底。他们不知将要发生什么，可等了一段时间又什么都没发生。

这是一场关于耐力的对决，谁坚持到最后，谁就是胜者。

管叔等人和周公相比毕竟道行还浅，最先把持不住，他们觉得，既然用谣言刺透不了周公的厚脸皮，那么只好用手中的矛去刺了。

很快，管叔、蔡叔、霍叔在抱成一团的同时，还勾结了武庚和一些同情殷商的东方诸侯，共同举兵发动叛乱。

周公见对方终于原形毕露，就迅速做出反应，调集军队前去镇压。

在西周，周王室能够直接控制的军队主要由虎贲、周六师和殷八师三部分构成。虎贲是王宫的禁卫军，相当于今天的北京卫戍区部队。周六师负责宿卫都城镐京一带，故又被称为“西六师”。殷八师驻守在成周（今河南洛阳），主要负责监控殷商遗民和广大中原地区。

这三支军队共计 22 师，如果每师按 2 500 人计算的话，大约共有 5.5 万人。当然，军队人数也不是一成不变的，像西周后期由于阶级矛盾加剧，军队组织逐渐扩编，据说一军有 1.25 万人，周天子拥有六军，那么总数就是 7.5 万人。而其他诸侯，大国一般不超过三军，小国只有一军。理论上谁要是不听话，周天子还是能够轻而易举地摆平的。

除了可以直接指挥的军队，周朝地方诸侯的军队按照规定也是由周天子指挥。西周初年，武王先后分封的诸侯有七十多个，而这些诸侯绝大多数还都是比较听话的。

所以，从军事实力上进行比较，周公的优势很明显。

实力上领先，再加上周公是打着周天子的旗号去平叛，在舆论上也能占据高地，因此，无论从哪个角度看，这都是一场没有悬念的战斗。

即使有悬念的话，也是没料到会结束得那么快。当时周公正在准备教案呢，他刚想趁这次机会给那几个兄弟上一堂军事教研课，谁知刚写几个字，就听到前方来报，说管叔的兵不知是不是都练过长跑，怎么刚一开打就全溜了，追都追不上。

周公听到这话,吃了一惊,忙问："那管叔他们几个呢？"

"管叔、蔡叔和霍叔可能平时把锻炼的机会留给了下属，倒是一个都没跑掉。"

周公叹了口气说："加强体育锻炼真是太重要了，如果没有好体质，连逃跑都跟不上大部队。"

罪人斯得图（清代版画）

此图描绘了周公率兵平定管叔、蔡叔、霍叔及武庚叛乱的情景。

接着，周公在杀掉管叔、流放蔡叔、罢黜霍叔后，又率领大部队进攻武庚。

参与武庚叛乱的也都是一群乌合之众,一击即溃,很快便作鸟兽散。武庚身体倒是不赖，一口气向北跑了几百公里，只不过没有坚持下去，最后还是落个被擒回杀掉的命运。

管叔、武庚等人被摆平后，周

西周车综合复原图（当代／刘永华）

公并没有立即设宴庆功。他觉得，在一些未被武力征服的地区，还残余着大量的殷商势力，如果不把它们给挖掉，那以后像武庚叛乱这样的事情还会发生。长此以往，就等于周朝背着一筐“情绪不稳”的炸弹在前行，危险可想而知。

为了把这些“炸弹”给拆除，周公借着胜利之师的高涨情绪又挥师东进，经过三年苦战，终于把参与叛乱的数十个东方小国给灭掉，使得周王朝的势力范围一直扩展到东部。

当然，周公这样做并不是为了斩尽杀绝，他对那些安分守己的殷商遗民还是不错的，如他还将纣王的哥哥微子启分封到商丘，建立了宋国，由微子启继续统治殷商留下来的百姓。

周公东征，是继牧野之战后的第二次重大战争，经过这次战争，西周王朝在全国的统治得到了完整实现，新兴政权也终于稳定下来。

按理说到了这个时候，周公已经达到了他事业的顶峰，也该退休回家颐养天年、享享清福了。但是周公是圣人，就好比一台永不停歇的机器，停止就意味着生命的结束。

周公比以前更忙了，他不仅要为当下的周朝辛苦奔波，还要考虑到有一天他不在了，周朝也能健康正常地运行下去。比如他为了给周朝多储备一些人才，经常是“一沐三握发，一饭三吐哺，起以待士，犹恐失天下之士”。

可以说，没有周公，也就没有周朝接下来数百年的基业。

分封制：一场王族的盛宴

周公是周朝的总设计师，在他摄政期间，最大一个手笔就是实行分封制。

分封制即分土封侯的意思，它作为一种周王朝建立地方政权的政治制度，并不是周公的首创。因为早在文王时期，文王就曾分封自己的弟弟建立了东虢 [guó] 和西虢。

分封诸侯开始大规模推行是从武王开始的。当时武王刚把商朝灭掉，为了巩固社会秩序，他必须要处理好新兴王朝与地区方国之间的关系。

因此，这一时期册封的国家主要是各地原有的方国。而这种分封，实际上是对旧有地方势力在新兴王朝中的一种变相承认。

由此也可以看出武王的目的很明确，就是只要你不危及我的统治，我就不会损及你的利益。

还有一种分封，是对王族、功臣和古帝先圣后裔的分封，由周公主持。

所谓王族，指的是王室子弟及其亲戚。周公兼制天下后，共分封诸侯 71 个，其中光姬姓诸侯就有 53 个，占了绝大部分，而且分的都是好地段。

相对王族，功臣分封的地方就要差一些，如曾为周朝建立立下赫赫功勋的姜子牙，就被安排到当时还比较偏远的山东东部。不过无论如何，他们也算是有了一块属于自己的地盘，且这个地盘不但能养活一家老小，还能世代传下去。

至于对古帝先圣后代的分封，目的则显得很明确，即笼络民心。其中比较具有代表性的是封微子启（殷商后代）于宋，封妫 [guī] 满（舜的后代）于陈。

最后，我再列举一下当时的主要封国：武王弟弟康叔的封国卫国，都朝歌（今河南淇县）；太公姜子牙的封国齐国，都营丘（今山东临淄）；周公旦的封国鲁国，因周公旦在中央任职，就由他的儿子伯禽负责，都曲阜（今山东曲阜）；商朝贵族、纣王异母兄弟微子启的封国宋国，都商丘（今河南商丘）；召公姬奭的封国燕国，都蓟（jì，今北京，这也是北京第一次建城）；成王弟弟叔虞的封国唐国，都翼（今山西翼城），后改唐为晋。

这些封国别看现在表现得都还好，但在不久后的历史舞台上，它们将会扮演重要角色。

经过分封，周天子确立了天下共主的地位，周王朝也就形成了“封建亲戚，以藩屏周”的统治格局。那么既然是“屏周”，也就意味着诸侯在享清福的同时，还得替周王分担一定的责任和义务。

根据规定，诸侯主要义务包括：定期朝觐周王，并向周王缴纳一定的贡赋；诸侯可以蓄养自己的军队，但养军队的目的是捍卫周王室的安全，周王若出征，诸侯要率军协助，不能装病推脱或逃避；诸侯如果征讨敌人获胜，要向周王举行“献俘”仪式，表示自己只有苦劳，功劳全都是属于周王的。

尹兹东夏图（清代版画）

周初，微子启被周成王封于商丘，建立宋国，爵位公爵，并被准许用天子礼乐奉商朝宗祀，微子启成为周朝宋国的开国始祖。此图就描绘了微子启受封商丘的情景。

如果你没有严格执行上面的规定，那么将会有一个处罚在等着你。《礼记·王制》讲:“诸侯之于天子也,比年(每年)一小聘，三年一大聘，五年一朝。”《孟子》讲：“一不朝，则贬其爵；再不朝，则削其地；三不朝，则六师移之。”也就是说，十五年之内你要是不把周王当回事，那他就会把你当回事，用他手下的铁甲之兵对你重点关照。

然而诸侯拥有那么多的土地，自己肯定没有时间和精力去耕种，而不耕种就意味着没有收入，没有收入就意味着无法向周王交差。

于是在这种情况下，诸侯又在自己封地内部实行另一种分封，即先把土地分给卿大夫，封地称为“采邑”；卿大夫也不耕种，又把土地往下分给士，封地称为“食地”。士虽然是贵族的最低阶层，但好歹也属于统治阶级，他也不可能去下地干活儿，就把土地分给奴隶耕种……看着是不是有种包工头转包工程的意思？天子把活儿包给诸侯，诸侯把活儿包给卿大夫，卿大夫又把活儿包给士，士再把活儿具体分配给劳苦大众。最后，等劳苦大众干完后还拖欠“工资”。

什么是剥削？那些一层一层在做雁过拔毛工作的就是剥削。

上面介绍的是分封制纵向之间的关系，各个诸侯直属于中央，谁也管不了谁。可在现实中，由于诸侯的封地面积有大有小，爵位有高有低，所以诸侯之间虽没有关系，但无形中还是有一个横向的比较。

根据《国语·楚语》记载，西周时期诸侯爵位共分为公、侯、伯、子、男五等。五等之下，还有“附庸”，附庸面积更小，不属于中央政府，而是属于附近较大的封国。这一点我们可以通过柏杨先生在《中国人史纲》中所列的表格，有一个直观清晰的了解：

等级	爵别	法定面积	举例
第一级	公国	50 平方公里	宋国、陈国、杞 [qǐ] 国、齐国
第二级	侯国	35 平方公里	晋国、燕国
第三级	伯国		郑国、申国、卫国、曹国
第四级	子国	25 平方公里	莒 [jǔ] 国、楚国、祝国、温国、滑国
第五级	男国		许国、蒋国
第六级	附庸国	不满 25 平方公里	极国、鄣 [zhāng] 国

关于分封制的基本情况就是这些，总的来说，分封制在当时是进步的，因为经过大分封，西周的疆域不但比商朝大有扩展，而且天子与地方势力之间的关系也更为紧密，这对整个政局的稳定很有帮助。

既然有帮助，那么接下来，如何维系分封制，使它正常运转就显得很重要了。

周朝采取的办法是宗法制。

血统至上的宗法制

宗法制是由原始社会后期父系家长制演变而来的。它的核心内容，是在维护父权的基础上进一步突出兄权，以确保嫡长子继承的世袭特权。

到了西周，宗法制开始与分封制结合起来，形成一套严密的政治制度，并影响了后来的各个封建王朝。

宗法制首先是以血缘为纽带，然后在这个基础上确立亲疏关系，最后再以亲疏关系来确定继承的先后顺序。

比如一个男人，娶了三个老婆，其中第一个老婆一般为正妻，所生的儿子是嫡子；剩下的两个老婆是侧室（或者说是妾），所生的儿子为庶子。在家庭中，正妻的地位要比侧室的地位高，嫡子的地位也比庶子的地位高。所以如果以后这个男人死了，那么最有资格继承家产的是正妻的大儿子，即嫡长子，哪怕庶长子的年龄比嫡长子大。这里，我们再引用一下《中国人史纲》中的另一个表格，来捋顺这个复杂家庭的人员关系：

妻妾	普通称谓	宗法称谓	继承
妻（正配）	四哥（14 岁）	嫡长子	嫡子
	六哥（10 岁）	嫡次子	
妾一（侧室）	二哥（18 岁）	庶次子	庶子
	五哥（12 岁）	庶四子	
妾二（侧室）	大哥（20 岁）	庶长子	
	三哥（16 岁）	庶三子	

有人看到这里，可能会说，那如果嫡长子去世了，是不是可以由嫡次子替补继承？答案是不能，因为这个时候具有继承资格的人已经变成了嫡长子的嫡长子（即嫡长孙），除非嫡长子没有儿子。

上面我举的这个例子在宗法制中具体表现为“立嫡以长不以贤，立子以贵不以长”——前一句话的意思是，哪怕嫡长子是白痴，也不会选择比他贤能聪明的儿子继承；后一句话的意思是，除非嫡子全都死光，且没有后代，才能轮到庶子继承。

于是按照这个逻辑，在周朝，最先有资格继承周王位置的是嫡长子，至于其余的嫡子和庶子，则可以被安排到地方去当诸侯。然后以此类推，诸侯的嫡长子继任国君，其余的儿子就被分封为卿大夫；卿大夫的嫡长子继承卿位，别的儿子便只能当士。

至于宗法制有什么好处，我们对比一下商代就能知道。商代还没有确立嫡长子继承制，有传儿子的，也有传弟弟的。传儿子的，又有传长子和传幼子等多种。这样一来，便容易给大家造成一种感觉，就是每个人都有资格，每个人也都有机会。那么既然如此，我为啥不去竞聘一下？结果，在竞聘的过程中，难免会出现一些拉拉扯扯的肢体接触——这个还好说，一般当场就能被人给拉开；就怕有人在背后打小报告啊，给你散播一些负面新闻啊，甚至在背后给你放冷箭。比如商代中期的九世之乱和清朝康熙时期的九子夺嫡，其产生的根源都在于继承制度的不稳定。

对此，柏杨曾归纳总结说，宗法制度最大的功能是，为继承顺序提供了一个可行的标准。它虽然不能根绝阴谋、流血和战争，但它至少已成功地阻止或避免了更多次的阴谋、流血和战争。

而后来的历朝历代已经用事实证明，宗法制确实有这种效果。

说完宗法制的继承方式，接下来再讲一下宗法制与分封制的结合。

前面已经介绍，作为普天之下的最高统治者，周天子的承继是按照宗法制的原则进行的，是全体姬姓宗族的族长，也是百世不迁的宗者。所以，周天子理所当然被称为大宗。

在宗法制下，除了大宗，还有小宗，不过大宗与小宗又是相对而言的。比如周天子是大宗，诸侯相对周天子来说就是小宗；而在封国内，诸侯相对卿大夫又是大宗；同理，卿大夫对士而言是大宗，士对卿大夫而言就是小宗。

根据周代宗法制度的规定，大宗是世代不变的，小宗则随着血缘关系的逐渐疏远而不断更新，最后甚至和先前的宗族没有什么关系。就像东汉末年那个四处标榜自己是刘皇叔的刘备，应该就是小宗中的小宗，否则也不至于沦落到卖草鞋的下场。

有了大宗与小宗的划分和区别，接下来就能明确下级贵族臣服上级贵族、全体贵族臣服周天子的政治隶属关系。在这种层层相属关系的黏合下，就能够使族权和政权合一，各级大宗都必须维护，否则就会乱套。

不过，有人可能还会提出疑问，说宗法制是建立在血缘关系上的，那些与周天子同姓的诸侯遵守这个规则可以理解，但是那些异姓诸侯呢？

关于这个问题，周朝也有解决的方法。因为周代有“同姓不婚”的约束，姬姓贵族一般娶老婆都是从异姓贵族中挑选，而异姓贵族娶媳妇也会优先考虑姬姓女子。这样一来，姬姓贵族与异姓贵族之间便能通过互为姻亲的方式来加强联系。其中最著名的就是齐国与周王室的世代联姻。

周昭王喂鱼事件

周公共摄政七年，在这段时间里，他除了完成周朝最大规模的一次分封和创制宗法制外，还在刑法制度、爵谥制度、土地制度等方面做了大量工作。可以说，周公不仅是西周初期的超级劳模，即使放在整个周朝，也鲜有人能和他匹敌。

成王从周公手里接过“权杖”后，并没有立即放他回家养老，而是让周公像以前一样，继续在朝中北面为臣，协助自己管理国家。成王死后，由他的儿子姬钊即位，是为周康王。

周康王也是一位蛮不错的同志，即位后在召公、毕公等元老大臣的辅佐下，节俭寡欲，勤理国事，把祖上辛苦打拼的江山经营得风风火火，西周社会出现了繁荣景象。

辛苦付出终会有回报，成王、康王时期，是历史上有名的盛世，出现了“天下安宁，刑措四十余年不用”的事情，史称“成康之治”。

但是好景不长，从康王的儿子昭王开始，形势又开始往坏的方向发展。

周昭王是个很有野心的人，他很想在成康事业的基础上，把周朝带得更加辉煌。但是一个人要想成事，光有野心还不行，还必须要有与野心相匹配的能力。否则，野心过于膨胀，容易把自己给撑爆。

我翻阅了一下史料，关于昭王是否有能力的记述大都语焉不详。不过这些已经不重要了，因为在昭王看来，别人的看法只能做参考，重要的是自己对自己的看法。昭王对自己的看法是："我是个比较有能力的人。"

于是，为了实现自己的野心，也为了证明自己的能力，昭王决定替周朝继续开疆辟土。

他首先选中的目标是位于江汉流域的楚。楚为芈姓，是"祝融八姓"之一，其公认的直系祖先是鬻熊。鬻熊又叫鬻子，这个人我在前文中已经介绍过，很有学问，曾是周文王、周武王、周成王三位帝王的老师，并被封为楚子。这说明刚开始鬻熊与周的关系还不错，但是到了他的曾孙熊绎时，开始不受周王（康王）的待见，周王不但认为他是荆蛮，还不让他参加诸侯盟会。周与楚的关系日益恶化。

在这种情况下，昭王选择楚作为第一个练手对象也就顺理成章了。

昭王十六年（前980），昭王亲自领兵伐楚，居然取得胜利。这让他非常高兴，凯旋后，昭王立即为自己铸器铭功。但这次成功并没有填满昭王的野心，三年后，尝了甜头的昭王又一次向楚用兵。

结果，由于骄傲轻敌，也由于楚人做了准备，昭王在渡汉水的时候，不留心坐上了楚人为他特制的一条船。这条船表面上看和别的船没什么区别，实际上却是用胶水粘在一起的。等到船行到水中央的时候，胶水溶化，船也随之解体，昭王则落水喂了鱼。

周昭王喂鱼事件后果很严重，周朝发展遭遇重大挫折，周王室控制南方的力量被大大削弱，而楚国则趁机在江汉地区不断发展起来。

周昭王被水淹死后，他的儿子姬满接班，这便是历史上大名鼎鼎的周穆王。

据史书记载，穆王即位时已有五十岁了，在那个时候，这个年龄绝对算不上小。但事实上，年龄问题似乎并没有妨碍他去做想做的任何事。

当时，西北地区的犬戎不太安分，经常侵扰周朝。周穆王老早就羡慕父亲南征北战、巡狩四方，所以当他收到这个情报后，不仅没有恼怒，反而认为这是一次实现自己抱负的绝好机会。于是他拒绝听从臣子们的劝阻，坚持领兵西征，结果取得了巨大胜利：共俘虏了五个犬戎之王，并迫使犬戎西迁至甘肃平凉以东的"太原"，

周穆王八骏巡游（清代／佚名）

周穆王时，造父善于驾驭马车，周穆王就让造父驾驭八匹骏马拉的车子，向西方巡游，以至于把朝廷政事都荒废了。

使周朝西部边界大大拓展。

再后来，周穆王又东至九江，西抵昆仑，北达流沙，南伐荆楚，做了很多在他这个年龄根本不可能完成的事，一直到死才消停（他共在位五十五年，也就是说活了一百零五岁，但因为他的事迹多出自一本神话色彩浓厚的古书《穆天子传》，所以不可尽信）。

都是井田制惹的祸

不过，正当周穆王忙着开疆辟土的时候，周朝统治阶级内部的危机却在加深。究其原因，一是井田制发生了一些变化，二是奴隶主新旧贵族之间发生掐架。

井田制是西周基本的土地制度，它是从氏族社会土地公有制演化而来的。在氏族社会末期，当家族从氏族中分解出来，原有的一部分土地就被各家族分别占有。后来，家族又分裂为若干个个体家庭，而每个家庭也相应分得一份耕地。

这些耕地，由于计算土地面积的需要和排灌沟洫的限制，就被划分成数目不等的方块，且每个方块的面积大体相等，形状很像一个“井”字，因此称作“井田”。

井田制产生于夏、商时代，发展到西周时期，达到了最完备的形态。

实行井田制的前提是土地国有，或者说名义上的土地王有。按照周朝相关制度规定，周天子是全国土地和人民的最高主宰者，也就是所谓“普天之下，莫非王土；率土之滨，莫非王臣”。

这么大的一块地，周天子肯定不会自己去种的，于是他便将土地和依附在土地上的人民分封给新旧诸侯，然后诸侯分给卿大夫，卿大夫再分给士，士再分给奴隶……这个过程虽然是层层分包下去的，但里面没有交易的成分，即分到土地的人只有土地的使用权，而没有土地的所有权，体现了一种土地公有制的原则。

井田制的经营方式，有公田和私田之分。

所谓公田，实际上是奴隶制确立后保留下来的原始公有地的残余。平民（即公社农民）在公田上集体耕种，没有午休和节假日，连吃饭都要由妻儿送到田间。直到忙完秋收，他们才能回到自己四面漏风的破家，与家人一同过冬。尽管如此辛苦，但是公田上产出的东西却和公社农民没有什么关系，全部归占有这块地的各级贵族所有。

至于私田，简单点说就是指公社农民自己的份地。农民只有使用权，而没有所有权，不过土地上产出的物品可以归劳动者所有。另外，由于私田有限，且为了维护古老氏族内部的公平原则，所有私田都是要定期重新分配的。西周时期，根据规定，私田的分配大约是每三年进行一次。

西周初期，因为各级贵族的土地占有基本上还停留在公社制阶段，所以私田还没到任意买卖的程度。这是古老的氏族原则决定的。

但是，这种情况在西周中期以后，开始出现了一些变化。井田制下的土地国有制开始呈现被破坏的迹象，土地的私权开始确立——其最重要的表现是出现了土地转让和交换——这表明土地国有正在向土地私有转化，井田制动摇了。

井田制的动摇，土地私有权的确立，产生了一系列的影响。其中最重要的是催生出了一批没落贵族和一批新兴贵族。

一般来说，如果奴隶主贵族严格遵循宗法制的原则，爵位和封地都是可以世代传承的，应该不会出现没落贵族这一社会阶层。但事实上它又的确出现了，这就说明有些奴隶主贵族的行为法则不在“一般来说”的范围内。

没落贵族通常都有一个共同的特点，即这些贵族都很喜欢挥霍无度、坐吃山空。他们从祖上手里接下产业后，并不安于过平淡的小康日子，比较信奉“只要今天爽，哪怕明天去吃糠”的生活理念。

结果，积蓄糟蹋完了，他们就把土地低价转让给一些社会上的新贵。

这些新贵的构成主要是贵族等级阶梯中最底层的士。他们一开始手里的土地和劳动力并不多,有时人手不够,甚至自己还要去搭把手。但勤劳也给他们带来了回报,他们开始有了一些积蓄。这些积蓄,留一部分用来应急,还有一部分他们会搞点投资,比如从贵族败家子手中买一些土地。

如果有些士比较有上进心，在参加战争的过程中还立了一些军功，那么他不但能受到物质上的嘉奖，还有可能上升到卿大夫的行列中去。如此一来，就会形成一种类似跷跷板的现象:有的人越来越穷，有的人越来越富;有的人上去了，有的人下去了。

而这种奴隶主贵族内部社会地位的起伏升降越厉害，社会和政治上的混乱也就越严重。因为那些没落的贵族在失势的过程中，由于落差太大，就会在沦落的同时，还带着强烈的怨愤情绪。

这种情绪如果积攒到一定程度，便会如火山喷发一样爆发出来。

动物保护形象大使周厉王

当然，若仅仅是统治阶级内部出现问题，还好解决，毕竟大家都是既得利益者，只要能心平气和坐下来多开几次会，总能找到解决的办法。

但事实上，统治阶级外部也出现了问题，而且是大问题。

问题主要出现在两种人身上，平民和奴隶。

平民虽然有人身自由，但是经济基础薄弱，有时辛苦干一年，把贵族的粮仓堆满，自己却什么都没捞到，一日三餐不是野菜就是豆糊。

至于奴隶，情况就更惨了。西周时期，奴隶被称为“臣妾”，没有人身自由，待遇与牛马并论。他们平时不仅要从事繁重的农业和手工业生产，关键时候，还要积极响应奴隶主的号召，随时准备“献身”。比如，在宗庙祭祀的时候，需要人祭，无论奴隶是否愿意（一般都不会愿意，但也不排除有人想通过死来寻求解脱），都会被主人拉来参与其中。

于是，没落贵族与新贵族之间，平民、奴隶与奴隶主之间，矛盾相互交织，无法调和，终于乱七八糟抱着一捆炸药揉成一团。然后，等待有人把导火线点燃。

周厉王就是在这种情况下被历史选中了。

在中国历朝历代中，帝王们的性格千差万别，有的软弱，有的强硬，有的仁慈，有的残暴，有的大度，有的自私……呃，周厉王应该属于自私这一类，而且是这一类中的杰出代表。

周厉王是西周第十任国王，我们从他的谥号可以看出，这个人绝对不是个善茬。

周厉王的老爹周夷王身体不好，是个病痨，可能由于老爹平时对他疏于管教，周厉王身心就自由发展，结果恶的一面占上风，便把他人性中自私的部分给激发出来了。

在周厉王的世界观里，个人占有欲居主导地位，他最推崇的价值观是“你的就是我的，我的还是我的”。周厉王有个宠臣名叫荣夷公，是周朝诸侯国荣国的国君。此人不好好干自己的本职工作，每天脱岗，一有机会就与周厉王厮混。

荣夷公向周厉王建议，山林川泽的物产应实行“专利”，即里面所产的动物都是厉王的私人财产，谁要是敢偷猎，就让谁后半辈子在牢狱中偷生。周厉王很高兴，立马批准同意——当时如果有动物保护协会，周厉王一定能成为协会的形象大使。

从环保的角度看，周厉王采取的措施没有错。但是，作为一个人类社会的君主，你要是只保护动物而不关注人，事情的性质就会发生逆转。因为历史告诫我们，人才是最需要保护的，你得罪动物，可能没有明天，可如果要是得罪人民大众，恐怕你连今天都不会有。

可惜的是，周厉王不懂这个道理，他是个见了棺材也不掉泪的主儿。他为了防止别人对他有意见，特意派人监视百姓，将许多心怀不满的百姓抓来杀死，弄得家家户户两口子都不敢大声吵架，生怕有人听见向周厉王打小报告。

这种高压政策下的结果是，“国人莫敢言，道路以目”。大家都知道，通过眼神要想无障碍地交流绝对不是一件容易的事儿，男女之间白天暗送秋波还好，在黑乎乎的晚上，眼神再好也和盲人差不多。对此，召公向厉王劝谏说：“防民之口，甚于防川。川壅 [yōng] 而溃，伤人必多。民亦如之。”而此时厉王正处于踌躇满志阶段，哪能听得进别人意见，依旧我行我素。

于是，怨恨的种子，如果不用嘴播撒出去，就会留在心底生根发芽。

这里补充一点，上面所讲的“国人莫敢言”的“国人”和今天的意思不一样。那时候，住在城外的农夫叫“野人”，只有住在都城里的平民才有资格叫“国人”。国人通常是与各级贵族血缘关系比较疏远的宗族成员，但在政治上和经济上与各级贵族还有一定的联系，因此，国人的社会地位与野人有很大不同，比如：国人有参政进仕的权利，野人没有；国人有当兵的资格，野人没有；国人能够受到教育，野人不能……说白了，这其实就是一种户籍就业歧视。

公元前 841 年，忍无可忍的民众终于采取武装暴动的方式进行反抗，史称“国人暴动”。周厉王在暴动的洪流中显得不堪一击，仓皇逃到了彘（zhì，今山西霍州）。太子姬静由于反应慢，没能跟上老爹的步伐，无奈之下，只好躲进了召公家里。

国人不肯罢休，没有捉住老子，捉住儿子也不错嘛，于是就把召公家团团围住。召公控制不了局面，面临两难处境，一方面他必须要给国人一个交代，另一方面他又不能把少主子姬静给献出去。

如果你没看过这段历史，我估计你就是想破脑袋也猜不出召公是如何解困的——他是把自己的儿子冒充太子交给国人杀死的。

是不是感觉有些残酷？

“国人暴动”影响深远，这件事直接导致了周王室的日趋衰微。

在中国历史上，一个盛世的开创往往需要几代英明君主的努力，但要搞垮一个朝代，只需一个人就够了，而且不用很费劲。可能正因为不费劲，所以很多人无意中就选择了后者，于是无论是什么朝代的历史，都会注定以悲剧收场。

周厉王逃跑后，整个国家陷入群龙无首的状态。由于周厉王没有宣布自己辞职，仍然具有合法性，所以就使得大家十分为难，因为按照目前的情况，你既不能另选一个，也不能眼看着国家一直乱下去。最后大家没办法，经过合计，决定让周公和召公临时主持政事（一说由国人共推诸侯共伯和执掌王政），代替周天子行使职权，领着全国人民奔向美好的生活。

因为这件事发生于公元前 841 年，是共和元年（这一年是我国历史有确切纪年的开始），所以历史上便称其为“共和行政”。

“共和行政”维持了十四年，周厉王在彘死去后，一些大臣就拥立太子姬静即位，这就是周宣王。周宣王相对来说是位好同志，开明勤奋，征伐了几个对周朝威胁较大的势力，也取得了一些胜利，后来还被有的史家誉为“宣王中兴”。

然而，当时的周朝已经病入膏肓，这些胜利不但没有缓和各种社会矛盾，反而如一剂猛药，把国家的更多问题给刺激出来。

周朝已经面临着全面崩溃的危险。

烽火戏诸侯，还是戏自己？

周宣王共在位四十六年（前 827—前 782），他死后，儿子姬宫湦 [shēng] 即位，是为西周最后一个君主周幽王。

幽王刚上任时，迎接他的不是鲜花和掌声，而是山崩地裂。

根据史料记载，当时周朝不仅社会动荡，山川也跟着动荡，在离国都不远的泾水、渭水一带，接连发生了几次强烈地震，以致“百川沸腾，山冢崒 [zú] 崩，高岸为谷，深谷为陵”，于是在迷信横行的古代，大家都更相信这是神的旨意，认为“周将亡矣”！当然,这种影响君主心情的话是传不到幽王的耳朵里的,所以他吃睡正常，不受外界影响。

通常来讲，每个末代君主除了有一些共同的特点（比如残暴、好色、自私），还应该有几个属于自己的标签，比如大家一提到炮烙之刑就会想到商纣王，一提到京杭大运河就会想到隋炀帝，等等。

周幽王的标签是“烽火戏诸侯”。

这事得先从幽王的宠妃褒姒说起。

褒姒是褒国人，幽王征伐褒国，褒人为了乞和，就把她献了出去。到这里不知大家发现了没有，历史总是惊人的相似，夏桀的妹喜、纣王的妲己以及幽王的褒姒，无一例外都是通过战争的方式得来的。虽然她们在这几个王朝的灭亡过程中并没有起到决定性作用，但是催化剂的作用还是有的。

由于褒姒长得漂亮，幽王把她带回王宫后，立马将她视为珍宝，只要她开口要月亮，绝不会给她摘个星星去糊弄。

但褒姒却不爱笑。

不爱笑的原因有很多种，可能是心情抑郁，也可能是笑点太高。幽王是个糙老爷们，见褒姒不爱笑，弄不清是咋回事，就找来全国最顶尖的笑星逗她乐。结果旁边的人都笑抽筋了，褒姒的脸上仍然没有任何变化。

这让幽王很纠结，于是，如何让褒姒笑很快就成了他的一块心病。

食君之禄，忠君之事，下面的大臣见幽王不开心，也都试图为他分忧。其中有个叫虢石父的人，平日里很受幽王宠幸，现在他见幽王每天都把心思放在褒姒身上，对他也不是好事，所以就每天冥思苦想怎样把幽王的这个难题给解决了，以便让他回归正常。

果然是多个脑袋点子就多，虢石父很快就想到一个能让褒姒笑的办法。

这个办法的名字叫“烽火戏诸侯”。

要知道，在没有电报和卫星的古代，烽火是一种非常重要的军事通信手段。但为了防止谁家的麦秸 [jiē] 垛自燃让人误以为是烽火的情况发生，一般还要在肉眼能相望的距离内设一座烽火台，比如大家熟悉的长城上面的烽火台。

烽火台设立后，如果哨兵发现军事险情，就会点燃烽火发出警报。其中白天燃放的是烟，夜晚燃放的是火。烟的燃料一般为狼粪，据说是由于狼粪冒出来的烟直

周幽王戏举烽火（清代／佚名）

而聚，即使有风吹也不会歪斜。我们常用“狼烟起”来比喻战争爆发，就是从这里来的。

西周时期，周天子所在的国都与每个诸侯国之间都会有烽火台相连。按照约定，如果遇到险情，天子就会让人点燃烽火，诸侯看到后就会领兵前来勤王。所以说，烽火这玩意儿是不能随便点燃的。

而虢石父“烽火戏诸侯”的具体办法就是点燃烽火，把诸侯引来进行挑逗。

周幽王觉得这想法挺有意思，旋即任命虢石父为创意总监，并具体负责相关事宜。为了更好展示现场效果，虢石父挑了一个比较火辣的天气。幽王和褒姒坐在凉棚里，手里捧着凉饮，饶有兴致地观看烽火台上的工作人员忙得热火朝天。褒姒越瞧越好奇，就问幽王：“这大热天的，实在让人犯困，你说要给我看有意思的东西，原来就是看一群有汗臭味的人在干活啊！”

幽王嘿嘿一笑，拉住褒姒的手说：“急啥啊，好戏还在后面呢。”

褒姒无奈，只好耐着性子陪着幽王看。没过多久，烽火台上一切准备妥当，在幽王的示意下，虢石父下令点燃了烽火。

烽火（准确地说应该是烽烟）直冲云天，百里之外可见。

这一来可把褒姒吓得够呛，她虽久居深宫，但人又不傻，很明白点燃烽火就意味着什么。她脸色惨白地问幽王：“怎么？我们有外敌入侵？那我们赶紧回宫组织人马准备应战啊。”

幽王悠悠地说：“我们现在最重要的事情是看戏，不是想什么外敌入侵。再说，无论是谁，挑这么热的天入侵，都病得不轻吧。”

而此时，有些诸侯也正捧着凉饮在那儿小憩呢。谁知刚要入睡，突然有个侍从闯进来向他报告说：“周王方向的烽火被点燃了，看来有战事，我们是现在去勤王呢还是再等等看？”

诸侯看了一下外面的大太阳，直犯嘀咕，也在想，无论是谁，这么热的天去入侵，都病得不轻，于是他摆摆手让侍从下去。侍从见主人不把这事放在心上，也不好多问，便要离开。哪料一只脚刚迈过门槛，又被叫回，诸侯说：“你现在立即去组织人马，我们随后就出发。”诸侯改变主意并不是因为关心周王安危，而是突然想起，如果外敌这回能把周王都城攻陷，那他现在去说不定还能顺便揩点油——即使揩不到也可以看看到底是谁在犯病。

部队很快集结完毕，诸侯披甲上马，风风火火地就往周天子的方向赶去。

快到周朝国都的时候，诸侯又遇到了不少其他地方诸侯。寒暄后稍微试探了一下，发现大家都心照不宣，于是他就开始庆幸，亏得自己多想了一层，否则别说揩油了，恐怕连喝汤的机会都没有。

然而令他们感到奇怪的是，越靠近都城，越感觉气氛不对，因为这里实在不像发生过战斗。正当他们忧虑是不是已经中了敌人埋伏时，突然听到一阵哈哈大笑声，其中还夹杂着女人柔软细腻的喘息——估计是笑岔气了。

他们在吃惊之余一抬头，就看见不远处的高台上，幽王正和他的宠妃褒姒前仰后合地笑。看到这里，诸侯们一时反应不过来，但是有一点他们可以肯定，就是上当了——不过上的不是敌人的当，而是自己人的当。

有个诸侯又气又热，憋得满脸通红，就大声问幽王：“大王，敌人呢？”

幽王捂着肚子笑着说：“哪儿有什么敌人，我这是逗你们玩呢。我和爱妃就是想看看烽火点燃你们是否来，来了若没发现敌人又是什么反应……哈哈，你们的反应让我们很开心。”

到这时，诸侯们方才彻底明白是被耍了，而那些所谓病得不轻的人，不是别人，正是他们自己。至于幽王是否也应该列为病人，后来他们经过讨论，一致认为幽王不是病，而是疯。

烽火戏诸侯之前，周王室由于日渐式微力弱，有些诸侯就已经表现出对它的不尊重。这件事发生以后,诸侯们又开始在“不尊重”后面加了一个词,那就是“不信任”。这样一来,周王室几乎就等于是一个光杆司令,欺负一下家人还行(在自己的领地上),要是出去混,有可能连衣服都会被人给扒掉。

那么,有可能被扒掉衣服的周幽王,是戏弄了诸侯,还是戏弄了自己?

姥爷震怒之后

烽火戏诸侯虽然让人感觉荒唐,但是这件事并不是西周灭亡的直接原因。它顶多算是灭亡过程中的一个小插曲。

西周灭亡的直接原因是周幽王对宗法制的破坏。

前面已经介绍过,宗法制对维护专制统治有很多好处,各级奴隶主贵族也愿意去落实。但是,有时候当情感大于理智时,也会出现例外。

周幽王就是这个例外。

作为周朝最大的大宗,按理说周幽王事事都应该起个榜样作用。但周幽王没有做雷锋的打算,他比较擅长做里外不是人的事。这不,前段时间刚得罪了众诸侯,这次他又开始做不利于夫妻和谐的事了。

事情的起因还和那个美女褒姒有关。由于周幽王太喜欢她,感觉让她当自己的小老婆太委屈,所以便想把她扶正。但是这里面有个问题,就是周幽王的大老婆申后,现在还正处于能吃能喝、身体倍儿棒的阶段,不太可能自愿从王后的位置上下来。

况且,王后的位置不光关乎申后将来的待遇问题,还与她儿子以后的命运走向有关。因为按照西周宗法制的规定,申后作为周幽王的正妻,所生的儿子即嫡子,嫡子不出意外的话是要接替国王职位的。

而这绝不是周幽王和褒姒愿意看到的结果。

周幽王想来想去,觉得自己是天下的老大,要是连这点家庭问题都摆平不了,那以后在诸侯面前就更没威信,也更没人听他的了。于是,他不顾众人反对,坚持废掉了申后和她的儿子太子宜臼,然后又立褒姒为王后,褒姒的儿子伯服为太子。

太子宜臼被废掉后,立马意识到自己的安全将是个大问题,便趁幽王和褒姒还未从“胜利”的喜悦中清醒过来,便连夜逃奔母家申侯处。申侯听完宜臼的讲述,得知自己的女儿被打入冷宫,宜臼也被废为了庶人,顿时急了——他原本还指望外孙帮他光宗耀祖呢。

更让申侯震怒的是，当幽王听说宜臼跑到他这里后，不仅没有派人过来进行心理安慰，反而组织军队准备讨伐他，并意欲杀掉宜臼。这让申侯觉得此事不再是家庭内部矛盾，而是敌我矛盾。他想，既然你周幽王不认我这个老丈人，那我也没法再把你当成姑爷对待，于是积极组织力量准备迎战。

但是，申侯所管辖的申国毕竟属于小邦，和周王相比，力量悬殊。正当申侯一筹莫展时，他突然听说西部的犬戎正在准备进犯周朝，那么如果能与它联合起来，谁胜谁负还真不好说。就这样，为了一个共同目标，在申侯的操作下，申国与犬戎很快联合起来，同时对幽王发力。

幽王见对手强大，连忙点燃烽火召集诸侯过来帮忙。谁知那些诸侯由于被耍过，觉得为幽王这种人牺牲实在划不来，就对他的求救信号视而不见。

周幽王终于尝到了里外不是人的后果了。

公元前 771 年，犬戎攻破西周都城镐京，幽王和太子伯服被杀于骊山脚下，褒姒则被犬戎当作战利品掠走。

西周灭亡。

附：

西周年表

（据《夏商周断代工程 1996—2000 年阶段成果报告》）

序	谥号	姓名	在位年代	年数
1	周武王	姬发	前 1046—前 1043	4
2	周成王	姬诵	前 1042—前 1021	22
3	周康王	姬钊	前 1020—前 996	25
4	周昭王	姬瑕	前 995—前 977	19
5	周穆王	姬满	前 976—前 922	55（共和当年改元）
6	周共 [gōng] 王	姬繄 [yī] 扈	前 922—前 900	23
7	周懿王	姬囏 [jiān]	前 899—前 892	8
8	周孝王	姬辟方	前 891—前 886	6
9	周夷王	姬燮 [xiè]	前 885—前 878	8
10	周厉王	姬胡	前 877—前 841	37（共和当年改元）
	（共和）		前 841—前 828	14
11	周宣王	姬静	前 827—前 782	46
12	周幽王	姬宫湦	前 781—前 771	11

第六章 春秋逐鹿

五霸王轮流坐庄

打周天子主意的多是一些比较强大的诸侯，他们看中的不是周天子本身能带来多少收益，而是“周天子”这三个字的品牌效应。换句话说，周天子的位子由谁来坐不重要，重要的是他们能不能打着王室的旗号，“挟天子以令诸侯”，然后来为自己谋取利益。

周平王的烂摊子

周幽王死后，太子宜臼在申侯的支持下即位，是为周平王。

周平王虽立，但是他面对的是一个被战争破坏的烂摊子，像西周国都镐京，在犬戎的蹂躏下，昔日繁华的街道，现在几乎可以用来放羊。另外，犬戎自认为在攻灭幽王的过程中立有大功，便盘踞在镐京附近不肯挪窝，对平王政权虎视眈眈。

平王无力驱逐犬戎，也无法修复镐京，只好于公元前 770 年放弃了丰镐之地，并在秦襄公、郑武公、晋文侯等诸侯的拥护下，东迁至洛邑（今河南洛阳）。因为洛邑在镐京之东，所以历史上就称平王之后的周朝为东周。

平王迁都洛邑而没有选择其他地方，是有历史原因的。

周朝戎车

据传，夏朝时已有战车和小规模的车战。从商朝至春秋，战车一直是军队的主要装备。起初，国君所乘的战车被称为“戎车”，春秋中期以后，军队中出现了专职将帅，国君已经不必亲登战车指挥作战，因此戎车便失去了其作为国君专乘的意义，而成为将帅的指挥车。

豳风图（局部）（元代 / 王振鹏）

《豳风》是《诗经》十五国风之一，为先秦时豳地流传的民歌。豳地在今陕西旬邑、彬州一带，是周朝部落的发祥地。《豳风》共七篇，主要描写周朝时豳地百姓辛苦劳作的情景，被认为是中国最早的田园诗。

当年武王灭商后，就想在洛水和伊水之间兴建一座新城，用来镇抚和监视商朝遗民。但是武王命短，还未等工程动工便死了。等到周成王即位之后，摄政的周公又把这事给提出来，最后付诸实施，修建了洛邑。于是从那时起，洛邑便开始成为周王朝会东方诸侯的东都（周王最主要的三支军队之一的殷八师就驻扎在这里）。因此，平王在原来国都不能用的情况下，迁都到大致相当于周朝陪都的洛邑，也就是顺理成章的事了。

然而，新都城并没有给周朝带来新气象，在周平王和他后代的卖力“折腾”下，国家开始一天不如一天。

其实这也不全怪平王他们，他们也想把国家治理好，但实在是心有余而力不足。这就好比让一个没有管理经验的人去接管一个快破产的公司，方法不对路，还让员工加班不加薪，想不出乱子都难。

因此，我一直认为，东周王朝就好比是一块从高处落下摔碎的玻璃，有的碎片比较大，也比较尖，看上去寒气逼人，有的则又小又圆，成了玻璃珠子。而周王的作用是把这些碎玻璃用胶水给粘起来，看起来还是一个整体，实际上不但很脆弱，而且什么也干不了。

更何况，东周王朝直接统治的地区也是小得可怜，比如平王刚迁都到洛邑那会儿，他直接能控制的地盘大约还有几百平方公里，但是随着赏赐有功的诸侯以及被外部侵夺，到了最后，只剩下几十平方公里的一块地了——还没有今天一个中等城市的城区面积大。

管辖的地盘小，人口就少，实力就弱，到最后周天子老婆孩子一大家子连吃饭都成问题。然而周天子毕竟还是名义上的诸侯首领，大家虽然各自为政，可他要是真被饿死了，这事说出去也不光彩。和以前诸侯定期向周天子纳贡、朝觐、述职不同的是，这时的周王无论是在政治上，还是在经济上，都要依赖强大的诸侯国。

所以说，东周历史的舞台已经不再属于周王室了，真正的主角是那些诸侯们。

既然主角都变了，那么，东周这段历史的称谓是不是也跟着发生变化？

郑桓公对鸠占鹊巢的生动实践

按照传统历史阶段进行划分，东周可以分为两段，春秋和战国。

“春秋”一词，源于古代史书《春秋》。

《春秋》原本是鲁国历代史官编写的一种编年体史书，后经孔子修订，成了儒学后人需要学习的一部经典著作。因为《春秋》记事的时间（前722—前481）与平王东迁（前770）到敬王四十四年（前476）这段历史大致相当，所以后人就习惯于用“春秋”一词来指称这段历史。

私人修撰的史书

作者	国籍	著作	内容
孔子	鲁	《春秋》	主要记述公元前722—前481年的鲁国历史
左丘明	鲁	《左传》	记载公元前722—前454年社会各方面的内容
左丘明	鲁	《国语》	以记述西周末年和春秋时期周、鲁等国君臣的言论为主
公羊高	齐	《公羊传》	解说《春秋》所记史事
穀[gǔ]梁赤	鲁	《穀梁传》	对《春秋》进行阐释

春秋时期的社会状况可以用一个“乱”字来概括，如果非要在前面加上一个副词的话，应该是“非常”。

这个时期，各诸侯的工作内容只有一个，那就是打仗。打仗是为了夺得更多的土地和人民，而夺得土地和人民又是为了打仗。

当时，由于周天子实力非常弱小，各个诸侯干仗他既插不上手，也说不上话，所以很着急，有时甚至有一种被世界抛弃的感觉。虽然我们不排除有人确实把周天子给忘了，但是，也确实有一些人在那儿悄悄地打他的主意。

打周天子主意的多是一些比较强大的诸侯，他们看中的不是周天子本身能带来多少收益，而是“周天子”这三个字的品牌效应。换句话说，周天子的位子由谁来坐不重要，重要的是他们能不能打着王室的旗号，“挟天子以令诸侯”，然后来为自己谋取利益。

最先有这种前瞻意识的是郑国。

郑国的开国之君是周厉王的幼子、周宣王的庶弟姬友，史称郑桓公；又因为封国的时候郑国为三等诸侯国，国君是伯爵，所以郑桓公又叫郑伯友。

虽然有了自己的领地，但是郑桓公日常办公并不在郑国，而是在周朝中央朝廷里，担任的职务是司徒（相当于今天的自然资源部、民政部兼农业农村部部长），算得上是位高权重。周幽王专政时期，诸侯离心，政局混乱，郑桓公作为幽王的长辈，预感周朝大限将至，一边忧心忡忡，一边也在为自己寻找退路。

郑桓公苦思冥想了若干个时日，累死了若干个脑细胞，罗列了若干个抽身方案，但还是没想到一个万全之策。最后实在没办法，他就把朝中最有学问的太史伯请来讨教。

郑桓公问太史伯：“你是明白人，我也就不给你绕圈子了。我们都清楚，周王室时日无多，可能即将倾覆，而我郑国由于太靠近国都（此时的郑国在今陕西渭南华州区一带），到时难免会首当其冲。我的问题只有一个，就是你看如何能帮我的子孙后代保全一份喝粥的钱？”

太史伯捻须一笑说：“既然司徒大人是敞亮人，我也不藏着掖着了。我给你指条路，在洛邑东面、黄河和济河南面有块地，位置很不错，可以到那里安置郑国。”

郑桓公一听那地方离现在的郑国相距有近千里，便不是很满意，说：“天下即将大乱，那地方远不说，而且平缓开阔，无险可据，真要是和别人打起仗来，岂不是只有当靶子的份儿？”

太史伯再捻须一笑说：“那我来帮你分析一下。要知道，当今的天下，但凡是块好地方，都被或大或小的诸侯占据，你要是选择强攻霸占，代价大不说，舆论上也会受到谴责，所以不可行。不过，你可以采取鸠占鹊巢的办法，把蛋下到别人窝里，先让别人帮你孵。”

郑桓公忙说："愿闻其详。"

太史伯继续捻须一笑说："我刚才给你说的那块地，用来建国安民肯定算不上好。但如果把它当成一个过渡，则是最好不过了。首先，这地方靠近实力不是很强的虢、桧（又名郐）两国，而虢、桧两国的国君贪财好利，百姓与他们离心离德；其次，大人你可以趁此利用自己有爱民之心的声望，来争取那里的百姓支持；最后，时机成熟，你便可以将虢、桧两国取而代之了。"

郑桓公听到这里，非常高兴，说："听君一席话，胜读十年书啊，这事要是让我自己去想，子孙以后恐怕真连喝粥的钱都没有。"

就这样，在太史伯的建议下，郑桓公先把自己的财物和奴隶迁寄到虢、桧两国。虢、桧两国国君见有人主动送来财物，自然是来者不拒。

但是，郑桓公毕竟是当朝司徒，周天子的亲叔父，平时给他送礼他还不一定要，现在他居然把财物寄存到我们这儿，也算是很给面子了。想到这些，两国国君一合计，决定投桃报李，便各选了五座城池献给郑桓公。

郑桓公闻知大喜，如此一来，郑国终于有了立国的基础。

不过，郑桓公的未雨绸缪并未给他自己带来什么好运。在西周末年的动乱中，郑桓公不幸与周幽王上了同一条船共进退，最后和幽王一同被犬戎杀死于骊山之下。

郑桓公死后，他的儿子姬掘突接班，是为郑武公。郑武公率领大军为父报仇，并护送平王东迁。然后他又继承父志，先后用武力灭掉桧和虢，建立了新的郑国，国都为新郑（今河南新郑）。然而，郑武公对现况并不满足，觉得自己国小力弱，应该继续扩大地盘。

于是他问大臣："最近生活好无聊，骨头都快闲散架了，想找个国家揍一顿解解闷，你们说说看，

东周武士甲胄复原图（当代／刘永华）

图中青铜甲是根据中国国家博物馆收藏的出土于西南地区的巴人铜甲片复原的。素面胄依据出土于山西柳林的实物复原。扉的形象参考了湖北当阳金家山楚墓出土的实物。短剑则参考了青海金沙江峡峪地区的出土实物。

揍谁比较好？”

大臣们议论纷纷，开了半小时的小会也没商议出个子丑寅卯 [mǎo] 来。后来有个叫关其思的大臣向他建议说：“攻打胡国吧，胡国与咱离得近，早晨去打，下午就能回来，连过夜都不用在外面，老婆孩子也都会高兴。”其他大臣听他这么说，纷纷附和赞同。

谁知郑武公却勃然大怒，说：“你不知道胡国国君是我女婿啊，我们是一家人，睦邻友好这么多年，脸都没红过一次。你这人真是太坏了，不但离间我们两国的关系，还挑拨我们的家庭关系。这事如果传出去，万一女儿出现意外，孩他妈和我闹，我找谁说理去。”说完让人把关其思拉出去砍了。

胡国国君听到这件事后，对郑武公的行为大为感动，心想既然老丈人对我这么够意思，我也得有所表示才行，于是下令军队不要在边界设防。

但令胡国国君万万没想到的是，郑武公的话萦绕耳边还没散去，郑国的军队已经闪电般突袭而来……等到耳边的话全部散去，胡国国君惊奇地发现，国家已经沦陷了。

看着被自己征服的土地，郑武公踌躇满志，觉得自己真是一个开疆拓土的天才，如果照这个势头下去……他没有继续往下想，开心的事不能一下想完，留着以后想也是一个不错的主意。

有了郑桓公和郑武公两位前人辛勤栽树，到了郑国第三任国君郑庄公的时候，他已可以悠闲地坐在树荫下指挥千军万马，弹指间，就能让某个不听话或不顺眼的诸侯“樯橹灰飞烟灭”。

多行不义必自毙的秘密

郑庄公是郑武公的嫡长子，母亲武姜是申国国君的女儿。但是，因为武姜在生庄公的时候难产，受到了惊吓，所以对这个差点要了她的命的儿子很不喜欢，为了表示自己的厌恶，武姜甚至给他取了一个带有侮辱性的名字——寤 [wù] 生。

后来武姜又生了一个儿子，这次是顺产，她很开心，也很喜欢，给他起了个名字叫姬段（即后来的共叔段）。

因此，郑庄公尽管生在王侯家，但是由于从小缺少母爱，日子过得并不顺心。更要命的是，武姜平时不仅对他冷眼相待、冷言相加，还积极撺掇丈夫把庄公给废掉，立共叔段为世子。

好在郑武公不同意，一方面他不想轻易破坏宗法制，贻人口实；另一方面他感觉庄公也没什么不好，至少目前为止各项指标发展都挺正常的。

郑武公死后，庄公有惊无险地即位。然而他虽贵为一国之君，却仍然没有改变武姜对他的看法。而武姜一有机会就借着自己长辈的身份给共叔段争取各种利益。刚开始，武姜试图让庄公封共叔段于制邑。庄公没同意，说："那地方险要，弟弟没经验，你还是换个地方吧，别的任何地方我都同意。"就这样，最后共叔段被封于京邑，人称"京城大（通'太'）叔"。

谁知共叔段可能从小被惯坏了吧，并不是一个安分守己的人，以为背后有武姜撑腰，连庄公都不放在眼里，做了不少法理、制度不容的事情。有人劝庄公，不能任由共叔段这么肆无忌惮，应该给他点警示。

但庄公有他自己的打算，只是说一些"老母护着他，他又是我弟，我也没办法"之类的敷衍话。然后又有人对庄公说："欲壑难填，你如果继续放任共叔段这么下去，恐怕到时候很难收拾。"

庄公是阴谋高手，睡着都比共叔段精明十倍，他要是真想除掉共叔段，也就分分钟的事。可他没有这么做，除了不想让人说他不孝不义外，还有一个更深层的原因，就是他想让共叔段自甘堕落，然后自取灭亡。

用孟子的话说就是"天作孽，犹可违；自作孽，不可活"。

用曾国藩曾老爷子的话说就是"天不概之人概之，人不概之自概之"。

春秋木辇车复原图（当代 / 刘永华）

用庄公自己的话说是：多行不义必自毙。

果然，随着共叔段私欲的膨胀，他终于决定与母亲武姜联手，来个里应外合，袭郑篡权。

叛乱的日子很快到了，正当共叔段准备率军攻打庄公时，却发现他的叔叔、郑国大将公子吕已经带着二百辆战车把他的驻地围得水泄不通。

共叔段的头顿时一阵眩晕。

不过，更让共叔段觉得头晕的是，战斗刚打没几天，城里的百姓一批一批全都跑了，跑的时候还都把自家的粮食做成烙饼，顺道慰劳一下公子吕的部队。很快，城里的部队由于没吃的，受群众的影响，也都大批大批地叛逃。

共叔段想，这仗实在没法打了，得，我看在成为光杆司令之前，我也赶紧跑吧。于是他也不和城里的弟兄打声招呼，匆忙乔装一番便带着几个随从一溜烟没了踪影……也就是说，待到公子吕破城而入的时候，等于占领了一座空城。

后来，共叔段在公子吕的追赶下，被迫潜逃至共国（共叔段的名字即因此而来），成了被郑国追捕的国际要犯。

庄公即位后的第一次危机就此解除。

天子庄稼被人割走之后

内部矛盾既消，郑庄公很快又把目标瞄准国外。

但郑庄公毕竟只是一般的诸侯，贸然去插手别国事务名不正言不顺，一次两次还成，再多了就容易激起公愤。也就是在这种考虑下，郑庄公便开始趁王室衰微、周天子没有力量继续统治天下时，打起了“以王命讨不庭”的旗帜，联合齐、鲁，先后击败宋、卫、陈、蔡四国军队，并打败北戎和灭掉许国，实力暴增。

本来周天子对郑国扩张是睁只眼闭只眼的，毕竟庄公的老爹武公在王室东迁的过程中出过力、流过汗。当时周王室穷（当然，现在也穷），没有什么好奖赏的，默认郑国去打秋风也算是一种补偿。可令周平王没有想到的是，庄公领导的郑国终极目标可不是吃掉几个诸侯以求温饱，而是想独霸王室，甚至想取而代之。

这样一来，庄公与周天子的矛盾日益尖锐。庄公虽然在朝廷中任职，但从来不上班，周天子为了报复，便趁机解除了他所担任的卿事一职。

卿事（又作“卿士”或“卿史”）是卿事寮 [liáo] 的长官，相当于后世的宰相，权力极大。所以当庄公听说周平王撤掉他的卿事职务时，非常不满意，便立即起程前去洛邑，想问问到底是咋回事：我不来上班你扣我工资就好了，凭什么给我开除公职？

周平王一看庄公是带着兴师问罪的架势来的，当然不能把心里话给说出来，于是迫于压力，连忙道歉，说这都是误会，是下面的工作人员没有和你沟通好——那如果我现在说不撤你的职你看成吗？

郑庄公好不容易来一趟洛邑，自然不会被平王几句赔罪的话就给打发，说，那不行，你得给我一个凭证，免得我下次再为这事跑一趟。

周平王环视一下自己的宫殿，没瞅见有啥值钱的东西，最后想来想去，只好说："金钱宝物什么的都是有价的，给你这些会显得我没有诚意（想要也没有），要不这样，我就把我的太子姬狐给你做人质吧。"

但是平王的这个建议遭到了下面大臣的强烈反对，认为这事有损太子体面。郑庄公此时也觉得要是平白无故把太子带走确实有点过分了，便说："既然大家都反对，那我也牺牲一下，把我的儿子留在你们这里，如此一来，不但能保住大王的颜面，而且我们以后也会更加相互信任。"

大臣们想不出别的更好办法，只好同意平王与庄公用互换人质的方法来握手言和。这件事在历史上被称作"周郑交质"。

公元前 720 年，周平王去世，而太子姬狐此时正在郑国当人质呢。国不可一日无君，周王室赶紧派人去郑国迎接新天子回来即位。可能太子姬狐心里对这种一会儿是囚犯，一会儿是天子的大起大落有点招架不住，也不知是高兴还是悲伤，反正哭了一路，回到洛邑后没多久就死了。

姬狐死后，郑庄公和一些大臣拥立周平王的孙子姬林即位，是为周桓王。

周桓王感念庄公的支持，赐了他一块地，继续留任他在朝中做卿事。事情表面上看是在往好的方向发展，但事实上，庄公根本不把桓王当回事，朝中大小事务，几乎是他一个人说了算。

桓王不甘受制于人，发起反击，便把卿事一分为二，任命虢公为王室的右卿事，郑庄公为左卿事。

这里为了使大家更容易理解，我顺便普及一下历史常识。在我国古代，"左"和"右"虽然关系像亲哥俩，但是在不同时期、不同场合的地位却不一样。其中表现在官职上，一般是周、秦、汉、元朝以"右"为尊，如元朝唯一的汉族丞相史天泽就是中书右丞相，是当时朝中最大的官；而魏晋南北朝、隋、唐、宋、明、清朝又以"左"为尊，如唐太宗时期作为左仆射 [yè] 的房玄龄就要比作为右仆射的杜如晦大一些。

那么，如果按照周朝官职以“右”为尊的制度，右卿事也就意味着比左卿事要大，倘若虢公是总理的话，郑庄公就只能算是副总理，而且还是一个不掌权的副总理。所以庄公对这种职位安排强烈不满，心想我的郑国也不见得比你周朝差，与其在这儿给你当老二，还不如回去做我的老大，于是一拍屁股走了。

郑庄公回去后，三天两头制造一些事端，骚扰周朝边境，让人感到非常搞笑的是，庄公甚至派人把周王室的庄稼给割走了。要知道，周王室本来生活就不宽裕，再加上诸侯朝贡的次数越来越少，那些庄稼对他们来说非常重要。现在庄稼被割走，你让周天子一家老小冬天坐在宫门口喝西北风啊。

很快，周、郑关系由“交质”升级为“交恶”。

再后来，郑庄公干脆连朝觐和朝贡也不去了，看来他是铁了心想让桓王饿得连爬到宫门口喝西北风的力气都没有。

而桓王自然不甘心落个连西北风都没得喝的地步，于是他就依据周朝礼制中“诸侯不来朝见，天子有权予以讨伐”这一条款，在公元前 707 年联合陈、蔡、卫（都是一些被郑欺负过的国家）等诸侯国的军队对郑进行讨伐。

不过，郑庄公并没有把这群所谓“联合国军”放在心上，他随便叫上一支用着顺手的部队就前去迎战。

战争地点是在郑国的繻 [rú] 葛（今河南长葛）。战争的过程都是一些打打杀杀，没啥意思，不说。不过，战争的结局倒很有趣，周桓王的保镖估计找的是临时工，关键时候可以用来顶包，却不能用来挡箭，他居然被庄公手下的一名大将射中了肩膀。虽然事后庄公立即派人去对周桓王进行慰问，并声称自己是被迫出兵，但是事情已经发生，伤口可以愈合，而天子丢掉的颜面却再也无法捡回来了。

想到这里，周桓王真想一个大嘴巴子抽过去，不过遗憾的是，肩膀的疼痛最终阻止了他的胳膊做这项运动。

什么？你问我最后谁胜谁负？连周天子都差点被射成刺猬了，你还问我这个？

成为霸主需满足哪些条件

繻葛之战规模不是很大，但产生的影响很大。

这场战争之后，周王室的军队不再具有独立对诸侯征讨的能力，周天子威严扫地，从此一蹶不振。与其形成鲜明对比的是郑国，郑国此时地位却愈加显赫，俨然成了春秋初年的霸主。

不过郑国的好景也未持续太长，庄公死后，郑国内部发生了争位斗争。庄公的次子姬突赶跑了太子自立为君，这就是郑厉公。在郑厉公当政的 28 年间，郑国混乱不堪，国力日渐衰弱，最终没能成为春秋争霸的主角。

郑国之后，诸侯国并没有因此而消停，相反，斗争愈加激烈。于是，大国兼并小国，大国之间兼并不了，就开始争霸。

在整个春秋近三百年时间里，东方的齐国、北方的晋国、南方的楚国、长江下游的吴国与越国先后建立了霸权。史书将这一时期建立霸权的诸侯国国君统称为“春秋五霸”。但究竟是哪五个霸主，一直存有争议。一说是齐桓公、宋襄公、晋文公、秦穆公和楚庄王；一说是齐桓公、晋文公、楚庄王、吴王阖 [hé] 闾与越王勾践。

不过，随着这些年史学研究的深入，越来越多的学者都认为，若想成为春秋的霸主，通常要满足三大条件：综合国力强盛，军事力量深入中原，得到周天子的承认或册封。像前面讲到的郑庄公，经常以下犯上，自然不会得到册封，所以算不上真正的霸主。而上一段所提到的宋襄公，经济和军事实力和别的几个诸侯还有一定差距，另外周天子也没有真正册封他；至于秦穆公，力量虽然足够强，可惜一直是在西部混，并未立足中原。因此，要是按照这个标准，后一种说法则更能让人接受。

齐襄公的不伦之恋

春秋时期率先建立霸业的是齐国的齐桓公。

齐国第一任国君是西周开国功臣姜子牙，爵位是侯爵。当时与齐国一同被封的还有周公的鲁国，不过周公因为在中央还担任要职，无法赴任，就由他的儿子伯禽代替。鲁国和齐国的统辖范围主要在今天的山东省境内，因此山东也被称作齐鲁大地。

在周代，尤其是西周，山东属于偏远之地，上文中多次提到的东夷族有很大一部分就生活在这里。周王分封姜子牙和周公这两个最有水平的臣子在山东，其主要目的就是让他们监管东夷。

然而，令周王没想到的是，一山难容二虎，自两国建立之日起，关系就不咋的，双方经常相互攻讦。到了春秋初期，由于周天子管不了诸侯的事，齐国与鲁国的矛盾便开始日益公开化，很快由攻讦发展到攻击。

公元前 697 年，齐国第十四位国君齐襄公即位。

《新刊古列女传》中的文姜和鲁桓公（东晋 / 顾恺之）

齐襄公属于有野心没能力的那种人，他借着祖上积攒下来的一点家底，大肆征伐。尽管灭掉了鲁国的盟友纪国，清除了齐国在东面的威胁，使得齐国在与鲁国的较量中处于上风，但同时也过度消耗了自己。

不过，齐襄公在滥用武力的同时，却还是有他铁汉柔情的一面——虽然这个柔情在历史上并不怎么光彩。

齐襄公有个同父异母的妹妹叫文姜，他俩打小关系不错，但令人万万没想到的是，这种不错的关系会把亲情催生成爱情。也就是说，这对亲兄妹恋爱了。

我们都知道，周朝比较注重礼制，这种畸形爱情是不可能得到认可的。于是当齐襄公的老爹齐僖 [xī] 公发现这一情况后，迅速采取两手行动，一是给襄公迎娶了宋国的公主，二是把文姜嫁给了鲁国的国君鲁桓公。

事情就这样被暂时压了下去。

后来，等到齐襄公即位，他出于政治目的决定向周庄王的妹妹求婚，并遵循周礼，邀请与周天子同姓的鲁桓公来主持仪式。谁知这事被文姜知道了，她吵嚷着说自己也要去，鲁桓公有点"妻管严"，不敢也无法拒绝，就在众大臣的反对声中答应了她的要求。

哪儿料到文姜一到齐国便直奔齐襄公宫里，两人时隔多年再见（其中文姜已是两个儿子的母亲），旧情不仅很快复燃，而且还烧成了熊熊大火。

然而，尽管齐襄公和文姜的保密措施做得很好，最后还是被鲁桓公知道了。鲁桓公大怒，第一次对文姜使用了家庭暴力。文姜哪儿受得了这种委屈，便又跑到齐襄公那里，诉说自己的遭遇。

齐襄公听后比鲁桓公还要愤怒，于是在一团怒火升腾的同时，一颗恶毒的种子也在他心底潜滋暗长。

他决定一不做二不休，杀了鲁桓公。

当天，齐襄公打着赔罪的旗号设宴招待鲁桓公。鲁桓公想，得饶人处且饶人，既然已成事实，再怎么生气也不能改变结果，那就咬牙把这一页翻过，大不了我回去后把文姜给拴紧看牢！

想通了这一点，心情复杂的鲁桓公在整个宴会中不说话，只是大口喝闷酒，试图用酒精洗涤连日的烦恼。晚上宴会散去的时候，齐襄公看着烂醉如泥的鲁桓公，特意交代他的叔叔公子彭生在护送桓公回宾馆的路上看能否制造一点故事——不，是事故。

公子彭生明白齐襄公的意思，半道上便把昏昏沉沉的鲁桓公给杀了。

可怜的鲁桓公，活的时候没明白，死的时候居然也是糊里糊涂。

鲁国的国君为情在齐国被杀，这事在当时绝对是个重磅国际新闻。鲁国人民虽然不太喜欢这个窝囊的国君，但如果他把脸丢到了国外，就不是他一个人的事了。

于是，鲁国人民不满意，鲁国外交部就提出严正抗议，要求齐国必须严惩相关责任人。

齐襄公当时干掉鲁桓公其实也就是脑子一热，现在弄得尽人皆知，小道消息满天飞，民间甚至疯传鲁国的太子也是他的亲儿子。那要是两国开战，在别人眼里岂不就是父子相斗？所以齐襄公也并不淡定，他心里也是猫挠似的烦躁。

可要是按照正常的逻辑，他是真正的幕后主使，若想真正对鲁国有个交代，那他只有自杀的份儿了。他看着鲁国使者，满脸无奈地说："要不你们把我捆绑回去？"

鲁国使者也不想把事情拖到战场上解决，忙说："人死不能复生，我们要的只是一个说法，并不是大王的命。否则冤冤相报何时了？我看不如这样吧，大王您就把那个杀死我们国君的人给处理掉，也算是给所有人一个交代。"

春秋贵妇服饰复原图（当代／刘永华）

齐襄公开始也想到了这点，只不过杀死鲁桓公的是他叔叔，让他当替罪羊实在有些为难，但现在也没办法。为了避免更多的人流血牺牲，只好先牺牲他了，谁让他是齐襄公的叔叔呢。于是齐襄公下令处死公子彭生，算是勉强把这件事给应付过去了。

不过，从这以后，齐国的政局开始更加混乱。为了维持秩序，齐襄公进行大肆杀戮，连他的两个弟弟，公子小白和公子纠都被逼出逃。其中公子小白与他的师傅鲍叔牙逃到了莒国；而公子纠因为自己的生母是鲁国人，所以就与他的两个师傅管仲和召忽逃到鲁国，得到了鲁庄公的庇护。

由于逃跑的人越来越多，齐襄公很快就变成了一个真正的孤家寡人。在这种情况下，齐襄公的堂弟公孙无知在公元前 686 年趁机联合连称、管至父（都是齐国大夫）作乱，杀襄公而自立。但是没过多久，国君椅子还没暖热的公孙无知又被别的大臣给干掉了，齐国国君位子就这么空缺下来。

公子小白与公子纠：亲兄弟，明干仗

可是不用愁，国君（或皇帝）这个职业作为权力的顶峰，自古以来还是很抢手的。比如那两个逃亡在外的公子小白和公子纠一听到国君位子空下来，都赶紧丢下手头的工作，准备回去继承君位。

由于谁先赶回都城，谁就能掌握主动权，所以这绝对是一场关于时间的赛跑。公子小白所在的莒国和公子纠所在的鲁国离齐国的国都距离差不多，两人获知消息的时间也几乎是同时，那么如果两人同时赶回都城，难免会在宫内展开一场血腥的争夺，对齐国来讲无疑是一场灾难。

因此，最好的解决办法就是在两人回国前就分出胜负。

鲁国在这个过程中对公子纠给予了极大帮助，一方面派兵护送公子纠回国，另一方面还让他的师傅管仲带领一支人马前去堵截公子小白。

公子小白运气不好，刚走到半道就和管仲等人照面。管仲也不客套，拉开弓箭对着他就是一箭。公子小白应声落马，一动不动。管仲见对方已死，不待鲍叔牙等随从反应过来，就一溜烟跑了。

公子小白运气很好，因为管仲的那一箭只是射中了他的带钩①，所以他从马上

①带钩，春秋战国时由北方游牧民族传入中原，是古代贵族和文人武士所系腰带的挂钩，又称“犀毗”，多用青铜铸造。

落下的瞬间，就已经拿定主意，只有选择装死，才能避免真死。果然，他这一招儿很奏效，不仅骗过了管仲的眼睛，而且骗过了管仲的大脑。

管仲回去复命，对公子纠说："你的竞争对手有事恐怕回不去了。"

公子纠相信他师傅的办事能力，会心一笑，说："那咱们就没必要投胎似的赶路了，我们一定要显得从容，不能让人觉得名利心太强。"

于是原本两天就能走完的路，公子纠足足走了六天。等到他们回到国都的时候，顿时傻眼了，只见公子小白一身国君的打扮，正完好无缺地站在宫门口向他们招手。

公子小白待公子纠走近了，上前握住他的手说："哥，路上辛苦了，我还以为你不来参加我的就职典礼了呢。你们的住宿我都安排好了，环境虽然不是特别好，但是绝对安全。这个你一定要体谅，你也知道，最近外面挺乱的。"说完，便让他的卫兵上来接过公子纠等人的行李，带他们进入了齐国防卫最严密，也是最安全的地方——国家监狱。

待公子纠走后，公子小白长长地舒了一口气，他很明白，这次争夺国君的斗争他虽然赢了，但并不是赢在实力上，而是赢在运气上。

他决定大干一场。

大干一场的内容包括两个方面：一是清除前进道路上的障碍；二是准备在经济和军事上大施拳脚，重振齐国在诸侯中的雄风。

公子小白第一个清除的对象自然是他的哥哥公子纠，因为只要公子纠还活着，就会对他自己构成威胁。而且除掉公子纠还能把杀鸡儆猴的效果发挥到最大，给公子纠的那些党羽一个提醒：我连自己的亲哥都下得去手，何况是你们，所以，最好还是老老实实待在那儿别动！

但是公子小白与公子纠乃是同胞兄弟，他自己肯定不便亲手杀掉公子纠，便想请鲁国代劳。鲁国迫于齐国压力，只好杀死先前被"引渡"过来的公子纠，并把管仲又囚送回齐国。

除掉公子纠后，公子小白问鲍叔牙："那个叫管仲的人以前是你的朋友吧，听说他做人不是特别厚道，和你一块儿做生意，什么都不干还要拿大头儿；和你一块儿去打仗，别人朝前冲，他却往后跑，而且每次都是以家有老母为借口。"顿了顿，又以略带讽刺的口气说："不过，这个人的箭术倒是挺好的，带钩那么小的东西，他居然都能射中，我能当上国君，还真是托他的福啊。"

鲍叔牙一听公子小白话里带着杀气，忙替管仲开脱，说："他家里确实有个老母，全指望他养活呢，不管别人怎么看，我是挺能理解的。当初他射大王那一箭的时候，他不还是公子纠的人嘛，这恰好能说明他食君之禄、忠君之事，是个好臣子。所以我建议大王不仅不要为难他，还要对他委以重任，以便让天下的人都看看大王您不但有胸肌，而且有胸怀。”

公子小白知道讲大道理自己肯定不是鲍叔牙的对手，便想岔开话题，说：“他的事咱先暂时不提，你容我再想想，我们还是谈谈你出任齐国上卿（即丞相）的事吧。”

鲍叔牙说：“不谦虚地讲，如果大王只是想把齐国给治理好，有我和高傒 [xī]① 两个人就足够了，但是您若想建立霸业，就必须得起用另一个人。”

公子小白忙问是谁。

鲍叔牙说：“这个人现在没法提，是你刚才说不让提的。”

公子小白说：“你说的是管仲？”

鲍叔牙说：“我希望大王先摒弃前嫌，看看他的能力究竟如何，毕竟当下最重要的事不是报仇，而是强军富民。如果他没有我说的那么好，您再秋后算账也不迟，反正他的命在大王您的手里攥着。”

公子小白见鲍叔牙如此敞快，自己若再抓住报仇的事不放，倒真显得有点小气，便说：“那这事就按你说的办，我明天上班后就任命他为上卿，希望他比你说的还要好，以便能够将功赎罪。”

对了，顺便提一下（其实是忘了说了），公子小白就是那个大名鼎鼎的齐桓公。

管仲的两把刷子

管仲出任齐国丞相后，还真别说，确实有两把刷子。

农业方面：打破了井田制度的限制，从租税方面肯定土地私有权，实行“相地而衰征”，即根据土地的好坏和产量的多少，将耕地分为若干个等级，然后按照等级的高低，征收不同数量的田税。

商业方面：一方面实行盐铁专营，增加财政收入；另一方面利用齐国背靠大海、尽享鱼盐之利的优势，发展工商业，赚了不少钱。

---

①齐国贵族，世袭上卿，声望极高，与公子小白关系不错，一生中做得最漂亮的一件事就是用计诛除公孙无知等乱党，并拥立公子小白为齐桓公。

军事方面：在雄厚经济基础的支撑下，管仲实行军政合一，开始扩充军队，更新武器，组建了一支听从指挥、能打胜仗、作风优良的武装力量，帮助齐桓公完成由小弟到大哥的华丽转身。

政治方面：有了强大的经济和军事做后盾，诸如提高政治地位之类的事情自然都是水到渠成。管仲为齐国量身定做了一个提高政治地位的方法，那就是“尊王攘夷”。

“尊王”就是承认周天子的地位。这件事先由齐国牵头，别的诸侯一看实力雄厚的齐国都表态了，自己也只好附和。周天子对此也是很乐意的，别管真假，至少大家暂时还没有抛弃他，他还有存在的价值。实际上这就是“挟天子以令诸侯”的伎俩，后世又有很多人使用，效果很不错。

“攘夷”是指对抗周边的少数民族。当时中原人都自认为是文明人，看不起中原之外的人，从东夷、西戎、南蛮、北狄这些称呼可以看出，边疆少数民族在他们的眼中是不被认可的。

当然了，古代少数民族也确实没什么文化，他们仗着自己有劲儿经常来内地抢掠。拿东西也就算了，问题是他们有时候还杀人。吃粮食长大的中原人在体能上比不过吃肉长大的少数民族，再加上力量分散，只有挨宰的份儿。

对于齐国来说，“尊王攘夷”好处多多。一方面，“尊王”可以利用周天子天下共主的名义号令诸侯，控制和勒索他国，使自己成为事实上的“天下共主”；另一方面，“攘夷”则可以联合各个诸侯共同抵抗夷狄，这样既可以提高自己的威信，又可以趁机扩充地盘。

除了“尊王攘夷”，齐桓公在管仲的建议下，在外交上还实行“轻其币而重其礼”的外交政策，即对服从自己的诸侯，全都以礼相待，不仅不对他们征收大量的保护费，而且每当他们遇到困难的时候，还会及时伸出援助之手。

比如公元前 664 年，山戎侵燕，齐桓公亲率大军北伐山戎，保全了燕国。

比如公元前 662 年，狄人进攻邢 [xíng] 国（今河北邢台），齐桓公救完邢国之后，又帮邢国南迁至更为安全的夷仪（今山东聊城）。

比如公元前 660 年，狄人攻入卫国，杀掉了卫懿公，逼得卫国民众弃国而逃。齐桓公知道后，不但率军击退了狄人，还在楚丘（今河南滑县）筑城安排卫国遗民，使卫国得以保存下来。

……

齐桓公所做的这些，并没有给他带来物质上的好处（相反会赔进去很多钱），但是却给他赢得了如潮的赞誉。在东部的各诸侯国中，齐桓公俨然一个大哥级人物。

不过，当大哥可不是齐桓公的最终目的，他想成为霸主。

大哥与霸主的区别在于前者只需要有足够强大的力量，而后者还需要在强大力量的基础上，具有非常高的声望。

换句话说，霸主的意思是权力、级别或势力等各方面都至高无上，无人敢向其挑战。

齐桓公显然还没有完全达到独霸天下的级别，因为他的地位仍然不时受到他人的挑战。其中最不把他放在眼里的是楚国。

楚国是春秋时期南方最大的诸侯国，按照《战国策·楚策一》的说法，“楚，天下之强国也……楚地西有黔中、巫郡，东有夏州、海阳，南有洞庭、苍梧，北有汾陉 [xíng] 之塞、郇 [xún] 阳。地方五千里……”方圆五千里当然是夸大了，不过可以从另一个侧面反映出，当时楚国敢和齐国叫板，凭借的不是口气，而是实力。

这么强大的国家，表现出对齐国的不屑，也属于正常心理，齐桓公如果聪明一点的话，应该装作看不见。所以刚开始的时候齐桓公确实对楚国睁一只眼闭一只眼。但后来随着形势的发展，齐桓公越来越觉得，如果再任由楚国猖狂下去，自己的另一只眼也有可能会闭上。

因为楚国挑战齐国权威的方式很快由眼神转为了行动，它不仅逐个兼并自己周围的一些诸侯国，而且还进一步向北，将矛头指向郑国。郑国与东周国都洛邑接壤，是齐国的兄弟联盟，如果郑国被楚国拿下了，就会严重威胁中原其他诸侯国的安全，那齐桓公想雄霸中原的野心就只能在梦里实现了。

所以齐桓公无论如何也要遏制住楚国北进的势头。

周惠王二十一年（前 656），齐桓公亲率齐、鲁、宋、陈、卫、曹、郑、许“八国联军”向南征讨楚国，并驻扎在陉（今河南漯河郾城区）。

楚国国君楚成王一看齐国来势汹汹，知道若真开打起来，必会两败俱伤，先前的嚣张气焰顿时低了不少。为了避免战争，楚成王先是遣使至齐军处，责问道：“你们在北面，我们在南面，原本是井水不犯河水，现在你们却来侵犯我国领土，到底是什么意思啊？”

齐桓公和楚成王的心思差不多，也并不是真想打，所以就派管仲前去应对。管仲明白这场战争其实相当于两股黑恶势力在斗殴，根本没有什么道理可言，想来想去，只好问一些老生常谈的东西，比如问楚国为啥这么多年没向周天子进贡啊，为啥当年周昭王淹死在你的地盘上啊，你是否该负责啊，等等。

楚成王一听这些内容，心想这都是哪儿跟哪儿啊，不向周天子朝贡是我不对，但这又不是我一个人这样做；至于周昭王淹死在汉水，就真和我没关系了，那条河又不是我挖的，我又没推他，他自己掉进去能怪别人？于是他让人回复齐国，说："这个仗如果能避免，那就别打，因为对谁都没好处，但是你要是真想打，那我也只好奉陪到底。"

齐桓公知道楚成王是在给自己台阶下，便同样让步说："我也不是什么战争狂人，既然你这么热爱和平，那我建议大家不如签订一个协议，省得到时候谁记忆力差，不认账。"

楚成王同意了齐桓公的建议，最后双方在召陵（今河南漯河召陵区）签订盟约（历史上称之为"召陵之盟"），事情得到了圆满解决。

熊掌难熟（当代 / 刘永华）

楚成王晚年想废黜太子商臣，商臣和老师潘崇遂发动政变，率领卫兵包围楚成王的寝宫，逼楚成王自杀。楚成王请求吃了熊掌以后再死，企图拖延时间，等待外援，但商臣不答应，楚成王只好上吊自杀。商臣即位，是为楚穆王。

惨死宫中无人知的齐桓公

齐桓公这次伐楚虽然没有压制住楚国，但毕竟向楚国秀了下胸肌，这在一定程度上还是遏制了楚国北进的势头。

此后，齐桓公多次大会诸侯，其中最重要的一次是周襄王元年（前651）在葵丘（今河南兰考）的会盟。

参加这次会盟的有齐、鲁、郑、宋、卫、曹、许、陈等国国君，周襄王也派人前来参加。在会盟上，各国共同签订了盟约，申明了“凡我同盟之人，既盟之后，言归于好”，各个诸侯不得乱筑堤防，以保证河流畅通，不得囤积粮食，不得废嫡立庶，等等，史称“葵丘之盟”。

“葵丘之盟”意义重大，标志着中原诸侯正式承认了齐桓公的霸主地位，齐桓公的霸业达到了顶峰。按照司马迁的话说，是“九合诸侯，一匡天下”。

不过，令人吃惊的是，像齐桓公这样一个叱咤风云的人物，结局却异常悲惨。

有人分析这可能是由于管仲去世。管仲比齐桓公早死两年，他在临死前，怕齐国离了他玩不转，便告诫齐桓公一定要亲贤臣远小人，防备易牙、竖刁、卫开方等人掌握政治权力。

易牙原本是齐桓公的厨子，厨艺很高。据传孔子对易牙很推崇，说即使将淄水、渑水两条河中的水混合起来，易牙也能分辨出。可见易牙的味蕾极其发达，有做好厨子的天分。

不过，尽管烹饪技艺高超，易牙却并不打算把自己的一生奉献给厨房。他一直想把自己的触角伸到政治领域，对他而言，厨艺不过是实现他的理想的一个工具。

由于国内大小事务都交由管仲打理，齐桓公便当了甩手掌柜，每天除了睡觉、娱乐外，吃饭成了他的头等大事。

于是易牙为了博得齐桓公的欢心，就抓住其“好味”的特点，每天使出浑身解数来满足他的口味，甚至“杀子以适君”。齐桓公对此非常感动，认为易牙做个厨子太屈才，他应该成为自己的股肱[gōng]之臣，于是便提拔易牙当自己的近臣。

竖刁和卫开方的事迹虽然没有易牙那样让人反胃，但也都各具特色。竖刁为了表示自己对齐桓公的忠心，自行阉割成了太监。要知道，在太监还不是什么热门职业的春秋时期，能够像他这样挥刀自宫，绝对需要强大的勇气。至于卫开方，打动齐桓公的方法则是靠长时间不回家，史书上记载他十五年不和家人团聚，甚至爹妈去世都不回去奔丧。

管仲对这三人评价说：“人无不爱其子，易牙连自己的儿子都能下得去手，就不用指望他对你一片赤诚忠心了；人无不爱其身体，竖刁居然能够对自己身体的重要部位进行自残，那他对别人下狠手岂不是更没心理障碍？人无不爱其家人，卫开方抛家舍业十几年，那当他抛弃其他人的时候估计也不会怎么犹豫。”

齐桓公问：“这三人在我身边也不是一天两天了，你怎么到现在才给我说？”

管仲答：“这本来是你的私事，我不便干涉，但等我死后，我怕他们三个仗着你的宠幸，肆无忌惮干涉朝政，扰乱朝纲，甚至把你也给拖下水。”

齐桓公听管仲把自己说得这么没水平，很不以为然，不过嘴上却说：“你就放心去吧，我有信心，也有能力把这个国家治理得越来越红火。”

管仲听齐桓公如此自信和自负，更加不放心了，使劲向他摇手（齐桓公看得莫名其妙，你这是反对啊，还是向我说拜拜啊），却说不出话，最后手一垂，就此死去。齐桓公“哦”了一声，原来你是向我拜拜啊。

没有了管仲的辅助，齐桓公工作起来虽然比以前吃力，但也自由不少。他想干什么就干什么，想让别人干什么就让别人干什么，这种权力带来的快感是他以前无法体会的。齐桓公突然觉得管仲把持朝政这么多年，其实是对他的一种欺骗，他成了管仲手里的提线木偶，风光是有，可好处全被别人拿走了。

他开始对管仲临终前说的话产生怀疑：你不是让我亲贤臣远小人吗，那如果你是小人的话，易牙他们几个自然就是贤臣了。由此可以推断，我若不用这几个人，就会造成人才的极大浪费。

这就是古代帝王的逻辑，看着很弱智，但确实是经过认真思考得出来的结果。后世的唐太宗曾说过，“以人为镜，可以知得失”，意思是要想知道自己是否正确，靠端碗水自照是不行的，必须要有个眼神好的人在一旁帮你去发现。

唐太宗有个臣子叫魏征，很会挑毛病，结果使他成为 代明君。后来魏征死了，唐太宗遇到什么事就自己瞎琢磨，最后居然迷信了长生不老术，每天拿化学药丸当饭吃。幸亏他死得早，否则皇皇大唐数百年，可能连一个像样的君主都找不到。

齐桓公这时的心态就和失去魏征的唐太宗差不多，处处自我感觉良好，特别是当易牙等人把马屁拍得韵味十足的时候。

然而，正当齐桓公心态良好的时候，身体却十分不好。已过古稀之年的他在突然病倒后，就迅速被宣布没救了。易牙等人见齐桓公已无利用价值，便很快把其抛弃，并以阴谋家的身份与他的儿子勾结起来，拥兵入宫发动政变，引起了齐国政坛大地震。

在这个过程中，易牙等人为了防止齐桓公碍事，就把他关在黑屋里，“塞宫门，筑高墙，不通人”，断了他的饮食。由于大家互相残杀太过投入，齐桓公在死后七十多天还不得下葬，以至于尸体腐烂，蛆虫从屋内爬到屋外。

这实在让人看着心寒，但更让人心寒的是，这种事情的发生不是第一次，也不是最后一次，甚至随着历史的推进，逐渐成为宫廷政治的一大特色。

好狠的臣子！

好冷的亲情！

好可怕的权力！

“秦晋之好”背后的故事

齐桓公和管仲用毕生精力建立的霸业逐渐解体后，接替这项事业的是晋文公。

晋国是周成王的弟弟叔虞建立的国家，因封地在唐，所以他又被称为唐叔虞。

据《史记》记载，叔虞被封似乎有点儿戏的感觉。当时身为周天子的成王还只是一个小孩，经常与叔虞玩一些过家家之类的游戏。一次成王从地上捡起一片桐树叶对叔虞说：“前几天四叔（即周公）刚把唐国给灭了，我就以此为凭证把你分封到那里吧。”

谁知这事被史官尹佚 [yì] 看见了，他对成王说：“那大王您挑个黄道吉日吧，改天我们把叔虞分封的事给正式办了。”

成王听到这话，不以为然地说：“谁说真要分封他了，我这是和他开玩笑呢。”

尹佚正色道：“天子无戏言，言则史书之，礼成之，乐歌之。”

尹佚说的这些话成王从没有听说过，不过意思倒是明白，那就是一定要说话算话。最后成王无奈，便把叔虞封在了唐。这件事看起来不大，但是给了成王一个启示（准确地说应该是教训）：天子是不享有“言论自由”的，否则，一棵桐树上的叶子就能让自己破产。

叔虞死了之后，他的儿子迁都于晋水之旁，就顺道把国名改为晋。到了春秋初期，晋国的主要统辖范围在今天山西汾水一带，和一帮既没文化既野蛮的戎狄杂居，经常受到骚扰。那时晋国还不强大，外患已经让它焦头烂额，谁知在这当口又发生了一场宫廷政变。

桐叶封虞（清代 / 冷枚）

公元前 679 年，与晋国同族的一个名叫曲沃武公的人通过武力夺取了晋国的政权。这本来是非法政府，不过曲沃武公比较有能耐，在夺取政权的第二年便通过贿赂天子周僖王获得了合法身份，曲沃武公就是晋武公。

晋武公死后由儿子姬诡诸接班，是为晋献公。

晋献公是位比较有才略的君主，在他统治期间，“并国十七，服国三十八”，疆域扩充到整个汾水流域，成为洛邑北面最大的一个国家。

可惜晋献公晚年玩起了老牛吃嫩草，宠爱一个从骊戎掳掠来的女子骊姬，“一饮一食，必与之俱”。骊姬虽然是以受害者的身份来到晋国的，但她很快调整了心态，并迅速“反客为主”。她为了巩固自己的地位，每天给听力不太好的晋献公吹枕边风，让他废掉太子申生，立自己的儿子奚齐为储君。

晋献公不知是老糊涂了还是咋的，在骊姬的怂恿和离间下，最后居然逼死了申生，立根本排不上号的奚齐为太子。申生的两个弟弟公子重耳和公子夷吾见老爹已经到了丧心病狂的地步，觉得要是再待下去，自己的追悼会恐怕能和申生的一块儿开，就分别逃亡国外。

公元前 651 年，晋献公归西，骊姬与她的几个死党扶植年仅十来岁的奚齐即位。骊姬没有了老爷子撑腰，一些大臣和贵族对她这种公然破坏宗法制的做法表示强烈不满。其中以卿大夫里克为首的“太子党”反对最为激进，不出几个月的时间，便成功制造事故把奚齐给弄死了。

骊姬没有想到儿子这么快就为自己的事业“牺牲”掉了，先前成功的喜悦瞬间转为危机，压得她喘不过气。她有点后悔当初没有趁老公健在的时候多生几个“备胎”。好在天无绝人之路，骊姬很快打起精神，又立她妹妹（同样是晋献公的老婆）的儿子卓子为国君。

谁知里克这次更绝，采用斩草除根的办法一下子把卓子和骊姬同时干掉。

这样一来，晋国的国君位子便空了下来。

不过，没过多久，这个消息便传到了逃亡在外的公子重耳和公子夷吾耳朵里。

当时公子夷吾是在梁国（今陕西韩城），他的哥哥公子重耳是在翟国（今山西吉县），两人与晋国国都绛（今山西翼城，晋献公时由曲沃迁都于此）的距离差不多。这个时候，他们面临着当年公子纠与公子小白同样的问题，即谁先赶回去谁就能抢占先机。

历史这次没有重复（否则就太无趣了），公子夷吾想，靠赶路取胜的风险太大，不如找些帮手回去，顺利当上国君则罢了，否则怎么着也得来一场血战才能甘心。所以，他听到消息后并没有立马去买回程车票，而是来到秦国求助。

公子夷吾求助秦国并不是因为秦国乐于助人，而是由于时任秦国国君的秦穆公是他的妹夫（大家熟知的“秦晋之好”成语就出自这段婚姻）。通过这层关系，公子夷吾顺利地见到了秦穆公。在会面过程中，他没有寒暄、客套和绕弯子（时间紧急，废话自然省略），而是直奔主题向秦穆公表示：如果你能帮我当上国君，事后我会拿出五座城池给你当作辛苦费。

秦穆公心里计算了一下，觉得这笔买卖比较划算，便答应了公子夷吾的请求，派军队护送夷吾回去即位。

可令老狐狸秦穆公没想到的是，公子夷吾不仅毫无政治信誉，而且还是个职业白眼狼。

没有政治信誉的表现为：当公子夷吾的屁股在国君的位子上一坐稳，他便将先前向秦穆公许诺的好处便立即忘得一干二净。职业白眼狼的表现为：有一年晋国遇到大旱，向秦国请求粮食援助，秦国同意了；谁知第二年秦国也遇到了大旱，就向晋国求助，结果被公子夷吾一口回绝。

这两件事让秦穆公气得吐二斤血都不嫌累，为了报复，他亲率大军向晋发起进攻。公子夷吾属于宵小之辈，除了耍赖的能耐居高不下外，别的能耐基本低于海平面，几个回合下来，兵败将亡不说，连自己都搭进去——被秦穆公活捉了。幸亏公子夷吾的妹妹替他求情，他才侥幸捡回一条命，又回到了晋国。

当然，该放的血还是要放的——公子夷吾除了割让先前答应的那几座城池外，还将太子姬圉送到了秦国当人质。

姬圉在秦国当人质期间，他的姑父秦穆公并没有因为他爹混蛋而把他当成囚犯，相反，不但没有让他受半点委屈，还把自己的宝贝女儿嫁给了他。

然而，让秦穆公再次没想到的是，姬圉用自己的行动证明了混蛋其实也是可以遗传的——当他听说自己的老爸快死了，恐怕其他几个兄弟近水楼台先得月，就连声招呼都不打，扔下刚娶的老婆，溜了。

这回把秦穆公气得一口气吐二十斤血都不嫌累。好在他也算是想明白了，只有把晋国的事管到底，才能给自己和女儿带来货真价实的幸福。于是他决定不听任何人的忽悠，用自己的眼和心来为晋国选择一个靠谱的君主（实际就是想插手晋国事务）。

恰在这时，公子重耳走进了他的视线。

弄清辈分是个浩大工程

关于公子重耳的事迹，秦穆公听过不少，很多人都说他是好人没好报的典型代表。因为他虽身为贵族，却没有官二代惯有的恶行，相反，他的耀眼身份和高洁品行却给他带来无休止的颠沛流离。还好重耳是个乐观向上的人，每天带着一群和他同样乐观向上的随从四处乞讨。

这不，现在又开始来到秦国蹭饭。

秦穆公一直对公子重耳表现出浓厚的兴趣，所以当知道他在秦国时，立即让人把他给叫过来——不，是请过来。

秦穆公也没有和重耳寒暄、客套、绕弯子，而是直截了当地对重耳说："我听说你最近混得不咋样，在外面饥一顿饱一顿的。你虽是我的大舅子，但也别嫌我说话难听，我建议你应该找份正儿八经的工作，要饭这个职业太边缘了，看人白眼不说，还吃人口水，对身体健康也不好。当然，我作为你的妹夫，即使你不工作我也能养你下半辈子，可问题是你不只是一个人，除了一大帮妻儿老小外，还有不少社会盲流……哦，也就是你所说的谋士。他们和我非亲非故，我又不是做慈善的，嗯，你明白我的意思吧？"

重耳本以为秦穆公会奚落他一顿，但没想到内容会这么麻辣，把他的脸烫得比猴屁股还红。他支支吾吾地说："你又不是不知道我这种人，啥本事也没有，即使去找工作也不会有人要。”

秦穆公听重耳这么讲，突然把声音往下一压，很神秘地对他说：“那我若告诉你，我可以帮你当上晋国国君，你会怎么想？”

重耳一听这话，黯淡的眼睛突然光亮起来，说：“那你讲，都想要什么好处？”

秦穆公拍了一下桌子，说：“和聪明人谈话就是省事！我只有两个要求，一是晋国若有哪些城池不太好管，我很愿意替你们操这份闲心；二是我有个宝贝女儿不太好管，我想让你帮我操这份闲心。”

话虽然有点绕，但重耳瞬间就明白了秦穆公的意思，说：“哪个国家还能没几座不好管的城池，只是我本来是你的大舅子，娶了你的女儿后又成了你的女婿，辈分上确实不太好排。不过，你要是不介意的话，我是无异议。最后问一下，你能告诉我是哪个女儿吗？”

秦穆公说了出来，重耳却犹豫了，因为这个人不是别人，正是那个刚被姬圉（此时已即位，即晋怀公）抛弃的老婆。当然，重耳犹豫的不是因为这个女人是二婚（他也有妻小，且自己的年龄已很大），而是她是自己的侄媳妇。如果他同意了秦穆公，那以后啥也别干了，光捋顺他们之间的辈分就是一个浩大的工程。

于是重耳对秦穆公说：“那你让我再想想吧！”

秦穆公一听重耳这么说，怕这个女儿砸在自己手里，顿时急了，说：“别啊，有难处咱们还可以再商量，只要你同意给她一个大老婆的名分，我另外再陪嫁几个宗室女孩作补偿。”

但重耳离开得很快，也不知秦穆公的话追上他没有。

回到住所，重耳把秦穆公的意思说给了他的几个谋士，想听听他们的意见。谋士们跟着重耳混，就是希望哪一天他能夺取君位，然后自己也跟着飞黄腾达，现在听重耳居然想把这么好的机会放弃，全都反对，个个引经据典劝他不要有什么心理障碍，姜诸儿（齐襄公）与他的亲妹妹都能走到一块儿，你这才哪儿到哪儿啊。

重耳在床上翻来覆去摊了一夜煎饼，到清晨第一缕阳光填满他那又深又宽的皱纹时，他终于意识到，自己早已不再年轻，如果不抓住这次机会拼一下，别说朝阳红了，恐怕连夕阳红都看不到。

想通了这一点，重耳赶紧让一个腿脚利索的仆人先去告知秦穆公他的决定——现在他倒有点担心对方反悔。秦穆公愁了一夜，自然不会反悔，所以当他听到这个消息后，顿时有种股票解套的感觉，他长长地舒了一口气——今天天气很不错啊。

于是，在自己新任老丈人的帮助下，重耳跟随着强大的秦国兵团，渡过黄河，

图 1

图 2

图 3

图 4

晋文公复国图（局部）（南宋／李唐）

图 1、2 描绘的是重耳流亡到宋国，宋襄公以礼相待，向重耳赠送马的故事。

图 3、4 描绘的是重耳流亡到郑国的故事。郑国大夫叔詹劝郑文公要以礼待重耳，郑文公却说："诸侯亡公子过此者众，安可尽礼！"郑文公对叔瞻的劝告不予理睬，对重耳不予礼遇接待。

图5

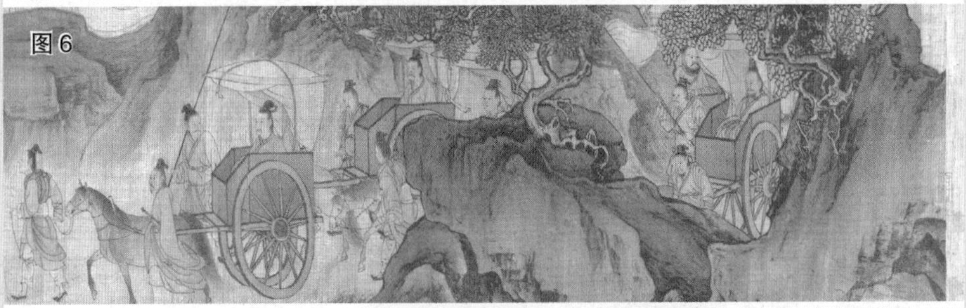

图6

图7

图8

图5、6描绘的是重耳一行流亡到楚国的故事。楚成王隆重欢迎，并用国君的礼节接待他们。为报答楚成王，重耳做出了“退避三舍”的承诺。

图7、8描绘的是重耳流亡到秦国的故事。秦穆公送给重耳五个女子，还设酒宴招待。重耳在酒宴上吟诵了《河水》一诗，表示对秦穆公的感激和崇敬；穆公吟诵了《六月》一诗，勉励重耳复国。

攻陷国都，杀掉那个忘恩负义的晋怀公，终于坐上了那个他已等了近二十年的君位。

彼时，重耳已经是个六十二岁高龄的老人。

清洁工晋文公

公子重耳便是春秋时期鼎鼎大名的晋文公。

晋文公无疑属于那种大器晚成的人。他虽不像那些年轻人活力四射，但在他那被岁月打磨的沧桑面孔中，却蕴藏着无尽的能量。他从没有喟叹过命运的不公，让他这么大岁数才有机会施展自己的抱负。相反，他感觉很满足，毕竟老天没有忘记他。

这就够了。

不过，晋国这十余年一直处于内讧不已、国乱民忧的状态：先是“骊姬之乱”，继而献公去世，随后里克杀奚齐、卓子，而晋惠公夷吾上台后，又杀了掌握实权的里克等大臣，弄得人心惶惶，众叛亲离。再加上晋惠公背信弃义，经常对外发动不义战争，使晋国元气大伤，所以等到晋文公接手时，晋国昔日的辉煌早已远去，他面对的，只是一个超级混乱的烂摊子。

而更让晋文公郁闷的是，他将要扮演的角色不是什么君临天下的王者，而是一个地地道道的清洁工。

值得庆幸的是，晋文公是个十分称职的清洁工。他为了使国家各项事业尽快走上正轨，便找来跟随他多年的舅舅狐偃与姐夫赵衰，共同商量改革朝政事宜。

狐偃与赵衰制定国策，建立制度，并将方案交由晋文公定夺。晋文公看后很满意，又让狐偃全权负责改革，同时让赵衰辅之。

晋文公终于可以舒舒服服地睡个好觉了。

可谁知这种舒心的状态没有持续多久，晋文公又开始了新的郁闷。因为他觉得，晋国现在的首要任务不是赚钱成为一个暴发户，而是要提高自己的“国际地位”和在诸侯中的影响力。也就是说，在那个战争频繁的年代，晋国需要尽快成为一个政治大国。

然则要想成为政治大国，光郁闷是不行的，你必须得靠实力来说话。

在当时，表现实力的最直接的方式是军事。但是要知道，在生产力水平相对低下的古代，军事强大与否，关键是看军队的数量，而不是看军队的素质。

有人看到这里，可能会说，既然军队数量多就代表实力强，那你晋国多增加一些军费支出，多招一些新兵，问题不就解决了吗？

可事实上，问题没有那么简单，因为在周朝，礼制对每个诸侯军队数量的多少有着严格的规定。据《周礼》记载："凡制军，万有二千五百人为军。王六军，大国三军，次国二军，小国一军。"当年晋武公通过贿赂周僖王获得了拥有一个军的资格，也就是相当于一个小国的军事实力。如果这么多年没有变化的话，那晋国和秦、齐、楚这样的大国相比，差得可就不是一星半点。

而你可能还会说，现在是春秋时期，礼坏乐崩，周天子自身难保，诸侯之间也都相互征伐，大家各顾各的，谁去管你扩充军备这种事——管你你也不听啊。

理论上确实是这样的，可事实上，你要是无限制地扩建军队，你周围的那些诸侯就会立马表示反对。你别看他们平时自由散乱，不把礼制放在眼里，但是谁要是威胁到他们的安全或利益，他们就会熟练地把相关制度搬出来，并指给你说：喏，你没有经过周天子的同意，就扩大军制，违反了周朝某某规定，对我们造成了威胁，我们奉劝你赶紧停手，否则就联合起来共同搞你！

到了这个时候，你会惊奇地发现，世界并不像你想的那样混乱，还是有游戏规则的。当然，这种游戏规则在你利益受损时几乎起不到什么作用，可当你努力争取自己的利益时，又会感到处处受到牵绊。

除非你足够强大，否则，出了家门便会遇到意想不到的危险。

这就是晋文公此时遇到的难题，看似简单，实则复杂且凶险。

幸运的是，在这种情况下，晋文公对时局的认识还算比较到位，所以他决定好好利用不受人待见的周天子这张王牌。

他现在需要做的就是等待，等待一个属于他的机会。

周襄王的绝望等于晋文公的希望

机会很快来了。

在晋文公即位后的第二年，天子周襄王出了状况。

周襄王为东周第六任王，是贪婪成性的周惠王的儿子。周襄王从小没娘，一直由惠王的王后照料。刚开始王后对待襄王还很不错，不过后来王后有了自己的儿子王子带，就逐渐疏远了他。襄王疑心很重，看着老爹和后妈十分宠爱王子带，对自己的地位构成威胁，就玩命在老爹面前表现。

公元前 652 年冬，周惠王病逝，身为太子的襄王怕王子带争夺王位，秘不发丧，直到他在齐桓公的支持下顺利接班，才诏告天下说惠王挂了。王子带对此很气愤，纠集一帮人讨伐京师，攻入王城。周襄王对付诸侯可能不行，但是解决内部矛盾的能力还是有的。于是，他在秦穆公和晋惠公的支持下，漂亮地完成了绝地反击，王子带被迫逃往其他国家。

后来，随着周襄王地位的稳固，他就把在外漂了十几年的王子带召回京师——毕竟两人是亲哥俩，打断骨头连着筋。可谁知，王子带回来没多久，便做了一件对不起周襄王的事。

不过在讲这件事之前，需要先介绍一个人，这个人便是襄王的王后。襄王的王后为翟国公主，是个出了名的河东狮。她仗着翟国曾经帮助过周天子，骄横无比，对襄王的个人生活管得很严，不让他沾染任何别的女人。而与此同时，她自己却与王子带产生了私情。

本来周襄王就有点气不忿，所以在他获知这一情况后，立马就变成了气不顺。他为了防止私情变成私奔，赶紧派人去把翟后和王子带给找来。此时翟后正幸福地沉浸在王子带对她的承诺中，对自身的处境还浑然不知，而王子带则嗅到了危险，在被抓前已经溜之大吉。

而当翟后发觉自己被骗后，终于忍不住号啕大哭。周襄王见她哭得凶猛，以为她是在为自己的行为忏悔，先前的怒火顿时消减了一半。他走到她身旁，拍拍她的肩膀说："你这一哭算是捡回一条命，不过，既然你这么喜欢哭，那就别当王后了，我给你找个僻静的地方让你使劲哭。"说着便让人把翟后幽禁起来。

家丑不可外扬，周襄王本以为把翟后囚禁起来就完了，可令他没想到的是，他的那个宝贝弟弟王子带并没有在他的全面通缉下躲藏起来，而是非常高调地去了翟国，并把翟后目前的"悲惨情形"添油加醋地对翟国国君说了一通。

翟国国君听后大为恼怒，当即派出一支军队同王子带前去洛邑向周襄王问罪。周襄王一看对方来者不善，还未来得及组织人员抵抗（没办法，王室正规军太少，只能临时拼凑），都城便已被攻占了。这一下，王子带与周襄王终于进行了角色互换，前者自立为王，后者亡命天涯。

在逃亡路上，周襄王每当想起自己所遭遇的一切，便觉得活着没奔头。在以前，遇到这种情况他至少还能指望齐桓公帮上一把，现在齐桓公归西，在所谓"普天之下，莫非王土"的土地上，他却连一个落脚的地方都没有。

然而，正当周襄王感到绝望的时候，晋文公却看到了希望。他站出来，对周襄王说："还是让我来帮你摆平叛乱吧！"

把齐、秦拉下水

晋文公出兵勤王，没费多大劲儿就把花花公子王子带给搞定了。周襄王大为感动，复位后的第一件事就是尽其所能对晋文公表示感谢，将温、原等四块地方赏赐给了晋国。

这样一来，晋文公不但扩大了地盘，在诸侯中的威望也得到了显著提升。

公元前 633 年，晋文公在周襄王的许可下，将晋国军队规模扩充到了三军，军事实力得到大大增强。

军队的数量上去后，接下来需要解决的便是吃饭问题，因为肚皮的饱瘪才是决定这帮兵蛋子把刀砍向谁的关键因素。

于是，为了支撑起庞大的军费开支，晋文公在发展农业、商业方面可谓不遗余力，制定了不少惠民政策。根据《国语》记载，在经过一系列的改革后，晋国很快便达到了“大夫食邑，士食田，庶人食力，工商食官，皂隶食职，官宰食加，政平民阜，财用不匮”的和谐景象。

有了钱之后，晋文公腰板逐渐硬起来，先前枯槁的脸色也开始显出光泽。他相信，只要再假以时日，晋国在他的带领下，一定会从辉煌走向更加辉煌。

不过，正当晋国国力蒸蒸日上的时候，南方楚国的发展势头也很迅猛，大有与晋国一争高下的意思。

楚国一直都有北进中原称霸的想法，只可惜运气差了点，最开始有齐桓公领导的齐国在中原把门，好不容易齐桓公死掉，晋国又有接替齐国的架势……

楚国自然不甘心，无时无刻不在谋划北上战略。在楚国北上过程中，一些力量较弱的诸侯鉴于中原群龙无首和楚国的强大，便纷纷倒向楚国，宋、鲁、曹、卫等国都先后南下与楚国订立盟约，表示愿意称其为大哥，并交“保护费”。

但是，这些都是表面现象，诸侯们内心还是对楚国有着较强的鄙视心态，认为它是由南方的“蛮夷”建立的，够不上档次。所以随着晋国力量的强大，包括宋国在内的不少诸侯便不再给楚国交“保护费”，而是带着礼品投向晋国的怀抱。

这让楚国非常不爽。

公元前 633 年冬，楚国联合陈、蔡、郑、许四国军队，像箍木桶一样把亲晋叛楚的宋国团团围住。宋国双拳难敌四手，便向自己刚认的老大晋国告急。

晋文公接到求助信息后连忙召开紧急军事会议，说：“晋国刚当大哥不久，投奔我们的那些小弟此时正看着我们能否肩负起大哥的责任，再加上宋国以前对我有恩，所以我们必须营救宋国。但是楚国是老牌流氓头子，和他硬拼万一弄个两败俱伤也划不来，我想看看你们有没有什么好法子。”

晋文公的舅舅狐偃献计说：“楚国在北面有两个把兄弟曹国和卫国，我们不如先派兵去攻打它们。楚国若分兵营救，则能解了宋国之围；楚国若置之不理，那就不但把曹、卫两国彻底得罪，而且还失信于诸侯，肯定不利于楚国称霸中原的计划。”

晋文公采取了狐偃的建议，便派出三军，出兵侵曹伐卫。

但让人没想到的是，楚国并不上当，不仅没有派兵救援曹、卫，反而加紧猛攻宋国。这样一来，宋国再次向晋国告急，说你是不是把我给忘了，我可真顶不住了，你若再不来救我，我就只能选择投降了。

晋文公见第一个计策不奏效，怕宋国可能降楚而与晋绝交，又怕出师救宋，齐、秦在后面拆台，于是就再一次召开紧急军事会议商讨对策。

大夫先轸 [zhěn] 站出来建议说：“我们不如让宋国用厚礼去贿赂齐、秦，让这两个国家进行调停，劝楚国撤兵。楚国目前正在胜利的兴头上，肯定不会听劝。那么，齐、秦便会迁怒于楚国，而我们则可趁机把齐、秦拉下水，并与它们结成军事联盟，共同对付楚国……”

晋文公一听这个法子好，赶紧下令让人去落实，谁知先轸却说：“别急啊，我的话还没说完呢。刚才我说的这个法子听起来很不错，可只具有理论上的可操作性，因为我们没有替宋国考虑一下，不知它还能坚持多久。”

晋文公的命令被人打断，显得有些尴尬，就笑了笑问先轸：“那让我看看你是如何替宋国考虑的。”

先轸并没有注意晋文公的表情变化，继续说：“我们现在不是已经把曹、卫两国搞定了吗？不如就把它们的土地分一部分给宋国，以坚定宋人抗楚的决心。”

春秋诸侯服饰复原图（当代／刘永华）

时间过去十秒钟。

晋文公见先轸不再出声，问："就这么多？"

先轸回答："就这么多。"

"完了？"晋文公再次确认。

"完了。"先轸再次回答。

战马也玩 cosplay 的城濮之战

如先轸所料，齐、秦收到贿赂后在宋、楚之间进行的斡 [wò] 旋没有成功。楚国认为，我现在局势一片大好，你齐、秦和我八竿子打不着，说两句外交上的废话就想让我放掉到嘴的鸭子，简直是对我智商和人格的双重侮辱。

齐、秦两国都是自己所在区域的大哥，平日里还没谁敢撅它们的面子，这次见楚国如此狂妄，一种想教训人的冲动在心底冒出。他们想，你不是说我们和这事没关系吗？那好，我们现在与晋国结成联盟，看你如何接招！

说实话，楚国要是和齐、秦、晋三国中的任何一个单挑，是谁都不怕的。但要是它们三个一起上，楚国还是有自知之明的，所以当楚成王见对方抱成一团，中原形势已变，便好汉不吃眼前亏，下令撤军。

谁知命令下达出去，却有一个人拒不执行，此人便是楚国令尹[1]子玉（又叫成得臣）。子玉派人代他向楚成王请战说："我现在的权位已经到顶了，想打这一仗并不是为了建功立业，而是觉得就这么走掉实在有些窝囊，所以希望大王能支持我。"

楚成王本来恼怒子玉不听号令，现在听他这么一说，也觉得有些不甘，便不再坚持让子玉撤军，此外，还给他增派几百个王室亲兵。

虽然子玉获得的增援数量不多，但是他信心满满。为了求得胜利，在开战前，子玉除了积极备战外，还想出一个"一言而定三国"的计谋。其具体内容是派人向晋文公提议：只要晋国允许曹、卫复国，楚国就可以从宋国撤军。

先轸就此分析认为，这一招比较狠，等于先前狐偃踢出去的皮球（攻曹、卫解宋国之困）又被踢了回来：如果晋国不同意，就等于得罪了宋、曹、卫三国；如果

①令尹是楚国在春秋战国时代的最高官衔，总揽军政大权，对内主持国事，对外主持战争，相当于今天的国务院总理兼解放军总参谋长。

晋国同意了，那么楚国就会从进攻者摇身一变，成为和平鸽，不但面子挣得足足的，而且还会提升在诸侯中的威望。

晋文公纠结了，问先轸："你怎么看这件事？"

先轸说："很简单，我们只需私下承诺允许曹、卫复国，就能把这个人情转到我们自己这边。不过，为了不让曹、卫再次成为我们的敌人，还得让它们保证叛楚从晋。这样一来，就势必会刺激子玉丧失理智，从而使其缺乏理性判断。"

果然，当子玉获知晋国的反应后，立即变得怒不可遏，当即下令放弃围困宋国，挥师直扑晋军。

公元前 632 年，晋、齐、秦结成的盟军与楚、陈、蔡、郑结成的联军对峙于城濮（今山东鄄 [juàn] 城）。

楚军方面，子玉统率的主力精锐为中军，子西统率的申、息之师（楚王的嫡系禁卫军）为左军，子上统率的陈、蔡之师为右军。

晋军作为应对，就把盟军集中起来，分别配置为上、中、下三军，以中军抵挡楚中军，以上军抵挡楚左军，以下军抵挡楚右军。

其中在具体力量对比方面，晋军有战车一千乘，楚军有战车一千二百乘。表面看晋军力量弱一些，不过楚右军的陈、蔡军队多是拼凑而成的，战斗力值得怀疑。因此，双方实力总的来说在伯仲之间。

战争一触即发。

然而，令谁都没想到的是，在战斗开始前，晋文公却突然下令全军主动退避三舍。一舍是三十里，三舍就是九十里，在两军对阵的过程中，如果不是吃饱了撑的，双方一般是不会轻举妄动的——即使动也应该往前动。

晋文公显然不是那种闲着没事干的人，他之所以主动退避三舍，是因为他曾承诺过要这么做。

当年，晋文公还是公子重耳的时候，四处游荡，没人待见。偶然间他来到楚国，楚成王以国宾的规格招待了他。这让公子重耳十分感动。不过，天下没有免费的午餐，酒过三巡后，楚成王问了重耳一个十分现实的问题："咱们非亲非故，我如此待你，你总得让我看到回报吧——倘若没有现成的回报，希望也成。"

重耳穷得叮当响，自然先把钱的事情绕过去，说："男仆女奴、金玉丝绸，这些你都不缺（明显是恭维话），我现在身无长物，要报答也只能是以后了。假如——我说的是假如啊，哪天我若能回到晋国当上国君，如果——我说的是如果啊，晋楚两国在战场上碰面，我晋国军队会主动退避三舍。"

而这一天，就是晋文公兑现诺言的日子。所以，当全军上下表示强烈质疑和反

晋文公与楚战，至黄凤之陵，履系解，因自结之。此图选自清代冷枚的《养正图册》。

对的时候，晋文公表现出了史无前例的坚持。于是，晋军每后退一步，心中对敌人的怒火也就升腾一丈，等到把九十里退完，晋军同仇敌忾的士气已经高涨到……你还是自己拿计算器算吧。

几天后，晋楚两军开打。

晋军大将胥 [xū] 臣率领下军首先向楚军的右军发起进攻。楚军右军战斗力虽不太强，但对付他们的晋军实力也相对较弱。为了战胜敌人，胥臣充分发挥自己的想象力和创造力，让他军队中的战马都玩起了 cosplay，即把每匹战马都打扮成老虎的模样。进攻时，胥臣军队的战马便化身为一匹匹“虎马”冲向敌阵，楚军战马以为是真老虎冲过来了，为了逃跑得更快一些，纷纷把背上的将士颠掉（先秦时期战马都还没有马镫，想不被颠掉都难），结果，被踩死的将士比被杀死的还要多。

楚国的右军就这样溃散了。

与此同时，晋军的另一支部队伪装成主力却向后败退。楚军左军不知是计，孤军深入进行追击，失去了中军的支持，在半道遭到晋军主力的拦腰截击。而这时，佯装败退的晋军也反扑回来夹击楚军左翼。楚军左军也很快败退。

此时，楚军就只剩下子玉率领的一支中军了。子玉知道，再打下去恐怕会输得底儿掉，于是下令停止进攻，退出战场。晋军见楚军撤走，随即占领楚军营地，休整几日后，班师回国。而狂傲的子玉，则在半道羞愤自杀。

春秋时期的大规模战役之一的城濮之战，就这样以晋军的完胜告终。

城濮之战的意义是重大的，影响是深远的，因为这场战役不仅遏制了楚国北进的势头，稳定了中原形势，而且还奠定了晋国霸主的地位。

同年，晋文公在践土（今河南原阳）大会诸侯，参加的诸侯有鲁、宋、齐、蔡、郑、卫等国国君，周襄王也前来参加（齐桓公葵丘会盟时周天子仅仅派个代表）。周襄王在接受晋国所献的大量战利品后，册封晋文公为“侯伯①”，承认他为诸侯霸主。晋文公则与诸侯签订了一个和平协议，然后，各回各家。

我想，那一夜晋文公估计又失眠了吧，但和他以往在流浪中失眠不一样的是，这次他是高兴的，高兴自己这么多年的艰辛付出终于有了回报。

很多人艰难地活着不是由于体格好，而是靠心中的希望来支撑，一旦希望实现或破灭，这个世上就再也没有他所留恋的了。

公元前 628 年，当了不到五年霸主的晋文公去世，晋襄公即位。

让晋文公能够瞑目的是，晋国的霸业并没有随着他的死去而宣告终结（这个与齐桓公的霸业有所不同），而是在晋襄公的带领下延续下去。这或许是老天对晋文公奔波劳苦的一生进行的一点补偿吧。

秦穆公的“西部大开发”

比晋文公稍晚一些时候，秦穆公在西方也建立了自己的霸业（再次提醒，因为秦穆公一直是在西部混，本书就未把他列入春秋五霸）。

秦人为嬴姓，本是生活在我国东部地区的一支古老部落，与商人起源极其相似的是，相传秦人的始祖大业，是颛顼帝的孙女女修吞下燕子蛋后生下的。

西周时期，秦人的祖先非子给周孝王养马有功，被赐封地在秦，号秦嬴，这是秦人称秦的开始。

不过，此时的秦还算不上诸侯，仅仅是一个“西垂大夫”。到了东周初年，秦襄公因护送周平王东迁洛邑有功，才被平王由大夫升为诸侯。

后来，秦国在与戎狄的斗争中，不断巩固和扩大地盘，逐渐成为西部的强国。

---

①在我国古代，“伯”是管理一方的长官的意思，“侯伯”指的就是各诸侯的头儿，这个和夏朝时期方国之长的“方伯”意思差不多，可以对比记忆。

秦霸西戎（当代 / 刘永华）

秦穆公统治时期，是秦国发展的一个重要阶段，他非常重视人才，其任内获得了百里奚、蹇[jiǎn]叔、来丕豹、公孙支等贤臣的辅佐，在政治、经济、文化等方面都取得了很大进步，国势日盛。上文中讲到的晋楚争霸，秦国在其中起着举足轻重的作用，便是实力强大的表现。

可能是秦穆公对西部那种动不动就黄沙漫天的天气不习惯，他在位期间，每时每刻都在想着涉足中原。不过遗憾的是，与其隔河相望的晋国在晋文公的带领下也迅速强大起来，并始终控制着秦国通向中原的咽喉桃林塞，使得秦国在中原难以发挥更大的影响。

秦穆公想，晋文公重耳毕竟是我的女婿，真要是撕破脸，无论胜败别人都会看笑话，还是先忍忍吧（实力不行，不忍也不行）。忍了几年，秦穆公终于把晋文公给熬死了，于是他觉得东进的条件已经成熟。

周襄王二十五年（前627），秦穆公趁着晋文公去世的机会，轻师远征，准备偷袭晋的盟国郑国。在半道上，秦军遇到一个名叫弦高的牛贩子。弦高是郑国人，他见秦军将要对郑国不利，便急中生智，假借国君的名义，用十二头牛犒劳秦军，并秘密派人兼程回国报信。

秦国几个将领私下里一合计，都认为既然郑国已经知道偷袭的情况，定会做足防御准备，再去攻打的话也不一定能取胜。只不过，秦军这次出来也不是旅游的，总得做点“有价值”的事情再回去吧。

于是，秦军将领经过再次合计，决定临时更换目标，去攻打晋国另一个同盟国滑国（今河南偃师一带）。

滑国实力较弱，很快就被秦军灭掉。秦军觉得，虽然胜利小了点，但总算没有白跑一趟，回去的话也算能给朝廷和百姓一个交代。

但他们没有想到的是，这次出征所走的路其实是一条不归路。

不归路的意思是回不去的路，秦军回不去不是因为泥石流把路给堵住了，而是因为人。

吹箫引凤（局部）（明代／仇英）

相传秦穆公之女弄玉，擅长吹笙。某天夜里，弄玉在凤楼上吹笙，远处传来悦耳的和声。此后弄玉茶饭不思，秦穆公知道后派人找来了和声的吹箫少年——萧史，弄玉的病不治而愈，二人结为夫妻。某天夜里，两人正在月光下合奏，忽然有一龙一凤应声飞来，于是萧史乘赤龙，弄玉乘紫凤，双双升天而去。

如果一个人站在山脚下，突然被从山上冲下来的泥石流卷走，这叫埋没；如果一个人站在山脚下，突然被从山上冲下来的几个仇人杀掉，这就变成了埋伏。秦军遇到的是埋伏，时间是在他们灭掉滑国回家的时候，地点是在晋国的殽 [xiáo] 山谷底，实施埋伏的人员是晋国军队和姜戎的人马，结果是秦国全军覆没（其中三名主帅被晋军俘虏），影响是秦穆公东进的梦想被彻底粉碎。

秦穆公气得有些抓狂，虽然此后派兵找晋国算过几次账，但是并没有算明白，也没有捞到好处。好在秦穆公很快就想通了，既然东进之路被堵，那我就进行“西部大开发”，把力气花在西面的各戎狄部落上。

结果成效非凡，根据《史记·秦本纪》记载，秦穆公只花了五六年时间，就“益国十二，开地千里，遂霸西戎”，连周襄王都专门赏赐金鼓以资鼓励。

所以说，秦国，你别急，只要你不一根筋地撞南墙，属于你的辉煌时代一定会来的。

不鸣则已，一鸣惊人

公元前 621 年，秦穆公与晋襄公先后去世，为楚国向北发展势力提供了便利条件。自从城濮之战失败后，这十几年来可把楚国给憋坏了。在南方，楚国虽然是老大，可它还是一直觉得与周围的那些蕞 [zuì] 尔小国为伍丢身份。

公元前 613 年，楚庄王即位。然而，作为春秋时期楚国最有水平的君主，他最开始并没有像人们期望的那样奋发图强，开拓进取，而是在即位后的三年时间里，不发号施令，不关心朝政，只是全身心地投入到泡妞和打猎这两项事业中。

为了防止有人打扰，楚庄王甚至发话："有敢谏者，死无赦！"

不过，尽管国君放出了狠话，但还是有不怕死的臣子，大夫伍举就是其中一个。伍举不怕死是因为他看到楚庄王每天过着腐败生活比让他死还难受，所以他决定冒死进谏。

进谏是个技术活儿，如果你不讲究技巧，再有不怕死的精神也顶多是白死。伍举深谙其中道理，所以当他求见楚庄王的时候，对楚庄王左抱郑姬，右搂越女，坐于钟鼓之间的造型并没有提出任何批评。他只给楚庄王出了一个谜语："有鸟止栖于朝堂上，三年不飞不鸣，是何鸟也？"

楚庄王不是傻瓜，他一听就知道这是在讽刺自己，便回答说："三年不飞，飞将冲天；三年不鸣，鸣将惊人。"

"一鸣惊人"这个成语就是从这里来的。

既然有了第一个吃螃蟹的，继伍举之后，大臣们争相向楚庄王进谏。楚庄王自然不能把进谏的大臣都给杀掉，只好把那两项爱好放到业余时间里，工作时间里则开始投入大量精力为称霸做准备。

看来野心有时真能起到激人上进的功效。

楚庄王要玩就玩大的，大的来劲儿，为此他提拔了平民出身的孙叔敖为令尹，兴修水利，发展经济，使得楚国国势日益强盛。

孙叔敖这个人大家应该不陌生，中学语文课本中有篇文章提到说"孙叔敖举于海"，表明他出身不好，能够得到提拔主要是因为能力太突出。其中后人比较称赞的是他在水利方面取得的成就。

要知道，水利是门非常有讲究的学问，玩火自焚至少还能留下灰烬，玩水弄不好可能就喂鱼了。当年大禹用疏导的方法解决了水患，获得了极大的威望，可见水患古已有之。

但问题是水不是林间的野兽，制伏后用铁笼子一关便可高枕无忧了。在古代，由水灾导致的死亡人数怕也只有战争能比了。

水最擅长太极，功力浅的人不要说降伏它，连自己的命都可能会被绕进去。从孙叔敖的简历上看，没有迹象表明他和水能扯上关系。

好在简历往往都是靠不住的。

公元前 601 年，孙叔敖出任楚国令尹，辅佐楚庄王施教导民，宽刑缓政，发展经济，并主持兴修了大型水利工程芍陂 [quèbēi]，灌溉面积一万多顷。大家请注意，孙叔敖的职业是当官，不是水利专家，虽然兴修水利可以归入到他的工作内容，但他的工作内容不一定只包括兴修水利。

发展经济的方法有很多种，比如楚国可以利用水乡优势发展渔业。我认为，孙叔敖之所以重视水利与农业的关系，不仅仅是为了让百姓吃饱饭，还为了让楚国的未来更美好。

前面提到，楚庄王有称霸的野心，但光有野心不行，需要采取行动，而最直接、最有效的行动就是通过战争征服别人。事情到这里于是又绕到士兵吃饭的问题。

很多研究战争的人喜欢从将领战术和局势上入手，很容易忽略后勤问题。我们常说的“兵马未动，粮草先行”，其实就是说打仗在很大程度上打的是后勤。

所谓粮草，指的是人吃马喂。马吃的容易解决，只要不是在沙漠或赶上冬季，总不会饿着的。人就不同了，你不可能让士兵像马一样吃草啃树皮吧。所以行军打仗的时候，最重要的是带足粮食，武器没有了至少可以找板砖。

然而这个看似很浅显的问题对于楚国却不易解决，由于水患频发，楚国最缺的就是粮食——虽然水产品也能果腹，但是打仗的时候总不能在腰上挂两块咸鱼当饭吃。因此，孙叔敖的水利工程除了利民，应该也有军事上的考虑。

楚庄王坐庄

楚国强盛之际，晋国在晋灵公的带领下却在走下坡路。而与此同时，楚庄王地痞流氓的嘴脸也逐渐显露出来，他先向周围的小弟示强，看谁不顺眼就揍谁。然后他又在公元前606年，趁着讨伐陆浑之戎[1]的机会，将军队开拔到洛邑附近，“观兵于周疆”，向周天子展示自己的肱二头肌。

周天子定王是个软蛋，一看这种情况连忙派大夫王孙满前去慰劳。楚庄王也不客气，劈头就问周朝都城内九鼎的“小大轻重”。

鼎这个东西，本是用来煮东西的器物，圆形，三足两耳，以青铜铸造。后来锅具被发明出来，大家都嫌那玩意儿用着不方便，鼎逐渐演变成礼器。据说大禹建立夏朝后，曾用天下九牧所献之金（其实是铜）铸成九鼎，象征九州。在商周时期，鼎的使用有严格的规定，好比现在什么级别的领导坐什么样的车，不能乱套。当时规定，士用一鼎或三鼎，大夫用五鼎，只有天子才能用九鼎。有个成语叫“一言九鼎”，形容说话分量极重，和皇帝经常挂在嘴边的“金口玉言”是一个意思。

由此可见，楚庄王问九鼎的“小大轻重”，并不是像聊天那么随口一说，而是有着极强的政治目的，表现出他有取而代之的野心。

好在王孙满也是见过大世面的人，处变不惊，对楚庄王的问题回答得更绝：“在德不在鼎。”意思是你一粗野武夫，也不掂量掂量自己配不配。

好在楚庄王也有自知之明，他来之前曾经占过卜，得到的答案是“周德虽衰，天命未改；鼎之轻重，未可问也”，现在果然碰了一鼻子灰，只好灰溜溜地引兵退去。

不过，问鼎的受挫并没有遏制楚庄王野心的膨胀，公元前597年，楚军再度北上，围困晋的盟国郑国达三月之久，最后迫其投降。

但是，前来救援的晋军并不知晓这事，直到到达后方才发现郑国和楚国已经达成和平协议。

晋军元帅荀林父打算撤军，可有些将领不甘心，认为既然来了，就不能空手而回。中军副将先谷在没有请示上级的情况下，就自作主张率军渡过黄河准备找楚军算账。荀林父不敢让先谷孤军深入，只好硬着头皮也渡过黄河。

于是在一个名叫邲（bì，今河南荥阳北）的地方，晋、楚两军相遇了。

仇人相见分外眼红，楚军为报城濮之仇，全军上下都像打了鸡血，招呼也不打上去就砍。而晋军由于将领内部进退意见不统一，有的士兵听见楚军打了过来，撒丫子就往回跑，导致全军大乱，被踩死和被淹死的比被楚军砍死的都多。

至此，楚军名声大振，晋军轻易不敢与楚军PK。公元前594年，楚军再次围

---

①古戎人的一支，也叫允姓之戎，原在秦晋的西北，春秋时，被秦晋诱迫，迁到伊川（今河南伊河流域），周景王二十年（前525）为晋所并。

攻宋国，宋国也再次向晋国求助。然而晋国大臣们经过商讨分析，认为今非昔比，去营救等同于自杀，全都反对出兵。宋国坚守了九个月，都城内的百姓饿得“易子而食，析骨而炊”也没把晋军盼来，最后只好向楚庄王投降。

中原其他诸侯属墙头草的，见晋国顶着大哥的头衔，却不顾小弟的死活，纷纷解除与它的关系，与楚国签订盟约。这样一来，楚庄王就成为继晋文公之后，又一个在中原建立霸业的人。

看来风水轮流转，霸主轮流当，没有谁能够一直坐庄。

国际和平会议——弭兵运动

楚庄王死后，楚国的霸业开始衰落。而与此同时，晋国在丢掉霸主地位后，把精力集中起来对付北方的狄人以固后方，使得晋国的国力又开始强盛起来。

公元前 575 年，晋楚两国为了争夺郑国在鄢陵再次械斗，结果晋军不但大胜，还射瞎了楚共王的一只眼睛。

鄢陵之战后，晋楚两国势均力敌，楚国不敢轻易与晋国交锋，晋国相对于楚国也没有绝对的优势。如果再算上东、西方的齐国和秦国，那么这四个国家就形成了一种力量上的制衡。春秋史书《左传》就记载了当时人对四国关系的评价：“晋楚齐秦，匹也。晋之不能于齐，犹楚之不能于秦。”

于是，在这种情形下，消除战争，争取和平的“弭兵”运动又成了各个诸侯的共识。

春秋时期，弭兵运动一共进行了两次，都是由宋国倡导的。

宋国的国力本来还行（只能用“还行”来形容，因为它实在算不上强），齐桓公去世后，宋的国君宋襄公想趁机接替齐桓公的角色，成为新霸主。不过他的想法几乎没有诸侯买账，尤其是宋国的邻居楚国不同意。

公元前 638 年，宋国征伐楚国的盟友郑国，与前来营救的楚国发生了泓水（今河南柘 [zhè] 城）之战。在这次战争中，迂腐的宋襄公坚持过时的“为君”之道，非要等楚军渡过泓水，把队伍排列好才发起进攻，从而丧失最佳战机，导致大败。宋襄公本人还受了很严重的箭伤，不久死去，而他建立霸业的梦想也随之被带进坟墓。

宋国从此一蹶不振，再也没有称霸的念想，只想守住自己的一亩三分地，过粗茶淡饭的日子。

然而，宋国很快便发现这种简单的想法也成了奢想，因为它不想打仗并不代表其他国家也爱好和平。

其他国家不让宋国安宁不是因为和它有仇，而是因为宋国的地理位置太重要。关于这一点，前文在写西周分封制的时候已经有所提及：宋国的开国君主是纣王的哥哥微子启，其统辖范围大致在今天的鲁豫皖交界处，地势平坦，物阜民丰。

按理说这绝对是一个好地方，但不幸的是，它却处在晋、楚两个大国之间。如果是在和平时期，宋国即使啥都不干，在主要路口设上几个收费站也能保证衣食无忧；可如果是在战乱时期，那它就会瞬间变成一个火药桶。

你可以想象一下，在晋、楚争霸的这么多年里，只要两国约架，几乎都是在宋国的地盘上决出胜负的。而宋国，恰如一只憋在风箱里的老鼠，想不受气都难。

为了求得自身安宁，宋国积极倡导和平。

第一次弭兵运动是公元前 579 年由宋国大夫华元促成的。

华元分别向晋、楚两国发出了邀请函，最后晋、楚两国分别派出代表在宋国的西门外签订了和平盟约。盟约的主要内容除了规定双方不能再互相打斗，还规定了如果一方受到第三国的进攻，另一方不能搬小马扎坐在那里看笑话，应该予以精神和武力上的支持。

虽然这个盟约看起来很不错，但是落实的情况只能用“糟糕”二字来形容，因为晋、楚两国仅仅消停了不到四年，就发生了这一小节开头所提到的鄢陵之战。

第二次弭兵运动是由宋国另一位大夫向戌在公元前 546 年倡导的。

由于这时诸侯之间相互胶着，谁也吃不了谁（原因参见本小节第三段），大家都比较闲，所以这次弭兵运动受到了晋、楚及齐、秦、宋、郑等国的积极响应。在这个所谓“国际和平会议”上，诸侯们经过激烈讨论，最终确定晋、楚两国同为霸主。

也就是说，以前跟随晋国的小弟，现在除了孝敬晋国，还要伺候楚国；同理，楚国的小弟也要承担起与晋国小弟一样的责任。因此，这次弭兵运动所取得的和平其实是以牺牲小国利益来实现的。

尽管如此，这次弭兵运动还是产生了很大的积极影响：在此后的四十多年中，中原地区的战争基本消失，百姓终于得到了喘息的机会，客观上为生产力的发展和新兴势力的夺权创造了有利条件。

复仇者伍子胥

弭兵运动后，春秋历史进入晚期，晋、楚争霸已接近尾声，东南地区的吴、越这时却匆匆忙忙去赶霸业的末班车。

吴、越都是长江下游的国家，前者的都城在吴（今江苏苏州），统辖范围主要在今江苏中南部和安徽东部；后者的都城在会稽（今浙江绍兴），主要占据今浙江北部一带。

吴国据传是周太王（即古公亶父）的儿子太伯、仲雍建立的，不过早期历史一片空白，所以真假难说。

春秋中后期，吴国与中原的晋国关系不错。当时晋国为了与楚国对抗，听从了楚国亡臣申公巫臣的建议，采取扶持吴国攻打楚国的战略。申公巫臣还亲自到吴国，教吴人射御乘车等先进技术，使吴国逐渐有力量与楚国相较量。

公元前 514 年，公子光在伍子胥的帮助下，派人刺杀了堂兄弟吴王僚，夺得王位，是为吴王阖闾。伍子胥由于立有大功，则被任命为“行人”（掌朝觐聘问之官）。

伍子胥也是楚国亡臣，他的祖父就是前面提到的“一鸣惊人”典故中的伍举。由此可见，他也算是名门之后。那既然这样，伍子胥好好的“官后代”不做，跑到吴国干啥？为了让大家更明白，我在这里需要把他的事延伸讲一下（不准说我跑题）。

伍子胥的父亲叫伍奢，是楚国的大夫，同时也是楚平王的儿子太子建的老师。楚平王的父亲是楚共王（鄢陵之战中被射瞎一只眼睛的那位），楚共王死后由嫡长子楚康王即位，楚康王死后又立他的长子郏 [jiá] 敖接任，而郏敖没干多久便被他的三叔芈围给弄死了。芈围就是楚灵王。楚灵王即位后改名熊虔，偏爱细腰美女，那句“楚王好细腰，宫中多饿死”中提到的楚王就是他。后来，楚国又发生宫廷政变，楚灵王的弟弟芈弃疾成了最大赢家，是为楚平王——绕了一圈又回来了，不知你看晕没有。

楚平王即位时楚国已经衰落得不成样子，出于政治目的，他接受大臣费无极的建议，决定联秦制晋，给太子建迎娶了秦景公的女儿孟嬴为老婆。

谁知费无极为了讨好楚平王，就在婚礼举办之前向他极力渲染孟嬴有多漂亮。楚平王好色，哪里经得起这种诱惑，便不管儿子作何感想，居然使用调包计，让一名陪嫁的侍女冒充孟嬴，自娶孟嬴为夫人。

伍子胥藏匿淮水间（日本／月冈芳年）

俗话说，世上没有不透风的墙，这种桃色新闻又岂能藏得住。事情败露后，事件的“总策划师”费无极慌了手脚，因为他当初只想着照顾楚平王的心情，没多想太子建即位后会不会找自己秋后算账。为了防患于未然，费无极心一狠，便决定先下手为强。

小人做坏事向来没有心理障碍，费无极仗着楚平王的宠幸，不断离间楚平王与太子建的关系。楚平王开始还不信，直到有一天他听费无极说，太子建因为孟嬴那事对老爹有怨恨，此时正和他的老师伍奢密谋叛乱。楚平王的王位就是通过叛乱得来的，他对“叛乱”这个词很敏感，自然是宁可信其有不可信其无。

于是，为了把危险消灭在萌芽状态，楚平王一边下令前去捉拿正在外地镇守的太子建，一边派人把伍奢叫来询问情况。

伍奢稀里糊涂被抓来，自然无法承认楚平王想听到的内容。不久，前去捉拿太子建的人回复说，太子建获得密报，已经跑到宋国去了。

楚平王闻之大怒，便准备拿伍奢和他的两个儿子开刀。伍奢的二儿子伍员（伍子胥）识破奸计，逃跑至吴国，而他的老爹和哥哥伍尚则最终惨死于楚平王的屠刀之下。

从此，伍子胥便与楚平王及楚国结下了血海深仇。

为了复仇，伍子胥在吴国充分发挥自己的聪明才智，帮助吴王阖闾进行政治、军事等方面的改革，建造城郭，设立守备，充实仓廪，整治库兵，同时还聘用了春秋时期头号军事牛人孙武为吴国服务。

孙武出生于齐国一个军功贵族世家，从小就受到了军事素养方面的系统教育，这为他后来的兵法研究、著书立说，以及在战争中建功立业奠定了良好的基础。后来，齐国爆发了“四姓之乱”（下文会有讲述），孙武为了避开复杂险恶的环境，便离开齐国，移民到吴国。

到达吴国后，孙武没有立即去找工作，而是在都城附近“僻隐深居”，潜心研究兵法学术，观察吴国的政治动向，同时结交了因被楚平王迫害而投奔吴国的伍子胥。

伍子胥为了尽快复仇，也为了帮助孙武更好地施展抱负，一天之内先后七次向吴王阖闾推荐孙武。阖闾当时正处于求贤若渴的阶段，听伍子胥这么说，便召见孙武，亲自面试。

孙武于是就带着他的兵法十三篇（即《孙子兵法》）去见阖闾。

阖闾对他说：“你写的那十三篇兵法我都已经看了，内容博大精深，气势恢宏豁达，理论惊世骇俗，出语振聋发聩，非常好，非常好。不过，我用人讲究的是实战，你也得把这方面的才能给我展现出来。”

孙武回答说：“你出题，我接招。”

阖闾说：“也别训练军队，你就先帮我把后宫里的那帮娘儿们给我调教好了再说吧。”

孙武答应了。

接受调教的宫女共计一百八十人，孙武先把她们分成两队，然后又让吴王最为宠爱的两个美姬分别担任队长。

这些宫女平日里在吴王面前撒娇发嗲，几乎全被惯坏了，根本不把孙武放在眼里，所以无论孙武下达什么样的命令，她们全都嘻嘻哈哈不听号令。孙武见三令五申之后，情况依然如故，为了严明军纪，便不顾吴王求情，下令把“左右队长”皆斩。其他宫女一看孙武动真格，方知这不是演习，全都听令而行，“中规矩绳墨，无敢出声”。

能力既然得到证明，吴王阖闾也就很痛快地任命孙武为将军。孙武的军事生涯就此开始。

公元前506年，吴王阖闾趁楚军连年作战、极度疲惫之际，以孙武为大将，伍子胥为副将，亲率吴军，联合唐、蔡两国大举伐楚。吴军在蔡人的带领下，沿淮水乘船西进，与楚军夹汉水相望。两军先后进行了三次交锋，均以楚军失败而告终。

孙武像（明代／佚名）

最后，吴、楚两军在柏举（今湖北麻城）会战，吴军五战五胜，攻下了楚的都城郢（yǐng，今湖北荆州）。

楚昭王（楚平王与孟嬴之子）仓皇出逃，先入云梦泽，后到随国，几近亡国。

此时楚平王已死，一心想找他为父兄报仇的伍子胥没办法，便刨开楚平王的墓，“出其尸，鞭之三百”——真是应了鲍叔牙曾经说过的一句话：“有奇淫者，必有奇祸。”

吴王阖闾脚指头找不到之后

然而，楚国并没有那么容易就灭亡。

楚国国君虽然不靠谱，但是大臣里还是有那么几个既愚忠又有些能耐的人。其中申包胥作为楚国大夫，见国家遭遇空前浩劫，便跑到秦国向秦哀公（与孟嬴是兄妹关系）请求出兵救楚。而秦哀公秉着多一事不如少一事的原则，一口拒绝了申包胥。这事要是搁在其他人身上，无外乎两种选择，要么走，要么继续哀求。

可申包胥选择了第三种方案，那就是哭。

哭？对！就是哭。谁说哭是女人的专利？申包胥尽管连一个业余演员都算不上，但他哭起来绝对不比任何一个专业演员差。

我们还是先来看一下他在“哭”这方面取得的惊人成绩。根据文献记载，申包胥脖子上像套了聚能环似的，在秦宫门前不吃不喝，连哭七天七夜。最后秦哀公也不知是感动了还是心脏受不了，反正是答应了申包胥出兵救楚的请求。

秦国出马，一个顶俩。很快，楚军在秦军的配合下，一起向吴军发起攻击。吴军尽管有孙武这样的兵圣，无奈对手太强，连连败退。更要命的是，这时吴国的邻居越国趁着它的主力不在国内，经常高强度地对吴军后方进行骚扰。

吴王阖闾无奈，只好回军驰救，吴、越战争由此全面拉开序幕。

楚人则趁机复国。

公元前 496 年，越王允常去世，他的儿子勾践即位。吴王阖闾认为越国此时正处于新老交替的时候，只要趁此机会，正常发挥，灭它应该比捏死一只蚂蚁难不了多少。

谁知双方一开打，吴王阖闾便意识到自己错了，他只知道骄兵必败这个成语，却不知还有一个成语叫哀兵必胜。越国刚死掉国君，士兵满腔悲愤之情正无处发泄，没想到这个时候吴军打过来了。

越军对吴军这种“郁闷中送沙袋”的精神特别感动，十分珍惜此次撒气的机会，不用有人喊“冲啊”，全都主动抄起家伙去砍吴军。

在战斗中，吴王阖闾不知是鞋没穿好还是咋回事，一个脚指头找不到了——准确地说应该是被人砍掉后找不到的。

国君受伤，这事比战争胜负还要重要，吴军迅速退兵，结果还是慢了一拍，吴王阖闾在半道因伤势过重死掉了（我是医学门外汉，只知道有人大腿断掉也没死，不知他为何如此脆弱）。

阖闾死后，他的儿子夫差即位。吴王夫差和伍子胥一样，属于那种复仇色彩比较浓厚的人，他见自己老爹死于与越国的战争，便把账算在了越王勾践头上。

公元前494年，吴王夫差率领大军向越国发起进攻。两军会战于夫椒（今江苏太湖马山），吴军这回是先发制人，没有给对手任何喘息的机会，一举击败越国军队。

越王勾践只剩下五千名残兵败将，结果还都被吴军围困在会稽山上。勾践急得没办法，知道要是被活捉了，夫差一定会让他提前体会地狱的生活，于是就准备拔刀抹脖子。

布衣出身的谋士范蠡[lǐ]一看越王勾践要先于他们解脱，忙劝阻说：“别急啊，死的方法太多了，啥时候都能赶上，我们现在还活着，就应该为继续活着创造机会。”

越王勾践用一种绝望的眼神看着他，问：“那你说还有什么办法？”

范蠡说：“没有办法，我们现在唯一能做的就是多给夫差点好处，多拍拍他的马屁，多表现出安全无危害，让夫差舍不得杀我们。”

越王勾践表示同意范蠡的观点，便在他的建议下，派大臣文种去见夫差。

文种对夫差说：“我们的国君愿意向您称臣，只要您同意，我国的美女、宝器全都会献给大王。但是万一不能侥幸得到赦免，那我们国君将会杀尽妻儿，焚毁宝物，剩余的五千铁甲将士也会与您死磕到底。这对您来说是没有半点好处的。”

吴王夫差想想也对，正准备同意，旁边的伍子胥却极力劝阻说：“我分析了一下，勾践绝对有图谋翻盘的野心，而他的两个大臣文种和范蠡都不是吃闲饭的，所以咱们现在应该趁势灭掉越国，否则等于养虎遗患。”

夫差没有采纳伍子胥的建议。

不过，按照吴国的要求，越王勾践还应带着老婆和大臣范蠡去吴国服劳役。在服劳役期间，勾践几乎成了一个全能工，给阖闾看坟，替夫差喂马……更有一次，夫差染恙，勾践为了表示自己的忠心，居然端着夫差的排泄物像鉴定艺术品一样去察看其病情，这让夫差十分感动。

也正是因为有了这份感动，几年后，夫差安心地把勾践等人放回国去。回国后，勾践与群臣相见，抱头痛哭，祖宗几代积攒下来的脸面被他一下子输得精光，他发誓在死之前一定要连本带利全都赢回来。

夫差、勾践恩仇录

但是要想真正赢回面子，光发誓是不行的，得像伍子胥报仇那样有具体行动。为此，越王勾践决定实施大臣文种拟定的“灭吴九术”。

“灭吴九术”除了第一术“尊天地，事鬼神”没有什么实际意义，其余八术都是直接针对吴国的，可谓招招见血封喉。我归纳了一下，主要体现在三个方面：一是送钱培养吴王夫差的腐败生活，尽其财，疲其力；二是通过内部瓦解对方，离间夫差与臣子的关系；三是提升自己的能力和水平，伺机攻吴。

其中，这里面就有大家比较感兴趣的“美人计”，即中国古代历史上著名的两个女间谍西施和郑旦被派到吴国，用来迷惑夫差，最后与越军里应外合成功灭吴。

当然，在越国实行复仇计划的过程中，最著名的还是要数“励志哥”越王勾践的故事。

越王勾践在没有人给他发工资的情况下，每天卧薪尝胆，加班不加餐，“身自耕作，夫人自织；食不加肉，衣不重采，折节下贤人，厚遇宾客；振贫吊死，与百姓同其劳”——好吧，哪怕你说他是在作秀，但这种作秀确实争得了民心，获取了预期效果。

卧薪尝胆

而与此同时，吴王夫差自认为已经把越国搞定，后方安全无虞，遂决定挥师北上称霸中原。伍子胥又一次劝谏夫差，说相比于齐国，越国更是心腹之患，不如先灭掉越国再说。

夫差不听。

伍子胥见夫差不听人劝，吴国迟早会为越国所灭，便私下里为家人寻找退路。

几经辗转，他托人把儿子寄送到齐国朋友鲍息那里避险，自己则继续在吴国做官——这就是我们俗称的“裸官”（老婆没送走的话只能称为“半裸官”）。

然而令伍子胥没有想到的是，夫差这次伐齐居然大获成功。满怀胜利喜悦的夫差向伍子胥显摆，说：“你不是说不能讨伐齐国吗？幸亏没有听你的话，否则哪有这么大的胜利？”

伍子胥淡淡地说：“此次胜利是祸不是福，真要是失败的话你也就没有北进的想法了，现在胜利了，以你此时的心气，定会再度进发中原。到那时，越国只需在我们后院放把火，就够我们受的了。”

夫差本来还挺高兴的，谁知被伍子胥几句风凉话兜头一浇，顿时大为不悦。而这一切，全被吴国太宰伯嚭 [pǐ] 看在眼里。

伯嚭与伍子胥都是因为政治避难从楚国来到吴国，算是老乡。按说两人本应该惺惺相惜才对，但事实上两人一直不对付。伯嚭能力一般，拍马屁和打压异己的功夫却卓尔不群。他曾收受越王勾践的大量贿赂，其任务就是搞掉伍子胥。

这次伍子胥扫了夫差的兴致，对伯嚭来说是个绝好的机会，他趁机向夫差进谗说：“伍子胥这人靠不住，他明知齐国与咱们为敌，居然还把儿子送到齐国，这岂不是准备要里通外国吗？”

夫差听后大吃一惊，忙派人去调查，很快便发现情况属实。那既然是这样，就没有什么好说的了，夫差让人给伍子胥送了一柄属镂 [lòu] 剑，意思很明白：通敌叛国灭你九族都不为过，看在你是功臣的分上，你就自觉点吧。

吴宫图（清代 / 冷枚）

据说，西施进宫后，夫差大喜，在姑苏建造春宵宫，筑大池，池中设青龙舟，整日与西施游乐。西施擅长跳“响屐舞”，夫差又专门为她筑“响屐廊”。西施穿木屐起舞，使夫差如痴如醉，不理朝政，终于走向亡国丧身的道路。

很多书上在描写伍子胥自杀的时候，都说他是一副视死如归的表情，我觉得这不太真实。伍子胥可能不怕死，但绝对怕这种无价值的死。他为吴国复兴奋斗了半辈子，功劳和苦劳都有，最后吴王却仅凭小人的几句谗言便要把他搞得身败名裂，他的正常心理应该是很不甘心、很不爽才对。

所以当他看到夫差送的那柄剑后，就对身边的人说："我死后，你们就把我的眼挖出来悬挂在都城的东门上，我要亲眼看看吴国是如何被灭的。"说完便自刎而死。

伍子胥死后，他的朋友孙武意识到吴国已是是非之地，下一个轮到的可能就是自己，便悄然离去，归隐深山。孙武隐退后，根据自己以前训练军队、指挥作战的经验，修订其兵法十三篇，使其更臻完善。

公元前485年，吴王夫差挥戈北上。当时南北交通不便，夫差为了便于进军中原，还特意组织民力，修筑了一条沟通江、淮的运河邗[hán]沟（我国最早的一条人工运河）。

这次伐齐，吴军在艾陵（今山东济南莱芜区）大败齐军，俘齐兵车八百乘不说，还秒杀了齐军主帅，吴国自此声威大震。

搞定齐国后，吴国并不能让中原的所有诸侯服气，因为大家还都习惯于看晋国有什么反应，而晋国作为中原曾经的老大，对吴国这种东南来的蛮夷并不怎么搭理。鉴于这种情况，吴国决定给晋国也放点血。

公元前482年，吴王夫差再次北上中原，意欲与晋国争夺霸主的地位。

而此时，越国已经在勾践及其大臣文种、范蠡的带领下，经过"十年生聚，十年教训"，逐渐恢复和壮大了力量，并通过"结齐、亲楚、附晋"的六字外交方针，在对付吴国的过程中取得了主动权。

越王勾践见吴国精兵悉数北上，便趁机发起了征讨吴国的战争。越军长驱直入，不仅击垮了吴国留守的军队，还把夫差留在国内的太子给捉住并烧死。

吴王夫差一听老窝被端，儿子也被烤成了肉串，顿时急了，匆忙与晋定公在黄池（今河南封丘）举行会盟，满足了一下盟主的心愿，便率领大军兼程返回吴国。

不过吴军经过几十天的赶路，疲惫不堪，与越军一经接触，即被击败。夫差见大势已去，只好向勾践求和。勾践见吴军虽被击败，但实力尚存，短时期内无法吃掉对方，就同意了。

又过了四年（前478），吴国不幸赶上了百年不遇的大灾荒，很多士兵饿得连筷子都拿不动，更不用说武器了。越王勾践认为真正灭吴的时机已经到来，遂率领大军向吴国发动攻击。

战争进行得十分激烈，越军对吴国都城姑苏（今江苏苏州）组织了一次又一次进攻，吴军部分吃饱饭的士兵则进行了顽强抵抗。就这样，双方攻守一直持续了五年，吴国才最终被攻克。

吴国沦陷后，夫差逃至阳山（今苏州万安山）。为了活命，他请求勾践放自己一马，像二十年前他放过勾践一样。

但勾践却说："曾经老天将越国赐给你，可惜你没有珍惜；如今上天又将吴国赐给我，我为了顺从天命，也为了避免追悔莫及，所以不会再给你机会。"

夫差被逼无奈，决定选择自杀。在临死前，他做了三件事：一是杀掉伯嚭；二是为了防止在地下碰见伍子胥，特意用布把脸给蒙起来；三是找了把锋利的刀自刎，给自己一个痛苦的了断（说明，这条是我自己加的）。

越王勾践灭掉吴国后，除了继承夫差的产业，还继承了夫差的野心——他也想北进称霸中原。于是，在勾践的率领下，他的那些百战将士还未喘口气，就又从都城出发，渡过淮水，最后与齐、晋等国会盟于徐州。

在此次盟会上，勾践向周元王进献了礼物，周元王也礼尚往来，派人赐给他一个荣誉称号——侯伯。"当是时，越兵横行于江淮东，诸侯毕贺，号称霸王"，这应该是越国最为辉煌的时候。越王勾践因此成为春秋最后一个霸主。

勾践三战灭东吴（明代版画）

范蠡扁舟归五湖（明代版画）

但是需要说明的是，越王勾践虽然有霸主的实力，却没有霸主的气量。

当勾践刚灭掉吴国的时候，范蠡厥功甚伟，被封为上将军。可范蠡深知“大名之下难久居”“久受尊名不祥”的道理，非常明智地选择了功成身退。

在离开时，范蠡特意遣人给他曾经的战友文种带去一封信，信中说：“飞鸟尽，良弓藏；狡兔死，走狗烹。越王是长颈鸟嘴，只可与之共患难，不可与之共享乐，希望你能趁早抽身离开。”但文种有点官迷，对范蠡的劝告不以为意，结果，不久便被勾践赐剑自杀。从这一点上看，勾践真是无愧于“够贱”的称谓。

至于及早抽身的范蠡，结局不但不错，还很让人羡慕。据说他与女朋友西施（吴国灭亡后，西施全身而退，与范蠡走到一起）离开越国后，泛舟于五湖，先是到了齐国，通过做生意发了大财，然后又把挣来的钱用于慈善事业，施善乡梓 [zǐ]。十九年内，这种事情共做了三次。从这一点看，范蠡真是无愧于“商圣”的称谓，他也因此被世人赞誉：“忠以为国，智以保身，商以致富，成名天下。”

礼乐征伐自大夫出

上文已讲，越王勾践是春秋最后一个霸主，而之所以没有新的霸主产生，是因为这一时期的政治和经济关系都发生了变化。

其中经济关系变化主要体现在井田制的瓦解和封建生产关系的产生。

我们知道，井田制是西周时期最基本的土地制度。土地为国家所有（或者说为天子所有），是不允许被买卖的。后来到了西周末期，周王室由于逐渐丧失了对诸侯的控制能力，一些奴隶主则开始通过赏赐、转让、赔偿等方式，将他们所有的公田变为私田。更有甚者，有些诸侯和贵族为了争夺土地，相互之间还发生暴力冲突。

等到进入春秋时期，参与土地争夺的群体进一步扩大，上至周天子，下至普通官员，各级贵族无不围着土地转。甚至还发生了晋国一名大夫与周简王争夺土地的事情，由于不能决断，最后双方跑到晋厉公那里去评理。

除了将公田变为私田，不少贵族还强迫奴隶和公社农民去开辟私田。这些私田在初期由于不用交税，所以很多贵族都把精力放在私田上，而把公田给荒着。

可是如此一来，靠租子吃饭的天子和诸侯便会逐渐没饭吃。为了避免这一现象出现，有些诸侯就适应土地私有制的发展，开始对赋税制度进行改革，即废除井田制的剥削方法，承认私田并向其征税。

这里面落实得比较好的是齐国和鲁国。

齐国实行的是“相地而衰征”，其具体内容我前面已经讲过，这里不重复。鲁国实行的是“初税亩”，即无论是公田还是私田，都一律按照田亩进行纳税，公田和私田的差别因此就不复存在了。

公田的消失，促使了井田制的瓦解和土地私有制的发展。而土地私有制的发展，又促使封建地主和依附农民的产生。这简直是一个绝妙的搭配：封建地主有土地，农民有力气（或许还有少量的土地）；封建地主不去种地，于是就把土地分成若干个小块，租给农民耕种；而农民种地有了收获后，只需向地主交一定量的地租，剩下的便都是自己的。

很显然，这种剥削关系要比奴隶制剥削更温柔，也更隐蔽，至少，耕种土地的人不用再像奴隶那样，无论怎么卖力去干，也无法混个温饱。

说完了经济关系的变化，然后再根据马克思的“经济基础决定上层建筑”原理，就可以引出政治关系的变化。

春秋时期，政治关系的变化主要体现在各主要国家都出现了政权下移、大夫执政的现象。有人对此可能不太理解，认为周天子权力被诸侯架空也就罢了，诸侯作为这种事情的行家里手，对权力的把持应该更为谨慎才对，怎么可能会让政权下移至大夫？

这个……这个你要是不嫌我啰唆，可以慢慢听我给你解释。

孟子曾经说过一句话，叫“春秋无义战”，意思是春秋时代没有什么正义的战争，全都是黑吃黑。孟子的祖师爷孔子虽然是生活在春秋时期，但他对自己所处的时代一点都不满意，认为春秋是一个“礼坏乐崩”的时代。所谓“礼”，指的是“周礼”，而孔子一生最大的心愿就是恢复周礼。

这一点可以很明显地从春秋时期诸侯间的争霸斗争中看出。

不过，到了春秋中后期，除了诸侯之间的争斗，在各诸侯国内部也开始出现一些不安分因素。其最显著的表现是，随着“霸主”格局的式微，各国卿大夫的力量逐渐强大起来。

按理说，这些卿大夫作为诸侯分封的臣属，其本职工作应该是为国家的建设添砖加瓦，国家强大了对诸侯来说是个好事。但事实上，他们中的绝大多数都是为捣乱而生的。

根据春秋时期对诸侯内部贵族的划分，“公室”指的是国君，“私家”指的是大夫。其中，公室是旧势力的代表，他们维护的是奴隶制度和奴隶主贵族的利益；而私家是新势力的代表，他们主要是要求改革，建立封建制度。由于两者的政治立场不同，公室和私家的矛盾注定无法调和，而无法调和的结果只能是靠斗争来决定胜负。

通常来讲，卿大夫与诸侯间的斗争可以分为两种类型。

一种是公族与公室的斗争。所谓公族，就是国君的非嫡系后人，他们通常没有资格继承君位，只能被分封为大夫。这些公族大夫实力如果强大到一定程度，便会与公室同室操戈，即我们俗称的“窝里斗”。

还有一种是异姓卿大夫与公室的斗争。春秋时期，有些国家的公室和公族势力如果衰弱不振，就会给那些执政的异姓卿大夫以可乘之机，像著名的“田氏代齐”和“三家分晋”便是这种类型的代表。

换汤不换药的翻身做主

先说田氏代齐。

田氏原本是陈国贵族，春秋初期，陈国爆发内乱，陈厉公的儿子公子完为了躲避危险，就逃奔至齐国。

当时齐国国君是齐桓公，他有着丰富的逃难体验，深知寄人篱下的感受。因此，齐桓公对公子完特别照顾,使其担任“工正”（管理官府手工业的官）一职。就这样，公子完很快在齐国立足，并改陈氏为田氏（陈田古音相通）。

但是，田氏在齐国的野心可不仅仅是混口饭吃那么简单，他觉得，既然自己的国家不行，那何不借助齐国这只鸡来孵自己的蛋？

于是，田氏为了在齐国发展自己的宗族势力，开始逐渐插手贵族间的政治斗争。

到了齐景公时期，随着公室日益腐朽，阶级矛盾日益尖锐，公子完的四世孙田桓子便用私家大量具向外借粮，又用公室小量具往回收粮的方法争取民心。

有人看到这里，可能会说，这样岂不是太傻了，你田氏家里就是开银行的也经不起这么玩吧，还不如把那些钱用来做广告呢。

田氏是政治家，政治家比商人更不会做赔钱的买卖。其实说白了，田氏这种厚施薄敛的做法，与我们今天商场放血促销是一个道理，他也只是在灾荒年出现路有饿死骨的情况下才偶尔为之，损失有限，可获取的民心却是无限。

公元前 532 年夏天，以田氏为首的新兴势力联合鲍氏，趁执政的旧贵族栾 [luán] 氏、高氏宴饮时发起了猛烈进攻。经过激战，栾氏、高氏战败并逃到国外，这就是所谓“四姓之乱”。

四姓之乱后，齐国的守旧势力被有效地孤立起来，田氏声威愈隆，使得越来越多的民众投到其封邑。

公元前 490 年，齐国历史上在位时间最长的君主齐景公死去。贵族国氏、高氏立景公幼子公子荼 [tú] 为国君。这显然违反了宗法制的原则，于是田桓子的儿子田乞趁机发动武装政变，杀死了公子荼，打败了高氏、国氏、弦氏、晏氏（晏氏中大家熟知的晏婴曾历任齐灵公、齐庄公、齐景公三朝的卿相，辅政长达五十余年）四大贵族，拥立阳生为君，为齐悼公，田乞自立为相。

齐悼公就是一个傀儡 [kuǐlěi]，没干几年便被人干掉，他的儿子齐简公即位。公元前 481 年，田乞的儿子田常（又叫田成子）与贵族监止分别担任左、右相。田常继续采用大斗出小斗进的办法争取民心，壮大自己的力量。同年五月，田常再次发动宫廷政变，尽杀齐简公和几家强宗贵族，另立齐平公，实行田氏专政统治。

这为田氏最终取代姜氏打下了坚实的基础。

公元前 391 年，田常的曾孙田和再也不甘当别人的臣子，便废掉了齐康公，自立为国君。五年后，田和被周安王封为诸侯，并继续沿用齐国的国号，史称“田氏代齐”。

至此，从西周时期盛行的“礼乐征伐自天子出”现象，经过春秋时期的“礼乐征伐自诸侯出”的过渡，终于实现了“礼乐征伐自大夫出”的大转变。

高山流水（明代／仇英）

春秋时大夫俞伯牙善鼓琴，钟子期善听。伯牙鼓琴，志在高山，钟子期曰：“善哉，峨峨兮若泰山。”志在流水，钟子期曰：“善哉，洋洋兮若江河。”伯牙所念，钟子期必得之。后来子期死，伯牙谓世再无知音，乃破琴绝弦，终身不复鼓。后用“高山流水”比喻知音难得。

然后再说三家分晋。

晋国的情况要比齐国还要复杂，因为晋国的新兴势力代表有六家，即韩、赵、魏、范、中行、智。这六家被称为“六卿”或者是“六将军”。

如果我们提前知道只有三家能留存下来，那么我就给大家举个例子去理解，就是相当于六位实力派的演员在争夺《战国》这部戏中的三位男主角，淘汰率为一半，竞争可想而知。

春秋初期，晋国公室内部就曾为争夺君权而产生了尖锐的矛盾，然后这种矛盾一直未消解，这就给卿大夫专权提供了可乘之机。比如在晋灵公（晋文公的孙子）时期，晋国政权便完全由执政卿赵盾（赵衰的儿子）把持。灵公对赵盾专权不满，曾经两次谋刺赵盾，结果反被赵盾的堂弟赵穿杀死，开创了卿族弑晋君的先例。

不过，需要说明的是，晋灵公在历史上可是出了名的混账君主，他除了具备其他暴君的所有缺点，还做过不少荒唐事。

如他经常从宫墙上用弹弓去打人，看着人们躲避弹丸来取乐。相反，赵盾的名声却很不错，著名的“赵氏孤儿”的故事便是围绕着他的孙子赵武展开的。如果你有兴趣的话，可以找相关资料看一下，这里不多说。

再后来，随着卿族政治势力的不断扩大，就形成了以韩、赵、魏、范、中行、智为首的六家新兴势力。这六家虽然代表的是同一阶层的利益，但是它们之间积怨很深，只要一有机会便会以单挑或群殴的方式掐架。

这个道理很好理解，一山难容二虎，何况是这么多老虎。

于是经过一轮又一轮的淘汰赛，最后，除了韩、赵、魏三家，还有一个实力最强的智氏。不过树大招风，韩、赵、魏都感觉智氏是个威胁，就暗中一合计，联合起来把智氏给灭了。

黑掉了智氏，晋国的国君也很快被废掉。周天子一看局势无法控制，被迫于公元前 403 年承认和册封韩、赵、魏为诸侯国。本来是一家子，结果一分为三，这要搁现在，子女在魏国，父母在赵国，逢年过节拜亲访友还得办证件，挺不方便的，还是国家大一统好啊。

但好在无论如何，韩、赵、魏三国终于还是获得了主演《战国》这部大戏的机会。

那么，接下来就让我们一起屏住呼吸，走进那个以“战争”为主题的纷乱时代。

第七章 战国争雄

七匹狼轮番登场

如果我们把战国兼并统一看作是一场黑恶势力的拼杀的话，那么，最后胜出者除了财源广进外，还有对全局重新洗牌的权力。至于以后是一条道走到黑还是改邪归正就看自己的选择了。

战国的游戏规则和参与者

在正式讲述战国这段历史之前，有两件事需要说明一下。

一是时间意义上的战国时期（前 475—前 221）与我们经常提到的战国七雄并立局面不是同时开始的。七雄并立局面是从公元前 386 年周安王承认齐国田和为诸侯才正式形成的，而战国时期则是从公元前 475 年开始的。

二是战国时期的历史已经超出了东周王朝所存在的时间范围。也就是说，从时间上看，东周并不完全等于春秋加战国。其原因是公元前 314 年，东周王朝的王畿内发生了分裂，分别形成了东周国和西周国。东周王朝的最后一位天子周赧 [nǎn] 王居于西周国（注意与西周的区别），公元前 256 年，赧王卒，西周国灭。公元前 249 年，秦灭掉东周国，东周国的全部土地并入秦。从这一年到公元前 221 年秦统一天下，中间还有 29 年的空白期。

上面的两个问题说清楚后，接下来介绍一下战国时期的游戏规则和参与者。

游戏规则比较简单，那就是没规则。

参与者主要是七个国家，即齐、楚、燕、韩、赵、魏、秦，人们通常称其为“七雄”，我更愿意叫它们为七匹狼。

七匹狼的主要活动范围如下（建议与战国时期的地图对比着看，这样可以增强你对下面内容的理解）：

齐国占有今山东偏北的大部以及河北的东南部，都城在临淄（今山东淄博）；

楚国占有今湖北、湖南、江西、安徽、江苏、浙江等省，势力范围最远时曾达到陕西东部、河南南部、山东南部以及四川东部，是七国中疆域最大的国家，起初都城在郢（今湖北荆州），后迁都至陈（今河南淮阳）；

燕国占有今河北北部、山西东北部和辽宁西南部，都城在蓟（今北京）；

韩国占有今山西东南部、河南中西部，起初都城在平阳（今山西临汾），后迁都至郑（今河南新郑），其面积是三晋中最小的一个；

赵国占有今山西中部、陕西东北部、河北东南部、山东西部和河南北部，起初都城在晋阳（今山西太原），后迁都至邯郸 [hándān]；

魏国占有今山西南部、河南北部，以及陕西、河北的部分地区，都城在大梁（今河南开封）；

秦国占有今陕西中部、甘肃东南部、四川北部、河南西部以及青海、宁夏的部分地区，起初都城在雍（今陕西凤翔），后迁都至咸阳（今陕西咸阳东北）。

上面这七个国家中，齐、韩、赵、魏四国由于是从春秋时期齐、晋两国的卿大夫执政发展而来的，对过时的宗法传统破坏得比较彻底，所以实力都不弱。而宗法传统保存较多的燕国，则在七国中国力最差。至于秦国和楚国，因为宗法传统在其国内一直没有打开市场，故影响都不是很大。

与春秋时期相同的是，战国时期的历史发展特征也是战争不断。不同的是，春秋时期战争的主要动机是争霸，而战国时期战争的主要动机是兼并——当然，最终还是为了统一。因此，如果我们把战国兼并统一看作是一场黑恶势力的拼杀的话，那么，最后胜出者除了财源广进之外，还有对全局重新洗牌的权力。至于以后是一条道走到黑还是改邪归正就看自己的选择了。

让我们先从魏国开始吧。

大国崛起之魏国

如果从军事的角度看，魏国的地理位置并不好，西边是一河之隔的秦国，北边是强大的赵国，东边是老牌诸侯国齐国，南边是让人看着就头疼的楚国，可以说全是硬茬儿。想当年宋国就是因为处在晋、楚两个强国之间而不得安生，如今魏国处境比宋国还不如，估计有心软的读者看到这里已经开始为它捏把汗了。

但是事实上，魏国一点都不需要你去担心，如果你真有爱心没处献的话，那就去替它周围的那些国家担心吧。因为在战国初期的很长一段时间，魏国周围的国家，无论强弱，几乎被它欺负了一遍。

由此可见，魏国之所以敢拒绝你的好意，并不是因为它狂妄，而是由于它有雄厚的实力和超强的底气。

和齐、楚等传统强国不一样的是，魏国虽没有太多积淀，但也没有太多负担，因此可以放开手脚去干——按照毛主席的话说，就是一张白纸更容易画出更美的图画。这一点，在魏国的开国君主魏文侯那里便已经得到充分体现。

魏文侯在历史上名声很不错，关于他的典故有很多，比较著名的一个是关于他守信的事儿。其大概内容讲的是他与一个虞人（管理苑囿 [yòu] 的官吏）说好明天要去打猎，结果第二天却赶上刮大风。周围的大臣怕出事，都劝他别去了。魏文侯不听，说做人要诚信，最后居然连司机都不用，自己驾着马车顶风前去告诉虞人取消打猎活动。

这个故事看起来与我刚才准备要说的内容无关，其实我只是想在讲正事之前表达一个意思，那就是在众多满口“忠信仁义”的帝王中，真正能以身作则，哪怕只做到其中一点的，便绝对是里面的佼佼者。

魏文侯做到了一个“信”，关于他的能力我就不再赘述。这里单说一下他是如何利用身边的人才，在魏国这张白纸上作画的。

第一个要介绍的是李悝 [kuī]。

李悝的具体身世史书上无确切记载，只知道他在担任宰相之前，曾经在地方上做过郡守。可能是因为政绩不错，魏文侯才把他提拔到中央，并让其负责魏国变法改革事宜。李悝变法的主要内容有：

一是废止世袭贵族特权，实行“食有劳而禄有功，使有能而赏必行，罚必当”的用人标准。这样一来，那些依靠祖辈爵禄而享有特权的人便被逐渐剔除出官员队伍，一些出身于普通地主阶层的人，则可因战功或才能跻身政界。

二是推行“尽地力之教”。说白了就是大力发展农业，巩固国家政权的经济基础。魏国多山，地少人稠，如果不充分挖掘土地的生产潜力，提高农作物的产量，民众就无法解决温饱问题。到那时，别说出兵讨伐别人了，估计连防守都困难。

三是实行“平籴 [dí] 法”。国家设立储备仓库，年成好的时候，政府以平价多购入一些粮食，等遇到灾年，再以平价出售。这样不仅可以平衡粮食价格，还能防止奸商垄断市场，避免发生“谷贱伤农，谷贵伤民”的现象。这种方法我们现在还在用，比如有段时间猪肉价格涨成“唐僧肉”，各地政府为了平抑物价，就向市场上投放了大量的储备猪肉。

其次要介绍的是吴起。

吴起是卫国人，很多人知道他可能是因为他在楚国的变法。事实上，吴起在成为政治家和改革家之前，首先是一个军事家。他写有一本兵书叫《吴子》，在历史上曾与孙武的《孙子兵法》齐名，被后人合称为《孙吴兵法》。

吴起先后拜过两位老师，一个是曾参（孔子弟子，曾说过“吾日三省吾身”这句名言）的儿子曾申，一个是“孔门十哲”①之一的子夏，算是孔子的再传弟子。他最开始是在鲁国混饭吃，刚好赶上齐国进攻鲁国。鲁国国君听说吴起很会打仗，正要破格提拔他为将军，有人却告诉鲁国国君说吴起的老婆是齐国人，如果他来个里通外敌，鲁国可是吃不消啊。

鲁国国君于是就把情况跟吴起说了，安慰他不要挂怀，说等哪天鲁国强大了，去解救其他兄弟盟国，他还是会有机会的。

曾参少年时家贫，常入山打柴。一天家里突然来客，其母不知所措，就用牙咬自己的手指。曾参忽然觉得心疼，便迅速返回家中。此图为日本著名浮世绘画家歌川国芳所绘。

①指的是孔子门下最优秀的十位学生（子渊、子骞、伯牛、仲弓、子有、子贡、子路、子我、子游、子夏）的合称。

吴起像（明代 / 佚名）

吴起一听这话便急了，他好不容易才等到这一天，总不能因为女人的问题就眼睁睁地看着机会溜走吧。他在回去的路上，反复地想，最后觉得老婆可以再娶，机会却很可能不会再来，于是一咬牙……

什么？和老婆离婚？你也太单纯了吧，比这个还要狠一万倍，吴起直接把老婆给杀掉了（此事成为吴起人生中最大的污点，并为后人诟病）。

鲁国国君一看吴起想打仗已经到了丧心病狂的地步，实在没有理由拒绝，便只好任命他为将军，率军与齐国作战。吴起十分珍惜这次机会，在战场上充分发挥自己的军事才能，用示弱的方式赚得对方大意，然后突然袭击，一举击溃齐军。

但是，吴起军事上的成功并没有给他带来持久的荣光，因为很快便有眼红的人对他发起流言攻势，有说他残暴的，有说他忤逆的，有说他图谋不轨的，总之国君怕什么就说什么。三人成虎，再加上吴起本身就是一个缺点很突出的人，无法完全自证清白，所以就被鲁国国君辞退了。

丢掉饭碗的吴起总结了一下失业的原因，认为是没有跟对人。他在找工作的过程中，听说魏文侯谦和贤明，手下又有一群诸如李悝、乐 [yuè] 羊①、西门豹这样的贤人，应该是个不错的投奔对象。

魏文侯看完吴起的简历后，对他的能力和工作经验比较满意。但他不搞一言堂，在决定正式聘用前特意咨询了一下宰相李悝。

李悝听完魏文侯的话沉吟了一会儿说：“吴起这人，母死不奔丧，杀妻以求将，是个贪荣好利之辈，我希望你能慎重考虑。”

魏文侯见李悝表示不同意，有点不甘，又说：“世无完人，只要一个人的优点大过他的缺点，就说明他还是有价值的。你认为吴起的优点和缺点哪个更大？”

李悝一听魏文侯似乎铁了心准备要用吴起，便只好实话实说：“好吧，我承

①乐羊起初是魏国相国翟璜 [huáng] 的门客，魏文侯三十八年（前 408），中山国国君姬窟 [kū] 发兵进犯魏国，翟璜举荐乐羊。但是乐羊之子乐舒是中山国的将领，而且曾杀死翟璜之子翟靖。翟璜深知乐羊为人，不计恩怨，还是力荐乐羊为主帅讨伐中山国，最后取得大胜。

认，吴起缺点突出，优点更突出，尤其是在治军打仗方面，绝对不会输给司马穰苴[1][rángjū]。”

吴起就这样在魏国找到了他职业生涯中的第二份工作，职位仍然是将军。

为了不辜负魏文侯的期望，吴起干得比在鲁国还要卖力，行军打仗的时候，他“与士卒最下者同衣食，卧不设席，行不骑乘”，使“士卒乐死”。此外，为了提高军队的战斗力，他还帮助魏国创建了一支强大的精锐部队——武卒。

武卒选拔很苛刻，要想成为其中一员，必须要满足以下条件：身穿三套甲胄，能拉开十二石的弓，然后背负五十支箭矢，荷戈带剑，在半日内跑完百里……几乎是按照特种兵的标准去挑选的。当然，这么高的要求，若是被选上了，待遇肯定不会低。根据规定，凡被选中者，除了免除家人的徭役和宅田税，武卒本人还可凭军功获得爵位，加入统治阶级。真可谓吃苦我一个，幸福几代人。

有了雄厚的经济基础（李悝变法取得了非常好的成效），又有了强大的军事实力，魏文侯原本平静的心终于变得躁动起来。他认为，魏国的周边环境太复杂，稍有不慎便有可能遭到围攻，面临亡国的危险。因此，要想不受制于人，必须以攻为守，主动出击。

主动出击最好的策略是实行各个击破，而不是四面树敌，所以魏文侯必须要确保一面作战的时候，另外三面不能出乱子。于是他找到了在三家分晋的时候就有着良好合作基础的赵国和韩国，希望能再次结成联盟。

谁知还没等魏文侯开口，赵国便私下里向他建议说，不如我们一起联手把韩国给灭掉，然后将其平分。魏文侯听到这话惊得目瞪口呆，正要准备回绝，韩国却又把他拉过去，私下里也对他说，赵国野心太大，不如我们两国趁早联合把它给做掉，事成后你拿大头儿我拿小头儿。

魏文侯没想到会出现这种情况，非常生气，就把赵国和韩国叫到一块儿，说：“对于你们俩的建议，我现在统一给个回复，我是举双手反对的。反对的理由很简单，现在还不是我们开始内讧的时候。大家都知道，我们三家地处的晋地虽然依山傍河，易守难攻，但是这种封闭的环境也同时限制了各自的发展。因此，我们三家是一荣俱荣，一损俱损，只有联合起来向外扩张才能找到出路。当然，以后如果兄弟们都

---

①司马穰苴，又称田穰苴，生卒不详，是齐国继姜子牙之后又一大神级猛将。齐景公时，他曾率军击退晋、燕入侵，因功被封为大司马，子孙后世称司马氏。后世关于司马穰苴流传的事迹不多，但其军事思想却影响巨大。唐肃宗时曾将司马穰苴等历史上十位武功卓著的名将供奉于武成王庙内，被称为武庙十哲。宋徽宗时更是追尊司马穰苴为横山侯，位列宋武庙七十二将之一。

混大了，这世上只剩下咱们三个国家，你们就是明天合伙把我给灭了我也无话可说。”

韩、赵两国听完魏文侯这么说，顿时都觉得自己这段时间除了心眼什么都没长，尤其是认识水平亟 [jí] 待提高，于是全都同意魏文侯提出的联合发展战略。

魏文侯见大家都放弃了内斗，自家后院走水的隐患已经基本排除，便决定继续把主要精力放在秦国身上（之前两国就一直没消停）。

公元前 408 年，魏文侯任命吴起为大将，向秦国发起猛烈的进攻。秦国哪是魏国的对手，节节败退，很快便丢失河西（黄河西边洛水东边的地区），退守洛水。

同年，忙中偷闲的魏文侯还应兄弟同盟赵国的要求，派大将乐羊率兵越过赵国去攻打中山国（今河北境内），并于两年后将其灭掉。

公元前 405 年，魏国在西方和北方取得胜利后，又率领韩、赵向东方的齐国进发，并于次年攻入齐国的长城，大败齐军。

公元前 400 年，魏、赵、韩三国再次联合，向南讨伐楚国，也获得了成功，一时间三国声威大震。

紧接着，魏国在魏文侯和他的儿子魏武侯的带领下，或单干，或与韩、赵合作，连战连捷，占据了黄河以南的广大地盘，为后来迁都大梁奠定了坚实的基础。

当时的魏国，虽然没有达到春秋时期晋国全盛时期的地位，但已经具有了霸业的气势，在周天子和不少诸侯中说话很有分量，比如“田氏代齐”中的田和能够被封为诸侯就多亏魏国的帮助。

不过，魏国的这种强大终于还是引起了盟友赵、韩的恐惧，三国联盟很快走向了破裂。

孙膑的奋斗史

公元前 369 年，魏武侯的儿子魏惠王即位。赵、韩两国趁着魏惠王刚接手工作不久，对业务还不很熟悉，突然对魏国发起进攻。好在魏惠王的君位是从他兄弟手中夺得的，他有着丰富的斗争经验，见赵、韩两国来袭，临危不乱，从容指挥，借着魏国的雄厚国力和兵力，很快就挫败了对方的阴谋。

取得胜利后，上进心超强的魏惠王为了巩固父辈们打下的基业，采取了一系列切实有效的措施。

首先是把国都从偏远的安邑（今山西夏县）迁到大梁（今河南开封）。这样不仅能跳出韩、赵、秦三国的包围圈，还能有效控制东方诸侯。

其次是在大力建设民生工程（兴修水利，开凿运河）的同时，还颁布了一些惠民政策，如开放统治者独占的山林，以便让民众获得更多的生活资源。这在一定程度上缓和了统治阶级与人民之间的矛盾。

再次是搞好与周边国家的关系，特别是韩、赵两国。丘吉尔曾说过，国与国之间没有永远的朋友，也没有永远的敌人，只有永远的利益。像14、15世纪时，英、法两国曾爆发过长达百余年的战争，但不耽误世界大战期间联手抗敌。魏惠王虽然不认识丘吉尔，但他们在这点上达成了一致。于是，在魏惠王的积极运作下，韩、赵、魏三国又走到一个阵营里了。

最后，魏惠王让人沿着洛水修筑了用来抵御日渐强大的秦国的长城。这说明此时的魏国尽管还很强大，但经过这么多年的战争，已经显现出疲乏状态。

战国武士复原图（当代／刘永华）

不过至少到目前为止，局面还都掌握在魏国手中。公元前356年，鲁、卫、韩等国的国君到魏国去朝见魏惠王，承认他诸侯领袖的地位。

此时的魏惠王真可谓是踌躇满志啊。

然而，正当魏国召开诸侯大会进行欢庆的时候，赵、齐、宋三国在一个名叫平陆（今山东汶上）的地方也在召开会议，会议的主要内容是如何共同对付魏国。

最先举起反魏大旗的是多次与魏国称兄道弟的赵国。赵国可能觉得一个人对付魏国没把握，就先拿魏国下面的小弟开刀。

公元前354年，赵国向卫国发起进攻，强迫其向魏国反水。卫国是小国，若经常做这种背信弃义的事对自己的声誉不好，声誉不好便会遭到其他诸侯国的嫌弃，进而可能会被孤立起来，所以它一方面表示拒绝，一方面向自己的大哥魏国求救。

魏国国君魏惠王一看自己的小弟被人欺负了，赶紧派大将庞涓率领人马对赵国发起进攻，并很快包围了赵国都城邯郸。赵国坚持了一段时间，发现魏国军队像紧箍咒一样套住自己，而且有越来越紧之势。

没办法，赵国只好在次年向把兄弟齐国求助。齐国国君齐威王不愿让魏国一家独大，就非常爽快地答应了赵国的请求，派田忌为总司令（大将），孙膑为总参谋长（军师），率兵八万前去救赵。

田忌是王室宗族，是那种不用奋斗就能锦衣玉食的贵族。一般来说，这种人以草包居多，田忌智商中等，算是其中比较好的，这一点可以从“田忌赛马”的典故中看出。但他很有自知之明，知道自己智商与孙膑相差不止一个档次，便通过重用孙膑来弥补自身不足。

孙膑这个人大家应该都不陌生，各种野史中都能看到他与那个有点犯二的师弟庞涓的故事。尽管很多人都知道，这里我还是有必要大致介绍一下他的人生轨迹。

据传孙膑是著名军事理论家和实践家孙武的后人，可能出于基因遗传的原因，他也很有这方面的天赋。然而一个人光有天赋还不行，还需要有高人充分挖掘出他的潜力。这就好比一块质量上乘的璞 [pú] 玉，只有经过能工巧匠雕琢后才能显现出它的华彩。

孙膑是幸运的，因为挖掘他潜力的人是当时最著名的谋略家鬼谷子。

鬼谷子是中国历史上极富神秘色彩的传奇人物，给后人一种半人半仙的感觉，他长于修身养性，精于心理揣摩，深明刚柔之势，通晓纵横捭阖 [bǎihé] 之术，独具通天之智。除了孙膑和庞涓，战国舞台上的很多风云人物都是他的弟子，如纵横战国的纵横家苏秦和张仪。

作为同门师兄弟，孙膑和庞涓关系不错，两人在闲暇之余经常交流学习心得。时间一久，庞涓便觉得，孙膑学的东西要比自己更扎实，那既然是这样，不如我笨鸟先飞，提前进入社会先混点工作经验再说。

鬼谷子像（清代／佚名）

鬼谷子相传为战国时楚人，其姓名传说不一。因隐于鬼谷，故号鬼谷子。

鬼谷子的学生质量高，找工作根本不是问题，庞涓很快就在魏国谋求了一个大将的职位。庞涓对此很得意，庆幸自己出来得早，要是和孙膑他们同时毕业，别说找不到这么好的工作，有没有人要还两说呢。

有了快乐就要和朋友分享，当孙膑毕业找工作时，庞涓第一时间把他请到了魏国，并向魏惠王极力推荐。魏惠王是个明白人，几句话交谈下来就发现孙膑水平要比庞涓高出很多，于是准备重用。而与此同时，庞涓也发现孙膑大有取代自己之势，便很快由爱生妒，决定使点手段把孙膑除掉。

庞涓使用的手段是告发孙膑谋反。魏惠王最怕的就是有人造反，一听这话，也不仔细调查，便下令让人杀掉孙膑。而庞涓为了能从孙膑那里获得一部鬼谷子秘传的兵法，就向惠王求情，希望能免除孙膑一死。惠王以后还得指望庞涓上阵杀敌呢，这个面子自然要给，最后就下令剜掉孙膑的膝盖骨。

孙膑像（明代／佚名）

好在孙膑很快识破庞涓的阴谋，经过一番装疯卖傻后，在齐国使者的帮助下逃到了齐国。田忌对孙膑很赏识，不敢据为已有，就通过“田忌赛马”一事把孙膑引荐给齐威王做军师。后来孙膑随田忌大军前去营救赵国，不仅是为了向齐国证明他们养的不是一个废人，更是为了向魏国证明他们放走的也不是一个废人。

于是他向田忌建议说：“魏军共有八万人马围困邯郸，我们若贸然前去解围，难免会与魏军有一场大战。由于对方的武卒战斗力很强，我们即使战胜，自身伤亡也会很大，这样一来，回去后就不好向齐王交差。”

田忌一想也对，便问孙膑该怎么办。

孙膑说：“赵国实力不弱，魏国这次想拿下它必定会把全部的精锐部队都带出来，只留下老弱病残的士兵守在国内。我们不如趁魏国空虚之际率军奔赴大梁，然后占据要道，攻其薄弱。到那时魏军肯定会放弃围攻邯郸而回兵自救，而我们不但可以解赵国之围，还能收到使魏军疲惫的效果。接下来……”

“接下来我们就可以用最小的代价来取得最大的胜利。”田忌抢着把孙膑的话说完。

果然，当魏军主帅庞涓听说齐军直扑他的老巢大梁时，只得从邯郸撤围回救。魏军走到桂陵（今河南长垣）的时候，遭到了齐军的拦腰截击，被打得大败。这便是历史上著名的“围魏救赵”（同时也是三十六计之一）战例。

然而就当魏军在桂陵遭到惨败之时，曾饱受魏国欺负的秦国却认为这是一个绝地反击的好机会。公元前 354 年，秦孝公派兵攻取了魏国河西重镇少梁，两年后又渡过黄河占领了魏国旧都安邑……一切都显得很顺利。

谁知正当秦孝公准备开庆功宴的时候，魏国却突然发力进行反攻。在很短的时间内，魏军不但收复失地，而且还围攻了秦国重镇定阳（今陕西宜川）。一时搞得秦孝公寝食难安，连当时正在主持变法的商鞅也感觉束手无策。

魏国这一前后遽[jù]变并不是由于它服了什么兴奋剂或者大力丸，而是因为它前段时间正忙着同齐、赵较量，没工夫搭理秦国。

有人看到这里可能会问，魏国在桂陵不是已被齐军打趴下了吗，怎么没休息下又开始战斗了？呃，在这里我需纠正一下，桂陵之战中被打趴下的是魏军，不是魏国。魏军是失败了（且是暂时失败），但不代表魏国就必须一蹶不振；相反，这次战败不仅未使魏国有大的损伤，反而激起了它的斗志。也就是说，齐国取得的是桂陵一场战斗的胜利，而不是整场战役的胜利，因此未能迫使魏国放弃先前快要吃到嘴的邯郸。

公元前352年，魏国是在攻下赵国都城邯郸，又与韩国会合在襄陵，接着再击败齐、宋、卫的联军后才向秦国发起反攻的。由此可见，魏国仍是当时最大的诸侯国。

到这时，秦孝公终于承认当初的判断失误，魏国原来只是丢失了一些血液和经验值，真正具有杀伤力的装备还都在身上挂着呢。于是，经过商鞅的斡[wò]旋，秦孝公只得与魏惠王在彤（tóng，今陕西渭南华州区）讲和。

公元前344年，魏惠王在逢泽召开诸侯大会，与会的国家有十二个，会后大家还一起去朝见了周天子。逢泽之会大大提高了魏惠王的威望，魏国霸业达到了全盛。

埋葬庞涓的马陵之战

随着威望的提升，魏国也引起了一些国家的恐惧，其中反应最明显的是韩国。

韩国原是魏国的盟国，魏国能够取得霸业，它出力不少。但是，随着魏国的日益强大，韩国却越来越没有安全感，老觉得这位昔日的大哥哪天会突然对自己下手。

这让韩国无时无刻不生活在一种极度恐惧中。

终于，它选择了背叛，拒绝去参加魏国召开的逢泽大会。

魏惠王自然无法容忍，尤其是当他听说韩国反叛后投靠的对象居然是自己的死对头齐国。他决定给韩国一点颜色看看，否则会严重影响魏国在其他小弟眼中的形象。

公元前342年，魏惠王派兵大举攻韩。韩不是魏的对手，只得向齐求救。齐威王为了向其他诸侯国展现自己有保护小弟的能力，再次任命田忌为大将，孙膑为军师，统兵十万前去救韩。魏惠王则派太子申和大将庞涓带兵十万前去迎战。

双方“你来我往”，断断续续相互“慰问”了一年之久。孙膑觉得，要是再这么干耗下去，军心便会浮动，毕竟士兵有那么长时间没见老婆孩子了。所以，这场战争必须尽早结束。

公元前 341 年，齐军最先采取行动。孙膑利用庞涓轻敌的弱点，在佯装后撤的过程中，逐日递减锅灶，以制造齐军大量逃亡的假象，引诱魏军追击。庞涓果然上当（我发现这小子好像只上孙膑的当），赶紧率兵前去追击，生怕齐军跑完了自己白忙活一场。

于是一口气追到一个名叫马陵[①]的地方。

马陵山高林密，地势险阻，非常适合埋伏，庞涓看后想，我这一路狂追，居然连齐军的影子都没瞅见，别是自己光记得赶路，把齐军给甩到后头去了，若真是那样，在这里埋伏倒很不错。

恰在这时，一个属下发现有棵树的树皮被刮掉，上面似乎有字。此时天色已晚，庞涓眼神虽好，凑上前去也没看清，就让人点燃火把。然后他就看见树上写着几个血淋淋的大字：“庞涓死于此树之下。”

庞涓夜走马陵道（明代版画）

再然后，齐军突然从四面八方冒了出来，万箭齐发，结果魏军大败，庞涓自杀，太子申被俘。这便是魏国自建国以来遭受的最为惨败的一次战斗——马陵之战。

马陵之战后，齐、秦、赵三国开始分别从东、西、北三个方位夹攻魏国。公元前 340 年，秦魏大战，商鞅用计擒获了公子卬 [áng]，大破魏军。这是魏国的又一次惨败。在这种局势下，魏惠王只好采用相国惠施的建议，向齐屈膝求和。

公元前 334 年，魏惠王率领韩昭侯等前去齐国的徐州（今山东滕州）朝见齐威王，并尊齐威王为王。齐威王是个明白人，知道在群雄并起之时当大哥容易成为众矢

①马陵的具体位置有两种说法：一说是在今河南范县，还有一说是在今山东郯 [tán] 城马陵山。

之的 [dì]，坚决不同意。最后经过一番互相推让后，双方互相承认对方的王号，此便是所谓“徐州相王”。

这样，齐国实际上就代替了魏国，成为新的老大。

商鞅摸到了秦孝公的兴趣点

“徐州相王”后，东方六国中以齐国最强，西方的秦国经过商鞅变法也迅速发展起来。商鞅变法是战国时期最成功、最彻底的一次变法，导演是商鞅，制片人是秦国国君秦孝公。

秦孝公是秦献公的儿子，秦献公在位期间，为了摆脱战国初期秦国国力贫弱、一直处于被动挨打的状态，决定去走一条封建性的改革自强道路。

他甫一即位，便宣布“止从死”，即以法令形式正式废除野蛮残酷的人殉制度；其次是“初行为市”，允许在国内从事商业活动；三是实行“为户籍相伍”，将个体小农五家为一伍编入国家户籍；四是为阻止魏国西扩，将国都从雍（今陕西凤翔）迁至栎 [yuè] 阳；五是不断同韩、赵、魏三晋联盟斗争，并取得了一连串的胜利。

秦献公的改革，虽未彻底改变秦国面貌，但却为商鞅变法打下了坚实的基础。

秦献公死后，其子秦孝公即位，年仅二十一岁。

秦孝公是个很有抱负的国君，一方面对先君秦穆公“西霸戎狄，广地千里，天子致伯，诸侯毕贺，为后世开业，甚光美”的武功极为敬仰，另一方面又对战国以来秦国内忧外患不断，以致“三晋攻夺我先君河西之地，诸侯卑（轻视、看不起）秦”的境况感到羞愧。

在这种复杂心态下，秦孝公为了改变秦国落后局面，以高官厚禄为条件，向国内外征召治国人才。

商鞅就是看到秦孝公的求贤广告才来到秦国的。

商鞅原是卫国公室的后代，本名卫鞅，也叫公孙鞅，后在秦国因功受封于商，故称商鞅。商鞅“少好刑名之学”，对法家学说很感兴趣，据传曾师从于谋略家鬼谷子和杂家尸佼①，从他们那里学到不少东西。

---

①尸佼，战国时期著名政治家，先秦诸子百家之一，也是先秦三晋思想文化杰出代表人物之一，被尊称为“尸子”。尸佼明于刑名之术，对道家思想多有继承和发展，他在《尸子》一书中曾提出“四方上下曰宇，往古来今曰宙”，这是迄今在中国典籍中找到的与现代“时空”概念最好的对应。

在来秦国之前，商鞅曾在魏国相国公叔痤[cuó]的手下充任“中庶子”（侍从之臣，掌管庶子的教育）一职。

公叔痤有知人之明，认为商鞅有奇才，便向魏惠王推荐。遗憾的是惠王并未发现商鞅有什么特殊价值，就一直把他给晾着。

商鞅到达秦国后，在秦孝公的宠臣景监的引荐下，前后四次求见秦孝公。其中前三次商鞅分别以“帝道”（尧舜之道）、“王道”（夏商周之道）、“霸道”（齐桓晋文之道）为主题向秦孝公展现自己的政治和治国主张，却均未被重视。等到第四次，商鞅终于摸到了孝公的兴趣点，以一套“强国之术”的学说彻底征服了对方。

所谓“强国之术”，其实就是指法家的以富国强兵为宗旨的治国理论。因为这个理论恰好与秦孝公急于“强秦”的愿望不谋而合，所以商鞅想不被重用都难。

在实行变法之前，秦孝公召集群臣，就是否变法进行了辩论。在辩论中，以甘龙、杜挚为首的旧贵族势力认为“圣人不易民而教，智者不变法而治”，“法（效法）古无过，循礼无邪”，坚决反对变法。

商鞅则针锋相对地反驳说：“治世不一道，便国不法古。汤、武之王也，不循古而兴；殷、夏之灭也，不易礼而亡。”所以主张顺应时代发展潮流，“当时而立法，因事而制礼”。

经过这次辩论，秦孝公明白了变法可能有条活路，不变法绝对死路一条的道理，打消了“恐天下议己”的顾虑，坚定了变法的信心，遂任命商鞅为左庶长[1]，主持变法事宜。

商鞅变法：变活了秦国，变死了自己

商鞅变法共分为两次进行。第一次变法开始于公元前 356 年，主要内容有以下几点：

一、颁布法律，实行连坐法

商鞅将人民按照五家为伍、十家为什的单位进行编制，建立相互告发和同罪连坐的制度。但是当时人们比较信奉明哲保身的处事原则，认为多一事不如少一事，

---

①左庶长是秦国沿用了几百年的官名，是最有实权的职务。秦国尚左，在两个庶长中，左庶长为首，右庶长次之。春秋时期，秦国的左庶长是上马治军、下马治民的军政首席大臣，非嬴氏公族不得担任。进入战国，秦献公将治民的政务权分给了上大夫甘龙，左庶长协助国君统军作战并总管军务。但在朝野国人的心目中，左庶长依然是最重要的军政大臣。

相互告发的意识不容易推广。于是，为了提高大家的积极性，法律规定，凡是告发“奸人”者，便能获得与战场上杀敌一样的奖赏，反之，便会受到腰斩的处罚。若是一家藏奸，其余九家不去告发，那么就会十家一并治罪。

另外，在法律实施上，商鞅还主张轻罪重罚，使人民不敢轻易触犯法律。比如你以前偷邻居家一只鸡，执法人员罚你点钱教育你两句也就完了，而现在你要是犯同样的错误，判你个十年八年都算是轻的。

二、奖励军功，禁止私斗

“奖励军功”的主要目的是提高军队的战斗力和打击旧贵族势力。

按照新法规定，一个人必须具有某种级别的爵位，才能享受相应的经济待遇和政治地位。否则，哪怕你是官二代也不行，即所谓“有功者显荣，无功者虽富贵无所芬华”。

徙木立信（明代版画）

商鞅变法时，唯恐国人对自己不信任，于是在国都市场南门立下一根三丈长的木杆，对百姓说有能够把木杆搬到北门的人，就赏给他十金。但是百姓都不相信他，商鞅又把赏金提升到五十金，终于有一个人把木杆搬到了北门，商鞅立即赏给他五十金。此举使商鞅取得了民众的信任，也使商鞅顺利颁布了变法的律令。

这样一来，那些原本出身贫贱的人就从中看到了希望，上战场杀敌根本不需要动员，全都像“植物大战僵尸”中的僵尸一样拼命往前冲，因为只要你砍掉一个敌人的首级，完事后政府就会赐爵一级，赐田一顷、宅九亩；如果你想过过官瘾，还可以当一个年俸为五十石（秦国一石约等于今天的三十公斤）的小官，并能得到一名农奴。

当然，你要是有上进心，也可以继续杀敌晋爵，秦国共有二十级爵位等你爬呢——其中最高一级是彻侯，能享受岁俸一千石粮食的待遇。

结果，这个规定对世卿世禄制度和宗族势力造成了沉重的打击。商鞅变法后，秦国再也没有出现宗族贵族长期把持政权的现象，为其大量引进和重用其他国家的人才创造了有利条件。

而所谓“禁止私斗”，并不是指我们常见的两人或者两群人打架，而是指“邑斗”。“邑”的意思是小城镇，其负责人通常是一些小的奴隶主。这些奴隶主之间有时为了争夺土地、财产，会发生或大或小的争斗。于是新法就这个问题进行了规定，说大家要和睦，不要去打斗——这其实是官话，真正目的应该是削弱奴隶主的势力，加强封建中央集权。

三、重农抑商，奖励耕织

司马迁在《史记·货殖列传》中说过一句话，“以末致财，用本守之”，意思是在商海中奋力拼搏发财致富，然后再用赚来的钱去购地保值。这一点与西方商人有钱后就想扩大事业有很大不同，究其原因，便是中国古代重农抑商的思想在作祟。

最早抛出重农抑商这个观点的是李悝，商鞅只不过是在他的基础上将其发扬光大罢了。根据商鞅推行的政策规定：凡是向国家贡献粮食和布帛多的人，可免除本人的劳役；凡是弃本求末，或游手好闲而贫穷者，全家罚为官奴。对商人而言，在那时不但商品税又重又多，而且许多物品禁止贩卖，总之就是各种手段逼着你去弃商归农，根本没有任何权利可言。

此外，政府为了增加农业劳动力和纳税服役的人口，还鼓励一家一户的生产，要求男人成年后必须与父母分居，另立门户，女人到一定年龄后必须出嫁，以促进封建性小农经济的发展。这对秦国的富国强兵，起到了十分积极的作用。

四、燔[fán]诗书而明法令

“燔”是焚烧的意思，“燔诗书而明法令”是指用火烧毁以《诗经》《尚书》为代表的儒家经典，打击复古思潮（孔子是恢复周礼的拥趸[dǔn]），实行文化高压政策，加强思想控制；同时下令整顿吏治，禁绝私门请托和游说求官（想当官立军功去）的政治钻营活动。

不过这次变法因为损害了旧贵族的利益，所以在推行的时候遇到了强大阻力，其中太子驷甚至带头犯法。商鞅看到这种情况，知道若不把这事给摆平，下面的官员便会跟着反对，别说变法了，就是变形金刚也没招儿。于是他借着秦孝公撑腰，对太子驷的师傅公子虔和公孙贾[gǔ]处以刑罚，以示推行新法的决心。

新法施行时，秦国的很多民众认为生产和生活受到了限制，也都表示不满，每天都会有数以千计的人前来国都游行示威。商鞅连太子的事都解决了，哪会受到这些人的影响，直接给这帮人扣上一个“乱化之民”的帽子，将他们发配到边疆放羊去了。

好在变法的阵痛过后，成效也就显现出来，仅仅经过十年的时间，秦国便出现了“道不拾遗，山无盗贼，家给人足；民勇于公战，怯于私斗，乡邑大治”的景象。在对外战争中，秦国更是连连告捷，显示出秦军的威力。秦孝公大为高兴，于公元前352年提拔变法有功的商鞅为大良造[①]，令他全面主持秦国的军政事务。

商鞅感念孝公厚泽，为了帮助秦国进一步深化改革，加快富国强兵的进程，遂决定在公元前350年进行第二次变法。

这次变法的主要内容有：

一、废除井田制，“为田开阡陌封疆”，承认土地私有和允许土地买卖

前面已经讲过，随着土地私有制的产生，井田制逐渐瓦解。但是，井田制作为周朝国家的经济基础，尽管已经名存实亡，却没有以法律的形式被废除。商鞅打破了这一桎梏，明确宣布废除井田制，“开阡陌封疆”。

“开”即开拓或重新设置，“阡陌”是指“百步为亩”的小田界，“封疆”是指每一井田的大田界。那么“开阡陌封疆”的意思就是把上面的两个田界给统统破除，开拓为240步一亩，重新设置田界，不允许私自变动。然后再把土地授给农民，并允许土地买卖。这样就从法律上建立了封建土地私有制，有利于地主经济的发展。

二、普遍推行县制

秦国其实在春秋时期就已设县，只不过都是设置于偏远地区，尚未成为系统的行政组织。秦献公时曾推广过县制，但规模有限。商鞅决定全面推行县制，其具体内容是：把小的乡邑合并成县，在秦国设置县一级的官僚机构，将全国所有土地和人民分别纳入“县”的管辖之下。

当时一共设置了31个县（一说41），每县设县令、县丞、县尉各一人。其中县令为一把手，总揽大局，县丞是县令的助手，主要负责民政，县尉掌管地方军事。县令、县丞、县尉都是由国君直接任命，可随时任免和调任，官职不是终身，不能世袭。

县制的普遍推行，将全国的政权和军权集中到朝廷，标志着秦国中央集权的国家政体已经确立。但是需要指出的是，由于此时秦国的地盘还不大，所以还未设郡，这个要与秦统一后在全国设立的郡县进行区别。

三、统一度量衡

度量衡的统一，主要是为了方便国家征收赋税、发放俸禄，同时也有利于秦国社会经济发展，对于巩固中央集权制度，有着积极的意义。

此外，这次变法还包括诸如迁都咸阳、改革赋税制度、革除戎狄风俗等内容，因为不是特别重要，本书就不细说。

---

①大良造，亦称“大上造”，秦孝公时期秦国国内最高官职，职掌军政大权。秦惠文王即位后，大良造成为爵名，位列二十等军功爵制第十六位（等级越高，爵位越高）。秦国历史中有很多立有军功者或名臣都曾获封“大良造”，如商鞅、公孙衍、白起等人。

第二次商鞅变法后，秦国实力进一步增强。由于积蓄了浑身力气没处使，秦国走上了对外扩张之路。前文中我讲的商鞅在公元前 340 年用计擒获了公子卬，大破魏军的事便发生在这个时候。商鞅也因这次战功受封于商（今陕西丹凤），号为商君。

商鞅的权势至此达到了顶点。

当然，月满则亏，水满则溢，这也就意味着商鞅离危险越来越近。

公元前 338 年，商鞅的最大靠山，同时也是唯一的靠山秦孝公去世，他的儿子太子驷即位，是为秦惠文王。

秦惠文王当初由于反对商鞅变法，两个老师都被处以刑罚，面子不可谓丢的不大。但他身为国君，心胸又不能表现得过于狭小，因此无法立即找商鞅算账。好在这种纠结未能持续太久，在秦惠文王即位后的第二年，公子虔为了报复商鞅当年对他的处罚，就诬告其谋反。秦惠文王闻之大喜，他正愁找不到借口除掉商鞅，这下好了，不管别人信不信，反正他是信了，于是就下令逮捕商鞅。

商鞅无奈，只好选择逃亡。他先逃至边关，欲投宿宾馆，结果因未能出示证件，店家害怕“连坐”而不敢留宿；他又准备逃往魏国，魏人却因商鞅曾背信攻破魏师，也不肯收留。商鞅走投无路，最后选择回到封地商邑，准备起兵进行抵抗。秦国则发兵讨之，杀商鞅于郑国渑池，商鞅死后又被秦惠文王处以“车裂之刑”[①]，其家族亦被诛灭。

不过，商鞅虽死，商鞅实行的新法却未被废止（秦惠文王又不是傻帽儿，他对商鞅有私恨，对新法的好处却还是看得见的），以后仍被历代秦国君主奉行。这样就使得秦国迅速摆脱贫弱，一跃而成为战国时期最先进的强国，为日后统一六国打下了坚实的基础。

纵横家纵横天下

公元前 332 年，秦国开始大举进攻它的心腹之患魏国，几年之间，不仅尽得秦简公时期丢失的河西之地，而且还深入河东的魏地，攻占了曲沃和焦。这让东方各诸侯国非常恐惧，纷纷采取一系列措施应对。

---

①《史记·商君列传》记载：“商君既复入秦，走商邑，与其徒属发邑兵北出击郑。秦发兵攻商君，杀之于郑黾池。秦惠王车裂商君以徇，曰：‘莫如商鞅反者！’遂灭商君之家。”这段话的意思很明白，商鞅是被杀死后才被处以“车裂”的，但有一些历史教材或影视剧却都说商鞅是“惨遭车裂而死”，显然是不正确的，特此说明。

于是，在这种形势下，纵横家张仪、公孙衍、苏秦登上了历史舞台。

纵横也就是大家熟知的合纵与连横。

若从地域上说，秦在西，六国在东，六国中任何一国与秦结盟都是东西结合，东西为横，故称连横。而如果六国结盟共同抗秦，则是南北结合，南北为纵，故称合纵。

若从策略上说，所谓连横，指的是“事一强而攻众弱”，即依靠一个强国去攻击其他弱国，从中揩油。所谓合纵，指的是“合众弱以攻一强”，即弱国联合起来共同抵抗一个强国，以防止被强国兼并。

其中最先提出与推行连横策略的是秦国的相国张仪。张仪是魏国人，是鬼谷子的优秀毕业生，但因家境贫寒，又没关系，在魏惠王那里没能求得一官半职，只好南下楚国，投奔在楚令尹昭阳门下。后由于被人诬陷为小偷，差点被打死，就离开楚国，辗转来到秦国。

在秦国，张仪被求贤若渴的秦惠文王拜为客卿[①]，直接参与和谋划讨伐诸侯大事。公元前 328 年，张仪与公子华带兵攻打魏国，一举拿下魏国的蒲阳，使他更加获得秦惠文王的信任和重视。

张仪趁机向秦惠文王兜售自己的连横政策，建议他把蒲阳归还给魏国，以便获得魏国的支持，好为将来秦国东扩做准备。

秦惠文王说：“我从记事起就知道魏国是我们的头号敌人，我对它比对自己还要了解。虽然魏国实力今非昔比，但是要让它来做秦国的小弟，别的不说，感情上恐怕也不会接受。”

张仪连忙说：“我们要采取边打边拉的策略，一方面把它打得没脾气，让它觉得把秦国当大哥不吃亏；另一方面要向它表现出十二分的诚意，告诉它只要有我们给罩着，天塌下来也不会砸在它头上。”

秦惠文王疑惑地问：“这能行吗？”

张仪一拍胸脯说：“放心吧，越是外表坚强的人其实越需要安慰和保护。魏国这两年一直被齐、楚两国欺负，相信绝对不会拒绝我们的盛情和美意。”

秦惠文王见张仪作为魏人，居然连这么狠的话都能说得出来，可见把握确实大，便再无怀疑，让他放手去干。

魏国果然如秦惠文王所料，坚决不同意。但张仪信心满满，对魏国说：“只要

---

①秦有客卿之官。当时的做法是聘请其他诸侯国的人来秦国做官，其位为卿，而以客礼待之，故称客卿。秦朝以后亦泛指在本国做官的外国人。

你愿意倒向秦国，我们不但把蒲阳、焦、曲沃这几块地方还给你，此外，为表示诚意，还会把秦王的儿子公子繇 [yáo] 送给你做人质。”

就这样，魏国在秦国的威逼利诱下，心理防线终于崩溃，投靠了秦国。公元前 325 年，魏、韩等国国君入秦朝见秦王，尊秦惠文王为王。秦惠文王为了照顾对方的面子，也承认了魏、韩二君的王号。

至此，秦、魏、韩三国的连横之势形成。

“卖国贼”张仪

但是，魏国作为昔日的老大，并不甘心就此成为秦国的附庸。于是魏国君主魏惠王便采纳将军公孙衍和相国惠施的建议，实行合纵政策。

公孙衍也是魏国人，曾在秦国任大良造。后来张仪来到秦国，受到秦王重视，他就被排挤出去，改投魏国。因为在秦国工作过，公孙衍自然明白秦惠文王和张仪拉拢魏国的目的，就制定出了一个版权属于自己的合纵政策。

其主要内容是，与其他国家结盟，去对付结盟之外的国家，然后共同谋取利益。

公元前 325 年，魏、齐两国首先联手，讨伐北方还不是很强大的赵国，大败赵军，魏齐联盟开始形成。

但是，这次胜利却引起了秦国的高度警觉，为了防止魏国的合纵政策给秦国造成威胁，公孙衍的政敌张仪软硬兼施，极力拉拢齐、楚，使这两个实力最强的国家最终没有参加魏国的合纵。

公元前 323 年，公孙衍在齐、楚缺席的情况下，发起了所谓“五国相王”的活动，即魏、韩、赵、燕、中山（被魏灭掉后又于公元前 380 年左右复国）五国相互承认对方为王，形成了一个五国合纵的态势。

这当然不是秦国愿意看到的结果。为了拆散五国联盟，秦国就把关注度全都放在了领头羊魏国身上，集中优势兵力加紧对魏国进攻。公元前 322 年，秦又攻占了先前送给魏国的曲沃等地。魏惠王见秦军兵临城下，只好再次妥协，将推行合纵的相国惠施赶走，而任命张仪为魏相。这时，张仪身兼秦、魏两国之相（别吃惊，这不算啥，后面还有更多的呢），开始了新一轮的连横。

张仪虽是魏国人，做的也是魏国的相国，但是他无论做什么事都是以秦国利益为重。按现在的标准去看，他绝对是个卖国贼，枪毙一百次都不为过。然而在战国时期，人才自由流动，家国思想还没有真正形成，随便你怎么做，都不用担心有人对你横加指责。

所以，这次张仪推行的是“欲令魏先事秦而诸侯效之”的连横策略，即让魏国给其他诸侯做一个投降的表率。魏惠王则不但不肯做这个冤大头，而且还想借用秦国的力量来报复反复无常、毫无信义的齐国和楚国。那么既然双方都抱着想利用对方的心态，张仪的秦、魏连横自然也不能达到预期的效果。

而更让秦国感到纠结的是，齐、楚为了破坏秦、魏联盟，转而又去与燕、韩、赵一起支持合纵。公元前 319 年，魏惠王卒，齐、楚等五国就出面支持合纵的发起人公孙衍任魏相，把内奸张仪逐出魏国。于是魏国又放弃连横策略改用合纵策略。

次年，韩、赵、魏、楚、燕在公孙衍的倡议下合纵抗秦，并共推楚怀王为“纵长”。但是，由于楚、燕认为秦对其威胁较小，没有出兵，所以实际去和秦国交战的也只是老搭档韩、赵、魏三国。结果三国军队攻到函谷关，遭到秦军反击，最后以失败而告终。

战后，秦国为巩固后方，采用大将司马错（据说是司马迁的八世祖）的建议，出兵攻灭巴蜀，控制了“天府之国”。这对后来秦统一全国有着重大而深远的意义。

智破合纵（当代 / 刘永华）

很傻很天真的楚怀王

正当秦国与三晋（韩、赵、魏）拼得你死我活的时候，东方的齐国为了扩充实力，却干起了趁火打劫的勾当。

公元前314年，燕国发生内乱，“热心肠”的齐宣王（齐威王之子）以平乱为名趁机派大将匡章率兵于次年攻燕，仅五十天就攻下燕都，占领燕国。燕国人民对齐国这种粗暴干涉他国内政的做法极为不满，进行了顽强抵抗，齐国被迫撤兵。

这次齐国虽然没能最终占领燕国，但是可以从侧面反映出当时齐国力量的雄厚。齐国因此也就成为当时唯一能和秦国叫板的国家。

于是，在齐、秦两个东西方大国对峙的局面下，任何一方力量的倾斜都会对形势产生极大的影响。而当时诸侯中实力不俗的楚国，自然是双方都要极力争取的对象。

由于齐、楚关系一直走得比较近，所以在齐攻打燕国的时候，两国便已结成了同盟。秦国不甘心在与齐的较量中处于劣势，就派张仪去楚国，劝楚怀王与齐绝交，投靠秦国。

楚怀王利令智昏，目光短浅，便问张仪他这样做有什么好处。

张仪说：“好处太多，三天三夜也和你说不完，只可惜我这次出差时间比较紧，就扼要给你说一下重点——只要你答应跟随秦国混，秦国就把六百里商于之地（今河南淅川）送给您作为酬谢。”

楚怀王很傻很天真，就信以为真，不顾屈原等人的劝阻，坚持与齐绝交。

谁知当他与齐绝交后派人向秦讨取土地时，张仪却换了一副嘴脸说：“咦，我记忆力挺好的，可我怎么记得只答应给你们六里之地？”

敢情这是混蛋遇到流氓了，双方信誉度都是负的，早知如此当时就应该签个合同。

楚怀王直到这时方知被骗，气得喘不过气，等稍稍缓过气后，他为了出气，就于公元前312年，出兵伐秦。秦国见

屈原像（局部）（清代／任熊）

楚国落单，根本没把它放在眼里，不费力气便杀楚甲士八万，将其打得没脾气。

随后，秦军又乘胜攻占了楚国汉中。这就使巴蜀与关中连成一片，免除了楚国对秦本土的威胁，秦国国力更加强盛。

楚怀王偷鸡不成蚀把米，原本该自认倒霉，但他的思维很独特，认为鸡我可以不要了，可那把米（指汉中）我无论如何得捡回来。就这样，他在明知不敌的情况下，居然再次向秦国发起进攻。秦国一看，还真没见过这么轴的人，觉得这回要是不陪他玩爽了，往后若一直缠着自己还真是个麻烦，就迅速进行还击，楚军又大败。

此时楚怀王怀有一种赌徒心理，越输越赌，越赌越输——幸亏最后有人“拉”着他，否则真有可能一下子输个精光。

当然也别高兴太早，因为拉住他的不是别人，正是他先前背叛的齐国。

那么，齐国既然也是受害者，那它拉住楚国的目的是什么呢?

它是找楚算账的!

公元前 301 年，为报复楚的背信弃义，齐国在魏、韩两国的支持下，向楚发起进攻。楚军可能是失败成了惯性，遇到齐军几乎没有反抗之力，连连败退，丢失了大片土地。这一连串的打击使楚国大受挫折，在诸侯国中的地位一落千丈。

公元前 299 年，秦昭襄王（秦惠文王之子）以替楚国夺回丢失土地为名，骗楚怀王到秦国会盟。楚怀王记吃不记打，认为这样的好事千年一遇，谁劝他不去他就跟谁急，固执地前往秦国，结果刚到那儿便被扣留。秦昭襄王胁迫怀王割地，怀王不肯，最后被软禁至死。楚国由此大为削弱。

楚国削弱后，斗争很快转向齐、秦之间。公元前 298 年，齐、魏、韩再度合纵攻秦，经过三年战斗，联军终于攻入函谷关。秦昭襄王在三国大军压境的形势下，只好求和，并归还了先前所攻占的韩、魏两国的土地。

齐国由此成为东方各诸侯国的盟主。

赵武灵王的“胡服骑射”

赵国是三晋中最靠北的一个国家，实力虽然不弱，但在战国前期，由于与实力更强的魏国相邻，活得一直很压抑。

后来，魏国衰弱，赵国终于可以喘口气了，可外患问题还是没有彻底解决，因为在它的北面，并排生活着东胡、林胡、楼烦三个游牧民族。

游牧民族与赵国关系不咋的，前者视后者为后勤保障基地，缺啥东西派上两队人马就去打秋风。而赵国军队又以步兵和车兵为主，面对来去如风的少数民族骑兵，一点办法都没有，这让它很苦恼。

公元前 325 年，赵武灵王即位。他在位期间，正值华夏大地酝酿沧桑巨变之际，秦在崛起，魏在败落，赵国顶替魏国扛起了领导三晋的大旗。

表面上看赵武灵王接手的是一个蒸蒸日上的国家，但如果我告诉你这个时候他只有十五六岁，可能还没有读这本书的你年龄大的时候，你会怎么想？不要告诉我什么挑起重担勇往直前之类的话，因为你这是在用网游打怪的思维去无限放大一个少年的承受力。

赵武灵王将要面对的不是游戏的成与败，而是赵国的生与死。他的对手，也不是换个好点装备就能干掉的怪兽，而是一个个比狐狸还要狡猾的老谋子。他不能往后退，后面就是悬崖；他只能向前冲，前面却全是荆棘。

但好在赵武灵王是个勇敢且聪慧的人，他首先在托孤重臣肥义的帮助下，采取针锋相对的强硬态度，去迎接那些居心叵测的吊唁 [yàn] 使者；然后又摆开决战架势，彻底打消了魏惠王等人的揩油念想。

就这样，赵武灵王经受住了即位初期的最大一次考验，而接下来他要做的就是如何把这种考验转嫁给别人。于是，他为了加强军备，巩固边防，振兴赵国，就于公元前 307 年开始进行军事改革，实行“胡服骑射”。

“胡服骑射”简单点说就是命令军队采用胡人服饰，将士兵服装改为与此相应的短衣长裤和皮靴，以组建强大的骑兵队伍。这种做法在今天看来没什么，取其精华去其糟粕，只要是对自己有益的，实行拿来主义又如何。

但是在当时，这绝对算得上是一个创举，因为在华夷有别观念异常顽固的战国时期，你学习胡人，身上难免会沾染胡气，中原那些以正统自居的国家便会拿你当外人。你要是挨打受气了，看笑话的人绝对比帮你的人多。

这些赵武灵王其实都想到了，可是他不在乎。他坚信的一点是，真正的尊重是靠自己挣来的，不是靠别人施舍的。只要你足够强大，无论躲在什么角落，重心也都会向你倾斜。

很多人看我说了这么多，可能还是一头雾水，究竟“胡服骑射”有什么好处？

我先从服饰说起。

看过古装电视剧的人都知道，古人（尤其是文人）无论是夏天还是冬天，穿着

赵武灵王胡服骑射（当代 / 刘永华）

几乎都是宽袍大袖，尤其是那个硕大无比的裙子，走到哪儿都能像拖把一样清理地面，一个不当心就容易把自己给绊倒。而少数民族由于马上马下经常活动，只有窄衣短袖才能行动自如。赵武灵王看到后感觉不错，出于发展骑兵的考虑，就下令军队必须改穿胡服。

然后再说骑兵的事。

估计你很难想象，在春秋之前，战争的主要方式其实是车战（真不知没有轮胎和减震系统的战车坐着会是什么感觉）。当时的军队虽然有步兵，但是其编制组合完全是按照车战的需要进行配备的，因此那时的步兵还没有作为独立的兵种出现。直到春秋初期，战事频繁的郑国和晋国，为了适应与戎狄作战的需要（戎狄多居于山地，不适合车战），才逐渐在车兵之外组建步兵。

由于步兵具有机动性强、适于大规模野战、受战场地理条件制约较少等优点，所以很快受到各国的重视，发展很快。等到了战国时代，步兵已经成为各国的主要兵种。

但是，很少有人提到过骑兵，像《孙子兵法》中就没有关于骑兵的论述，这说明至少在春秋晚期，骑兵还未出现或者尚在初始阶段，其作用微不足道。而赵武灵王的“胡服骑射”，终于使骑兵真正活跃于中国古代广阔的战争舞台上，成为与步兵和车兵并重的三大兵种之一。像有些纵横家在描述一个国家的军事实力的时候，经常将步、车、骑三者相提并论。

至于骑兵究竟有哪些优点，则无须我去概括，因为战国时期著名军事家孙膑曾对骑兵的特点和功能进行过全面的总结：

> 用骑有十利：一曰迎敌始至；二曰乘敌虚背；三曰追散乱击；四曰迎敌击后，使敌奔走；五曰遮其粮食，绝其军道；六曰败其津关，发其桥梁；七曰掩其不备，卒击其未整旅；八曰攻其懈怠，出其不意；九曰烧其积聚，虚其市里；十曰掠其田野，系累其子弟。此十者，骑战利也。夫骑者，能离能合，能散能集，百里为期，千里而赴，出入无间，故名离合之兵也。

这说明骑兵在战争中常常能够发挥出奇制胜的作用。

优秀间谍苏秦同志

赵国实行“胡服骑射”后，军事力量大为增强。公元前296年，赵国灭掉了对它颇有威胁的中山国，领土得到了很大拓展。此外，赵武灵王还先后向北部和西北进军，不但击败了林胡、河宗氏、楼烦等部落，还收编了林胡和楼烦的军队，使赵军战斗力又上了一个档次。这样一来，赵国在政治和军事格局中的地位就超过韩、魏、燕、楚等国，成为齐、秦的主要对手。

秦国对赵国的崛起极为警惕，因为它不同于齐国，齐国再怎么强大，短期内对自己的威胁还不大，毕竟两国之间还隔着别的国家作为缓冲。而赵国与秦国接壤，它强大了就等于自家门口被放了一个随时可能引爆的炸弹，不拆除的话别说进出不便，睡觉也不踏实。

于是为了解决赵国威胁问题，秦国决定把齐国争取过来，因为它发现齐、赵关系大多时候也都不咋的。

公元前 288 年 10 月，秦昭襄王派他的舅舅穰侯魏冉前去齐国进行外交活动。魏冉到齐国后，对齐湣 [mǐn] 王说："现在只要是个诸侯都已称王，像我们这种大哥级别的人，不能和他们归为一类，地位应该更尊崇才对，所以我代表秦国建议大王您与秦王同时称帝，秦为西帝，您为东帝。完事后我们两国再联合别的国家一起将浑身沾满戎狄之气的赵国给做掉，将其瓜分！"

齐湣王那时也已感觉到赵国的威胁，听完魏冉的话，思考了一下觉得这样做对自己还真是有益无害，就同意了。

但是，在齐湣王还未来得及为自己这个"正确决定"开庆功宴时，有个人却站出来表示反对。此人便是战国时期另一位鼎鼎大名的纵横家苏秦。

苏秦是洛阳人，同样师从于鬼谷子，算是张仪的同门师弟。和张仪一样，苏秦出师后在找工作方面也颇费了一番周折。他先是自费周游列国，兜售自己的政治主张，结果几年下来，钱花得精光，人却还是这么漂来漂去。最后他实在没办法，就厚着脸皮回家。哪知回到家后，家人见他没长出息反而长了饭量，妻子、兄嫂、弟妹每天轮番上阵对其进行挖苦讽刺。苏秦发现男人要是没出息，在哪儿都会活得很憋屈，遂决定闭门不出，遍览群书。在看书学习期间，每当犯困，苏秦就用锥子朝自己的大腿上猛戳一下（建议读者不要模仿，真想尝试的话一定要注意把锥子消毒，以免破伤风），借以赶走睡意，此便是成语"悬梁刺股"之"刺股"的由来。后来他学成后，由学院派转为实战派，终于在燕国谋得一份待遇不错的工作。

当时燕国的国君是燕昭王。燕昭王自从即位以来，为了报当年齐国攻打之仇，与臣子奋发图强，与百姓同甘共苦，经过多年的努力，无论经济还是军事，都得到了长足发展。但是，要想战胜对手，光闷头发展还不行，还必须要了解敌人。所以基于种种考虑，燕昭王决定派一个精干人员潜伏到齐国，进行间谍刺探和破坏活动。

也就是在这种情况下，他选中了机敏能干的苏秦。

苏秦对这个极富挑战性的任务很感兴趣，便接了下来，同时他向燕昭王保证，自己会"信如尾生"，不辜负国君和百姓对他的期望。于是苏秦就以一个叛逃的政治犯身份来到了齐国，并很快取得了齐王的信任。

齐湣王见苏秦反对自己称东帝，不明白他是啥意思，就私下里将其叫来问原因。

苏秦说："秦王这是耍你呢，他若一个人称帝，突然间比别人高半头，定会成为众矢之的。现在他把你拉下水一块儿称帝，让你成为箭靶子不说，还会使你与那些兄弟国家疏远，这对我们齐国声望和利益可是大有损害的。”

齐滑王听苏秦这么讲，点点头表示同意，然后他又问：“可秦国答应说如果一起攻灭赵国，能将其平分，这对齐国来说可是个绝好的机会。”

苏秦嘿嘿一笑，说：“赵国这两年国力强盛，哪能那么容易就把它给搞趴下？万一中间出个意外，肉没吃到，牙却被硌掉怎么办？退一万步说，即使将赵国干掉，但也搁不住狼多肉少，到时候大家一疯抢，能有块骨头啃就不错了。”

齐滑王见自己的两个想法都被否定，只好问：“那你看该怎么办？”

苏秦胸有成竹地说：“您首先应该主动放弃帝号，用以孤立秦国，然后再拉拢别的国家共同反秦，以便趁机攻灭位置非常好的宋国……大王你自己说，在瓜分赵国与独吞宋国之间，哪个更能让您吃饱？”

齐滑王听到这里，眉头逐渐舒展开来，说：“啥也别讲了，我明白你的意思，一切都按照你的思路来，这回咱们争取干票大的。”

苏秦满意地笑了，他的笑看起来很温暖，但如果把笑容里的意思告诉齐滑王，我估计齐滑王一定会让他永远笑不出来。至于究竟是什么意思，我先卖个关子。

《战国纵横家书》中记载，公元前 288 年，齐滑王废除帝号。接着，苏秦就凭

六国封相（清代 / 佚名）

和《战国纵横家书》中的记载不同，《史记》中记载苏秦是“六国封相”。他经过家乡洛阳的时候，其家人皆匍匐在地，不敢仰视。苏秦对他的嫂子说：“为何前倨而后恭（为什么以前那样傲慢而现在又这样卑下）？”这就是成语“前倨后恭”的由来，现在多用前倨后恭来比喻对人的态度前后截然不同。

借着他那三寸不烂之舌，先后说服了燕、赵、韩、魏等四国君主联合齐国共同抗秦。最后五国在洹 [huán] 水上立定盟约，推举苏秦为“纵长”。此时的苏秦，鲜衣怒马，身佩五国（当时楚国未加入合纵）相印，真是好不威风！

秦昭襄王一看，世上最牛的七国有五个组团来讨伐自己，反抗肯定是死路一条，既然如此，还是好汉不吃眼前亏，直接举双手投降吧。

于是，在这种形势下，秦昭襄王被迫“废帝请服”，把秦先前所占的魏地温（今河南温县）、轵（zhǐ，今河南济源）等地盘归还给魏国，把所占赵地王公、符逾（今山西代县）归还赵国。而这样一来，就加深了齐、秦之间的矛盾。

挽救自己的敌人

秦的问题解决后，齐国随后按照计划又把剑指向了宋国。

宋国在春秋时期就一直活得很憋屈，进入战国后，情况也并没有好转。但是，宋国所处的地区，是中原的膏腴之地，农业和工商业都非常发达，当时甚至有“与其得百里于燕，不如得十里于宋”的说法，因而向来为各个大国所垂涎。在众多国家中，齐国吞并宋国的野心最为昭彰。先前齐国与秦国连横，或者与赵国合纵，其真实目的其实都是使这些强国不对它进攻宋国设置障碍。

公元前 287 年五国合纵之后，秦国又开始以允许齐国进攻宋国为诱饵，拉拢齐国与自己结盟。齐国经不住诱惑，就于次年在与秦国达成协议的情况下，派兵攻灭了宋国。

齐国灭掉宋国后，一时实力大增，使原来的势力格局遭到了破坏。这引起了三晋和楚国的不安，尤其是赵、齐之间的矛盾变得异常尖锐。秦国见状，感觉有机可乘，就联合这几个国家共同伐齐。公元前 285 年，秦派蒙骜 [ào]（蒙恬的祖父）带兵越过韩、魏，开始向齐发起进攻，很快就攻取了九座城池，并在那里设立了九县。

而与此同时，燕昭王也看到复仇的机会，就于公元前 284 年，联合秦、楚、三晋大举向齐进攻，在济西大败齐军。接着，燕国主帅乐毅（魏将乐羊后裔）在遣还秦、韩之师后，又分魏师攻占旧宋国地，分赵师攻取河间，自己则率燕军长驱直入，攻下齐国都城临淄。最后，齐国除了莒 [jǔ]（今山东莒县）和即墨（今山东青岛即墨区）外，其余郡县几乎全被燕国等诸侯国占领。

直到这时，齐滑王才终于醒悟过来，原来当初苏秦怂恿我攻占宋国，其真实目的就是消耗我齐国，引起列国恐惧，然后好使燕国能够趁机而入。当初我看他暖暖

乐毅像（清代／佚名）

的笑容，还觉得如沐春风，现在想来，真是令人不寒而栗啊。

可惜，这世上没有后悔药，齐滑王能做的，除了杀死苏秦以暂消自己心头怒火外，什么都无可奈何。后来，齐滑王逃至莒，被楚将淖 [zhuō] 齿劫杀。

然而就在齐国几近灭亡时，有个人却把它从死亡线上拽了回来。这个人不是别人，正是燕国国君燕惠王。

燕惠王是燕昭王的儿子，燕昭王为灭齐谋划了半辈子，关键时候却没抵挡住死神的诱惑，挑子一撂便向列祖列宗汇报工作去了。燕惠王即位时，正是燕国攻齐的关键时期，只要不出意外，齐国即使会乾坤大挪移恐怕也无力回天。

如果你语文学得好，现在应该已经发现我的语气发生了变化，“只要不出意外”的潜在意思是，出了意外。意外来自燕惠王对主帅乐毅的不信任，突然将他改换为自己的亲信骑劫。

骑劫这人寡思少谋而又骄狂自大，他上任后，立马改变乐毅原来的战略部署，并杀害降卒，挖坟烧尸，残暴如当年日本侵略者，结果引起齐国人的强烈反抗。即墨守将田单见有机可乘，便假意向骑劫投降，用以麻痹燕军。接着他在一个月黑风高的晚上，用一千多头牛组成火牛阵，突然向燕军大营发起进攻，最后不但大破燕军，还将骑劫杀掉。

北宋《武经总要》中的火牛阵图

所以说，从根源上讲，真正挽救齐国的，不是齐国人，而是燕惠王。

击败骑劫后，田单趁着士气高涨，一鼓作气，很快就收复了先前被燕军攻占的七十多座城池，把燕军驱逐出境。齐国因此得以保存。但是，由于齐国受燕军蹂躏达五年之久，损失太大，国力再也无法与之前相比。

因此，中原地区的诸侯国，只剩下赵国还能与秦抗衡。

齐国既然衰落，秦国的强敌就少了一个，于是它便加紧对中原其他诸侯国进攻。在公元前 283 年到公元前 263 年这二十年间，秦国共七次围攻魏国都城大梁，五次攻入魏王的“梁囿”（畜养禽兽供君主玩乐的园林），并大肆砍伐里面的树木和捕杀里面的动物。好在由于魏国的坚决抵抗以及燕、赵等国的友情帮助，秦军才没能将大梁攻破。

魏国攻不下，秦国倒也没太去较真，随后就将矛头转向了南方的楚国。公元前 279 年，秦昭襄王派大将白起攻楚，连克包括楚国都城郢在内的多座重要城市，迫使楚国将都城迁到陈（今河南淮阳）。不过，因为楚国太大，按照当时秦国的饭量，吞下楚国不撑死也得噎死，故未能一举灭掉楚国。

赵武灵王之死

然后再说赵国。

前文已经介绍，赵国是在赵武灵王推行“胡服骑射”后才逐渐强大起来的。历史上，赵武灵王是公认的雄才大略之人，但遗憾的是，就是这么一个强人，结局却异常悲惨，他和春秋时期的齐桓公一样，是被活活饿死的。

事情自然还得从女人说起。

赵武灵王的大老婆原本是韩国公主，给他生了个很不错的儿子公子章。公子章很顺利地就被立为太子，遗憾的是他的母亲没能等到儿子接班就死掉了。赵武灵王随后就又立了一个名叫吴娃的美少女为正房，对她非常宠爱。吴娃颇有心计，加上她也很快就给赵武灵王生了个胖小子公子何，因此愈加受到宠幸。但是同样遗憾的是，吴娃也没等到儿子有出息便撒手归西。这让赵武灵王异常哀痛。

可能是出于对吴娃的愧疚和承诺，赵武灵王不顾宗法制的限制和大臣们的反对，坚持废掉公子章，改立公子何为太子。

和很多帝王不死不退位不同的是，赵武灵王为了能够专注于对外军事斗争，同时也为了让接班人提前历练一下，就在自己壮年之际把王位传给了公子何。这样一来，赵国就成了事实上的二元政治，赵武灵王被称为“主父”（相当于太上皇），公子何（即赵惠文王）则是名义上的君主。

赵惠文王即位时还很年幼，但在相国肥义的悉心教导下，天赋聪敏的他很快就进入了国君角色。

而所有的这一切，引起了同样优秀的公子章的怨恨——他决定用手里的剑把原本属于他的王位给夺回来。

赵惠文王四年（前 295），主父和赵惠文王到沙丘度假（一说是选看墓地），分住两处宫室。公子章认为这是一次绝好的机会，就与他的死党田不礼假传主父命令召见赵惠文王，想趁机把他给弄死。谁知相国肥义怀疑有诈，就打头炮一探究竟，并留精兵守卫赵惠文王住所。不久，肥义被杀，公子章率兵与赵惠文王卫队交战，久攻不下。最后赵惠文王援兵赶到，公子章则兵败逃亡到主父那里寻求避难。

主父毕竟是公子章的亲爹，自然无法拒绝，就将其接纳。而赵惠文王的军队奉令捕杀公子章，完不成任务没法交差，只好先将主父的宫室团团围住，然后再派兵攻入其中，尽杀公子章及其党羽。

但是杀掉公子章后，事情却并没有结束，因为根据当时赵国法律规定，以兵围王宫者灭族。也就是说负责这事的人员即使撤退了也都不能活命，那既然是这样，还不如不下令解除包围。

于是主父便被困在这个“豪华监狱”里面，时间长达三个月。在这期间，由于不能得到饮食，主父饥饿难耐，不得不掏雀窝吃雏鸟，结果竟被活活饿死。

由软柿子变为铜豌豆

赵武灵王死后，赵惠文王逐渐控制和巩固局势，开始向一个明君大踏步迈进。不过，在中国古代，要想成为一个明君，除了智商高外，还必须具备一些硬性条件，比如唯才是举，从谏如流，赏罚分明，等等。

而这些条件赵惠文王几乎全都拥有。

在唯才是举方面，他从不看人的家庭成分是贵族还是贱民，像蔺 [lìn] 相如原本是赵国宦官头目缪 [miù] 贤的家臣，地位可以说卑微到尘埃里，连后来与他同朝为官的廉颇都鄙视他“素贱人”。而赵惠文王对此却不介意，他听说蔺相如有勇有谋后，立马召见进行面试，并委以重任。当然，蔺相如也没有让赵惠文王失望，这一点可以参见那篇《将相和》的文章，此不赘述。

在从谏如流方面，赵惠文王做得也很不错。如秦王约赵惠文王在渑池（今河南渑池）见面修好，赵惠文王开始怕一去不复回，犹豫不决，后听从了蔺相如的建议，不顾个人安危，前去渑池赴会，给赵国挽回了面子。

在赏罚分明方面，赵惠文王能够做到有理有据。如廉颇在征伐齐国的过程中，立有大功，赵惠文王就封他为上卿（高级爵位，地位与宰相相当）；蔺相如完璧归赵，不辱使命，赵惠文王就封他为上大夫；在渑池之会中，蔺相如与秦王针锋相对，维护了赵国的体面，赵惠文王也封他为上卿。而宦官头目缪贤曾犯过罪，本想叛赵投燕，结果被蔺相如劝阻，他便"肉袒负斧质请罪"，赵惠文王见其态度诚恳，就将其赦免。

由此可见，赵惠文王确实是位蛮不错的同志。反过来，也正是他的英明，才使得赵国能够"抑强齐四十年，而秦不能得所欲"。

公元前270年，秦国为加速向中原推进，在挫败齐国、击破楚国之后，以赵惠文王不履行交换城池的协议为由，将兵锋指向赵国。秦军名将胡阳借道韩国的上党，对赵国的西南门户阏[yù]与发起了猛烈进攻。

赵国经过这么多年的发展，已经从当初的软柿子变成了现在的铜豌豆，对秦国的汹涌攻势并没有表现出惊慌失措。赵惠文王更是沉着应对，第一时间就派名将赵奢领兵往救。

关于赵奢，史书上对其早期事迹介绍不多，只知道他曾是个落魄贵族，当过赵国的田部吏（征收田赋的小官），在做基层干部期间办事奉公守法、认真负责，很得上司赏识，是那种靠自身努力和才干爬到高位的人，属于一个实力派将领。

赵奢处事比较谨慎，并未因为这是在自己的地盘上而轻敌大意，他见秦军势盛，死磕肯定赚不到便宜，就故意隐蔽作战意图，率部出都城三十里，实行坚守不攻的战术。而秦军是来找碴儿打架的，敌人龟缩不出，自己要是再怀着一颗"鸵鸟心态"去面对，这仗恐怕拖到21世纪也打不起来。

秦军大将胡阳于是决定主动出击，先派出一支部队进驻武安（武安与邯郸离得非常近）西面，击鼓呐喊，耀武扬威，用以钳制赵军，然后其余部队加紧对阏与的进攻。赵奢对此仍不采取任何举措，下令部下不准驰援武安，制造了赵军怯弱怕战的假象，终于使得秦军逐渐放松警惕。

赵奢见时机一到，赶紧下令让军队亢奋起来，乘秦军不备，偃旗息鼓，衔枚疾进，两天一夜便赶到距阏与城五十里处筑垒列阵。秦军久攻阏与不克，突闻赵军援兵已至，仓促应战，结果大败。阏与之围遂解。赵奢则因功被封为"马服君"，地位与廉颇、蔺相如相等。

此后，秦国派兵进攻赵国的幾（今河北大名），谁知又被赵国将领廉颇击败。秦国连遭几次失败，东进兼并的势头便暂缓下来。

“三十六计”之“远交近攻”

公元前 266 年，赵、秦两国分别发生了一件对后来局势影响巨大的事情：一个是作为守成之君的赵惠文王向他老爹汇报工作去了，接替其位置的是他的儿子赵孝成王；一个是秦昭襄王任命了草根出身的范雎 [jū] 为相。赵孝成王属于王子王孙，他从出生到即位几乎没有遇到什么挫折，先前的事迹乏善可陈，这里不多说。而范雎作为上承商鞅变法图强之志，下启秦始皇统一事业的一代名相，则很有必要补充一下。

范雎是魏国人。他原本是想在魏国建功立业的，但由于没钱没关系，无法得见魏王，就只好在中大夫须贾门下做一名门客。须贾一次到齐国出差，作为随从人员的范雎偶然得到齐襄王的赏识，齐襄王试图用高官厚禄把范雎给留住。但是范雎认为这样做不厚道，便拒绝了。谁知这事被不太厚道的须贾知道了，他认定范雎与齐国在背后肯定进行了不可告人的交易，回去后就把这事向相国魏齐进行了汇报。

须贾大夫谇范叔（明代版画）

魏齐出于国家安全考虑，自然是秉着“宁可信其有，不可信其无”的态度去处理，便下令以叛国罪对范雎进行惩罚。范雎被打得肋折齿落、体无完肤后，又被人用草席裹住丢弃于茅坑，其他宾客也轮流糟践他。

范雎受此大难，深知必须用非常之方法才能躲过非常之灾，于是他通过贿赂狱卒，给他伪造了一个死亡证明。接着几经辗转，他才逃到了好友郑安平家中藏匿起来。

再后来，范雎又在郑安平的帮助下跑到了秦国，并凭借自己的才干爬到了相位。而郑安平屡次以身犯险也得到了丰厚的回报，当范雎出任秦国相国后，他也很快被举荐为将军（可惜此人能力有限，后因兵败而投降了赵国）。

范雎之所以能在很短的时间内就取得秦王的信任，除了他能力突出外，还得益于其帮助秦王根治了心病。因为在范雎刚到秦国时，他发现秦昭襄王并不是国家的No.1，真正说话算数的是秦昭襄王的生母宣太后和舅舅穰侯魏冉（魏冉与宣太后是异父同母的姐弟关系）。于是他向秦昭襄王指出，现如今秦国内政弊病，你若再上畏于太后之威，下惑于佞臣之谄，恐怕用不了多久，就会陷于迷乱之中，长此下去，大则国家覆灭，小则自身难保。

秦昭襄王听范雎说的有道理，就及时采取了“雷霆行动”，免去魏冉相国职位，并将其赶到关外喝西北风。穰侯一失势，妇道人家宣太后像失去树干支撑的藤条一样，匍匐倒地，没有招架之力。这样一来，权力如回力标似的转了一圈又归于秦王。

内部矛盾解决后，外部矛盾便显得愈加突出。秦昭襄王对此没有回避，采取范雎“远交近攻”（三十六计之一）的策略进行积极应对。

所谓“远交近攻”，顾名思义就是与离自己远的国家结成联盟，与离自己近的国家反目成仇。这样做不但可以防止邻国肘腋之变，而且能使敌国腹背受敌，无法与我抗衡。

秦国实行“远交近攻”的具体内容是远交齐、楚，近攻韩、赵、魏。

秦国准备先拿三晋中最弱的韩国开刀。

韩国当时在位的国君是韩桓惠王，他继续推行百年前申不害提倡的中央集权专制体制，主张以“术”治国。申不害虽然也是法家的主要代表人物，但是他所讲的“术”，不是指富国强兵的方法，而是指国君操纵臣下的手段。于是，在这种思想的引导下，国君任用官吏、考查业绩的最主要标准就是看他们是否忠诚。表面上看，这个举措取得了一定的效果，可由于人是一个复杂的动物，是否忠诚没有外在的衡量标准。比如有的人内心阴险狡诈，可通过巧妙伪装却能给人一种相反的感觉。因此，这就导致了韩国政治混乱，法律、政令前后不一，使群臣吏民无所适从。针对此种情况，另一位法家代表人物，同时也是韩国贵族的韩非子曾多次向韩桓惠王建议要推行法治，遗憾的是他的这些主张一直没有得到重视。

所以说，韩国没能成为强国还真怪不了别人。

公元前262年，秦昭襄王派大将白起攻打韩国，占领了野王城（今河南沁阳），切断了韩国上党郡与国都（今河南新郑）之间的联系。

上党郡地高势险，自古为战略要地，清朝学者狄子奇在《国策地名考》中就说“地极高，与天为党，故曰上党”，可见位置之重要。按理说像这种关乎国家安危的地盘应该是寸土不让的，但是韩桓惠王和一些大臣认为，既然上党郡已经成为一块飞地，就由不得自己去任意支配了，与其是这样，倒不如做一个顺水人情，送给秦国得了，于是就派冯亭前去接任上党郡郡守，负责割让事宜。

谁知冯亭上任后，思前想后觉得不能戴这个“卖国贼”的帽子。可要是与秦军抗衡无异于以卵击石，只会造成无谓的牺牲，改变不了结局……在这种走投无路的情况下，冯亭做了一个大胆的决定，他准备将上党郡献给赵国，意欲利用赵国的力量抗击强秦，以达到保全韩国的目的。

赵国对上党郡也是垂涎三尺，所以当赵孝成王听到这个天上掉馅饼的消息后，立马把这个消息分享给了平阳君赵豹。赵豹是赵惠文王的母弟，也就是赵孝成王的亲叔叔，可能是多吃了几年干饭的缘故，对这件事看得比较明白，坚决反对赵孝成王接手上党郡。他说：“圣人甚祸无故之利，天下没有免费的午餐，冯亭那小子是想对我们使坏呢。你想啊，如果赵国接管了上党郡，势必会得罪秦国，而秦国现在正愁没有机会对我们下手呢。假如——我是说假如，秦、赵两国真的火并起来，很有可能会是个两败俱伤的结果。到那时，韩国不费一兵一卒，便能坐收渔翁之利。”

道理已经说得很清楚了，估计幼儿园大班的同学都能看明白，可是赵孝成王却始终坚持自己的看法，认为上党郡就是一个馅饼，而不是一个陷阱。接着，他又把这事说给赵胜[①]和赵禹听。赵胜、赵禹倒是觉得这是一个好事，他们认为，平时即使用兵百万，攻战逾年，也未必能得一城，现如今坐享上党郡十七座城邑，绝对是个千载难逢的机会。

赵孝成王好不容易找到两个“志同道合”的人，非常高兴，当即下令平原君赵胜去主持上党郡的接收工作。与此同时，他还加封冯亭为华阳君，并给予民户三万。不过冯亭则对赵孝成王的“厚待”并不买账，听到消息后，他痛哭流涕，闭门不见平原君赵胜，只是托人给其带话说，“吾不处三不义也：为主守地，不能死固，不义一矣；入之秦，不听主令，不义二矣；卖主地而食之，不义三矣。”遂辞谢赵国封赏而回到韩国。

由此可以证明冯亭并非贪生怕死、卖主求荣的小人，他主动把上党郡白送给赵国，动机显然和平阳君赵豹的判断是一致的。

---

①即大名鼎鼎的平原君，“战国四公子”之一，其余三人分别是魏国的信陵君、齐国的孟尝君以及楚国的春申君。此四人都是各自国家的王公贵族，以养“士”（包括学士、策士、方士或术士以及食客）著称，在战国后期有很大影响。

长平之战：不是坑爹，是坑杀

秦国原本以为上党郡是到嘴的鸭子，除非地球引力消失，否则绝不可能吃不着。但它没想到赵国会在这个时候横插一杠，把飞不走的鸭子从自己嘴里给抠走了。也就是说，秦国忙活了半天，等于是免费给赵国打工了。

这事搁谁身上都咽不下这口气，更何况是天生一副暴脾气的秦昭襄王。

秦昭襄王接受范雎的建议，决定把满腔怒火用战争的方式宣泄出来。

公元前 262 年，秦派大将王龁 [hé] 用武力方式进攻赵国还没焐热的上党郡。赵国大将廉颇连忙率军前去驰援，可惜为时已晚，赶到时上党已经陷落。而秦军吞并上党后，未经消化便又向廉颇军队发起攻势。廉颇兵少军疲，连连失利，只好退到长平（今山西高平）构筑营垒，坚守不出。

由此战国时期规模最大、战况最惨烈的长平之战正式拉开序幕。

在正式讲述之前，为了让大家更好理解，我就简单介绍一些秦、赵两国的具体国情。我们知道，无论是古代还是今天，战争都是一个吃钱机器，如果没有雄厚的经济基础做支撑，别说打仗，就是打耳光都听不见响。像秦国之所以这么霸道，就是因为它有钱。按汉初牛人张良的说法，当时的秦国不但南有巴蜀之饶，北有胡宛之利，东控潼关之险，而且交通便利，能够通过陆路和水路把后方的各种战略物资源源不断地送往前线。

相比于秦国，赵国的处境就差很多。

首先它位处北方，地薄人众，虽然地盘不小，但是可耕种面积很少，再加上赵人“好气，任侠为奸，不事农商”，喜欢做点小买卖（不知后来的晋商是否受其影响），因此农业经济在六国中较为落后。

其次，尽管赵国在战国中期经历了赵武灵王的改革，国力一度大盛，然而比起秦国的商鞅变法，就会发现赵国的改革仅仅局限于军事领域，政治经济改革则相对薄弱。

最后是赵国的军事实力与秦国相比没有优势。秦国地近西北，民风凶悍尚武，马匹优良，战车威猛，有“虎贲之士百余万，车千乘，骑万匹”，是当时的超级大国。而赵国有“带甲之士数十万，车千乘，骑万匹”，其中骑兵组建较早，有很高的军事素养，是其主力部队。

由此可见，赵国军事实力顶多与秦国持平，而综合国力要弱于秦国。

一般来说，在这种不利形势下，防御就是最好的进攻。廉颇深谙其道，在秦国大军压境下，采取了筑垒固守，疲惫敌军，相机攻敌的作战方针。他命令赵军凭借山险，建造坚固工事，无论对方是挑战还是挑逗，都坚壁不出。秦军求战不得，无计可施，比打败仗还郁闷。

而这种郁闷的消极气息，一下子就持续了三年之久。

秦昭襄王每天最重要的工作就是等待前方的战报，但战报就像天气预报中的坏天气，一次又一次摧残他的身心。他明白，如果不迅速结束这场战争，秦国多年积攒的家底就会被耗尽，到那时，无论战胜与否，其实都等于失败。

于是，在这种绝望情形下，秦昭襄王像复读机似的一遍遍询问他的头号智囊范雎，看他有没有好点子。范雎的头则像摇头扇一样在那儿摇啊摇，摇得秦昭襄王更加心烦意乱。

直到有一天，范雎摇晃的头也不知是累了还是“停电”了，突然之间就从摇头变成了点头——虽然点得还不是很明显，但已足以使秦昭襄王欣喜若狂了。秦昭襄王知道，每当范雎有此“症状”，就说明他有了解决问题的方法。

他用玩笑口吻对范雎说：“你最好立马告诉我，否则扣你这月奖金！”

范雎也以同样口吻答复说：“大王你应该换种方式威胁人，你明知道我是连工资都不在乎的人，却每次都拿奖金来要挟我。当然，这是玩笑，接下来说正经的。其实吧，关于如何战胜赵国，我早在三年前就已想好了——希望你不要扣我奖金。”

秦昭襄王突然听范雎这么说，顿时喜怒交加，喜的是范雎确实有办法了，怒的是他居然怀揣救国良策长达数年而缄 [jiān] 口不言，若真是这样，就不是扣发奖金那么简单了。好在秦昭襄王经过多年的政治历练，城府很深，喜怒不显于形，所以他只是对范雎嘿嘿一笑说：“这就要看你说的内容值不值那些奖金了。”

范雎是何等人物，自然清楚秦昭襄王的心思，就说：“我的计策很普通，只有三个字，那就是反间计。”

秦昭襄王听到这里，气得要吐血，说：“这都是老掉牙的法子了，但凡读过兵书的人，用脚指头也能想出来。你不会是在逗我吧，三年时间就憋出三个字，这也太贵了。要不您再想想？”

范雎说：“大王放心，您先听我说完再下结论。虽然是个将军都会用反间计，但是真正用好的却没几个，因为反间计怎么用，用在什么地方，什么时候用，都有很大的学问。三年前我没说，不是我对大王不忠，而是时机还不成熟。你想啊，那时两军刚开打，赵王对大将廉颇给予了很大期望，也很器重他，此时使用反间计，不但不能发挥应有的作用，反而会让敌人及早做好准备。但是现在就不一样了，双方经过这么长时间的拉锯战，都想尽快结束战争。而廉颇虽然没有战败，可在赵王眼里，他也没有战胜。在这种情况下，我们只需要散布一些离间他们君臣的消息，蒙蔽住求胜心切的赵王，就会使他对廉颇的能力产生怀疑，从而把其给替换掉——只要廉颇能从统帅的位置上下来，那么我们打赢这场战争便指日可待了。”

秦昭襄王待范雎说完，恍然大悟，庆幸自己刚才没有翻脸失态。他说：“你现在就去写一个具体执行方案，我好让人去落实。”

范雎忙从袖筒中取出一册竹简，递给秦昭襄王说：“计划我早就写好了，大王现在就可以下令。”

于是不久后，赵国朝廷中便开始流言满天飞，主要内容是说廉颇怯战，他所实行的固守防御战术，主要是为了拖垮赵国，以便为他将来投降秦国积累政治资本，而秦国其实真正害怕的是名将赵奢的儿子赵括。

很快，这些流言就渗透了赵国的每一个角落，其中便包括赵孝成王的耳朵。赵孝成王的耳朵接收到这些流言后，大脑未经仔细分析，就草草得出了一个这样的结论：不管别人是否相信，反正我是信了。

赵孝成王准备用赵括顶替廉颇的消息迅速引爆了朝野，很多大臣都表示强烈反对，其中蔺相如甚至拖着病躯前去劝告。但是赵孝成王为了证明自己伟大、光荣、正确，坚持己见，用火箭的速度，把官二代赵括提拔为最高军事统帅。

至于廉颇，还是领退休金回家养老吧。

赵括打小熟读兵法，论及军事，连他老爹赵奢都不是对手。但是赵奢知道打仗不能光靠嘴，所以对赵括的认可只停留在“书背得不错”这个阶段，认为他可能成为一个很不错的军事理论家，却不看好他能成为率兵打仗的军事家。因此，赵括这种人在大学里面当个老师，做做学术研究还成，真要跨马扬刀上战场，估计死十次也不一定赢一次。

我这里没有贬低人的意思，只是想用实例解释什么是“纸上谈兵”。

当时赵奢已死，还处于实习生水平的赵括认为这是一个证明自己的绝好机会。他一改廉颇先前制定的战略防御方针，积极筹划进攻，企图一举而胜，夺回上党。

秦国见赵国任赵括为将，知道对方已进入圈套，便迅速调整军事部署——增派军队，秘密征调骁勇善战的武安君白起为上将军，代替王龁统率秦军。

白起是战国后期四大名将（另三个是廉颇、王翦 [jiǎn]、李牧）之首，久经沙

败长平白起坑赵卒（明代版画）

场，曾大战于伊阙（今河南洛阳南），斩杀韩、魏联军二十四万；南破楚国，入鄢、郢 [yǐng]，焚夷陵，把楚人打得如丧家之犬。赵括一纸上谈兵的“背书狂人”，说寒碜点，白起就是处于梦游状态也能把他给打趴下。

于是，白起甫一上任，便针对赵括没有实战经验、求胜心切、鲁莽轻敌等弱点，采取了诱敌入伏、分割包围的作战方针，将兵力做了周密细致部署，形成了一个“以石击卵”的强大态势。

公元前 260 年 8 月，以赵括为首的赵军率先向秦军发起进攻。白起等的就是这个，他下令军队不可与赵军纠缠，只要照个面，佯败后立即撤退，便算圆满完成任务。秦军将士谨遵钧命，还未与敌军真正交战就已溃散。赵括一看秦军如此不堪一击，顿时精神大振，不问虚实就率军追击……

看到这里，你是不是感觉有点眼熟？对了，当年魏国的庞涓貌似也遇到过这种情况。庞涓的水平显然要比赵括高一大截，结果却落了个兵败身亡。但赵括作为一个熟读兵书的统帅，应该知道行军打仗最忌讳的就是孤军深入。

赵括当然知道，不过这时另一件事严重干扰了他的判断，那就是求功心切。赵括认为：机会与风险同在，要想达到目的，必须具有大无畏的敢拼敢闯精神，庞涓失败，除了他运气不佳外（碰上了孙膑这个克星），还与他骄傲轻敌有关，我小心一点应该就能避免步其后尘。

然而赵括很快就发现他的运气也不比庞涓好到哪里，因为当赵军前进到秦军的预定地点后，白起突然下令埋伏在两翼的秦军出击，将赵军截为两段，分割包围起来。赵军作战不利，只得就地筑垒坚守，等待援军。

秦昭襄王听到这个消息后，为防止局势有变，决定不给赵军丝毫喘息机会，立马前往河内（今河南黄河以北地区），赐民爵一级，征调这一区域所有十五岁以上的男子，赶赴前线，以阻击赵军的救兵和切断赵军的粮道。

赵军被困 46 天，粮尽援绝，只好分成四队轮番突围，均以失败告终。最后，赵括亲自带兵出战，结果被秦军乱箭射成了刺猬。赵军失去主将，斗志全无，遂不再抵抗，40 余万饥疲之师全部向秦军解甲投降。秦将白起为防止养虎遗患，除释放

240 个未成年人，其余全部坑杀。

这便是古今中外战争史上，规模最大、手段最残暴的一次杀降。

侠客行之窃符救赵

长平之战以秦国的胜利而终结，赵国主力损失殆尽，自此一蹶不振。按照白起的想法，应该直接把赵国都城邯郸攻下，以防夜长梦多。

这样看来，赵国的形势真可谓是危如累卵，只有坐以待毙的份儿。可是赵国不甘心就此失败，因为世间的事情并非只有武力一条途径能够解决。于是它决定联合难兄难弟韩国，采用外交途径向秦国求和。

它们派出的外交官是苏秦的族弟苏代。苏代到达秦国后，先用重金贿赂秦相范雎，然后从天下大势扯到范雎与白起的权力之争，最后得出一个结论：秦国灭掉赵国，不如让韩、赵两国割地求和来得实惠。

范雎能力很大，但心胸确实有点小，他怕白起风头盖过自己，就以秦兵疲惫，急待休养为由，请求秦王允许韩、赵割地求和。秦昭襄王见范雎说的有一定道理，便答应了，而白起由于未能如愿，从此与范雎结下仇怨。

可是正当赵国国君赵孝成王准备按和约割让城池时，有个名叫虞卿的大臣却认为这样做不妥，因为割地给秦，不但使秦势更强，而且会刺激它的胃口。如此下去，赵国有限的土地撑不了多久。当然，在反对的同时，虞卿也抛出了自己的建议，即用原本割给秦国的城池去贿赂齐国，联齐抗秦；同时还要与魏、楚、韩、燕等国搞好关系，能结盟的就结盟，不能结盟的也要对方保证别背后插刀。

赵孝成王权衡一下利弊，觉得虞卿的建议靠谱，就同意了。

秦昭襄王在那儿等啊等，结果等到最后发现自己又被人当猴给耍了。他终于明白：这个时代没有人相信和平，因为暴力是大家唯一能够听得懂的语言；天上是不会掉馅饼的，想吃馅饼就得去抢。那么既然如此，战争就无法避免。

公元前 259 年，秦昭襄王决定派兵进攻赵国都城邯郸。

他原本打算派白起去，但白起当时有病在身，就改派五大夫王陵为秦军统帅。

王陵作战很勇敢，奈何水平有限，接连失利。秦昭襄王见形势紧迫，便想重新任命白起为将。谁知白起认为此时秦国已经失去有利战机，必难成功，就继续拿生病做挡箭牌，拒绝听命。范雎见这是一个不错的机会，就趁机进谗，说白起是在有意推脱。

就这样，秦昭襄王心中憋了很久的怒火终于被点燃，他先是下令削去白起所有封号爵位，贬为士伍，然后强令他迁出咸阳。

白起考虑到秦昭襄王应该不会把事做绝，加之身体确实不便，所以他在接到命令后并未立即启程。然而三个月后，秦军战败的消息不断从邯郸传来，秦昭襄王怒火无处发泄，只好迁怒于白起。他决定就是要把事给做绝，于是命令白起即刻动身不得拖延。白起无奈，只得带病上路。但秦昭襄王并未罢休，不久后便找了个借口将其赐死。时间是公元前 257 年。

公元前 257 年，除了天才军事家白起陨落，还有另一件事在历史上声名显赫，这便是窃符救赵。

当时，秦军对邯郸还是呈包围之势。赵国没有能力破围，只有把希望寄托于外部力量。而外部力量中，又只有魏国能够帮上忙。

其实魏国在邯郸被围之初，便根据盟约派大将晋鄙率军支援。但当魏军行至汤阴时，由于受到秦昭襄王的恐吓，便停止了前进，这让危急中的赵国很是纠结。幸运的是，此时魏国有个人正在为赵国的安危奔走呼号，此人便是魏国国君魏安釐 [xī] 王的异母弟魏无忌。

魏无忌号信陵君，是战国四君子之首，所处的时代正值魏国走下坡路。虽然他未能继承王位，但他并不愿做一个旁观者，于是就仿效齐国孟尝君田文、赵国平原君赵胜的辅政方法，延揽食客，养士数千人，自成势力。按照今天的话说，信陵君就如魏国的一块砖，哪里需要哪里搬。

可是，秦国围困的是赵国都城，你信陵君作为魏国的板砖，干吗要替赵国去打抱不平，总得图点啥吧。是的，信陵君确实是有所图的，但他图的不是自己能得到什么好处，而是为了让魏国避免成为下一个赵国——因为赵国之于魏国，如唇与齿的关系，唇亡则齿寒。另外，再加上赵国平原君的老婆是自己的亲姐姐，所以于情于理，他都应该伸出援助之手。

然而他的手里并无可用之兵，因此要想解赵国倒悬之急，必须说服魏王出兵。遗憾的是信陵君唾沫没少费，可魏王就是按兵不动。无奈之下，不愿坐以待毙的信陵君决定带着食客们前去援赵——尽管他知道这是一个飞蛾扑火的举动。

正在这时，他的一个食客把他给叫住了。

食客名字叫侯嬴，曾是魏国都城大梁的门卫，已经七十多岁了。他告诉信陵君，你不必冒这么大的风险，我这里倒是有一个妙计能解决你的难题。信陵君原本已经绝望了，听到这话，顿时有种柳暗花明的感觉，忙问妙计内容。

侯嬴告诉了他。

信陵君依计而行，他先是通过魏王的宠妃如姬窃来了魏国虎符[①]，然后带着食客前去晋鄙那里夺取兵权。晋鄙对此感到很奇怪，刚把心中疑问说出，信陵君手下一个名叫朱亥的食客便在后面“当”的一锤，将其击杀。

朱亥以前的职业是屠夫，杀死晋鄙应该比杀死一头猪还要容易。

关于上面这件事，唐代诗人李白还曾写诗进行过精彩描述，诗的名字叫《侠客行》：

赵客缦胡缨，吴钩霜雪明。
银鞍照白马，飒沓如流星。
十步杀一人，千里不留行。
事了拂衣去，深藏身与名。
闲过信陵饮，脱剑膝前横。
将炙啖朱亥，持觞劝侯嬴。
三杯吐然诺，五岳倒为轻。
眼花耳热后，意气素霓生。
救赵挥金槌，邯郸先震惊。
千秋二壮士，烜赫大梁城。
纵死侠骨香，不惭世上英。
谁能书阁下，白首《太玄经》？

信陵君夺取军权的同时，赵国的平原君出使楚国，说服了楚国起兵救赵。这样一来，赵、魏、楚三国军队就形成了一股强大的合力，很快便在邯郸击败了秦军。

赵国转危为安。

不过，邯郸之战的失利，并未阻止住秦国东进的步伐。因为这场战败对于秦国来说，也就相当于一个棒小伙受了点皮外伤，休息两天便好了。按理讲，在这种形

①虎符是中国古代国君授予臣属兵权和调发军队的信物，铜制、虎形、分左右两半，有子母口可以相合。右符留存中央，左符在将领之手。国君若派人前往调动军队，就需带上右符，持符验合，军将才能听命而动。虎符主要盛行于战国和秦汉时期。

势下，其他各诸侯国应该比以前更加团结才对。但事实上，中原各国的联盟基础并不牢固，大家时聚时散，给秦国制造了不少蚕食的机会。

公元前 256 年，秦灭西周；公元前 249 年，秦又灭东周，同年，攻克韩的成皋、荥阳，加上两周[1]之地设置三川郡。公元前 246 年，秦又攻占赵的晋阳，重置太原郡。公元前 242 年，秦攻取魏的长平、山阳等二十城，设置东郡。

上面三郡的设置，使秦国与齐国相连，把韩、赵、魏拦腰截断，秦兵离楚都陈只有一百六十里，对东方各国形成了巨大威胁。

公元前 241 年，合纵之势再次形成，赵、楚、魏、韩、燕五国联合攻秦（齐国此时与秦国站在统一战线上），并推楚考烈王为纵长。五国联合声威浩大，一直攻到蕞 [zuì]（今陕西西安临潼区）。但当秦国组织兵力进行反攻时，作为领头羊的楚军却闻风而逃，其他各国军队受到影响，也都纷纷撤退。

战国时代最后一次合纵就这样失败了，从此联合抗秦的活动就再也没能搞起来。

公元前 238 年，秦国再次大举进攻魏国，使自己在东部地区的疆域进一步扩大。至此，秦国东郡东北与燕国相接，对东方各国形成了分割包围之势。而它接下来要做的，只需手持“针线”，把这些区域给缝补成一整块儿。

六加一是如何等于一的

公元前 247 年，秦庄襄王去世，他的儿子嬴政即位，这便是后来鼎鼎大名的秦始皇。嬴政即位时年仅十三岁，权力掌控在吕不韦等人手里。公元前 238 年，二十二岁的嬴政开始亲政，他从吕不韦、嫪毐 [lào'ǎi] 手里夺回权力后（具体过程下一章会细讲），重新部署对付六国的战略和策略，开始了统一中国的战争。

秦首先是拿六国中实力最弱且与自己相邻的韩国开刀。公元前 230 年，秦派内史腾率兵攻灭韩国，俘获了韩王安，把所得韩地设置为颍川郡。

公元前 229 年，秦利用赵国发生大地震和大灾荒之机，派王翦、杨端和率兵攻赵。赵王迁派李牧、司马尚前去迎敌。

李牧是抵抗匈奴的名将，与白起、王翦、廉颇并称“战国四大名将”，军队战斗力很强，在双方相持的一年中，他多次击败秦军。秦军见明着干不过，便又打起

①即西周和东周。公元前 367 年，周贵族发生权力争夺，韩、赵两国利用武力加以支持，周分为西周、东周两个部分。在河南（今河南洛阳）的称西周公；在巩（今河南巩义市西南）的称东周公。

荆轲刺秦（当代／刘永华）

王翦破赵（当代／刘永华）

了歪主意，用重金贿赂赵王宠臣郭开，让他污蔑李牧和司马尚谋反。赵王迁不经调查，信以为真，就下令杀掉李牧和司马尚，任命草包将领赵葱和颜聚为主将。

可怜李牧，生平从未打过败仗，最后却死在自己人手里。结果，这件事引起军队对统治集团的强烈不满，致使战斗力涣散。王翦则趁机大举进攻，于公元前 228 年杀赵葱，破邯郸，俘赵王迁，并将其地设置为邯郸郡。不过，赵王迁的哥哥太子嘉却率领宗族数百人逃到代郡（今河北蔚县），自立为代王，继续苟延残喘。

公元前 227 年，秦国在追逐赵太子嘉的时候，派大将王翦和辛胜攻燕，在易水之西击败燕军。燕太子丹为挽救燕国，派游侠荆轲以献燕之督亢（今河北涿州）地图和樊於 [wū] 期①人头为名，去咸阳觐见嬴政。荆轲把匕首藏在地图中，在献图时趁机行刺嬴政，结果失败被杀。嬴政被这事刺激后，增兵加紧向燕国进攻，于次年攻下燕都蓟。燕王喜逃亡辽东，并杀太子丹谢罪求和。

公元前 225 年，王翦的儿子王贲 [bēn] 率领十万大军攻打魏国。在包围魏都大梁后，王贲下令引黄河水灌大梁，三个月后大梁城破，魏王假投降，魏亡。

---

①秦国头号通缉犯，原为秦将，被赵国大将李牧击败后不敢回国，遂逃往燕，并被太子丹收留。秦王政知道后大怒，杀其全家。后为回报太子丹厚待和报秦王杀亲之仇，自刎而死，以便荆轲拿其人头为信物去见秦王。

公元前 224 年，嬴政派王翦率六十万大军攻打楚国。楚国以项燕（项羽祖父）为将，倾全国兵力迎击秦军，准备与其决一死战。谁知王翦因势而变，选择有利地形扎下营盘，采取屯兵练武、坚壁不战的办法，用以麻痹对方。结果楚军无论是挑逗还是挑战，秦军始终不出。一年后，楚军斗志涣散、粮草不足，只好从前线撤军。王翦于是乘楚军向东撤退之际，率领秦军追击，很快就消灭了楚军的主力。接着，王翦又占领楚国都城寿春，并俘获了楚王负刍。

公元前 222 年，王翦再次率军渡过长江，平定了楚国在江南的地盘，降服了越君，在那里设会稽郡，楚国亡。

随后，嬴政再派王贲为大将，去扫除燕、赵残余。公元前 222 年，王贲攻下辽东，俘获燕王喜；不久又攻下代城，俘虏了代王嘉。燕、赵彻底灭亡。如此一来，六国中就只剩下齐国一个了。

齐国自从被秦国笼络后，这许多年一直过着行尸走肉的生活。齐王建在位四十多年，除了想着与秦国搞好关系外，几乎什么都不做——不修攻战之备，不助五国攻秦。直到五国灭亡后，齐国统治者们方才慌了手脚，"发兵守其西界"，可惜为时已晚。公元前 221 年，嬴政命令王贲在灭燕之后率兵南下攻齐，这一路几乎没有遇到什么抵抗，就攻占了齐国都城临淄。齐王建投降，齐国灭亡。

到此，秦国前后经过十余年时间，完成了统一中国的计划，定都咸阳，建立起中国历史上第一个统一的、封建的、专制主义的中央集权制国家——秦。

这是一个时代的终结，也是一个时代的开始。

春秋战国时期的文化

西周时期，只有贵族才有资格接受文化教育，普通人鲜有识文断字的。当时无论是中央国学还是地方乡学，都由官府开设，且学校就设在官府中。教育的特点是"政教合一"，因而又叫作"学在官府"，亦称"官学"。

春秋时期，官学瓦解，士从贵族中分离而游散于民间。官学的衰落，学术文化的下移，使民间逐渐兴起私人教育，出现"私学"。

在春秋战国的私学中，著名的教师几乎都是思想家，这些人不拘泥于传统，而是根据自己的学识、意愿自由安排教育内容、方式，自由发表对各种自然和社会现象的不同观点，算得上是地地道道的素质教育。

当时，社会上活跃着许多学派，儒、墨、道、法、阴阳、名、纵横，等等，都

俘获魏王（当代／刘永华）

破灭强楚（当代／刘永华）

齐亡成统一（当代／刘永华）

是一些如雷贯耳的名字。这些学派各自坚持自己的观点，有时它们会争得面红耳赤，但它们绝不会相互倾轧。结果，就出现了历史上著名的“百家争鸣”学术奇观。

下面内容是我对一些主要学派的代表人物进行的介绍：

孔子（儒家）

孔子是圣人，而且在他之后，中国传统文化中就再也没有公认的严格意义上的圣人了。他的名气极大，大到足够盖过所有当红明星之和。

在中国，没有谁敢说比孔子还牛，就好比是在西方没有人敢说能把耶稣比下去一样。大家对孔子是如此的熟悉，熟悉程度甚至超过自己的名字。然而，在熟悉的背后又是无尽的陌生，因为很多人除了知道孔子是圣人外，别的几乎是一无所知。

在写孔子的这个章节前，我查阅了大量关于他的资料，但还是感觉无从下笔，因为我觉得，要想真正了解他，哪怕穷尽我一生恐怕也无法做到。后来我想，那既然如此，我就不较这个真了，还是远远望着他，只看见他的一个轮廓，然后对其进行一个素描就可以了。

所以，在接下来的内容里，希望你能忍受住我的粗糙线条。

按照以往介绍人的惯例，我还是先从孔子的简介说起吧。

大成孔子为鲁司寇时像

孔子（前 551—前 479），名丘，字仲尼，春秋后期人。他的先世本是殷商的王族。周灭商，殷人受封于宋，孔子的先祖孔父嘉曾为宋国的司马。后来宋国内乱，孔子的曾祖父孔防叔便逃难到鲁国，成了鲁人。孔子便出生在鲁国的陬 [zōu] 邑（今山东曲阜）。

尽管家道没落，但是经过几代人的努力，到了孔子父辈的时候，已有转好的迹象——他的父亲叔梁纥 [hé] 就是陬邑的大夫。遗憾的是，这种好迹象未能持续太久，在孔子出生后没几年，叔梁纥便去世了。那时没有影像技术，我估计孔子连他爹长什么样都没印象。

家里的顶梁柱既倒，孔子的幼年生活水平只能参照平民的标准。好在低水平生活并未影响到他的身心发展，成年后的孔子长得可能没有周润发帅，但绝对比周润发高。根据《史记·孔子世家》记载:“孔子长九尺有六寸,人皆谓之‘长人’而异之。”按照当时的尺寸进行计算，孔子的身高要在一米九六左右。倘若再加上他的膂 [lǔ] 力过人、酒量超凡这两条，无论谁看到应该都不会想到他是文化人，说他是杀猪的都有人信。

由于没有关系，所以尽管孔子学问很好，工作状况却一直都不好。他曾做过管理粮仓的“委吏”和管放牧的“乘田”，都是和“弼马温”属于一个档次的小官。但孔子还是想走仕途这条路，一有时间便思考治国方略等诸多问题，三十来岁就已成为“国际上”著名的青年学者。

鲁昭公二十年（前 522），齐景公在访问鲁国期间召见了孔子。孔子对天下大势的见解很独特，齐景公对他很欣赏。后来鲁国发生内乱，孔子逃亡齐国，受到了齐景公的厚待，据说齐景公一度想把尼溪一带的田地封给孔子，但被大夫晏婴给劝阻了。

一年后孔子返鲁。

鲁定公九年（前 501），孔子五十一岁，在鲁国任中都宰（中都的地方官，掌管刑事）。孔子治理中都（今山东汶上）一年，卓有政绩，遂被升为司空，不久又升为大司寇。

当时,鲁国由三桓[①]专权,孔子就提出用“隳 [huī] 三都”[②]的办法来裁抑三家势力，结果没能成，只三个月便辞职不干了。从此孔子开始周游列国，到处贩卖自己的政治主张。他曾先后到过卫、曹、宋、陈、蔡等国，但均未受到重用。

鲁哀公十一年（前 484），六十八岁高龄的孔子见这辈子没希望成为一个成功的政治家后，便回到鲁国，专心从事著述和教育，最终成了一个伟大的思想家、教育家，甚至是圣人。这种结果恐怕连他自己都始料未及吧。

孔子作为儒家学派的创始人，其核心思想是“仁”和“礼”。所谓“礼”，就是西周的礼乐制度。在孔子看来，春秋是一个礼坏乐崩的时代，要想实现他所主张的德治，必须要恢复周代的礼制。

于是，他为了纠正春秋时期子弑父、臣弑君的混乱局面，提出了“非礼勿视，非礼勿听，非礼勿言，非礼勿动”的行为准则。注意，这里的“非礼”不是指调戏

---

①指的是鲁国显族季孙、叔孙和孟孙三家，因为他们是鲁桓公的三个儿子的后代，故称三桓。三桓掌控鲁国政权，而三桓的一些家臣又在不同程度上控制着三桓。

②周朝为防止诸侯或大夫造反，对其各自的城墙都有一定限制。三桓违反规定，城墙建得比鲁国国都的还要高，孔子看不下去，便建议推掉高出的部分，这就是所谓“隳三都”。

图 1 问礼老聃[dān] 孔子在洛邑考察期间，因要阅读周王室藏书，必须拜会周王室管理文典的史官老聃（老子）。孔子第四次拜访，才见到老聃，并得到许多有益的教诲。

图 2 退修诗书、鲁定公当政时，季孙氏僭越公室大臣，掌握了祭祀、征伐等国家政事，孔子看不惯这种礼崩乐坏的局面，于是不求做官，专心修《诗》《书》，定《礼》《乐》。

图 3 匡人解围 孔子离开卫国到陈国去，途经匡邑。阳虎曾经在匡邑施暴，孔子长得像阳虎，匡人于是把孔子及其弟子扣留。后因孔子有弟子在卫国做宁武子的家臣，才得以脱身。

图 4

图 5

图 6

图 4 子路问津 孔子在返回蔡国的路上，看见隐士长沮、桀溺在路边耕田。孔子派子路前去打听渡口。桀溺说：“你与其跟着那个躲避坏人的人，还不如跟随我们逃避这污浊的社会！”

图 5 在陈绝粮 楚国派人来聘请孔子，陈国和蔡国的大夫商议道：“孔子被楚任用，陈国和蔡国就危险了。”于是派兵围住孔子师徒。后来子贡请楚昭王派兵来迎接，孔子才免除了灾难。

图 6 杏坛礼乐 孔子回到鲁国，然而鲁国仍然不重用他，孔子也不求出仕为官。他每日在杏坛弹琴，与弟子序《书》、传《礼》、删《诗》、正《乐》、赞《易》，所以杏坛成为万世立教的首圣之地。

的意思，而是指言行不合于礼的要求。

紧接着孔子又认为，要想实现礼制，必须还得提倡“仁”。“仁”的内容比较广泛，孔子认为这是一种内心修养的功夫，是一种道德标准，可以用来调整人与人之间的关系。而这种标准和“礼”是一致的，所以他还说“克己复礼为仁”。

而孔子的“仁”还有另一方面的意思，就是“爱人”，即“仁者爱人”。他要求作为一个仁者，在消极方面要“己所不欲，勿施于人”；在积极的方面要“己欲立而立人，己欲达而达人”，这是对统治者的要求，其实也是对我们每个人的要求。

孔子延续了商周以来的世界观思想，宣扬天命，他说：“君子有三畏，畏天命，畏大人，畏圣人之言。”其中天命被放在首位。不过他对鬼神却持存疑态度，所谓“子不语怪力乱神”“敬鬼神而远之”便是这种思想的反映。这种现象应该与他的政治立场分不开，因为在孔子看来，天命在上天就是“上帝之命”，在人间就是周天子之命，至于鬼神则都不是正宗，我们只需敬而远之就可以了。

除了在思想领域的成就，孔子的另一大贡献便是在教育领域。

在不搞政治的时间里，孔子几乎把所有精力都放在了从事教育活动上面。他倡导有教无类，以《诗》《书》《礼》《乐》《易》《春秋》为教材，打破学在官府、教育由贵族垄断的局面，创立私学。根据《论语》记载，无论是谁，只要向孔子交纳一份“束脩[xiū]”①，两者之间的师生关系便形成了，以后你可以随便来听课，不再收取任何的学费。

据说孔子先后共有学生三千多人，分别来自不同的社会阶层，其中学有所成者计七十二人（也称七十二贤人）。

不过，相对于他所教授的那些学生，孔子在教育界最大的成就当属他的那些教育理念。

他说：“知之者不如好之者，好之者不如乐之者。”说明兴趣才是我们最好的老师。

他还说：“中人以上，可以语上也，中人以下，不可以语上也。”这就是我们经常所讲的一定要因材施教。

他又说：“知之为知之，不知为不知，是知也。”意思是知道就是知道，不知道就是不知道，别装，因为只有这样才是真正的智慧。

他继续说：“不愤不启，不悱不发。”这话是给老师听的，意思是学生如果不是经过冥思苦想而又想不通时，就不去启发他；如果不是经过思考并有所体会，想说

---

①指十条腊肉，是先秦时期人们见面最薄的一种礼物。

却说不出来时，就不去开导他。

他还说了很多，比如告诉人们复习的重要性时所说的“学而时习之”“温故而知新”；比如告诉学生学习和思考一定要结合起来时所说的“学而不思则罔，思而不学则殆”；再比如告诉人一定要谦虚时所说的“三人行，必有我师焉，择其善者而从之，择其不善者而改之”……

孔子太能说了，而且说得太好了，这里我就不多列举了，你要是有兴趣的话可以买本《论语》认真地去看看。

至于对孔子的评价，最后只引用古人的一句话：“天不生仲尼，万古长如夜。”意思是若没有孔子，我们至少在思想上还处于黑灯瞎火的状态。有人说这个夸奖有点过了，我却不以为然，因为他是圣人，且是最后一个圣人，在他之后，再没有人能够配得上这个无上的荣誉。

孟子、荀子（儒家）

孔子死后不久社会即进入战国时代，他所创立的儒家学说也成为这一时期的显学。据韩非子说，儒家共被分为八个派别，其中最有影响的是孟子和荀子。

孟子（约前 372—前 289），名轲，战国时期邹（今山东邹城东南）人。他是鲁国贵族孟孙氏（“三桓”之一）的后裔，孔子孙子子思（即孔伋[jí]）的再传弟子。和孔子一样的是，他自幼丧父，家境贫困；和孔子不一样的是，他对仕途没什么兴趣，一生中的主要精力都用在聚徒讲学上面。

孟母断机教子图（局部）（清代／康涛）

但是，不走仕途不见得他没有自己的政治见解，相反，孟子为了推行自己的政治主张，经常往来游说于魏、齐、邹、鲁等国，大力宣传儒家的治国理论，为儒家思想在战国中期的进一步发展做出了巨大贡献。

孟子学说的出发点是性善论。他认为人的本性是善良的，恻隐之心、羞恶之心、恭敬之心、是非之心都是生下来就有的。但是“小人”不能保持这种善性，只有“君子”才能保持住。于是，他就得出一个结论，“小人”是劳力者，“君子”是劳心者，“劳心者治人，劳力者治于人，治于人者食人，治人者食于人”，这些都是天经地义的事。

接着，在性善论的支持下，孟子在政治上主张统治者要行“仁政”。“仁政”的核心内容就是明君必须“制民之产”，其具体计划是要求政府保证分给每户人家五亩宅基地和一百亩土地，即所谓“五亩之宅，树之以桑，五十者可以衣帛矣。鸡豚狗彘 [zhì] 之畜，无失其时，七十者可以食肉矣。百亩之田，勿夺其时，数口之家，可以无饥矣”。然后，统治者再在此基础上，进一步推行道德教育，向百姓申明孝悌之义，就能实现“老吾老以及人之老，幼吾幼以及人之幼”的天下大治局面。

与“仁政”相对应，孟子还提出了“民为贵，社稷次之，君为轻”的重民思想。他认为，统治者要想得天下，是“得其民，得其心”，而不是靠武力得天下。

孟子的这些观点，继承和发挥了孔子的学说，对后世影响很大，因此他成为仅次于孔子的一代儒家宗师，有“亚圣”之称，并与孔子合称为“孔孟”。

荀子（约前 313—前 238），名况，又称荀卿或孙卿，战国晚期赵国人。他年轻的时候曾在齐国临淄的稷下游学，去过很多国家，后来又回到齐国，在稷下从事教育工作。范雎做秦相时，他访问过秦国，对秦国的政治十分推崇。晚年的时候，荀子来到楚国，受到春申君的礼遇，一度出任楚国的兰陵令，最后死于楚。现传《荀子》三十二篇，乃是他的著作。

与孟子相反，荀子学说的基础是性恶论。他指出，人生来就有感官上的要求，如饿了要吃饭，冷了要穿衣，喜欢声色，贪图享受，“劳而欲息，好利而恶害”，这些都是人的本性，没有什么“小人”“君子”之分。

那么，为什么社会上还会有善的存在呢？荀子认为，“善”是可以通过教导和学习培养出来的，只不过这种善并不是发自人本性的东西。

而恶是人们相互斗争和社会秩序紊乱的根源，所以荀子主张用“礼”和“法”除去人的恶性，君主则必须“明礼义以化之，起法正以治之，重刑罚以禁之”。需要指出的是，此处所说的“法”是建立在礼治基础上的“法”，是为礼治服务的。荀子的这种法治思想，对他的学生影响很大，像韩非子和李斯都是著名的法家人物。

不过，作为战国晚期儒家思想的集大成者，荀子的学说中也有与孟子相吻合的民本主义倾向。他在论证君主与臣民之间的关系时就说：“君者舟也，庶人者水也。水则载舟，水则覆舟。”（孔子也曾说过类似的话，因此可以肯定，这句话版权所有者绝不是大家熟知的李世民。）因此，荀子主张统治者要行德政，施仁义，通过减轻赋税等方式来缓和君民之间的矛盾，以争取百姓的支持。

值得一提的是，荀子是我国古代少有的唯物主义思想家。他认为，日月星辰的运行，春夏秋冬的更迭，无论以前还是现在，都是相同的。日食、月食的发生，风雨的失调，也都是自然界的正常现象，不足为奇。接着，荀子又进一步指出，天地万物的运行与变化都有它自己的规律，不受人的意志支配，天不会因为人怕冷就取消了冬季，也不会因为人怕跑远路就缩短了距离。而同时，天也管不了人事，只要人们加强农业生产，开源节流，天是不能让人受穷的；但如果人们好逸恶劳，荒废田园，天也是不能让你成为大款的。于是，在这种认识的基础上，荀子提出了“制天命而用之”的思想，主张人们在认识自然、开发自然的过程中，要充分调动和发挥人的主观能动性。

这是荀子学说中的宝贵之处。

墨子（墨家）

墨子（约前468—前376），名翟，战国初期鲁国人（一说宋国人），是墨家的创始人。抛开他思想家的身份不谈，他首先是一个自称“贱人”（身份低下之人）的高水平木匠，据说跟当时著名的工匠鲁班齐名；他擅长防守城池，制作出来的守城器械比鲁班还要高明。

但他没有和鲁班争饭碗，而是选择了一条更为“劳心”之路。相传他早年曾接受过儒家教育，可能不对胃口，后来就抛弃儒学，自立门户创立了墨家学派，成为孔子思想的坚定反对者。

墨家是一个学派，同时也是一个严密的团体，有着严格的组织纪律。墨家的首领称为“巨子”，所有墨者都得无条件服从巨子的指挥。

墨者多半来自社会的下层，不仅学文，而且习武（应该是为了强身健体，而不是去收保护费），比较崇尚节俭和吃苦耐劳的精神。墨家流传的著作有《墨子》一书，现存53篇，内容多是墨子的弟子或者再传弟子记述他言行的集录。

墨子纪念邮票

“兼爱”“非攻”“尚贤”是墨家学说的主要思想，其中“兼爱”是其政治思想的核心。

所谓“兼爱”，即不分贫富贵贱，对待别人要如同对待自己，爱护别人如同爱护自己一样，有力助人，有财分人，有道教人。

“非攻”指的是反对以大欺小、以强欺弱的不义战争，希望国与国之间能够睦邻友好，和平相处。

而“尚贤”的意思是主张国君在选拔人才的时

候要任人唯贤，政权的大门也要向“农与工肆之人”敞开一些，对那种“骨肉之亲无故富贵”的世卿世禄制度则要进行坚决抵制。

显然，这是一种代表中下层阶级的声音，很受民众的欢迎。墨家学说也因此成为与儒学并列的“显学”，一时有非儒即墨的说法。

不过可惜的是，墨家思想由于缺乏深厚的阶级基础，其政治主张又不合时宜，因而在秦汉之后便衰落下去了。

老子（道家）

道家的创始人是老子，据文献记载，老子是春秋末期楚国苦县（今河南鹿邑）人，姓李，名耳，字聃（耳朵长而大之意）。但是在先秦古籍中，人们只称其为老聃或者老耽，从不叫他李耳。又因为“老”也是春秋时期的一个姓氏（也有人说是古时“老”和“李”同音），所以有人据此考证说老子可能就是姓“老”。

老子曾在周王室做过藏史吏（国家图书馆馆长），由于工作的关系，他有机会接触到大量先秦时期的图书文献，因此很有学问。

相传孔子曾特意来到洛邑向老子请教，后来孔子评价老子的为人和学问时说，老子就如同上天入海的龙一般，莫测高深。

存世的《道德经》（又称《老子》）据说是老子的著作，但也有学者认为此书不是出于一时一人之手，而是由其门人追记老子遗说，一直到战国时期，才由楚人环渊编纂而成的。

《道德经》内容不多，共计五千多字，分《道经》和《德经》上下两篇，系统阐述了老子的哲学观点和政治思想。

老子的哲学思想的核心是“道”。按照老子的话说，“道”是一种视而不见、听而不闻、搏之不得的先天地生、惚兮恍兮、寂兮寥兮、不可名状的精神实体。正如他在《道德经》第一章开头所说的那句名言：“道可道，非常道；名可名，非常名。”所以“道”又称作为“常无”。同时，老子还认为，“道”是宇宙万物的祖宗，其生成万物的过程是：“道生一，一生二，二生三，三生万物。”需要注意的是，这里所讲的“一”指的是元气，即原初的物质。

于是乎，在“道”的思想支配下，老子的政治主张便是“无为而治”。他说：“道常无为，而无不为……侯王若能守之，万物将自化。”意思是说“道”是自然的，不是意志强加的，别看它经常啥都不干，但没有一件事物不是它干出来的，故而统治者若能遵循自然之道，细心保护住它，天下将会自动归服。

至于什么是遵循自然之道，统治者该如何去做，老子对此也有论述。他说，人

老子出关图（明代／张路）

老子骑牛图（清代／任颐）

老子骑牛图（北宋／晁补之）

老子骑牛图（日本／狩野探幽）

缂[kè]丝青牛老子图（清代／佚名）

之所以会有欲望和争斗，都是统治者有为造成的，要想避免上面的情况发生，统治者应该在不过多干涉人民生活的同时，还需要薄赋敛、轻刑罚、尚节俭，只有这样，社会才自然安静，百姓才会生活得好。但是，老子在同情人民疾苦的时候，也在鼓吹愚民政策。他说，百姓不好管，是因为智慧太多，应该绝圣弃智、绝仁弃义，使民“无知无欲”。因此他在号召统治者治民时，必须遵守“虚其心，实其腹，弱其志，强其骨，常使民无知无欲”的政策。这便是“为无为，则无不治”的妙用。

说了这么多，那老子究竟想要建立一个什么样的社会呢？答案是小国寡民。据老子描述，小国寡民的场景应该是这样的：“使有什伯之器（即贵族重器）而不用，使民重死而不远徙。虽有舟舆，无所乘之；虽有甲兵，无所陈之。使民复结绳而用之，甘其食，美其服，安其居，乐其俗。邻国相望，鸡犬之声相闻，民至老死，不相往来。”有人看到这里，可能感觉这个社会场景比较眼熟，有点像原始社会或者早期的奴隶制社会……嗯，你要是真这样理解，也不能算是错吧。

除了我们多数人都不太懂的“道”，《道德经》还有一个宝贵之处，那便是它具有朴素的辩证法精神。

老子在书中指出，世间的事物包含矛盾对立的两个方面，互相依存，相反相成。如美与丑、难与易、长与短、高与下、前与后、有与无、祸与福、强与弱、刚与柔、多与少、实与虚、荣与辱、巧与拙、智与愚等，都是对立与统一的。所以他提出了“有无相生，难易相成，长短相形，高下相倾，音声相和，前后相随”等思想。

另外，老子还看出对立面有时是可以互相转化的，如他讲“祸兮，福之所倚；福兮，祸之所伏”，这个与《周易》中所说的“否 [pǐ] 极泰来”有异曲同工之妙。

庄子（道家）

战国时代，道家的代表人物是庄子（约前 369—前 286）。庄子名周，宋国蒙（今河南商丘附近）人，出身于没落贵族，曾在蒙做过短时间漆园吏，生活困苦，有时以打草鞋为业。

和儒家积极入世的思想相反，庄子消极避世，他认为人通过修养可得“道”，得了“道”之后便能进入“真人境界”，可以解脱人生的烦闷、苦恼、无聊，甚至是生死。显然，这是一种主观唯心主义。

庄子的思想保存于《庄子》一书中，共计 52 篇，现存 33 篇，分内、外、杂篇，一般认为内篇 7 篇是庄子本人所著，是研究庄子思想的重要资料，外篇及杂篇多是门徒和后人作品。后人把老子和庄子合称为“老庄”。

庄子的思想是从老子思想发展而来的，他不但把“道”解释得更为神秘，说它是先天地生的“非物”，而且还把老子关于对立转化的看法引向了极端。他否认客观真理的存在，用相对主义的观点来对待好坏、大小、高低、生死、对错，认为对立双方没有什么绝对的界限，不承认相对之中有绝对。他举例说：站在活人的立场说死是死，那么死人也可以站在死人的立场上说生就是死；醒着的人站在醒的立场说梦是梦，做梦的人站在梦的立场说醒就是梦；毛嫱 [qiáng]、丽姬，人见了以为是美女，但是鱼见了却会避入水底，鸟见了会吓得高飞。

因此，所谓生与死，梦与醒，美与丑，并没有客观的标准，按照庄子的话说，即“天下莫大于秋毫之末，而泰山为小；莫寿乎殇子，而彭祖为夭”。

也正是在这种世界观的基础上，庄子的一生都是在追求精神的绝对自由和个性的完全独立，这为后来士人提供了精神上的寄托。

同样，受到上述世界观的影响，庄子在政治上也表现出一种消极的态度。他与老子的观点一样，认为天下之所以混乱，其根源在于治，越治越乱，只有顺其自然，才能天下太平。他极端鄙视富贵利禄，痛恨“窃钩者诛，窃国者诸侯”的不公平现象，希望并幻想能够回到“至德之世”的太古洪荒时代。

韩非（法家）

战国时期的法家共分为两派，一派以李悝、吴起、商鞅为代表，主张以法治代替礼治；另一派以申不害为代表，由黄老道家中彭蒙、慎到一派发展而来，讲究的是“循名责实”，以权术控制臣下，从而达到统治百姓的目的。

而韩非，是集两派之大成的“法术家”。

韩非像

韩非（约前 280—前 233）出身于韩国王室。根据《史记》记载，韩非精于“刑名法术之学”，与秦相李斯都是荀子的学生。他有一个与英国乔治六世国王同样的毛病——口吃，不过他的文章写得不错，这点连李斯都自愧弗如。

秦始皇看到韩非的著作后非常激动，为了召请他，居然发兵进攻韩国。但是，韩非到达秦国后，还未得到任用，就为李斯所嫉妒，最后被迫自杀于狱中。

韩非的主要思想贡献在于，提出了一套法、术、势相结合的君主专制理论。这是他对商鞅的法论、申不害的术论、慎到的势论加以认真总结综合之后，创造的政治思想。需要说明的是，这里的“法”指的是君主制定的成文法令，“术”指的是君主控制臣下的权术，“势”指的是君主至高无上的权力。韩非认为，君主要想加强中央集权，实现君主专制，必须掌握法、术、势这三种“帝王工具”。

由于“法”和“术”都必须以“势”为前提，而三者又都是以法为本的，所以韩非又认为法律要向全国公布，臣民必须严格遵守，否则的话就用严刑峻法来镇压人民的反抗，以巩固封建统治，即所谓“法治”。

除了主张“法治”，韩非还认为历史是向前发展的。他把社会分为“上古”“中世”和“当今”三个时代，认为每个时代都有各自的特点：“上古竞于道德，中世逐于智谋，当今争于气力。”

因此，幻想在当今之世恢复古代制度，不仅不可能，而且十分可笑。不可笑的做法是统治者应该顺势而变，适应时代发展。

阅读链接

《左传》又叫《春秋左氏传》，是我国现存第一部叙事详细的编年体史书。它与《春秋公羊传》《春秋穀（谷）梁传》合称“《春秋》三传”。按照司马迁和班固的说法，其作者是战国初年鲁国的左丘明。左丘明是个盲人，却是个实实在在的明白人；很多人眼睛长得溜圆，但可能是个货真价实的糊涂蛋。

很多人能准确说出四大发明中造纸术、印刷术、火药的发明时间，却不知指南针最早出现于何时。我现在可以告诉你，指南针是被战国时期的人们发明的。当然，这个时候指南针还叫得它最古老的名字——司南。

《墨子》不但是一本思想类著作，还是一本物理学著作，里面记录了很多关于光学、力学以及几何学方面的知识，比如小孔成像和杠杆原理。这可能因为作者是木匠吧。

《黄帝内经》是我国最早的一部医学著作，大约战国时期便已问世，其内容博大精深，奠定了中医的理论基础。不过令人惊奇的是，这本书不但记载了我国最早的人体解剖知识，而且还提出了世界上最早的血液循环理论。别忘了，这些可都是西医重点关注的对象。

荀子曾当过三届“稷下学派”的祭酒（领袖），这在中国古代教育史上是十分罕见的。此外，一般人可能不知道的是，盛行于西汉的黄老之学就是形成于稷下，且是稷下诸多学派中最重要的一派。

很多人都觉得《离骚》中的有些语句读起来很拗[ào]口，这不怪你，而是因为屈原在写这本书的时候夹杂了大量的楚国方言。

你可能想不到，现在号称“天府之国”的成都平原，在古代很长一段时间内却是一个水旱灾害扎堆的地方。为了改变这种惨状，秦国蜀郡太守李冰任职期间，就与他的儿子带领一帮民工，在秦昭王末年（约前256—前251）修建了举世闻名的都江堰。都江堰被誉为“世界水利文化的鼻祖”，是目前世界上年代最久、唯一留存的以无坝引水为特征的宏大水利工程。

围棋在古代称为弈，起源很早，到了春秋时期，已经广泛流行，后来风靡于世界的扑克牌游戏，和围棋比起来，其实只能算是小字辈。

《诗经》是我国第一部诗歌总集，收录了西周到春秋中叶的诗歌。《诗经》共分为“风”“雅”“颂”三个部分，其中“风”是周朝各地的歌谣，统称“国风”，大部分是春秋时期的作品;“雅”是周人的正声雅乐;“颂”为宗庙祭祀的乐歌和舞歌。

扁鹊是战国时期最著名的医生，后代医学家把他奉为“脉学之宗”。他采用望、闻、切、问四诊法诊断疾病，即结合望气色、听声音、询问病情，从脉象中诊出病情，其中切脉是扁鹊的主要成就。四诊法是我国中医的传统诊病法，可惜现在已经没几个人会了，虽然我们在电视上经常能看到，但那都是假的，包括大夫嘴上的胡子。

我国铁器的使用，可以一直上溯到西周晚期。春秋时期，铁制农具开始出现，到了战国时，铁农具使用范围扩大。相对于木石和青铜工具，铁器更坚硬、锋利，因此它的使用，使生产力有一个质的飞跃。

现在很少能看到用牛耕地了，但在古代，牛耕却是最有效率的耕作方式。牛耕是在春秋战国时期开始使用并逐渐推广的，算得上我国农业技术史上农用动力的一次革命。

春秋战国时期，冶铸业有划时代的发展。我国人民创造的铸铁柔化处理技术，是世界冶铁史上的一大成就。这项发明，比欧洲早两千年以上。

春秋战国时煮盐业、酿酒业有较大发展。煮盐方面，山西的池盐、山东的海盐和四川的井盐都已开发；酿酒方面，人们已经能够用曲造酒了。

在战国时期，出现了一本有关手工业工艺的专著《考工记》。这部著作记述了齐国官营手工业各个工种的设计规范和制造工艺，不光在我国工程技术发展史上有重要地位，就是放到世界上，也是独一无二的。

第八章 秦朝一统

万世只是一个梦

在封建社会，一个人要想有好的生活环境，有时不但需要“拼爹”，还需要“拼娘”——同父异母兄弟，能否得到父爱更多的滋润，往往取决于母亲是否受宠，这一点在帝王子女中表现得尤为明显。

倒霉催的异人

秦始皇的爹本名叫异人，是秦昭襄王的孙子，太子安国君（秦孝文王）的儿子。作为帝王之子，异人打小不但未享受到身份带给他的好处，相反他倒觉得自己像是个皮球，肚子虽然吃得不圆，却总是被人踢来踢去。

一句话，异人是一个处处不受人待见的王子。

异人不被待见不是因为他长得令人讨厌，而是因为他不被重视。异人的爹安国君原本不是太子，只是由于原先的太子在魏国做人质期间去世了，才轮到作为次子的他上位。

但这并不表示安国君的运气好，因为他摊上了一个在位时间超长的老爹秦昭襄王（在位五十六年）。所以三十八岁的安国君在继任太子后，看到仍旧生龙活虎的老爹便开始纠结了。从情感的角度，他自然希望父亲能够长命百岁，可真要是那样的话，他又实在没有信心熬过老爹。

没当上太子时对王位想都不敢想，当上太子时对王位想也白想，这恐怕是安国君一生中遇到的最大玩笑。

于是，在娱乐活动极度匮乏的时代，安国君把“不做无聊之事，难度有生之涯”当成自己的座右铭，将很多精力花费在女人身上。

这样一来，安国君有了为数众多的子女。据史料记载，安国君光儿子就有二十多个。要知道，在生育率向来不高的帝王家族，这绝对是一份傲人的成绩单（以子女众多著称的康熙帝也不过有三十五个儿子）。

而异人不过是安国君二十多个儿子中的一个。

在封建社会，一个人要想有好的生活环境，有时不但需要“拼爹”，还需要“拼娘”——同父异母兄弟，能否得到父爱更多的滋润，往往取决于母亲是否受宠，这一点在帝王子女中表现得尤为明显。

异人的娘夏姬在安国君众多妻妾中，算是最不得宠的一个。

母亲被冷落，儿子自然也就得不到重视。因此异人尽管生在帝王家，却从未做过帝王梦。他很清楚自己的地位，知道除非是抓阄 [jiū]，否则自己连半点继承王位的希望都没有。想通了这一点，异人反倒觉得很坦然，每天睡起觉来倍儿香。

直到某天一个真实的噩梦把他给惊醒，梦的内容是他被选为人质送往赵国。

当时，他的祖父秦昭襄王正积极实施范雎“远交近攻”的兼并方针，大力进攻与秦毗邻的韩、魏两国。为了避免三晋联合，秦昭襄王决定与赵国签订盟约。按照惯例，盟约两国应互换人质，以示信任。可能是因为儿子不够用，秦昭襄王遂决定从孙子中进行选择。

异人的母亲不得宠，自己又非长子，所以顺理成章成为人质的不二人选。

人质是一个风险极高的职业，因为一旦你进入这个行当（当然都是被迫的），就意味着你的命运不再由自己掌控。你会面临很多未知因素，比如你不知还能否看到明天的太阳，不知眼前的美味是否为自己“最后的晚餐”，不知闭上眼会不会再醒来……

也就是说，异人将要以一个正常人的身心去承受绝症患者才有的压力。

当然，光有心理压力显然还不够，异人被送到邯郸后，由于不受赵国重视，生活压力又开始困扰他。这让平日里锦衣玉食的他难以忍受，以前在秦国虽然也遭人冷落，但毕竟还有白馒头吃，现在倒好，能吃饱的只有白眼。

正当异人感到绝望的时候，他遇到了生命中第一位，也是最重要的一位贵人。

这个人名叫吕不韦。

吕不韦的风险投资

吕不韦是卫国濮阳（今河南濮阳西南）人，因在韩国都城阳翟（今河南禹州）经商发了大财，成为当时著名的豪富。由于他主要从事贩贱卖贵的投机生意，所以经常到邯郸出差。一次偶然的机会，他结识了极度落魄的异人。

与其他绝大多数暴发户不同的是，吕不韦是一个极具政治头脑的商人。他平时往来各大都城，对各国政治十分熟悉，尤其是对秦国太子宫阙的内幕更是了如指掌。因此，当他见到异人后，首先想到的是这是一个稀缺的物品，“奇货可居”。

吕不韦认为，往来贸易，投机倒把，不过是小打小闹，真正利大无比并可福泽后人的是定国立君。

于是他对异人说：“我能帮助你实现政治愿望。”

异人早已对政治不抱任何希望，脑子里全是如何填饱肚子，便回答说：“政治离我太遥远，你若诚心帮我，还是先帮我解决吃饭问题吧。”

吕不韦嘿嘿一笑说：“你从出生那天起就注定是个政治人物，你所有的生活理想全都建立在政治的基础上。我这里有个计策，可以让你登上权力顶峰。”

异人见吕不韦不像是在开玩笑，顿时两眼放光，连忙请吕不韦就座，与其进行深入交谈。

吕不韦接着说：“秦王时日无多，你的父亲安国君作为太子，将会继承大统。安国君最为宠爱的华阳夫人在继承人问题上会有很大的话语权，而华阳夫人又无子嗣，因此，只要能取得她的信任，你便会有很大的胜算。这对你来说可是个千载难逢的好机会。”

异人一听此言，顿感泄气，说：“我那二十几个兄弟没有一个是省油灯，就算他们看不出其中的玄机，但我作为一个长期身居国外的人质，即使想拍华阳夫人的马屁，手也伸不了那么长啊。”

吕不韦哈哈一笑说：“只要你愿意，我愿做你那只伸出去的手。”

异人当然愿意。

秦射手服饰复原图（当代／刘永华）

吕不韦不愧是大款，出手很阔绰，他先送异人五百金，将其“包装”起来，以便让他广交天下宾客，抬高自己的身价；同时又拿出五百金用来采购奇珍异宝，亲自前往秦国都城咸阳替异人进行公关活动。

但由于当时商人社会地位低下，吕不韦虽腰缠万贯，却不能直接面见安国君和华阳夫人。

无奈之下，他只好去求见难度系数相对低些的阳泉君。阳泉君是华阳夫人的弟弟，吕不韦从他切入是经过深思熟虑的。

秦步兵服饰复原图（当代／刘永华）

见到阳泉君后，吕不韦并未与他寒暄，劈头盖脸就问他："大人是否知道自己大祸将至？"阳泉君听闻此语，勃然大怒，刚要让人把他抓起来，却见吕不韦不慌不忙地又说："恕我直言，大人无功于秦国，全仗安国君，他为取悦你姐，向秦王推荐，大人才得以重用。如今大人您权倾朝野，富压群臣，公卿侧目，但不知是否想过，哪一天华阳夫人色衰爱弛，自己将何以容身于朝廷？"

阳泉君听完这一番话，直惊得汗如雨下，忙向吕不韦请教。

吕不韦见对方已入彀 [gòu] 中，信心大增，便说："安国君得立太子，不久将为秦王。我听说他有意立公子子傒为太子，等到那时，执掌后宫的自然是太子之母。而华阳夫人至今尚无子嗣，色纵未衰，亦必失势——这是最坏的情况。幸运的是，目前夫人之貌如春花之艳，安国君之宠如东海之深，因此我们只要提前做足准备，就一定有翻盘的机会。"

阳泉君忙问具体对策。

吕不韦说："现在生儿子恐怕来不及了，我这里倒是有一个省时又省事的法子，就是让华阳夫人在安国君诸子中择其贤者而收为己子，请立为嫡，相信安国君必然听从。如此一来，夫人不但可以备受宠爱，哪怕等到安国君百年之后，其所收之子亦能得继王位。这对大人来说绝对是一举而收万世之利的好事，至于接下来如何做，就不用我多说了吧。"

阳泉君一把拽住吕不韦的衣袖，说："怎么不需要多说，你得告诉我收谁为儿子？"

吕不韦见对方已经完全上钩，这才缓缓地说："我在赵国做买卖期间，经常听到邯郸城内的公卿大臣盛赞公子异人之贤。出于好奇，我特意前去拜访一下，果如他人所述，公子异人谦而有礼，勤而好学，大有君子之风。更为难得的是，异人每每谈起秦国及夫人，未尝不伤心落泪，思念之情，溢于言表。若夫人能将此人收为养子，将来得立为太子，则异人无国而有国，夫人无子而有子，一旦为主，秦国之政，还不全凭夫人及大人主持？”

接着，吕不韦又用同样的方法说服了华阳夫人的姐姐。

由于这是一个双赢策略，二人经此一番点拨，顿有醍醐 [tíhú] 灌顶之感，很快就将吕不韦的意思传达给了华阳夫人。华阳夫人此时正为无子苦恼，听完姐弟转述后，淤积在心中的症结立马化开。从此，华阳夫人使出浑身解数，一有时间便向安国君大吹枕边风。安国君耳根子软，在华阳夫人的强势“进攻”下，不但答应了她的请求，还与其刻符为信，约定立异人为合法继承人。

异人身份一变，待遇自然跟着提升，安国君与华阳夫人在向他送去大量财物的同时，还专门为其聘请了一个专职老师——如你所猜，这个老师就是吕不韦。从此，异人在吕不韦保姆般的照顾和引导下，声誉日隆，誉满诸侯。

这是一个收获的季节

形势发展看似顺利，然而吕不韦心里却越发没底，因为当时秦赵之间为争夺上党郡，关系变得异常紧张。如果战争突然爆发，势必会对异人的安全造成威胁。

这还不算，正当吕不韦为时局担心之际，异人却突然表示对他的一个姬妾十分感兴趣。此姬妾史称“赵姬”，出身邯郸豪富，姿容雅俊，能歌善舞，深得吕不韦宠幸。吕不韦见异人居然提出如此无礼的要求，顿时大怒。好在吕不韦毕竟是个商人，他没等怒火发出，便已权衡出利弊，觉得若为一个女子与异人翻脸，就等于先前的投入全都打了水漂，实在划不来。于是吕不韦非常爽快地答应了异人的要求。

公元前 260 年，秦赵之间憋了几年的战争终于在长平展开了决斗，结果以赵国的惨败而告终。后来赵国派苏代游说秦相范雎，付出割地求和的代价，方才暂时阻止住秦军进攻的步伐。

也就是在长平之战后的第一年（前 259）正月，赵姬产下一子，此子便是后来鼎鼎大名的秦始皇。因秦始皇生于赵都邯郸，故以赵氏为姓；又因正月出生，所以起名为正（一作政）。至于我们更为熟悉的“嬴政”这个称呼，则是秦始皇回到秦国后才改的。

与不少帝王出生伴随奇异现象不同的是，秦始皇出生伴随的却是他的身世之谜，即他的亲爹究竟是不是吕不韦。

若按照《史记》《汉书》和《资治通鉴》等史书的说法，秦始皇的亲爹就是吕不韦，《汉书》的作者班固甚至索性称“嬴政”为“吕政”。但是尽管有这么多的正史去佐证，还是有不少史学家对此提出质疑，如明代学者汤聘尹就指出，赵姬是在足月后产下嬴政的，因此，“嬴政为吕不韦之子”实为“战国好事者为之”。同为明代人的王世贞在《读书后》中也提出了自己的质疑，他认为之所以会出现秦始皇的亲爹是吕不韦的说法，可能是因为吕不韦为长保富贵，故意编造出嬴政是私生子的说法。当然，所有的这些质疑仅仅是猜测，虽持之有因，却无实据。

长平之战后，因赵国未能按约割让城池，引起秦昭襄王震怒，秦军便再次发起对赵的进攻，邯郸危如累卵。险急之中，赵国准备杀死异人以解心头之恨。异人慌了手脚，忙与吕不韦商议对策。吕不韦此时已被套牢，只得四处打点，最后通过重金贿赂防守官吏方才逃出邯郸，返回秦国。

赵国一见异人跑了，便欲拿赵姬和嬴政娘俩开刀。亏得赵姬娘家还算有点手段，最后母子在家人的保护下，有惊无险地躲过了杀身大难，否则就不会有秦始皇后来的什么事了。

公元前 251 年，七十四岁高龄的秦昭襄王终于闭上眼向祖宗汇报工作去了。安国君“多年媳妇熬成婆”，终于修成“正果”，可以说他是在悲喜交加中登上了梦寐以求的王位。

而这一年，他已五十二岁。

安国君（秦孝文王）即位后，封华阳夫人为王后，立子楚（即异人，因华阳夫人为楚国人，故改名为子楚）为太子。此时秦赵关系有所缓和，在吕不韦的斡旋下，赵国把赵姬和她九岁的儿子嬴政送回秦国。

子楚运气明显要比他爹好很多，一年后，刚把王位宝座暖热的安国君去世，子楚即位，他便是秦庄襄王。秦庄襄王够义气（这点很难得，历史上过河拆桥的事儿太多了），当上秦王后的第一件事便是报答他的恩人，比如尊华阳夫人为太后、生母为夏太后，以吕不韦为相国，封文信侯，并赏赐洛阳十万户作为他的食邑。

但秦庄襄王的运气并未持续太久，在位仅三年就一命归西，享年三十四岁。有人说他的死是与吕不韦矛盾激化的结果，因为当时后者位高权重，对王权造成了极大威胁，故引起前者的警惕。

而吕不韦不肯束手待毙，便密谋暗害秦庄襄王，才使其暴毙。不过，这种说法有很多演绎推理的成分，从后来吕不韦在与秦始皇较量中处于防守地位看，可信度似乎不大。

国不可一日无君，秦庄襄王死后，年仅十三岁的嬴政登上王位。十三岁对于一个人来说还处于孩童阶段，即便是放在今天，他也无法体悟国家的真正含义，更别说让他决策国家未来走向了。因此，秦国政权理所当然地落入了赵姬和吕不韦手中。

文不加点的《吕氏春秋》

嬴政继承王位后，尊吕不韦为相国，号称“仲父”。在这一时期，吕不韦的权势达到顶峰，他不仅位极人臣，且富甲天下，成为当时最著名的款爷和政治暴发户。但是随着时间的推移，吕不韦越发觉得权力和金钱不能完全充实他的内心。

按照美国心理学家马斯洛的需求层次理论的说法，人在实现生理、安全、尊重等需求后，就会朝着最高层次的自我实现需求去努力，而吕不韦的自我实现需求即成为一个文化人。

吕不韦认为，当时的秦国虽已是军事和经济大国，但还不是文化大国，比如象征着文化昌盛的养士之风与一些关东诸侯相比还有很大的差距，这是秦人的耻辱。为了把这个脸面给扳回来，他下令广招天下之士，并宣告说只要是特殊人才，就能享受特殊待遇。这些优惠政策颁布后，很快就为其招来了三千个宾客。

不过与养士行家四公子（魏信陵君，楚春申君，赵平原君，齐孟尝君）不同的是，吕不韦招揽宾客，并不看你是否勇猛，只看你是否有文采。究其原因，在于吕不韦本身就是一个善于谋略之人，他向来瞧不起那些头脑简单的莽夫。

当然，除此之外吕不韦还有一个更为私心的原因，即他想通过著书立说来实现自己名扬天下、名垂青史的目的。

然而吕不韦是商人出身，文化程度不高，没工夫也没能力去写那些流传千古的文章。于是他就想到了一个办法，自己出钱出场地，让那些应招来的宾客去写。至于写什么，宾客可以根据自己的所见所思自由发挥。

既然不是命题作文，宾客们个个思如泉涌，很快就完成了吕不韦交给他们的任务。他们所写的文章真可谓五花八门、包罗万象，像什么古往今来、上下四方、天地万物、兴废治乱、士农工商、三教九流等，全都有所论及。由于这些文章质量参差不齐，且有很多重复，吕不韦便又挑选几位文坛高手将其进行筛选、归类、删定，并结集成书，取名为《吕氏春秋》。

《吕氏春秋》成书于公元前 239 年，是一部结构体系十分完备的书，这在先秦著作中是绝无仅有的。它的结构体系经过精心安排和设计，自成系统。全书共分为三个部分：纪、览、论。

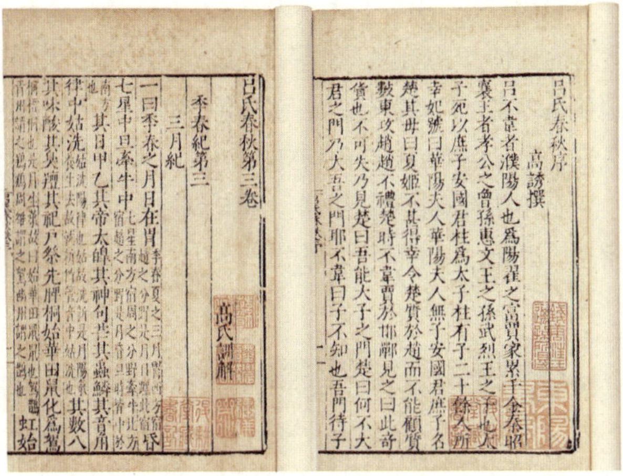
呂氏春秋第三卷
高氏訓解
季春紀第三
三月紀
一曰季春之月日在胃
七星中旦牽牛中
其日甲乙其帝太皞其神句芒其蟲鱗其音角
律中姑洗
其數八
其味酸其臭羶其祀戶祭先脾桐始華田鼠化爲鴽
虹始

呂氏春秋序
高誘撰
呂不韋者濮陽人也爲陽翟之富賈家累千金秦昭
襄王者孝公之曾孫惠文王之孫武烈王之子也太
子死以庶子安國君柱爲太子柱有子二十餘人所
幸妃號曰華陽夫人華陽夫人無子安國君庶子名
楚其母曰夏姬不甚得幸令楚質於趙而不能顧質
數東攻趙趙不禮楚時不韋賈於邯鄲見之曰此奇
貨也不可失乃見楚曰吾能大子之門楚曰何不大
君之門乃大吾之門耶不韋曰子不知也吾門待子

《吕氏春秋》书影

“纪”按照春夏秋冬十二月分为十二纪，如春分三纪，孟春、仲春、季春；每纪又包括五篇文章，共计六十篇。

“览”按照内容分为八览，每览八篇，计六十四篇（第一览有始览缺一篇，现存六十三篇）。

“论”也是按照内容分为六论，每论六篇，共三十六篇。另外还有一篇全书的序言（即序意，今已残缺），放在十二纪后面。

概括起来，《吕氏春秋》全书共有一百六十篇，二十余万字。据说书成之后，吕不韦曾让人公布于咸阳市门，延请诸侯列国的游士宾客修正，号称能增减一字者，奖予千金。可见此书在当时的秦国已经具有了一种不容否定的权威。

尽管吕不韦没有参与这部书的具体写作，但是作为书的主编，《吕氏春秋》还是较为完整地体现了他的思想。要想弄清这个问题，还是需要先从当时的政治形势来分析。

在当时，秦国统一天下的大势已定，其余六国诸侯已无力阻挡这一历史潮流。吕不韦清楚地认识到这一形势，并以他政治家的敏感认识到，秦国接下来最大的难题不是如何打江山，而是如何守江山。而作为相国的吕不韦，必须考虑统一后的秦国将如何治理，实行什么样的政策才能使国家长治久安。

首先，吕不韦不太赞同自秦孝公以来几乎处于独尊地位的法家思想作为治国基本国策，因此他必须提出符合秦国国情的理论。其次，《吕氏春秋》虽然是一本以关东儒家文化为基础、糅合诸子百家写成的一部书，但是其精髓却是由道家学说构成，如汉代学者高诱在为《吕氏春秋》作注时就曾评价说，此书的基本宗旨是以“道德”作为目标，以“无为”作为纲纪，至于儒学，则只是被借用为形式。

说露骨点，其实吕不韦费那么大的人力、物力、财力去编著《吕氏春秋》，根本目的虽是为秦的统一奠定一种新的理论，但是其最直接的动机则是反对君主独裁，迫使嬴政完全依照自己的意愿行事，使自己的主张定于一尊，从而维持秦国的长治久安，同时也维持自己的权势地位。

吕不韦算盘打得是不错，但不幸的是他碰上了一个头脑堪比电脑的千古一帝秦始皇。因此，无论吕不韦怎么去努力，都无法摆脱在这场博弈中失败的命运。

小人得志的反面教材——嫪毐

嬴政与吕不韦的较量由来已久，由于这种较量一直是在暗中进行，因此从表面上看大家还都是一团和气。相对于吕不韦，嬴政无论是在阅历还是在经验上都很欠火候，好在这二人都是属于比较能沉住气的人，在王权与相权势均力敌的较量中，没有谁愿意先撕破脸。

如果这种僵持局面一直持续下去，对秦国未来的发展不见得是个坏事，历史上很多治世其实都是处于皇权（或王权）与相权相互制衡的时期。可是倘若有第三股势力非要在此时横插一杠，打破僵局，就是另一番景象了。

而最终打破这个局面的，不是别人，正是嬴政的生母赵太后赵姬。

赵姬在丈夫秦庄襄王死后一直孤身无偶（想改嫁也没人敢娶），变得无所事事起来。然而此时的赵姬无论是年龄还是精力都处于黄金时期，加之她原本就不甘平淡，这就使得其原本躁动的内心变得更加不安。

她很想与第一任丈夫吕不韦再续前缘。

吕不韦在感情方面也不是省油灯，他每每想起当初秦庄襄王横刀夺爱，把他最为宠爱的女人从身边带走，就觉得来气。所以当赵姬向其频频示爱时，他首先想到的不是拒绝，而是接受赵姬的示爱。

由此我们可以得出一个教训：无论你多么强势和理直气壮，抢别人老婆都是不对的。

不过这种不正当关系并未持续太久，吕不韦便理智战胜冲动，及早从中抽身。当然，其现实原因还是他觉得嬴政日见长大，渐懂人事，而自己作为人臣，若与主子的母亲纠缠不清，时间长了肯定不是什么好事。

但令吕不韦没有想到的是，正处在兴头上的赵姬对他的突然离去表示强烈不满。对于空虚寂寞的赵姬来说，感情生活好比是空气和水，是生活必需品，你吕不韦为了自己的政治前途，连声招呼都不打就把我晾在一边，简直是可忍，孰不可忍！于是，吕不韦为了防止赵姬做出过激举动，就决定物色一个替身暂时过渡一下。

嫪毐便是在这时走进了他的视线。

嫪毐原本是市井小混混，为人虽然泼皮无赖，但由于长得漂亮白净，故很招各级女性朋友的喜爱。吕不韦将他选定为自己的替身后，出于商人的精明和细心，并未立即将嫪毐献给赵姬。为了掩人耳目，他先是把嫪毐作为“特殊人才”引入门下成为一名舍人（即门客），然后拔掉其须眉，把他假扮成宦官后方才推荐给赵姬。

赵姬得到嫪毐后大喜，再也无暇顾及吕不韦。吕不韦则长长舒了一口气，庆幸自己及时将一场危机消弭于无形。

然而令他没有想到的是，嫪毐进入后宫时间不长，便开始仗着赵姬宠幸，以一副老子天下第一的姿态骄横跋扈起来，别说是吕不韦，就是秦王嬴政也不放在眼里。吕不韦只怪自己当初审查工作没做好，摇头表示无奈，心想既然已经与赵姬分道扬镳 [biāo]，那么以后只要井水不犯河水，应该不会出啥大问题。

但是，有些问题不一定非得出在自己身上才叫问题，出在别人身上也叫问题。由于赵姬和嫪毐朝夕相处，不久，赵姬怀孕了。

太后寡居而有孕，这事如果传出去，将是何等耻辱。为了防止事情泄露，赵姬就向儿子打了个报告，说受到神灵指示，应当隐居避人。嬴政巴不得这个不着调的母亲离他远远的，当即批准了她的请求（由此可见此时的秦始皇还是很单纯的）。

于是，赵姬与嫪毐就移居到距咸阳二十里处的雍地旧宫。在这里，肆无忌惮的赵姬不但与嫪毐先后生下两个儿子，而且她所执掌的政务，更是全部交由嫪毐定夺。嫪毐势力急剧膨胀，不少朝中重臣争相与其结交，很快使他成为秦国仅次于吕不韦的又一股政治势力。

就这样，在嬴政亲政之前，秦国已经形成了两个与君权对立的政治集团，一个是以吕不韦为首的吕氏集团，一个是以赵姬和嫪毐为首的后党集团。这两个集团既有共同利益，又有矛盾，反正是各怀鬼胎。

秦始皇像

公元前239年，嬴政二十一岁，按照秦国制度，他将在次年举行冠礼①，开始亲政。也就是在这时，有两个严峻之事突然摆在嬴政面前：一个是拥有相国之位、仲父之尊的吕不韦公布了具有浓郁反君主独裁色彩的《吕氏春秋》；一个是无赖出身的嫪毐获封为长信侯。

《吕氏春秋》的事前文已有详细介绍，这里不多说。而嫪毐在获封长信侯后，不但势力膨胀，野心也跟着膨胀，他想有更大的“作为”——取嬴政而代之。赵姬没想到嫪毐还是一个如此有上进心的男人，大为惊喜，表示将全力支持。不过，最后两人经过反复探讨，觉得做父母的还是应该大度和无私一些，不如把机会留给儿子。

面对吕党和后党两大集团的嚣张气焰，嬴政不仅没有慌了阵脚，反而表现出一种令人吃惊的沉着。

公元前238年春，嬴政按照预定计划前往故都雍城的蕲[qí]年宫举行冠礼。当时，嫪毐常和一帮权贵中的狐朋狗友饮酒博弈，喝大发了以后，难免会有些忘乎所以。一次他与人醉中争吵，便口出狂言说：“我乃秦王后爸，你一穷小子怎敢与我相抗？”谁知被骂之人也不是省油灯，转脸就把这话转述给嬴政。

嬴政其实对母亲与嫪毐苟且之事也有耳闻，只不过当时正是征伐六国的关键时期，他权衡一下利弊，觉得这毕竟是家丑，最好还是先忍而不发，待到外面搞定后再来秋后算账也不迟。哪料嫪毐太山炮，嘴巴没有把门的，居然不打招呼就把事情张扬出去。这是嬴政无论如何都不能容忍的。

嫪毐酒醒后一见事情败露，心想既然已无回旋余地，不如一不做二不休，提前反了。于是他就趁着嬴政在雍地加冠之际发动叛乱。叛军由县卒、卫卒、舍人等仓促组成，其目的是攻进蕲年宫，杀死嬴政。

嬴政对此早有准备，当即下令相国昌平君、昌文君率兵前去镇压。嫪毐率领的杂牌军岂是身经百战的正规军的对手，还未出咸阳，就被打得人仰马翻，四下溃逃。

①中国古代男性的成年礼。根据周礼规定，天子和诸侯实行嫡长子继承制，在位之王去世，嫡长子无论年长或年幼都可即位，但若未行成年冠礼则不可亲政。因此对于帝王而言，冠礼具有特殊的意义。

嬴政接着又下令全国："活捉嫪毐的，赐钱百万；将他杀死的，赏五十万。"

很快，嫪毐等人悉数被捉拿归案。九月，嫪毐被车裂，诛灭三族；其党羽骨干卫尉竭、内史肆、中大夫令齐等二十余人皆枭 [xiāo] 首示众；舍人轻者被劳改，重者被判刑；受此案牵连的四千余家全部被夺爵流放蜀地。

至于生母赵姬，嬴政也没有放过。他先是杀死了赵姬与嫪毐的两个私生子，接着又把她隔离在雍城的棫 [yù] 阳宫软禁起来。后经众多朝臣以死劝谏，嬴政方才与其恢复正常母子关系。不过，这事给嬴政留下了极深的心理阴影，使他对女人产生了一种惧怕和不信任，故他终其一生都未立皇后。

又因嫪毐事件牵连到吕不韦，嬴政便趁机抓住这个把柄免去同样是心头之患的吕不韦的相国职位。谁知吕不韦根基深厚，命令刚一颁布，前来帮他说情的宾客辩士便纷至沓来，其中甚至包括关东六国的使者。

这让嬴政进一步看到吕不韦的可怕，觉得如果不把这事彻底解决，必会给将来埋下大患，于是他果断下令将吕不韦流放到蜀地。吕不韦闻讯后，不愿受此凌辱，又自知难免一死，就很识趣地选择了服毒自尽。

嬴政由此全面掌握了国家权力。

统一大业中的牛人们

清除了国内敌对势力后，嬴政很快把视线转向了东方。在当时，由于秦国无论是经济还是军事，实力都远远超其他国家，所以，"以天下为事"，期望"得志于天下"就成了嬴政最直接的政治目标。

关于秦灭六国的具体过程，前文已有讲述，此不赘述。这里单单摘出几个统一大业中的牛人进行讲说，因为这些人不光为秦的统一立下汗马功劳，其中的某些人还将会在接下来的历史中扮演非常重要的角色。

带兵打仗需要将领，我们首先说一下武将。这一时期，武将中比较出类拔萃的要数王翦、王贲和蒙武、蒙恬两家父子。

王翦像（明代 / 佚名）

王翦是关中频阳东乡（今陕西富平东

北）人，他是继白起之后秦国又一名将。公元前 229 年，王翦从郡上发兵，准备一举攻灭赵国，结果遇上赵国名将李牧。李牧与王翦同是战国四大名将，水平不相上下，结果两军相持了一年多时间。为了防止战争无限期拖延，秦军再次使用反间计，使赵王杀了李牧，这才赢得战争。拿下赵国后，王翦再也没有遇到能与其匹敌的对手。在秦兼灭六国的战争中，除韩国外，其余五国均为王翦和他的儿子王贲所灭。因此若要论功排序的话，这爷俩应该坐头把交椅。

相对于王翦父子，蒙武此时扮演的角色虽然还只是配角，但是他的儿子蒙恬却已崭露出一代名将的雄风。蒙恬的爷爷蒙骜原是齐国人，后因个人原因在秦昭襄王时投奔到秦国；又因屡立战功，官至上卿。应该说，蒙恬会打仗多少和家族遗传及环境熏陶有关。

公元前 221 年，蒙恬随大将王贲南下攻打齐国，几乎未费太大力气就占领了齐都临淄。由于表现突出，战功卓著，蒙恬于众多武将中脱颖而出，很快就被秦王封为内史，成为嬴政的心腹大将。

说完了武将，接下来再讲文官。文官中第一个要提的人是尉缭。

尉缭原名缭，因任秦国尉，故称尉缭。由于他的生平事迹史籍载之不详，因此只能从历史文献的残篇断语中进行推断。目前我们大致所知的是尉缭为魏国大梁（今河南开封）人，对兵法很有研究，是在公元前 237 年吕不韦被罢相后来到秦国的。当时的情况是，若以秦国的实力，与六国中任何一个单挑，那都是稳操胜券的。但如果六国联合起来共同对付秦，结果就不好说了。所以摆在嬴政面前的棘手问题是，如何能使六国不再“合纵”，让秦军以千钧之势，迅速制服它们。虽然离间东方国家是秦国的传统做法，而且李斯等人正在从事这项工作，但是消灭六国，一统天下，是历史上从未有人做过的事。

嬴政要做第一个吃螃蟹的人，多少会有些犹豫。

直到尉缭的到来才打消他的这一顾虑。

尉缭对他说：“这个问题好解决，只要大王肯花钱，给各国权贵大臣送礼，以扰乱他们的谋略，就能将这些诸侯逐一灭掉。我数学学得不错，但还是特意算了一下，总共花费绝对超不过三十万金。像这样一本万利的买卖，我很奇怪大王为啥到现在还没做呢？”

这一番话真是说到嬴政的心坎里了，他拉住尉缭的手说：“我本以为你只是个军事理论家，没想到你还是个政治谋略家，人才啊，你就是我一直在寻找的人才！要不你以后就留在我身边做事吧，只要我有肉吃，肯定不会让你啃骨头！”

但尉缭并未被嬴政的甜言蜜语给糊弄住，据传他有看面相的本事，有次他对人说："秦王这个人，蜂准，长目，挚鸟膺 [yīng]，豺声[①]，有虎狼之心，少恩而寡德，有求于人时谦卑，得志时便像豺狼一样吃人。我乃一介布衣，他居然超规格待我。我不认为这是一件好事，还是溜之为妙。"

不过遗憾的是，尉缭每次逃走都被嬴政给追回来。如此反复几次，尉缭终于同意入朝为臣，扶助秦国。嬴政任命他为国尉，主管军事，策划统一六国的军事行动。

按照惯例，重量级人物一般都是到最后出场。这次也不例外，接下来我要说的是大秦政坛的二号首长李斯。

李斯是楚国上蔡（今河南上蔡）人，早年曾在基层做过仓库管理员，因感觉没啥出息，遂师从荀子学习帝王之术。毕业后他来到秦国，在吕不韦门下做一名舍人，后经吕不韦推荐任为郎官。不久，他因劝说嬴政完成统一六国事业，官升至长史（丞相的秘书长）。

当时，韩国为了缓阻秦国攻韩，就派水利专家郑国作为间谍打入秦国内部，去实行"疲秦"之计。郑国游说嬴政，建议他在关中修建大型水利灌溉工程——即后来的郑国渠。嬴政采纳其议，命他主持开凿工程。谁料工程进行中郑国间谍身份暴露，秦王欲杀之。

郑国替自己辩护说："我们的本意是有些阴损，但这确实是个利国利民的民生工程。大王你应该这么想，我现在虽然是为韩国延长寿命，但将来却能给秦建万世之功。"嬴政不是糊涂蛋，这个道理还是能明白的，就让郑国继续完成这个工程。

不过，嬴政心里也由此埋下了怀疑的种子，他认为打入秦国的诸侯间谍一定还有不少，于是便在宗室大臣的煽动下颁布了一道将所有外籍人士驱逐出境的"逐客令"。

李斯是楚国人，自然也在驱逐之列。

可李斯并不甘心被这么稀里糊涂地赶走，在离开秦国之前，他连夜赶写出一篇名扬天下的雄文《谏逐客书》，并将它以最快的速度递到嬴政手里。在此文中，李斯雄辩地列举客卿对秦国的巨大历史贡献，深刻阐明了他们这些人在秦统一过程中所起的重要作用，并尖锐地指出"逐客令"是一个严重错误的决策。

嬴政读完谏书后，深以为然，不仅立即收回成命，还将李斯列为高端人才准备加以重用。

---

①既精医学又善考证的郭沫若老爷子曾据此断定，说嬴政至少是个肉体有缺陷的人。他认为尉缭所说的前几项都是生理上的残疾，如"挚鸟膺"即今医学上所说的鸡胸，"蜂准"应该是指马鞍鼻，至于"豺声"，则表明他有很严重的气管炎。因此综上三种症候，可以得出嬴政患有软骨症之类的病。

“皇帝”这个词的知识产权问题

李斯既受重用，很快根据军师尉缭的意图制定出了一系列针对六国的政治阴谋。其具体内容主要是秘密派遣大批间谍渗透到关东六国，或以游说姿态动摇诸侯意志，或以金钱贿赂各国名人政要，腐化其政府，离间其君臣。

倘若上述方案不奏效，也不怕，因为他们会立马采取另一套方案，即派遣刺客进行暗杀活动。总而言之一句话，就是不惜一切代价务必使六国内部离心离德、动乱不堪，以便配合军事行动予以逐个吞灭。

公元前 221 年，秦王嬴政经过十余年的征伐，终于在乱世纷争中以军事手段横扫六合，削平宇内，建立了中国历史上第一个统一的多民族的中央集权的封建国家——秦。

秦朝的统一，意义是重大的，影响是深远的，面貌是崭新的。史学家傅乐成在《中国通史》一书中是这样评价秦朝一统天下的：

> 在此以前，无论名义上如何，中国实际是分裂的，到此乃有统一帝国的出现。在此以前，周室中央，除了那块小得可怜的畿土，微薄到不可想象的收入，对于诸侯国的内政，是无法过问的；到此集权的中央政府建立，直接号令全国各地，雷厉风行，不但可以驱使帝国内任何角落的臣民，也可以攫 [jué] 取任何角落的财富，没有任何人或任何势力，敢与中央抗拒。这时的皇帝，是名副其实的“贵为天子，富有四海”。在此以前，“诸夏”或“中国”，都是个笼统的概念，并没有确切的范围和实际的组织；到此“中国”二字有了具体的表现，它代表着一个庞大帝国和它的土地人民。

而所有的这些变化，几乎都是秦王嬴政的杰作。

那么现在你可以想象一下，若你摊上这样的事情，是不是该奖励一下自己？

嬴政是凡夫俗子，他也在想，可直至他想到脑仁疼也没想到该如何奖励自己，因为他发现，凡是想要的东西，已经都属于自己。

物质上既然无法满足自个儿的欲望，嬴政便开始在精神层面上进行慰藉。他认为，自己取得这么大的成绩，首先应该给名号整个容、变个样子，否则根本无法标志成功。于是他下令让丞相王绾 [wǎn]、御史大夫冯劫和廷尉李斯等人研究一下，究竟什么样的称号才能显示自己的丰功伟绩。

李斯等人领命后，小范围紧急开了一个会议，经过讨论，他们得出的结果是：以往夏商周三代的最高统治者称“王”，战国时期各国国君也都称“王”，因此凡是带“王”的称号，估计领导都不会同意。但若继续往前推的话，那就到了上古时期。在上古时期中，有天皇、地皇、泰皇（即三皇），而又以泰皇最为尊贵，故可以建议大王改称为“泰皇”。

嬴政看到这份报告后，尽管说不上什么讨厌，可他总觉得缺少点啥。最后，他经过反复考虑，认为叫“皇帝”要比叫“泰皇”更为拉风。

“皇帝”也就是传说中三皇五帝的合称，意思是既有三皇之德，又有五帝之功，功德无量，所以位极尊崇。此后，历代封建王朝的君主也都沿用皇帝称号，说句玩笑话，嬴政当时要是能把这两个字注册成商标，光知识产权费一项，也够老爷子再盖座阿 [ē] 房宫的。

名号有了，紧跟着的是用以维护皇权的一系列规章制度的出台。根据规定，皇帝是整个帝国的最高首领，其地位和权力至高无上，中央和地方的主要官吏都由皇帝任免。皇帝自称为“朕”，“命”称为“制”，“令”称为“诏”①，行使权力的凭证是玉玺 [xǐ]。

玉玺又分为两种，一种是“传国玉玺”，玺方四寸，上部勾交五龙，由咸阳玉工王孙寿将和氏璧仔细琢磨而成，文曰“受命于天，既寿永昌”，乃李斯亲笔篆书；另一种是“乘御六玺”，共有六方，分别为“皇帝行玺”“皇帝之玺”“皇帝信玺”“天子行玺”“天子之玺”“天子信玺”，都是由上等玉料制成。因为只有皇帝的印才能称为玺，只有玺才能使用玉料，所以玉玺与朕、制、诏一样，都是皇帝的专用之物，任何臣民都禁止使用。

此外，嬴政为了提高绝对专制的权位，还废除了“谥法”。

所谓“谥法”，是指古代帝王、诸侯、卿大夫、大臣等人死后，朝廷根据他们生前事迹和品德，评定出一个称号以示表彰，即我们熟知的谥号。但嬴政认为，谥法中的“子议父，臣议君”悖理绝伦，是不足为训的。他说：“朕为始皇帝，后世以计数，二世三世至于万世，传之无穷。”秦始皇的称呼就是这么来的。

---

①皇帝命令，本无区别，但嬴政为了彰显不同，特分为“制”和“诏”。“制”多为皇帝对臣下奏章的批文，“诏”则多为皇帝向臣民发布的文告命令。

但可惜的是，秦始皇的帝位只传了二世。等到了汉朝，谥法制度又开始恢复，以后历朝历代也都继续沿用，比较著名的谥号如汉武帝、隋炀帝等。据有人统计，历史上最长的谥号是清太祖努尔哈赤的，共有二十七个字（承天广运圣德神功肇纪立极仁孝睿武端毅钦安弘文定业高皇帝），肺活量小的人一口气都不一定能读完。

当然，这还远远不够，秦始皇为了让皇权的意识渗透到每一个臣民脑中，还命令博士官参照六国礼仪，制定出一套尊君抑臣的朝仪，像朝臣要见皇帝，需要先排队挂号，然后才能在传令官的带领下趋步入殿拜见。

至于我国封建社会流行的避讳制度，在这一时期也开始出现，如秦始皇名政，官职中的“里正”就被改为“里典”，农历月份中的“正月”就被改为“端月”；要是在文书中遇到皇帝字样或与之同义的词，则需要另起一行并顶格书写。

秦始皇的名号和权位确立后，他的至亲跟着沾光，也都有各自的尊号，如父亲称“太上皇”，母亲称“皇太后”，正妻称“皇后”（但嬴政并未立过皇后），这样一来，就更加烘托出皇帝的至高地位。

总之，帝国的一切，都要彰显皇帝的无上权威和最高意志。

制度是如何使国家机器运转的

皇帝的名号虽然确立了，但是秦始皇为了神化其专制统治，他还为自己的改制称帝找到了一个理论依据，这便是阴阳家邹衍创立的“五德终始说”。

邹衍是战国末期齐国人，生卒年不详，著作也都亡佚。他的学说主要见于他人著作，流传至今的有“大九州说”和“五德终始说”。

“大九州说”与本书内容关系不大，这里不多讲。“五德终始说”的起源其实是儒家的五行说。

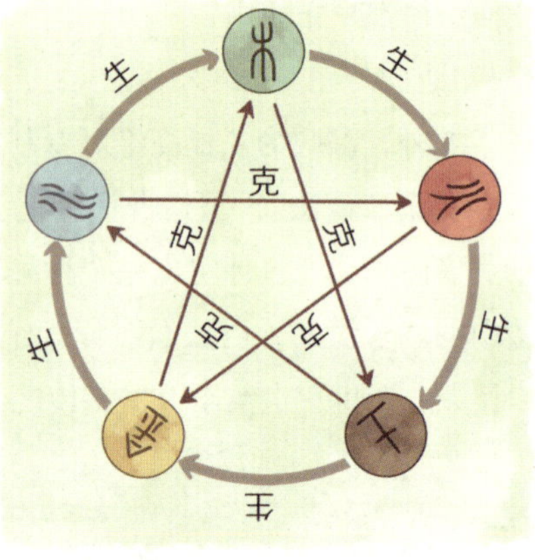

五德相生相克图

在我国古代，五行（即金、木、水、火、土）被当成是构成万物的五种元素。当时的儒者，认为在一年之中，五行势力轮流当盛，例如春时“盛德在木”，夏时“盛德在火”等。人事也应当与五行的运转相配合，因此为君王者，于一年中的某个季节便有该做和不该做的事，例如仲春应行庆施惠，不应出兵等。

邹衍又把五行论加以推广，认为自开天辟地以来，人类的历史就为五行的势力（即五德）所轮流支配。五德相克，便会导致朝代更迭，虞舜为土德，夏朝为木德，商朝为金德，周朝是火德，虞、夏、商、周各占一德，都是历史上的正统王朝。于是秦始皇根据“五德终始说”，最后推论出秦朝应该为水德。按照五行学说，水德具有阴暗寒冷、严酷无情的特性，所以秦朝为了配合水德，还进行了若干改革，如把岁首移至十月，年初的朝贺改在十月一日举行；数目尚六，如天子冠为六寸，舆为六尺，车驾六马等；颜色尚黑，衣服旗帜皆为黑色，就连百姓也被称为黔首（黔的意思为黑色）。

明确了秦朝为水德，也就明确了秦朝的合理性。秦始皇为此还特意到泰山举行封禅典礼，告祭天地神祇，把秦朝在中国历史上的正统地位进一步确立起来。

名分问题是解决了，不过如何维护这个名分，则还需要相关制度来保障。因此，采取什么样的行政制度去统治秦朝幅员辽阔的领土，成为摆在秦始皇面前的最大难题。

丞相王绾认为：“关东六国刚被打败，燕、齐、楚三地又远离京师，因此我建议陛下应将诸子分封为王，以便进行更有效的统治。”

秦始皇一听还是分封制那一套，就不愿意新瓶装老酒，于是把这个问题抛给了群臣进行讨论。

但群臣见识多与王绾处于同一水平线，全都表示赞同，唯新任廷尉李斯独抒己见，力排众议，说：“当年文王、武王实行的也是分封同姓诸侯，结果也未能阻止大家窝里斗。现在陛下神威，海内一统，应全部设置为郡县，人事任免就掌握在您手里。至于诸子和功臣，可以用其他方式进行奖赏。这样一来，天下无二心，百姓免战乱，社会得和谐，多好啊！”

秦始皇感觉李斯的建议更为靠谱，便下令在全国推行郡县制。

最开始，共设置郡三十六个，后来随着疆域的扩展，又增设九原、南海、桂林、象郡、闽中五郡。于是，除了内史（与郡平级的行政单位）管理的京畿地区外，秦共有四十一郡。

郡在当时是地方最高行政单位，大致相当于今天的省。郡设郡守，为一郡的最高行政长官，直接受朝廷管辖。郡守之下有郡丞和郡尉，另设监御史掌监察。郡内分为若干县，万户以上设县令，不满万户设县长。县令或县长主管全县政务，受郡守管辖。

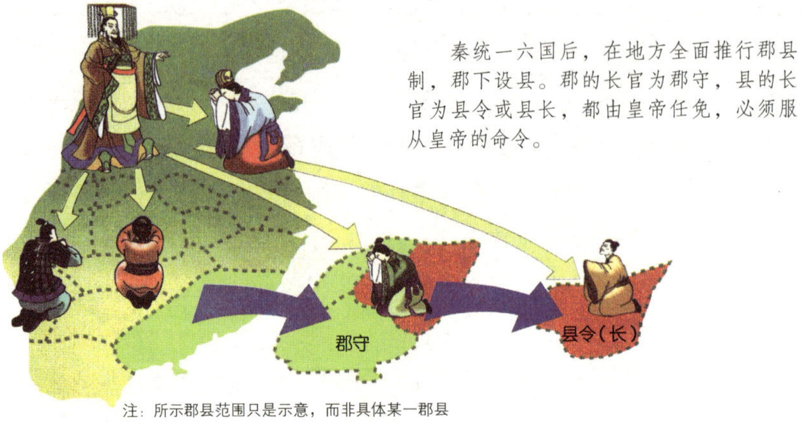

秦朝郡县制示意图

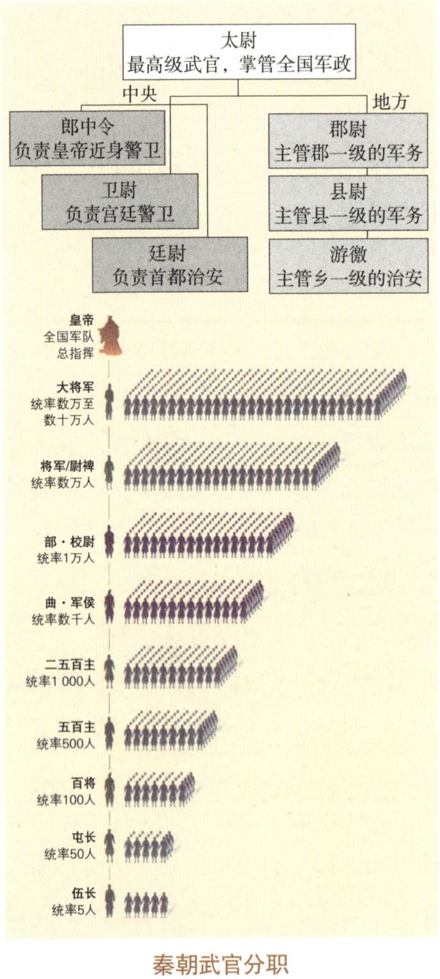

秦朝武官分职

县之下，又有乡、里作为基层行政机构。乡置三老、啬 [sè] 夫（大一点的乡为有秩）、游徼 [jiào]，分别掌管教化、诉讼及赋税、治安。乡下设里，里有里正和监门。十里设一亭，亭有亭长（汉高祖刘邦就曾担任这一职位），掌治安警卫，兼管停留旅客、治理民事等，多由退役士兵充任。另外，居民需要严格按照规定的什伍进行编制，五家为伍，十家为什，互相督责，实行连坐。

根据统计，秦朝县的数量大约有一千个。

说完了地方，然后再说中央。秦朝中央行政制度在一定程度上继承了秦国传统制度，强化了官吏的行政职能，并进一步削弱宗室贵族对朝政的影响。

在秦朝中央执政集团中，最为重要的职位是“三公”，指丞相、太尉和御史大夫这三个人。

丞相制度秦国原本就有，不过当时

的称呼是相或者相国。秦统一后，丞相有时分设左、右各一人，以宦官任丞相时就叫作“中丞相”，如赵高任中丞相时，权重于秦二世。丞相有使五人，通常往来于丞相府与皇帝之间，称为“侍中”，以功高者一人为仆射 [yè]（相当于副丞相）。丞相是朝廷的首席文官，主要工作是协助皇帝处理全国政务，国家大事一般由丞相总领百官进行集议和上奏。目前见于记载的丞相有隗 [wěi] 林、王绾、李斯、冯去疾、赵高等。

太尉原称尉、国尉，是中央行政机构的首席军事长官，主要工作是协助皇帝掌管军事，但平时没有军权，只有接到皇帝命令和符节时才能调动和指挥军队。

御史大夫地位略次于丞相，相当于皇帝的秘书长。皇帝的诏令常由御史大夫转交给丞相颁布，御史大夫协助丞相治事，并有监察文武百官的职权。

在“三公”之下，又设有“九卿”，分工管理不同的政务部门。事实上所谓“九卿”，官职并不限于九。这一官僚制度体系大体为西汉王朝所继承。按照《汉书·百官公卿表（上）》的说法，这一级别的官职主要有：

奉常——掌宗庙礼仪。属官有丞、太史令、太祝令、太乐令、博士等。

郎中令——掌宫殿门户。属官有丞、大夫、郎、仆射等。

卫尉——掌宫门卫屯兵。属官有丞、卫令、公车司马令等。

廷尉——掌刑法，是全国最高司法官。属官有廷尉正及廷尉监等。

太仆——掌皇室舆马。属官有丞及车府令等。

典客——掌诸侯及四方归义蛮夷礼仪。属官有典客丞等。

宗正——掌宗室事务。属官有宗正丞等。

治粟内史——掌国家财政。属官有两丞及太仓令等。

少府——掌山海池泽之税，以供奉皇室。属官有丞、尚方令、尚书令、乐府令等。

中尉——掌京师卫戍。

此外，略次一级的官职还有掌管宫室兴建的将作少府、掌管皇后和太子家事的詹事、

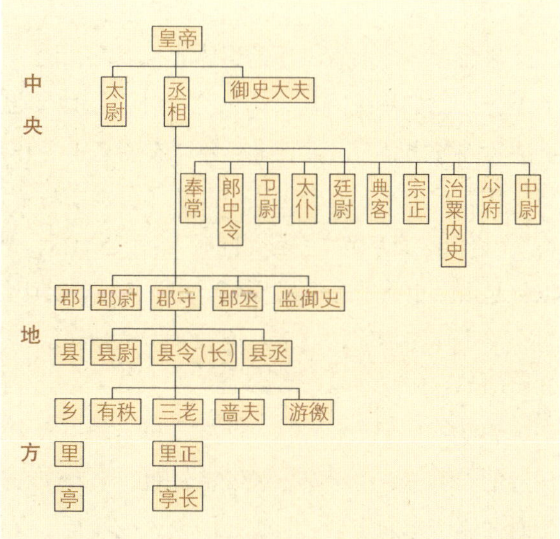

秦朝政府组织系统简表

掌管列侯事务的主爵中尉等。这些官僚和前面所讲的郡县长官都是由皇帝任免，直接听命于皇帝，领取工资，概不世袭。

秦始皇通过上述措施，就在全国形成了从上到下系统严密的统治网络。皇帝居于整个权力系统的最顶端，以奉天承运的天赋权威君临天下。

不过，秦始皇为了使自己至高无上的权力得到充分发挥，也付出了相当惨重的代价，那就是他在没有加班费的情况下，需要自觉地花费更多的精力去拼命工作。为此，他还特意给自己设定了一个工作任务，即每天必须批完一石（约合今天的六十斤）公文，否则绝不休息。如此看来，尽管皇帝好当，但是如果要当个好皇帝，却不是那么容易的。

各项统一法规一锅煮

秦朝统一之初，摆在秦始皇面前的是一个百业待举、百废待兴的烂摊子。他知道，如果不尽快摆脱困境，自己辛苦打下来的基业很有可能会崩塌。于是他很快颁布了一系列促进经济发展和有利社会安定的措施。然而没过多久，秦始皇就发现，由于不少地方仍然沿用旧制，秦朝颁布的很多政策根本无法有效落实。

为此，秦始皇便针对当时社会上“车途异轨，律令异法，衣冠异制，言语异声，文字异形”的情况，采取了许多统一措施。

文字方面

在秦统一之前，文字的形体非常混乱，同一个字所采用的声符和形符都有很大的差异，比如秦统一后，诏书至桂林，当地文化人居然都不认识。可见统一文字，已成为当务之急。公元前 221 年，秦始皇下令在全国推广小篆字体，并由李斯、赵高、胡毋敬（秦太史令）用小篆字体分别书写了《仓颉篇》《爰 [yuán] 历篇》《博学篇》作为标准文字范本。与此同时，秦代还通行一种书写更为简便的新字体——隶书，据传是由狱吏程邈 [miǎo] 所创，实际上是秦朝官吏出于处理法律刑狱等繁务的需要，对小篆字体略加简化而成。这种字体笔画直线方折，结构平整，书写方便，在政府和民间都有广泛使用。

秦统一文字，是中国文字演变史上的一次大转折，在中国历史上的影响是非常深远的。不过，由于秦王朝统治短暂，书同文在这一时期并未真正完成——到汉武帝时才逐步走向定型。也正是因为这一转折，汉代的文字与先秦的文字表现出相当大的差异，以致汉时的学者已经难以通晓先秦的文字。

▲ 秦始皇诏文权

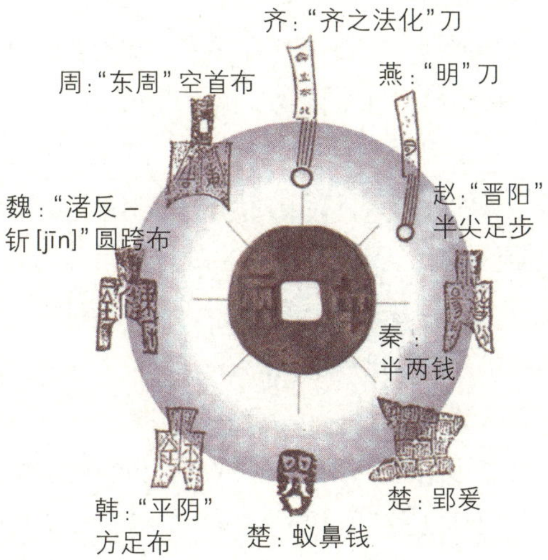

▲ 秦朝统一货币

▶春秋战国时期文字的混乱状况

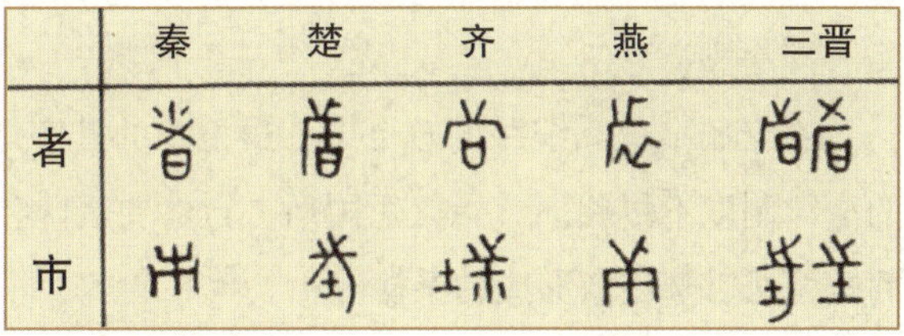

◀秦朝统一文字

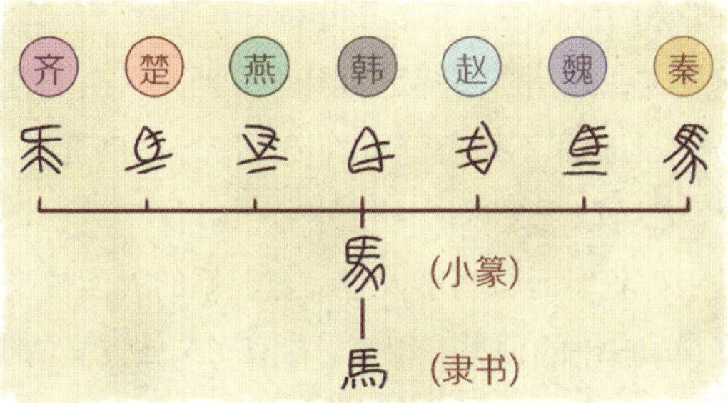

▶秦朝统一度量衡

货币方面

战国时期不仅各国自铸货币，就连诸侯国内的各个地区也都自铸货币。由于铸币没有统一的标准，导致各国货币的形状、大小、轻重、价值都不相同。如齐、燕等国主要使用的是刀币，韩、赵、魏等国使用的是形似铁铲的布币，楚国使用的是形若海贝的蚁鼻钱，秦国使用的是圆钱。秦灭六国后，秦始皇便以秦国货币为标准，统一全国货币。具体措施是：规定货币分两等，上等为黄金，以镒（yì，旧说二十两或二十四两为一镒）为单位；下等为铜币，方孔圆钱，以半两为单位。至于其他各国货币，则一律被废止。

度量衡方面

和货币一样，战国时期的度量衡制度也相当的混乱。秦统一后，秦始皇在统一货币的同时也实行了统一度量衡的措施。其具体内容是：以商鞅时制定的度量衡为标准器，由官府制作统一的度量衡器发至全国，废除六国的旧制。新的度和量都以十进位，度的单位有寸、尺、丈、引；量的单位有合、升、斗、斛 [hú]；衡以十钱为一两，十六两为一斤（成语“半斤八两”就是由此而来），一百二十斤为一石①。

律令方面

在秦始皇巩固统一的政令中，最根本的其实是统一法度。战国时期，各个诸侯的法律制度不尽相同，秦灭六国后，自然要废除各国原有的礼仪法度，以便推行自商鞅变法以来逐渐形成的秦律。

秦律内容非常广泛，在行政、刑事、经济和民事等方面都有涉及。这里重点讲一下秦律在定罪量刑过程中所实行的一些原则，其主要有以下几种：

一是刑事责任年龄原则。根据秦律规定，凡是身高不足六尺（不到一米四）者为未成年人（通常为十五岁以下），未成年人犯罪不用负刑事责任或减轻刑事责任。不过，一个人如果是侏儒，岂不是一辈子都可以游走于法律之外？

二是连坐原则。所谓连坐，指的是一人犯罪而与当事人有一定关系的人连带受刑的规定，又称随坐、从坐、缘坐。据秦律，连坐的种类有很多，有家属亲族连坐的，有什伍连坐的，有官吏上下级及官兵连坐的，有举荐人与被举荐人连坐的，等等。

三是从重从轻原则。这个原则指的是根据不同犯罪情节和认罪情况，来实行从重从轻原则。像政治犯罪通常都要重于其他一般刑事犯罪，而要是反对君主的政治犯罪，等待你的不光是杀头，还有可能是诛灭三族。与之相应的是，如果你在案发前自首，或者主动消除犯罪后果（如赔钱），则可以从轻判处。

---

①秦 1 尺约合今 0.23 米，1 斤约合今半斤，1 升约合今 0.2 公升。

四是同罪异罚原则。同罪异罚说白了就是和“王子犯法与庶民同罪”这句话恰恰相反,也就是根据犯人的身份有区别地定罪量刑。举个最简单的例子,同样是杀人,皇子的结局与百姓的结局能一样吗?

除了上面所说的几个原则，秦朝司法制度还有一个特点，那便是高度集权（以后的封建皇权也都有这个特点）。其中皇帝拥有最高司法审判权，对重大案件有最后的裁决权。至于名义上的最高人民法院廷尉，则是中央最高司法机关，其长官廷尉（李斯曾任此职）位列九卿。在基层，如果一个案件乡官不能决，就需要直接报送给县，县如不能决需报给郡，郡不能决再上报给廷尉，廷尉若还不能决，最后就由终极裁判皇帝一锤定音。

这样，自中央到地方便形成了一个统一集权的司法组织系统。

内修与外攘两不耽误

秦始皇在平定六国后，精力旺盛的他一方面进行我上面讲述的“内修”，另一方面，为了解除边疆的威胁，也开始对北方匈奴和南方百越大规模用兵。

匈奴是我国古代北方的一个游牧民族，按照司马迁《史记》的说法，匈奴人是夏朝末代君主夏桀的遗民。在商、周时期，匈奴被称为猃狁 [xiǎnyǔn]，直到战国时期才被称为匈奴或胡。由于是游牧民族，匈奴人的活动范围比较大，夏天可能躲在贝加尔湖边草窠 [kē] 里凉快，冬天又有可能待在阴山脚下的某个角落里和牛羊挤在一块儿取暖。

与中原国家不同的是，匈奴社会组织通常以部落联盟为主，联盟的首领称为“单于 [chányú]”（意为广大之貌）。

最开始的时候，匈奴族势弱人少，还能非常安分地过着逐水草而居，以射猎禽兽为主的生活。但是到了战国末期，随着匈奴进入奴隶社会，实力开始逐渐壮大，一些奴隶主贵族就变得不安分起来。他们经常利用骑兵行动迅捷的优势，深入中原，掳掠燕、赵、秦三国边境。而由于这些国家当时正都忙着缠斗，根本分不出精力去对付匈奴，所以它们一般都采取守势，“筑长城以拒胡”。

秦始皇扫平六国后，匈奴对秦的威胁有增无减，因为此时匈奴已经占据了河套地区，能够直接威胁到秦国都城咸阳的安全。这让暴脾气的秦始皇十分恼火。

秦始皇为了解除匈奴这一隐患，特派蒙恬率领三十万大军北击匈奴。要知道，当时秦王朝全部戍边的军队也不过八十多万人，这次一口气拿出三分之一多的力

修筑长城（当代 / 刘永华）

量去消除隐患，可见对匈奴的重视。

匈奴连羊加在一块都不定有三十万，哪见过这阵势，和蒙恬没打几个回合便败下阵来。公元前 215 年，蒙恬收复河套南北的广大地区，并在这里设置了三十四个县，重设九原郡。此外，为了进一步巩固对这些地区的统治，秦始皇又于公元前 211 年迁内地居民三万户到北河、榆中进行屯垦。说句比较官方的话，就是这个措施不仅有效地遏制了匈奴的侵扰，而且还促进了这一地区的开发和民族融合。

但是，由于匈奴机动性强，即使把他给打败也很难伤到其筋骨，所以这种大好局面只能说是暂时的。于是为了防止匈奴的继续侵扰，秦始皇决定修筑一个庞大的军事工程——长城。

长城这玩意儿其实在战国时期就已出现，只不过当时各国只顾自己那一亩三分地，仅在一些重要的边境地区筑有长城。秦统一后，有些修在内地的长城可以说已经失去了作用，可除此之外，秦、赵、燕、魏等国当初在北边筑的一些长城多少还能抵御匈奴的侵扰。于是秦始皇就想，如果我能把这些分段的长城连接起来，岂不是再也不用为匈奴的事烦忧？

说干就干，公元前 213 年，秦始皇用“四十余万”人，在原来各国防御匈奴所筑长城的基础上，修葺 [qì]、增补、新筑并连接起来一条西起临洮（今甘肃岷县），东达辽东，全长五千多公里的“万里长城”。

长城的修筑，对防止匈奴南下侵扰发挥了积极的作用，汉代文学家贾谊在他的那篇雄文《过秦论》中评价说：“乃使蒙恬北筑长城而守藩篱，却匈奴七百余里，胡人不敢南下而牧马，士不敢弯弓而报怨。”不过，因为长城工程浩大，在生产力水平还比较低下的当时，自然会极大加重百姓的负担，结果引起了民众的进一步不满。秦王朝的短命，多少与这有些关联。

和征讨匈奴不一样的是，秦始皇出兵“百越”的目的很单纯，就是开疆拓土。

百越主要生活在我国东南沿海和岭南地区，部属众多，且互不相属。其中在今浙江、福建一带的称为东越或闽越，在广东的称为南越，在今广东西南、广西南部以及云南东部的称西瓯 [ōu]。秦统一之前，越地名义上归属于楚。楚被灭掉后，秦首先降服了居住于浙江一带的越族。接着，又很快征服了位于温州一带的东越和今福建境内的闽越，并设置了闽中郡。

然而，看似势不可当的秦军在攻占南越和西瓯时却遇到了前所未有的挫折，甚至连统帅尉屠睢 [suī] 也被击杀。虽然后来秦始皇派戍卒增援，取得了最终的胜利，但这也是在付出巨大的牺牲下才艰难取得的。

好在战争过程并不是我要讲的重点，重点是秦始皇在这期间做了三件对后世影响深远的事。

一是开凿了灵渠。灵渠在今广西兴安县境内，全长三十四公里，开凿之初的目的是解决运输粮饷的困难。战争结束后，由于灵渠把长江与珠江水系连接起来，打通了南方的水上交通，因此在接下来的两千多年里，它在航运方面一直发挥着重要作用。

二是先后征发五十万罪犯和几十万人民支援或戍守岭南。这些人到岭南，带来的不仅是一张张会吃饭的嘴，还带来了中原地区先进的生产工具和技术，这对珠江流域的开发是很有促进作用的。

三是战争结束后，秦在越地设置了闽中、南海、象郡、桂林四郡，开启了中央政府对这一地区的管辖。至于意义，我想就不需要我在这里重复和聒噪了吧。

秦王朝的“超级工程”

经过对匈奴、百越的战争，秦朝的疆域进一步扩展，东临大海，西到陇西，南濒南海，北抵长城，成为当时世界上最大的国家。在这个统一区域内，生活着各族人民，他们之间在以前可能有过很多摩擦，但现在更多的时候是进行经济、文化等方面的联系。总的来说，这是一个相对还算和谐的社会。

但是，秦始皇却并不这么看，他一直在用怀疑的眼光去看待周围的一切，他总感觉自己是活在一个危机四伏的环境中。于是，秦始皇为了消除许多所谓潜在威胁，就在对外用兵的同时，对内采取了一系列的“预防措施”。

首先是迁徙富豪。公元前 221 年，秦始皇将全国各地十二万户富豪迁到咸阳。其目的主要是使六国贵族失去反抗的社会基础和物质基础，另外也能促进首都咸阳的经济发展，为增加秦王朝的“富人税”创造有利条件。

其次是没收兵器。秦始皇下令将缴获的六国武器和没收的民间武器全部运到咸阳，进行集中销毁，然后铸成十二个千斤重的铜人。这点应该很好理解，像美国枪支泛滥，我们就经常在新闻上看到枪击案的报道。秦朝没收天下兵器，百姓即使想造反也只能拿木棍粪叉做武器，战斗力想高也高不起来。百姓战斗力不高，秦王朝的压力就会小很多。

再次是毁坏城防。当初六国都城为防止外敌进攻，都筑有城郭，有的国家甚至还利用堤防和险要建有边城、关塞。秦始皇认为，这绝对是安全隐患，必须全部拆除，以便消除分裂帝国的割据凭借。

最后是修筑驰道。秦朝时没有铁路、飞机等现代化的交通工具，这对如何统治一个疆域辽阔的国家是个严峻挑战。秦始皇为了降低挑战难度，就从公元前 220 年起以咸阳为中心，在全国修建了两条主干道：一条向东直通燕齐，一条向南直达吴楚。这两条驰道路宽五十步，路基夯 [hāng] 实，道旁每隔三丈栽植青松一株，算是秦朝当时仅有的“高速公路”，其重要性可想而知。“高速公路”之外，还有“普通公路”，公元前212年，秦始皇为防御匈奴的需要，又派大将蒙恬主持修筑一条由咸阳经云阳、甘泉（今陕西淳化）直达九原（今内蒙古包头）的“直道”。令人心服的是，这条“直道”的遗迹至今尚可辨识。因此我们可以顺便得出这样一个结论：时间是检验豆腐渣工程的唯一标准。

有了上述防护措施，按理说秦始皇该安心了吧。事实上并没有，尤其是当他经历过一系列的暗杀后。

在这些暗杀中，最为凶险和著名的一次当属由张良策划的。

张良是韩国贵族后裔，我们知道这个人大多是因为他是汉朝开国元勋、汉高祖刘邦最重要的谋臣。其实，张良在成为深明韬 [tāo] 略的智多星之前，首先是一个做事莽撞的“小愤青”。

张良在韩国灭亡后，不满秦朝统治，就散尽家财，用重金求得一个大力士，并为他打制了一只重达一百二十斤的大铁锤（约合今六十斤），然后埋伏在秦始皇出行过程中的必经之地——博浪沙（今河南原阳东关）。结果这个大力士未经过专业训练，铁锤是扔出去了，也砸中了目标，只不过没有砸中正确目标。秦始皇安然无恙，刺杀失败，张良从此开始了他的逃亡生涯。

出行既然不安全，那么秦始皇大多数时候就躲在宫殿里不出去。

但是这样也有问题，因为无论你是一个多么了无生趣的人，在一个地方待久了也会心烦。好在秦始皇是个工作狂，平日里大部分时间都能用工作来填补。即使剩余一些空闲时间，他也多半会分配给自己的另一个身份——监工。

作为监工的秦始皇主要负责两个项目，一个是营造宫殿，一个是修建皇陵。

在我国古代，无论住房是否紧张，每个新建王朝的皇帝都会大兴土木、营造宫殿。秦始皇在统一战争中，每征服一国，便会命工匠图绘其宫殿形式，然后在都城咸阳附近仿造重建。待到吞并六国后，秦始皇已经建造了包括“甘泉宫”“咸阳宫”“上林苑”等在内的“六国宫殿”共计宫室 145 处，并藏美女 1 万多人。

不过即使是这样，秦始皇还是感觉房子不够用。公元前 212 年，秦始皇以先王所建宫廷过于促狭为由，又征发几十万人修建了一座规模更大的朝宫——阿房宫。

阿房宫建设计划庞大，仅前殿东西就有五百步，南北五十丈，殿上可以坐万人，殿下可以立五丈旗。令人惊叹的是，设计者为防止朝见者隐甲怀刀进入宫禁，还特意给阿房宫装置了磁石所做的门，这应该是世界上最早检查暗藏金属武器的方法。

建阿房宫（当代 / 刘永华）

阿房宫图（局部）（清代 / 袁江）

袁江擅长画山水楼阁，《阿房宫图》即以秦始皇三十五年（前212）兴建的阿房宫为题。袁江凭借自己精深的古建知识和丰富的想象力使一组组已经逝去的带有神秘色彩的建筑得以再现。此图使用12条通景屏的表现手法，充分利用画面的宽度与广度，再现了阿房宫当年的恢宏气势，将华贵绮丽的画风发展到极致。

为了支持营建，北山的石料，楚蜀的木材，全都运到了建筑工地（蜀山兀，阿房出），虽然等到秦始皇挂掉阿房宫也未建完，但其奢侈浮华的布局却名闻古今。其中唐代诗人杜牧在他的名文《阿房宫赋》中对此有过精彩描述：

> 五步一楼，十步一阁；廊腰缦回，檐牙高啄；各抱地势，钩心斗角。盘盘焉，囷囷[qūnqūn]焉，蜂房水涡，矗不知其几千万落。长桥卧波，未云何龙？复道行空，不霁[jì]何虹？高低冥迷，不知西东。歌台暖响，春光融融；舞殿冷袖，风雨凄凄。一日之内，一宫之间，而气候不齐。

除了宫殿，秦始皇对陵寝的重视程度更是上升到了无以复加的高度。根据史籍和相关考古发现，秦始皇陵从选址设计、施工营造到最后被迫中止，共动用人力七十二万，耗时三十九年，规模冠绝古今。就是拿它与古埃及文明代表作的胡夫金字塔相比，秦陵也是有过之而无不及：其修建时间比胡夫金字塔长，修陵人数比胡夫金字塔多。

至于秦陵内部所藏宝物，更是数不胜数，如东汉史学家班固在他的《汉书·楚元王传》一书中曾这样描写：

> 秦始皇帝葬于骊山之阿，下锢三泉，上崇山坟，其高五十余丈，周回五里有余；石椁[guǒ]为游馆，人膏为灯烛，水银为江海，黄金为凫[fú]雁。珍宝之臧，机械之变，棺椁之丽，宫馆之盛，不可胜原……

暴政下的焚书坑儒

秦朝修建各种各样的土木工程，势必会耗费大量的人力、物力、财力。像筑长城、开灵渠、修直道、建宫殿、造陵墓等大型工程，几乎都是在短期内百役并举的，这就给人民造成极大的灾难。根据统计，秦朝的人口约有两千万，而每年被迫服役的不下两百万，以至于丁男不足，又征丁女。其徭役之重，可见一斑。

徭役重也就算了，要是能吃饱饭，多干点活也没啥。可问题是秦朝的赋税之高，也是令人咋舌的。按照规定，秦朝的田租需要交实物，也就是说，不管这一年你收成好不好，都必须先填饱国家的胃口。而国家的胃口又比较大，因此你就会发现，无论你的身份是贫农还是富农，只要你交完公粮，那你以后的日子就得数米而炊了。

除了田租，秦朝还有按人口多少征收的户赋以及各种让你眼花缭乱的苛捐杂税。像樵采渔猎的要交“山泽之税”，做个小买卖的要交“关市之税”，甚至连养蚕的也要按桑树之数交纳茧税……结果，出现“男子力耕，不足粮饷；女子纺绩，不足衣服”的现象也就不足为奇了。

吃不饱，干活又多，那要是提点建议发发牢骚，行不行？答案是不行，因为只要你敢表现出丝毫对政府的不满，那秦律上就绝对能找到适合你的刑罚。

熟悉秦始皇的人都知道，他虽然是一个能力超群的君主，但也是一个刚愎自用、刻薄寡恩的人。秦始皇不仅把韩非子的君主独裁、严刑峻法等思想主张作为施政大纲，而且还把阴阳家的“五德终始说”掺和到法家思想中。这样一来，秦始皇就为他对农民残酷剥削与血腥镇压的政策找到一个非常“合理”的理论基础。

然后上行下效，整个官僚体系内庸官酷吏充塞其中，如范阳曾经有一个县令，十年间“杀人之父、孤人之子、断人之足、黥[qíng]人之首，甚众”。及至汉朝，有人对此评价说，这时的秦朝，已经变成了一座超大型的监狱。

正所谓哪里有压迫，哪里就有反抗，秦始皇的暴政，激起了全国人民的强烈不满。而文人学士面对这种“山雨欲来风满楼”的危境，也都坐不住了，纷纷从不同角度把政府骂了个外焦里嫩。秦代社会的各种矛盾率先在知识分子中表现出来。

公元前213年，秦始皇在咸阳宫设宴大会群臣，博士（分管教育的官员）七十人上前祝寿。仆射周青臣认为这是一个绝佳的拍马屁机会，便进颂功德，说秦始皇威服蛮夷，废诸侯为郡县，使百姓安居乐业，再无战争之虞，实在是传至万世的盛德。秦始皇听闻此言心情大为畅快，刚要谦虚几句，博士淳于越却提出反对意见，说：“当年周朝之所以能够享国长久，全赖分封子弟功臣，如今陛下威加海内，而子弟却还都是普通城镇户口，这确实有点不像话。俗话说，‘事不师古而能长久者，非所闻也’，今青臣在大庭广众之下表演吹拍伎俩，加重陛下的过错，实非忠臣所为。”

秦始皇听淳于越这么说，脸上顿时阴云密布，因为这事戳到了他的痛处。当年秦始皇横扫六合，为了能够统一政令，坚持废除各国原有的礼仪法度，推行自商鞅变法以来的郡县制度。这本是已经敲定好的事，可没想到今天又有人翻出分封制的事来，多少有些出乎他的意料。不过秦始皇知道与淳于越这种人在朝堂上展开辩论，恐怕争到明晨也不会有结果，便下令此事先由公卿百官集议。

李斯以前还是廷尉的时候，就曾在分封的问题上驳斥过丞相王绾，如今他已升为丞相，却还要面对这个炒冷饭的议题，因此颇为不快。好在经过一番考虑后，李斯突然觉得可以借此机会打击一下士人的议政之风。

就这样，李斯很快给秦始皇上了一封咄咄逼人的奏书。

奏书说："昔日五帝三代制度不相承袭，都是根据时势变异而采用不同方法治理天下。如今陛下创立大业，建万世之功，意义显然不是那些狭隘浅薄的儒生能够理解的。淳于越厚古薄今，虚言乱实，所说的两千年前原始社会的事，怎么能去效法？现在天下已定，法令出于皇帝，而私学却来指责国家的法教，入则心非，出则巷议，以批评君主来赚取名誉，以奇谈怪论来彰显高明，带头造谣诽谤。如果放任不管，上则有损皇帝权威，下则扩大私党影响，因此应当严厉禁绝。"

接着，李斯又建议，除《秦记》、医药、卜筮、农书以及国家图书馆所藏的《诗》《书》、百家语外，凡私人所藏儒家经典、诸子和其他历史古籍，一律限期交给官府烧毁，逾期不交的，将处以严惩；凡谈论《诗》《书》者处死，以古非今者灭族；严禁私学，欲求学者，只能向政府官员学习（即所谓以吏为师）。

秦始皇完全采纳李斯的建议，并据此下了焚书令，中国文化史上的一场浩劫便产生了。不过，有一点需要补充说明的是，焚书的始作俑者并非秦始皇。因为早在战国时期，有些君主为了统一法令，就曾实施过焚书，只是程度不同而已。比如商鞅变法时就采取了"燔诗书而明法令"的措施，再比如儒家代表人物之一的荀子，在秦统一之前，也曾提出过"隆礼义而杀《诗》《书》"的建议（想不到吧）。

焚书之后的第二年，又发生了坑儒事件。

秦始皇晚年迷信方术，欲求长生，因此尽管他修建了规模庞大的陵寝，但又一直坚信自己用不着。有些方士为赚点外快，就投秦始皇所好，为其寻找仙人和不死之药。公元前 219 年，秦始皇巡行至东方齐国故地，有齐人徐福上书，说东海有蓬莱、方丈、瀛洲三座仙山，山上居住有白胡老头一样的仙人，可向他们求不死之药。秦始皇信以为真，应徐福要求，派数千童男童女随他入海求仙，谁知一去杳 [yǎo] 无音

焚书坑儒（清代 / 佚名）

讯。公元前 215 年，已经当了一次冤大头的秦始皇在巡行至碣 [jié] 石时，又派燕人卢生去寻找仙人，继而又派韩终、侯公、石生等人寻不死之药，都徒劳无功。

而秦律规定，献方技者，凡经过试验无效，就得处以死刑。卢生等人为了逃避惩处，就编造一套神秘谎言欺骗秦始皇，说他们求仙人奇药之所以没成功，是因为秦始皇没有微行以避恶鬼，仙人不愿与秦始皇相见。秦始皇一想感觉在理，就以“真人”自称，自此过上了深居简出、神出鬼没的生活。另外，秦始皇还下令，他的行踪属于最高机密，凡泄露者处死没商量，因此除了他身边的几个亲信外，几乎没有人知道他的具体位置。

这样过了一段时间，秦始皇还是没有遇到所说的仙人，有些急了，就经常催问卢生到底是咋回事。卢生等人扯谎技巧虽高，可也经不住人老问，便寻思着既然谎言早晚都会被戳穿，倒不如趁早溜之大吉。

一般来说，准备逃亡之人都特别忌讳引起别人注意。但令人费解的是，卢生等人在逃跑之前，不仅没有谨言慎行，反而非常嚣张地在背后评论秦始皇贪于权势、嗜杀成性。秦始皇闻知勃然大怒，认为这帮人简直是在玩弄他的感情，他们没有求得仙药不说，居然还背着自己散布“流言蜚语”。于是秦始皇便怀疑咸阳城内的方士儒生多是妖言惑众之辈，应交由御史追查讯问。结果，这些方士儒生经过辗转告发，共株连 460 余人，均被坑杀。

雄主陨落，熊包登台

公元前 210 年，秦始皇开始了他生命中第五次，也是最后一次东巡。随行亲信除了有左丞相李斯、中车府令赵高外，还有他最为宠爱的儿子胡亥。

这次巡行的主要目的还和以往一样，一是向被征服的地区炫耀权威，二是继续寻找他一直渴求的长生不老药。这年他尽管只有五十岁，可由于平日超负荷工作和不太注意身体锻炼，健康状况每况愈下。

秦始皇带着一帮人从咸阳出发，向东南行经云梦，然后浮江而下，视察吴越旧地；接着又沿海岸北上，至胶东半岛北岸。一路走来，秦始皇连只长寿点的乌龟都没见到，更别说什么神仙了。他眼看长生无望，又感觉身体不适，遂决定返回咸阳。哪料在返回途中，旅途劳累和心情沮丧对秦始皇进行轮番轰炸，结果刚行至平原津（今山东平原），他就一病不起了。

病情恶化的秦始皇躺在病床上想：“这叫什么事啊，神仙没见到，索命小鬼倒先来了。问题是你来了也就来了，怎么着也得先让我把后事给安排一下吧。”皇帝毕竟是皇帝，小鬼这个面子还是得给的，秦始皇于是很从容地给正在北部边疆监军的长子扶苏留下了玺书，让他急赴咸阳主办丧事和继承帝位。

此时，行舆已经来到沙丘平台（今河北广宗西北），也就是在这里，在位三十七年，享年五十岁的秦始皇走到了他生命的尽头。

时间是七月丙寅这一天。

秦始皇遣使求仙（清代 / 佚名）

秦始皇死在半道上，作为臣子的李斯、赵高等人按说应该先呼天抢地一番才对，否则要是到了京师，论哭功他们肯定比不过皇帝的那些大小老婆们。但丞相李斯认为，现在还不是掉眼泪的时候，因为皇帝死讯如果传至咸阳，势必会引起诸皇子争夺继承权的问题，所以必须采取绝密措施对消息加以封锁。

然而当时正值三伏，在秦始皇的御驾辒辌[wēnliáng]中就是放入一碗豆腐脑，端出来也能成为臭豆腐，何况是一具尸体。于是为了掩人口鼻，李斯等人便下令在每辆车上都载上一石鲍鱼，以盖其味。就这样，行舆大队浩浩荡荡，一路臭气熏天地返回咸阳。

由于回程路途遥远，需要一段时间，我们反正闲着也是闲着，不如就趁此机会来说说别的事吧。我刚才已经提到，秦始皇在临死之前给长子扶苏留下了一封玺书，可这么长时间过去了，玺书究竟是否已经安全到达扶苏手里？答案是没有，因为到目前为止它还停留在赵高手中。

赵高没把玺书发出去显然不是因为工作忙，而是他想借着秦始皇挂掉的机会来实施一个酝酿已久的阴谋。他认为，自己虽然在秦始皇面前吃得开，但并不意味着能在秦始皇儿子面前也吃得开。在秦始皇众多儿子中，最有能力，同时与他最不对付的就是法定继承人扶苏。而相对草包的胡亥，由于赵高曾当过他几天的老师，赵高与胡亥关系就很不错。

于是，在国家命运与个人前途面前，赵高毫不犹豫地选择了后者。

赵高出身贫贱，能爬到这个地位除了得益于他的能力和勤奋外，还在于他心思缜密，不做无把握之事。因此为了增加阴谋的成功概率，赵高还特意把属于骑墙派的李斯给拉拢过来。这样一来，由赵高、胡亥、李斯组成的篡位铁三角就正式形成了。

篡位的过程倒是很简单，他们先是毁掉秦始皇赐给扶苏的玺书，接着伪造了一道传位于胡亥的遗诏，然后又弄了一份假得不能再假的问责蒙恬和扶苏的训令，让他俩赶紧自杀，以便排除对胡亥地位的主要威胁。

事情进展得很顺利，甚至超过预期。

这一年（前 210）十月，年仅二十一岁的胡亥诏令大赦天下，正式宣告继承帝位，是为秦二世。

秦二世上台后，在残暴方面，能令秦始皇汗颜。由于帝位来路不正，他担心兄弟及大臣疑而不服，导致变乱，就疯狂展开了诛杀行为，先后处死身负军事重任的蒙恬、蒙毅兄弟以及公子、公主共计二十三人。至于其他宗室大臣，牵连者更是数不胜数，搞得群臣人人震恐，统治集团内出现了分崩离析的状态。

除了对付威胁自己统治的人有手段外，秦二世对那些与自己不相干的人也表现出相当的冷血。比如在埋葬秦始皇的时候，他就下令：凡没有为先帝生育的后宫女子，活着的意义都不太大，不如全部陪老爷子去地下享福。秦始皇后宫美女有一万多，怀孕生育者甚少，这样一弄，几乎等于全殉葬，是秦史上规模最大的一次人殉。

另外，秦二世为了防止修陵的工匠泄露陵墓内的机密，最后竟在秦始皇尸体下葬后将所有墓内劳作的工匠关闭在中门和外门之间的墓道中，制造了中国历史上罕见的惨剧。

埋完老爹后，秦二世立即把工作重点转向了声色犬马，他不仅继续修建未竣工的阿房宫，而且不断修驰道，以便他所需要的玩物能顺利运达咸阳。

在咸阳，秦二世豢 [huàn] 养大量狗马禽兽，供其游猎之用。最后，咸阳粮草不够用，他就征调民间的豆粟刍藁 [gǎo] 以为饲料，弄得都城附近三百里内的百姓只能喝西北风。

在这种情况下，无论是阶级矛盾还是社会矛盾都已经达到了极点，正当秦朝统治者为自己的政权掘墓时，酝酿已久的全国性农民造反运动，终于爆发了。

陈胜同志起了个好头

秦二世元年(前209)七月,秦政府征发闾左贫民900人前去渔阳(今北京密云区)戍边。陈胜、吴广也在征发之列，并被指定为屯长。

按照正常的行程，队伍到达目的地的时间绰绰有余。可谁知天公不作美，当行至大泽乡（今属安徽宿州）时遇到了大雨，道路不通，无法行进，结果耽误了不少时间。这时有人就私下里计算说，即使天立马放晴，恐怕也无法如期到达，而秦律规定，戍卒误期是要被全体处斩的。

在这生死存亡的紧要关头，陈胜、吴广二人便商量说："渔阳显然是不能去了，现在摆在我们面前的只有两条路，一个是跑，一个是反。而逃跑和造反的结局都有可能是死，既然都是死，那我们不如死得光辉灿烂些。"

接着，陈胜又分析了一下当时的形势，认为"天下苦秦久矣"，若趁此起义，打着扶苏和项燕①的旗号，响应的人应该少不了。吴广表示同意，就用计杀掉负责监押的秦尉，号召同行的戍卒一块儿造反。

在造反宣誓词里，陈胜、吴广慷慨激昂地说："现在我们误了到达渔阳的时机，即使能免于死刑，戍守边塞活下来的概率也不大。大丈夫不死也就罢了，要死就要做出一番大事业！王侯将相宁有种乎！"戍卒听到这话，情绪很快被调动起来，纷纷袒臂挥拳，为坛而盟，祭以尉首。

陈胜自立为将军，吴广为都尉，他们斩木为兵，揭竿为旗，终于在大泽乡燃起了中国历史上第一次农民大起义的烽火。

烽火燃起后,天下云集响应,陈吴军队势如破竹,立即攻下了蕲县(今安徽宿州)。待攻到陈县（今河南淮阳）时，起义军已经发展到战车六七百辆、骑兵千余人、步兵数万人的规模。陈县曾是春秋时期陈国的都城，战国后期楚国也曾迁都于此，秦统一后为陈郡治所，是秦朝的东方重镇和交通要道，地理位置可想而知。于是攻克陈县后，起义军便在此建立政权，陈胜自立为王，国号"张楚"。

张楚政权的建立，很是鼓舞士气，不少名豪游士纷纷前来归附，陈县一时成了

---

①扶苏是被冤杀的，前文已介绍。项燕是战国末期楚国名将，项羽的爷爷，曾大败秦将李信二十万大军，后为秦将王翦所败。项燕生死不明，在楚国民间很有号召力。

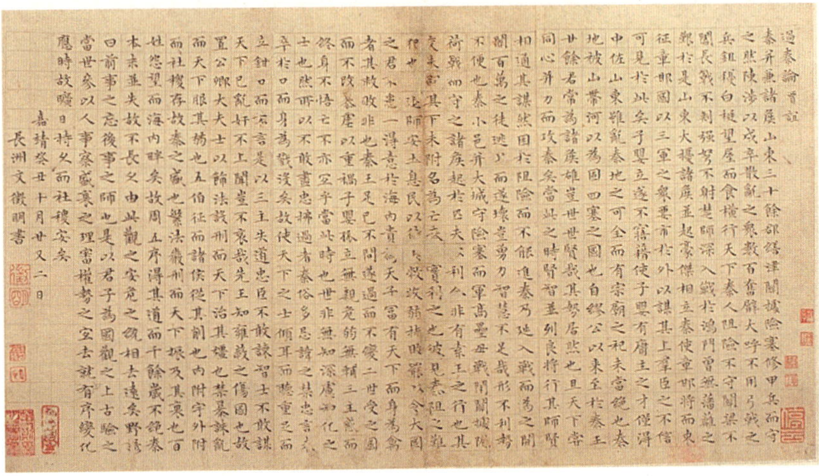

楷书过秦论（明代／文征明）

革命的领导中心。等到了九月，“郡县皆反”，就楚地而言，人众多至数千的反秦武装力量已经数不胜数。秦帝国的中东部算是彻底陷入大动乱中。

陈胜称王后，并没有停止步伐，而是立即全面布置，遣将分途进兵，继续拓地。他以吴广为假王，率主力军西击荥阳；另派起义军南取九江（治所在今安徽寿县）、广陵（今江苏扬州）、南阳，北征赵地和魏地。

荥阳为中原重镇，是通往关中的要道，加上附近有关东最大的粮仓敖仓，因此丞相李斯特意派自己的儿子李由亲率重兵把守。

吴广屯兵于坚城之外，一时难以取胜。而陈胜在后方却急得直转圈，想来想去，觉得既然已经把命都押出去了，不如玩票大的，于是他便趁吴广与秦主力相持的机会，派周文率兵取道函谷关，进攻秦朝根据地关中。

周文原是项燕军中的视日（占卜吉凶的小官），又曾在春申君门下干过，这在普遍出身不高的起义军中算得上是高级人才。陈胜矬子里面拔大个，任命周文为将军。周文做梦都没想到自己这辈子还能当如此大的官儿，也不管任务是否能完成，就毫不犹豫地接下军令。

但你还别说，越是这种无知者无畏的人越能把水给搅浑。周文领兵西进，沿途汇合各路起义军，当大军抵达函谷关时，这支原本十万人的部队，已经发展为战车千乘、步卒数十万的大军。秦二世哪见过这等阵势，顿时慌了手脚，急令大臣章邯率领数十万骊山刑徒前去迎战，同时又调回北方防御匈奴的王离（王翦之孙、王贲之子）军队作为后援。

章邯虽出身文官，但打起仗来，绝对看不出有半点斯文之气。他趁着起义军内部发生分裂之机，迅速发起反攻。周文更是没见过这种阵势，再加之他缺乏统军作战经验，孤军深入，后援不继，很快就败下阵来，最后在渑池兵败自杀。

周文军队的瓦解，成了陈胜起义军由盛而衰的转折点。

紧接着，章邯率军东征西剿，连连克敌，形势一片大好。而此时起义军内部却变乱迭起：先是吴广久攻荥阳不下，为部下田臧所杀，章邯兵到，田臧也没落到好，败死；其次是陈胜见章邯前来攻打，就亲率大军迎战，结果兵败遁走，后又被他的司机庄贾给杀掉；陈胜、吴广一死，其余起义军见势不妙，要么逃跑，要么投降。

陈胜领导的农民起义就这样失败了，前后共历经六个月时间。

但是，陈胜的失败仅仅代表一支起义军的失败，而其他反秦力量，此时却风起云涌般发展起来。其中，以楚地项梁、项羽所领导的军队实力最强。

大龄未婚青年刘邦及其他

项梁的父亲项燕是楚国名将。年轻时项梁的脾气比较火爆，后因杀人与侄子项羽避仇逃至吴中（今江苏苏州）。项羽继承了家族彪悍的性格，年轻时不爱读书，又不喜学剑，项梁只好授他以兵法，结果他也学得一知半解。

不过项羽也有优点，首先他人长得很有型，无论是臂肌还是腹肌，全都块垒分明；其次他这个人力能扛鼎，心胸博大，有英雄气概；最后一点，如果拿他与刘邦放在一块儿进行比较，你会发现后者怎么看怎么猥琐。

这么有型的男人，再加上贵族的血统，项羽天生就是让人崇拜的命。秦二世元年（前 209），陈胜、吴广造反的消息传到江东，项羽的叔父项梁高兴异常，因为在他看来，这是一个难得的机会。项梁平日在吴中颇有威信，他就利用这种有利条件暗中招兵买马，训练子弟，一俟时机到来，便准备举兵起义。

现在时机终于来了。

项梁、项羽叔侄二人闻风而动，当即袭杀了会稽郡守，共收集徒众八千人。项梁亲自统率，并以项羽为副将。

次年，原本奉陈胜之命攻打广陵的召平，在得知陈胜兵败的消息后，面对秦军南下的压力，就假借陈胜的名义，封项梁为上柱国，命他率军进击秦军。项梁见陈胜打的是自己老爹项燕的旗号，以为是一家人，想都没想便领命渡江北上。

在奔袭秦军的路上，项梁势力滚雪球似的不断壮大，沿途收编了陈婴、英布、蒲将军等造反势力，及至下邳 [pī]，兵马已达六七万。而与此同时，还有一支至少在目前看起来还不起眼的起义军也投入了项梁的麾 [huī] 下。

这支军队的头目名叫刘邦。

刘邦是沛郡丰邑（今江苏丰县）中阳里人，出生于一个中农之家。他年少时读过一些书，勉强达到认识男女厕所的水平。他虽是农家娃，但好逸恶劳，不事生产，每天和一帮地痞流氓鬼混。秦王政二十三年（前 224），秦始皇派大将军王翦攻灭楚国，在沛地设立泗 [sì] 水郡，已过而立之年的刘邦被任命为泗水亭亭长。这个职位相当于现在的派出所所长兼招待所所长，算是秦朝最基层的公务员。

官虽然小了点，但毕竟是体制内的人，平时结交的人档次多少也有所提升，已从街头小混混提升为官场上的狐朋狗友，其中与刘邦关系比较铁的有沛县政府副秘书长萧何、狱警曹参、司机夏侯婴、屠夫樊哙 [kuài]，以及吹鼓手周勃（名将周亚夫的父亲）等人。看见没有，这些人随便挑出来一个都是那个时代叱咤风云的人物。

正当刘邦事业有所成就时，爱神丘比特之箭也开始射向了他。在这之前，刘邦一直认为自己这辈子是打定光棍了，原因很简单，他人长得不帅，也没事业心，可以说无论谁把女儿嫁给他都是在做赔本生意——但有个人不这么看。

这个人名叫吕文，又被人称为吕公。

吕公原本是地方豪富，因躲避仇人，就投奔到好友沛县县令家里。在沛县，吕公受到盛情款待，后来干脆就把家安在了这里。吕公有四个子女：长子吕泽、次子吕释之、长女吕雉 [zhì]、次女吕媭 [xū]（后嫁给樊哙）。

在一次沛县名流聚会上，善于相术的吕公偶然结识了大龄未婚男青年刘邦。他见刘邦气度非凡（反正我没看出来），绝对是个绩优股，便当即表示愿意把一个女儿嫁给他。刘邦张嘴抬头四十五度角望天几十年，连粒鸟屎都没接到，这下突然被人往嘴里塞了一只肥嫩的天鹅，顿时被噎得目瞪口呆，过了许久方才反应过来，说：“你该不是和我开玩笑吧，要不就是你女儿是个丑八怪，嫁不出去，这才划拉给我这种老实人。”

吕公有些气愤地说：“我女儿能亮瞎你的眼，你要是不愿意，出门右拐二百五十步有家药铺，你先去那儿问问卖不卖后悔药。”

刘邦这才信以为真，忙施礼道歉说：“刚才开玩笑呢，我现在就回去把自己拾掇干净，到时绝不会给老爷子您丢脸的。”

就这样，年近不惑的刘邦终于娶到了比他小十五岁的大龄剩女吕雉。

摊上这个老婆，可能会让后来成为皇帝的刘邦多少有点失望，但是至少在目前，他的心里还是翻涌着一股说不出的狂喜。毕竟，他有老婆了，而且在不远的将来，他还会有儿子，许许多多的儿子——这些都是他以前想都不敢想的事儿。

如果是在太平盛世，刘邦接下来的生活我现在就能帮他规划出来：每天按时上下班，工作内容要么是处理上级交代的任务，要么是处理辖区内的邻里纠纷，间或抓上一两个毛贼，等到了一定岁数，他可能会随便找个理由辞职回家，然后养花喂鸟，等死。

遗憾的是我上面只是假设，因为刘邦所在的时代，是一个逼迫你不得不折腾的时代。大约在秦始皇统治的最后几年，由于修建骊山墓需要大批劳力，刘邦因此获得了一次劳心费力又没有油水的出差机会——押送刑徒到骊山。

在押送途中，刘邦情绪十分消沉，加上山高路远，他对那些刑徒也就疏于管理。刑徒们难得遇到一个“好领导”，纷纷开溜。刘邦见逃亡者众多，估计到了骊山，也就剩下自己了，便索性做个顺水推舟的人情，对那些没跑的刑徒说：“别羡慕那些跑掉的人了，咱们之间又没什么不共戴天之仇，我刚做了一个决定，你们要跑就赶紧跑吧，因为我也准备跑。”

于是刑徒们一哄而散。

不过令刘邦感到意外的是，仍有十几个人没有走，问问原因，一个领头模样的人说：“能往哪儿跑？回家也是被人抓起来继续发配骊山送死，以后再跑恐怕就没这么容易了。看大哥你人很不错，若不嫌弃的话，我们以后就跟着你混吧。”

刘邦想，人多总比人少强，就同意了。

等到陈胜造反时，刘邦等人已经在芒、砀 [dàng] 山泽一带做了好长一段时间野人了。不久后，天下大乱，群雄并起，刘邦便在好友萧何、曹参等人的支持下，杀掉沛令，聚众两三千人，在沛地起兵。刘邦被拥戴为沛公。

紧接着，刘邦率人连取沛、丰、砀等县，直至归附项梁。

是年六月，项梁在证实陈胜死讯后，采纳范增的建议，求得楚怀王之孙熊心（楚亡后，熊心隐匿民间为人牧羊），立之为王，仍号楚怀王，以便用来激发起楚人抗秦的积极性。

而此时，章邯率领的秦军，在镇压了陈胜所领导的部分起义军后，移师东进，连破试图复国的魏、齐。同年七月，项梁与故齐王田氏宗族田荣率领的起义军一起，在东阿（今山东阳谷）给章邯军迎头痛击。项羽、刘邦则率领另一支起义军接连打破秦军，攻占城阳（今山东菏泽）、雍丘（今河南杞县）等地，给秦军以沉重打击。

然而当项梁见形势好得让人有些不好意思时，心中便逐渐滋生出一股骄躁情绪。九月，章邯在得到关中援兵后，乘虚夜袭，在山东定陶大破楚军，项梁战死。项羽、刘邦这时正在陈留（今河南开封）与秦军缠斗，听到项梁牺牲的消息后，连忙抽身回守。他们和将军吕臣[①]把楚怀王从先前都城盱眙 [xūyí] 迁到彭城（今江苏徐州），然后以彭城为中心，让军队驻守于四周，等待时机，继续战斗。

万岁梦一场，暴秦二世亡

章邯在击杀项梁后，认为楚军威胁已除，便渡河北上进攻复国的赵国。此时的赵国是由张耳、陈余拥立赵歇而组成的一个小朝廷，兵少势弱，与章邯一个回合下来，就败退至巨鹿（今河北平乡）。在这种危急情况下，赵歇、张耳只得派使者向楚怀王求援。

楚怀王接到赵国求救信后，在彭城召开紧急军事会议，经过一番讨论，最后众将领一致认为唇亡齿寒，赵国灭亡对自己也没啥好处，遂决定兵分两路进行支援：一路以故楚令尹宋义为上将军，项羽为次将军，范增为末将，率主力北上救赵；另一路则由刘邦率军向西挺进，直攻关中。

在临行之前，楚怀王与诸将还相互约定：先入关中者，便立其为王。不过当时由于秦军还十分牛，根本没有人愿意抢风头先入关。

援赵大军在宋义的带领下，火速北上，当行至安阳（今山东曹县）后，便开始裹足不前，前后逗留四十六天。项羽性子急，主张急速过河，好趁赵军实力没有太大损失之前与其内外夹攻。而宋义则坚持认为，楚军是去帮忙的，又不是去投胎，用不着太急，不如等秦赵两军苦战后实力有所削弱，再一举破秦。这时正值天寒大雨，士兵饥冻，加上项羽素与宋义不和，于是他就大刀一挥，将宋义杀死。楚怀王闻讯，乃命项羽为上将军，并令英布和蒲将军一同归项羽指挥。

秦二世三年（前 207）初，项羽派英布和蒲将军率两万人渡漳河，援救巨鹿。这时巨鹿在秦将王离围困之下，只剩下喘气了。英布援军到达后，初战告捷，形势方才有所好转。不久，项羽又接到陈余的求救信，决定率领全军渡河。在渡河后，项羽破釜沉舟，让士兵仅带三日口粮，以示决死之心。将士一看没有了退路，全都

①秦末陈胜起义军将领，陈胜被庄贾杀害后，吕臣组织苍头军重建张楚政权，并诛杀叛徒庄贾；后与英布联合抗秦，又先后投奔项梁、刘邦。汉朝建立后，吕臣继承他父亲吕青的爵位直到病死。

破釜沉舟（当代 / 刘永华）

拼死前冲。在战斗中，楚战士呼声震天，无不以一当十，秦军大败。七月，章邯因外受楚军压迫，内受赵高嫉视，在走投无路之下，只好带领二十余万秦军投降了项羽。

巨鹿之战，是反秦战争中最为激烈的一次战役，也是具有决定性的一次大战。正是由于这次大战，起义军才真正扭转了整个战争的形势，为接下来反秦斗争的胜利奠定了基础。而项羽，也以他的刚强神勇受到各路反秦力量的拥戴，被尊奉为“诸侯上将军”，成为反秦联军的军事领袖。

暂时说完了项羽，再说西进关中的刘邦。

论实力，刘邦就是脱了鞋也撵不上项羽，但要是论运气，刘邦应该买彩票去中五百万大奖，而且是天天都能中的那种。刘邦奉命去攻打秦的老巢关中，心里是一点底都没有，他明白，自己手里的那点兵，别说和关中秦军叫板了，恐怕连供对方打牙祭都不够。可是令他奇怪的是，随着军队向西进发，遇到的阻力却没有想象中的大。派人一打听，原来秦军主力都被派到北方对付项羽去了。

刘邦听到这个消息后，阴沉的心情立马转晴，一路势如破竹，仅用几个月时间就到达洛阳以东地区，在那里与张良会合，然后攻略南阳，西取武关。

秦军见起义军来势汹汹，纷纷像撞击岩石的潮水向后退去。这使得原本就矛盾重重的秦朝统治集团更加矛盾重重。

此时的秦帝国中央，权力由赵高一手把持。在不久前，赵高通过诬陷李斯谋反，将其腰斩于市，由自己继任丞相。不过赵高对内斗争虽是一等一的高手，在对付外敌方面却是外行。他对秦二世一味欺瞒，屡以关东乱事不足为虑为由拖延时日。等到武关即将陷落，谎言被拆穿，他才开始慌了手脚。

一方面，赵高惧祸而发动政变弑杀二世，改立二世侄子子婴为秦王（注意，这里已不再是皇帝）；另一方面赶紧遣人约降。刘邦见成功就在眼前，根本不予理会，继续前进，于八月到达咸阳附近的霸上。

同年十月，刚刚当了四十六天秦王的子婴见大势已去，便用计杀死赵高，率领妻子，素车白马，以绳系头，手捧天子传国玉玺，在轵 [zhǐ] 道旁向刘邦投降。

秦朝正式灭亡。

但是，由于秦以十月为岁首，汉承秦历，秦朝灭亡时已是秦二世三年（前 207）九月，故等到十月子婴投降时，已经进入历史上所谓“汉元年”（前 206）。只是那时汉朝并未正式建立，尚须经过四年半的战争，才有统一汉朝的出现，所以历史上又把秦灭亡后的这一时期称为“秦汉之际”。

附：

秦国历代君主世系表

秦仲（前 844—前 822）	秦庄公（前 821—前 778）	秦襄公（前 777—前 766）
秦文公（前 765—前 716）	秦宪（宁）公（前 715—前 704）	秦出子（前 703—前 698）
秦武公（前 697—前 678）	秦德公（前 677—前 676）	秦宣公（前 675—前 664）
秦成公（前 663—前 660）	秦穆公（前 659—前 621）	秦康公（前 620—前 609）
秦共公（前 608—前 604）	秦桓公（前 603—前 577）	秦景公（前 576—前 537）
秦哀公（前 536—前 501）	秦惠公（前 500—前 491）	秦悼公（前 490—前 477）
秦厉共公（前 476—前 443）	秦躁公（前 442—前 429）	秦怀公（前 428—前 425）
秦灵公（前 424—前 415）	秦简公（前 414—前 400）	秦惠公（前 399—前 387）
秦出公（前 386—前 385）	秦献公（前 384—前 362）	秦孝公（前 361—前 338）
秦惠文王（前 337—前 311）	秦武王（前 310—前 307）	秦昭襄王（前 306—前 251）
秦孝文王（前 250）	秦庄襄王（前 249—前 247）	秦始皇帝（前 246—前 210）
秦二世皇帝（前 209—前 207）	秦王子婴（前 206）	

第九章 西汉风云

穿新鞋与走老路

刘邦在做皇帝之前，几乎所有时间都花在与两个群体的厮混上，一个是地痞流氓，一个是武夫兵卒。这两个群体都比较迷信暴力，所以当他在“马上得天下”后，便认为在马上也能治天下。于是，刘邦在即位之初，从里到外都显出一股重武力而轻文教的气息。

项羽的暴脾气

若按照先前楚怀王与诸将的约定，谁先进入关中，便立谁为关中王。那么，第一个进入关中的刘邦，便理所当然地认为自己应该据关中为己有。所以，当刘邦将军队开进咸阳后，没多想，就一头扎进了温柔富贵乡的秦宫。

然而，还未等刘邦在秦宫睡个囫囵 [húlún] 觉，张良、樊哙等一帮谋臣便开始轮番对他进行劝谏，说现在天下未定，四周虎狼环视，还是尽量低调好，否则势必会引起别人嫉恨，到那时，咱们可就成了众矢之的。

刘邦出身农家，知道要想做个好梦，必须先把虱 [shī] 子捉干净才行。于是他就采纳张良等人的建议，退出秦宫，将军队驻扎于咸阳以东的霸上；对于秦朝的珠宝珍玩，也是一无所取，专等各路诸侯前来共同处理。

同时，他还宣布废除秦朝苛法，与关中父老“约法三章”，规定“杀人者死，伤人及盗抵罪”，并让秦的一些地方官留任原职，以维护社会秩序。结果，“秦人大喜，争持牛羊酒食”慰劳刘邦军队，“唯恐沛公不为秦王”。

秦二世三年（前 207）七月，项羽在消灭秦军主力后，开始率楚军、诸侯军和秦降军向关中进发。行至新安，他因听闻秦降卒有怨言，恐其生变，就一股脑儿将他们全部活埋，据说多达二十万人。汉元年（前 206）十二月，项羽来到函谷关，但迎接他的不是鲜花和红毯，而是刘邦拉起的“横幅”：请申请护照后再入关内。

英布杀降（当代／刘永华）

此图为英布率楚军突入秦降兵营帐杀降的情景。中间铁兜鍪 [móu]、铁甲持长矛洞穿一秦兵胸膛者为英布，秦降兵都只穿衬袍、戎服，而楚军全部都顶盔贯甲，全副武装。

项羽见刘邦居然将关中当成自己的独立王国，勃然大怒，当即命令帐下五虎将之一的英布冲破函谷关，自己则率四十万大军进驻鸿门（今陕西临潼），准备与刘邦决一雌雄。

刘邦当时只有十万人马，若与对方死磕，死的肯定是自己（以少胜多毕竟是小概率事件）。无奈之下，他只好采纳张良的计策，亲自前往鸿门卑辞言好。

项羽手下有个谋士范增，一直建议除掉刘邦。项羽经过前几件事的刺激，原本是同意的，但他有个名叫项伯的叔叔，却在关键时刻替刘邦说了不少好话，使优柔寡断的项羽变得有些举棋不定。

当然，项伯替刘邦说好话并不是因为被策反了，而是因为他与刘邦谋士张良关系很铁（张良曾救过项伯的命）。他见项羽要连窝端掉刘邦，担心张良安全，就潜入刘邦军营，想把其给带走，可见此人很够哥们儿义气。但张良认为，作为臣子，不顾主子的死活有悖他的原则，就将这个送上门的情报告诉了刘邦。

刘邦是个遇大事没主见的人，双手一摊反问张良："为之奈何？"

张良无可奈何，只得帮人帮到底，最后在他的牵线下，刘邦见到了项伯。而笼络人心是刘邦的长项，他对项伯好酒好菜招待，并约为儿女亲家（事实证明，空头许诺的事最好别信）。几个回合下来，项伯对刘邦的印象就变成了六个字：人老实，没野心。

接着，在著名的鸿门宴上，刘邦由于做了充分的准备，最终在张良、樊哙、夏侯婴的帮助下，有惊无险地躲过了一劫。

数日后，项羽率军进入咸阳，主要做了四件事：屠城，杀秦王子婴，烧秦宫室，

图 1 鸿门设宴（当代 / 刘永华） 刘邦、张良和范增的冠服是根据湖北江陵马山一号墓出土实物，参考山东沂 [yí] 南汉墓画像石资料进行创作的。

图 2 火烧咸阳（当代 / 刘永华） 宫室参考汉墓出土的陶楼模型创作。运送货物的马车是为双辕辇车（主要用于载物，亦可载人），是战国晚期出现的一种新型车。

收财宝妇女。此时的项羽，俨然成为天下的主宰，可以说，只要他想当皇帝，绝对无人敢提出异议。但是，出身于旧贵族的项羽，对所谓大一统和当皇帝并不感冒，在他的主观意识里，封邦建国就是一个很完美的制度，自己只要能做一个凌驾于诸侯之上的霸主便已心满意足了。

于是，在这种观念的驱使下，项羽大开历史倒车，自立为西楚霸王，据有九郡地，定都彭城。而作为摆设的楚怀王，这时已被他尊为义帝，并在湘江上游分得了一块只够喝清水粥的狭小地盘（即使这样，次年又被暗杀）。

除此之外，项羽另外还分封了十八个诸侯王，其具体分封情况如下表：

王号	姓名	原来地位	国都	领地
汉王	刘邦	楚将	南郑	汉中、巴、蜀三郡
雍王	章邯	秦降将	废丘	咸阳以西
塞王	司马欣	秦降将	栎阳	咸阳以东至黄河
翟王	董翳 [yì]	秦降将	高奴	上郡
西魏王	魏豹	魏王	平阳	河东郡
河南王	申阳	张耳部将	洛阳	河南郡
韩王	韩成	韩王	阳翟	故韩地
殷王	司马卬	赵将	朝歌	河内地区
代王	赵歇	赵王	代	代郡
常山王	张耳	赵相	襄国	赵国故地
九江王	英布	项羽部将	六	九江郡一带
衡山王	吴芮 [ruì]	百越君长	邾 [zhū]	楚地一部分
临江王	共敖	楚柱国	江陵	楚地一部分
辽东王	韩广	燕王	无终	辽东郡
燕王	臧荼	燕将	蓟	燕地大部分
胶东王	田市	齐王	即墨	齐地一部分
齐王	田都	齐将	临淄	齐地一部分
济北王	田安	项羽部将	博阳	齐地一部分

从表格中可以看出，刘邦分封的并不是他梦寐以求的关中，而是在当时还处于蛮荒之地的巴、蜀、汉中。至于关中，项羽则分给了章邯等三个秦朝降将，以便让他们监视并牵制刘邦。从整个分封来看，项羽比较注意分割原有诸侯国势力，比如将齐一分为三，将秦、楚各分为四，将韩、赵、魏、燕各分为二。

但是，这里面又带有很大的随意性，比如齐相田荣和赵将陈余，在反秦斗争中都是立有大功的，可因为与项羽关系不咋的，所以在这个分王名册里，并没有他们的名字。这就为不久后的动乱埋下了隐患。

当然，要说最感到委屈的，还得数刘邦。这里我举个例子，就好比你运气好，花两块钱买彩票就中了五百万大奖，但在去领奖时，却被人告知，因为这钱不是劳动所得，所以不能给五百万，只能给五十万——此时刘邦的心情就和你是一模一样的。

尽管很委屈，刘邦却不能向项羽抱怨，相反，为了让对方不起疑心，他还必须表现出一副很服气的样子。

汉元年（前206）四月，在咸阳受封的诸王分别就国，刘邦也率数万人前往汉中。在路上，为了防备其他诸侯袭击，也为了给项羽制造不再回兵东向的假象，刘邦接受张良的建议，烧毁汉中北出的唯一山径“栈道”。

这样，从陈胜开始反秦到秦灭亡，历时三年的战乱终于暂时得以平息。

楚汉之争论输赢

心情郁闷的刘邦来到封国都城南郑（今陕西汉中）后，并不甘心受封为汉王。只是考虑到自己势单力薄，才未立即拉起反对项羽的大旗。

然而就在这时，军队中却出现了一件让他始料未及的事情——士兵逃亡。

士兵逃亡可是大事，没有人给你卖命，你总不能一个人抡着大刀去找项羽单挑吧。刘邦赶紧派人调查，很快便发现这是由于士兵思乡心切造成的，尤其是不少人以为烧毁栈道是为了在汉中长期驻扎，而窝在这里又没前途。

本来刘邦就憋了一肚子气，现在见军心不稳，却又不能做出解释，心情很是烦躁。谁知在这节骨眼上，有人突然又向他报告说，大事不妙，丞相也开溜了。

听到这话，刘邦大吃一惊，丞相萧何不但是他工作中的左膀右臂，而且是他生活中的交心人。他这一走，自己离光杆司令也就不远了。刘邦连说几句“为之奈何”。

好在两天之后，萧何又回来了。刘邦喜怒交加地问：“你小子跑哪儿去了？扔下组织和人民不管，也太不厚道了！”

萧何不紧不慢地说：“我是去追逃跑的人了。”

刘邦怒道：“你脑袋抽筋了，那么多人追得完吗？”

“我只去追一个人。”

“谁？”

“韩信。”

萧何月下追韩信（局部）（日本／与谢芜村）

“韩信？韩信是谁，我怎么不知道，哪个营的？”

“就是那个治粟都尉。”

“晕，你太有想法了，那么多将军跑了你不追，追一个到现在我还没听过的粮倌。”

“韩信乃真正的无双国士，其他人一抓一箩筐，和他根本不是一个级别的。”

“这么厉害，你倒给我说说他牛在什么地方？”

“那就要看大王您的志向了，你如果喜欢一辈子待在这里，韩信是没什么用，若想得天下，少韩信则不可！”

“废话！谁愿意待在这鸟不拉屎的地方？”

“那我就明白了，但不知大王怎么对待他？”

“现在将军跑了不少，职位刚好有空缺，看在你的面子上，让他当个将军吧！”

“将军太小，留他不住的。”

“还有一个大将军和我的位置，不知他要当哪个？”

“大将军最合适，他简直就是为大将军而生的。”

“说了这么多，我还不知他长什么样呢，你现在召他进来，我这就封他为大将军。”

“这不行，大将军统率三军，马虎不得。否则，是对你权威的亵渎。”

“那，为之奈何？”

“你应该，择吉、斋戒、筑坛、具礼、香汤沐浴，恭恭敬敬地拜他为大将军。”

“这么麻烦，不过我现在求贤若渴，渴得厉害，麻烦一点也是应该的。”

萧何刚要走，刘邦突然又想起了一件事，说：“哦，对了，你最好把韩信的档案拿给我看看，见之前对他应该多少有所了解。”萧何微微一笑，从怀里掏出一卷竹简递给刘邦说：“你不问我还差点忘了，他的档案我早就带在身上了。”

刘邦接过后，把竹简摊开，韩信的生平简介便展现在他眼前：韩信，男，淮阴（今江苏淮安）人，早年困顿，讨过饭，后仗剑加入起义军，在项羽军中干过执戟郎中（保安小头目），在汉军中当过连敖，现任治粟都尉，都是管粮食的小官。

看完简历后，说实话，刘邦并未感觉韩信特殊在什么地方，现在唯一能给他安慰的是萧何看人还没走过眼。而他之所以同意萧何的举荐，是因为现在没有更好的人选，不如先看韩信到底咋样，不行的话到时候再找个借口将他拿下。

韩信就这样莫名其妙当上了大将军，结果引起全军哗然。不少将领都觉得，若论资格，自己能把韩信甩出几里路，现在可倒好，选大将军变成了选美，净整那些中看不中用的。刘邦耳聪目明，这些流言蜚语他多少也能知道一点。不过与那些将军纠结自己前程不同的是，刘邦可是把整个身家性命押在韩信身上，他必须得对韩信做进一步了解。

于是，在拜完将后，刘邦第一时间和韩信做了一次炉边谈话。

刘邦说：“丞相对你是推崇备至。我从全局出发，不但爱才，而且用才，这样才能有强大的感召力，成就今日的事业。现在我处在困难时期，整宿失眠，你说说看，怎样才能让我放心，睡个安稳觉？”

韩信也不谦让，说：“废话省略，我先问你，就军事实力、人格魅力和个人能力方面，你能和项羽比吗？”

刘邦很有自知之明，就实话实说：“诚不如也。”

韩信听后跪拜说：“恭喜大王，我——我也是这么认为的，由此可以看出你是一个实事求是的人，这是成为好领导的必要条件。”

刘邦冷不丁被人戴这么一顶高帽，有些不好意思，说：“夸我的话留在以后说吧，我现在只想听你说一些干货。”

韩信于是言归正传，施展口才，在客观分析时局的同时，将项羽骂得狗血喷头，把刘邦夸得人见人爱，花见花开。总之，刘邦形势 片大好。

刘邦听完大喜说：“这就是人才啊，任命你为大将军，是我做得最正确的一件事。从今以后，你的就是我的，我的嘛，哈哈……”

没过多久，刘邦等待已久的机会终于到来。

公元前 206 年 7 月，田荣自立为齐王，起兵反抗项羽。项羽大怒，发兵攻击田荣，列国诸侯之间烽烟再起。

与此同时，蛰 [zhé] 居在南郑的刘邦见中原已乱，就于该年八月，让丞相萧何留守巴蜀，安抚后方，自己则和大将韩信率领大军用“明修栈道，暗度陈仓”的办法起兵偷越陈仓（今陕西宝鸡），袭击雍王章邯。章邯率兵迎击，两战皆败，退守废丘（今陕西兴平，当时为雍国国都）。平定雍地后，刘邦随后东进，仅用数月时间便消灭项羽在关中分封的三秦王。等到了次年四月，刘邦所率诸侯各路人马已达五十六万之多。

而项羽此时正和田荣拼内力呢，他是想先把齐国的事解决掉，然后再全力对付刘邦。

但刘邦可不按什么套路出牌，他见项羽进退两难，就觉得要是不在他后院“放把火”，实在是无法平息自己心中窝藏的怒火。于是他大手一挥，率军一举攻下了西楚国都——彭城。项羽听说自己老窝被端了，气得直跳，再也沉不住气，当即率领三万精兵迅速回击。

项羽对彭城发起进攻是在清晨，当时刘邦还在睡觉。这两天刘邦一直在大摆庆功宴，有时做梦都会笑醒，因此当他听到攻城的呐喊声时，还以为自己正围着酒桌转呢。

战斗一直持续到中午时分，汉军溃败，据不完全统计，兵卒共死亡“十余万人”。刘邦这时清醒无比，带领残兵败将一口气逃到灵璧东面的睢水旁。眼见无路可逃，汉军只好像下饺子似的跳入河中，结果出现了“睢水为之不流”的壮观景象。

尽管已经很惨了，可项羽还是死死咬住不放，率领楚军把包括刘邦在内的汉军团团围住。然而就在这绝望时候，奇异现象发生了，天空突然刮起了沙尘暴，而且是只往楚军方向刮。刘邦一看，真是老天开眼，忙带着数十位手下仓皇逃脱。

在逃亡途中，刘邦突然想到沛县老家离这儿不远，项羽抓不到他，定会拿他家人出气，就赶紧派人去营救家人。但是派去的人扑了个空，原来家人知道指望不上刘邦，提前开溜了。至于接下来的事情，便显得有些戏剧性：刘邦虽未接到家人，却在逃跑途中遇到了儿子刘盈和女儿鲁元公主（名失考，后世多以鲁元公主称之）；而刘邦的父亲刘太公和老婆吕雉由于想抄小路去找刘邦，结果却撞上了楚兵，被项羽扣为人质。

儿女虽找到了，可刘邦等人并未脱离险境，因为楚兵仍然穷追不舍。刘邦很着急，他所乘坐的马车本来就跑不快，现在又加上儿子和女儿，跑得简直连牛车都不如。别人要是遇到这种情况，肯定是一边抱头痛哭，一边发誓无论死活都决不分开。而刘邦不这么想，他觉得能活一个是一个，没必要扎堆死，于是他为了减轻车的负重，一个无影腿就将两个小孩踹下车去。大将夏侯婴见状，连忙跳下车抱起孩子。如此三番五次，一个几度弃子，一个每每相救，这让急着逃命的刘邦着实恼火，几次都想把夏侯婴杀掉，幸好忍了又忍，直忍到大家成功脱险。

彭城之战是刘邦与项羽的第一次短兵相接。这一仗，刘邦五十六万大军奇迹般地败给了项羽三万精兵，不但损兵折将，而且还赔上了老爹和老婆。各路诸侯见刘邦如此不堪一击，纷纷背汉亲楚。

智守荥阳（当代 / 刘永华）

彭城之战后，刘邦被迫率领汉军撤退，楚军乘胜追击。后刘邦率领诸将在京、索之战中大败楚军，使得楚军不能再向西追击。双方后来便在荥阳一带拉锯，战争进入相持阶段。

汉王三年（前204），项羽再次向刘邦发起进攻，占领荥阳、成皋，刘邦节节败退。虽然正面战场失利，但是刘邦部将韩信却在北方抄项羽后路，接连取得胜利。这一切，主要得益于刘邦在彭城之战后采取的“斗智不斗力”的策略。

根据这个策略，刘邦不惜血本，四处派人联络彭越和争取九江王英布共同反楚，结果获得极大的成功。随后，刘邦又让他的重要谋士陈平携带重金潜入楚地，离间项羽和范增之间的关系，范增因无法忍受项羽的猜疑，最后愤而告退。所有的这些，都将项羽推向了极为不利的一面。

汉王四年（前203），楚汉两军相持于成皋一带，互有胜负。在长期相持之后，项羽退兵至广武（今河南荥阳北），想与刘邦决一死战。刘邦对互拼内力不感兴趣，选择按兵不动。项羽无奈，忽然想起：刘邦的爹不是还在我手里么，我何不趁此机会，以烹杀刘太公相要挟，逼刘邦投降？

但让项羽没想到的是，刘邦是个二皮脸，根本不吃这一套，反而笑嘻嘻地对他说：“咱俩以前都曾受命于楚怀王，是拜把子兄弟，所以我爹就是你爹，你要烹杀你爹，别忘了给我也来一碗。”

项羽乌江自刎（当代／刘永华）

项羽闻之大怒，当即要烹刘太公，幸得项伯从中斡旋，才未下手。

不久，兵疲粮绝的项羽无法继续支撑，被迫与刘邦讲和，约定以鸿沟为界中分天下，东归楚，西归汉。作为条件，项羽罢兵东归，并放回先前所俘的刘太公和吕雉。

项羽撤兵，刘邦也想引兵西还，张良、陈平却进谏说："汉已据有天下大半，诸侯又归附，形势一片大好。而此时楚兵疲粮尽、后援不继，正是消灭它的良机，你可不要养虎遗患啊。"刘邦顿时醒悟，连忙派兵乘势追击，使项羽无喘息之机。

公元前 202 年，刘邦会同各路诸侯，约四十万兵力，对项羽发起最后一击。项羽接连失利，在力量悬殊的情况下，力战不敌，退至垓 [gāi] 下（今安徽灵璧）。汉军趁其困敝，在夜晚用唱楚歌的心理战术使对方军心涣散，然后一举将其击溃。项羽率八百骑兵突围出去，逃至乌江（今安徽和县），最后绝望自刎。

自此，历时四年的楚汉战争终于结束。

关于刘邦为何能够取得这场战争的胜利，后来他自己总结说："夫运筹策帷帐之中，决胜于千里之外，吾不如子房（张良）;镇国家，抚百姓，给馈饷，不绝粮道，吾不如萧何；连百万之军，战必胜，攻必取，吾不如韩信。此三者，皆人杰也，吾能用之，此吾所以取天下也，项羽有一范增而不能用，此其所以为我擒也。"我感觉说得很有道理。

楚汉战争结束后，刘邦于汜 [fán] 水之北即皇帝位，国号为汉，不久迁都长安（今陕西西安），是为西汉王朝。而刘邦作为汉朝的开国皇帝，又被后世史书称为汉高祖[1]。

让百姓生存下去

西汉王朝建立之初，展现在刘邦面前的是一派用胶水都无法粘连的破败景象。由于秦的暴政和连年战争，人口大量减少，土地大片荒芜，物价大幅上涨，百姓苦不堪言。一些好的地方还能靠卖儿鬻女或自卖为奴维持生存（不是生活），而差的地方就只能是“易子而食，析骨而炊”了。

民间穷困，政府也好不到哪里，国库除了老鼠屎，只剩下一堆锈迹斑斑的烂铜币。刘邦出去视察工作，连找四匹毛色一样的马为他驾车都找不到，至于将相等高级官员，能有一辆牛车坐就已经很不错了。

面对如此困境，刘邦虽然很着急，但并没有什么切实可行的办法。对他来说，建立一个花花世界要比打十个天下还要难。

究其原因，主要是刘邦没有对自己进行深刻的剖析。

要知道，刘邦在做皇帝之前，几乎所有时间都花在与两个群体的厮混上，一个是地痞流氓，一个是武夫兵卒。这两个群体都比较迷信暴力，所以当他在“马上得天下”后，便认为在马上也能治天下。于是，刘邦在即位之初，从里到外都显出一股重武力而轻文教的气息。

然而，刘邦手下有个名叫陆贾的儒生却持反对意见。

他对刘邦说：“秦始皇并非不想把国家治理好，但他走错了道，用刑太酷，结果导致了秦的灭亡。咱们应该多吸取一下秦的教训，实行轻徭、薄赋、慎刑的政策，缓和官民矛盾。只有这样，我认为才能避免步其后尘。”

刘邦听后深以为然，就一面令陆贾总结秦朝失天下以及古代亡国的历史教训，一面在“与民休息”的思想指导下，和有关大臣陆续制定出一系列旨在恢复农业生产、稳定封建秩序的重要措施。这些措施主要包括：

组织官兵复员。仗打完后，军队作为一个只消费不生产的单位，已经成为西汉

---

①“汉高祖”既不是庙号也不是谥号，刘邦的庙号和谥号分别为“汉太祖”和“汉高帝”。“汉高祖”这个称呼最先是司马迁叫的，后世也就沿用了。

王朝的负担，因此，只要保留一定数量的军队用来维护社会治安，其余的都可以裁掉。根据规定，军队官兵复员为民的，可依照他们功绩大小，赐予数量不等的土地。如果这些官兵不回老家，愿意留在关中，还可以享受免除十二年徭役的优惠政策；回原籍的，减半。这样一来，爵高位显的军官就变成了大地主，而一般的士兵就成了自耕农。

招抚流亡百姓。战争期间，有些百姓为了躲避战乱，就跑到山泽之中过活。此法令一颁布，就使得许多因战争而丧失土地的百姓，重新得到土地。这对安定民众生活，恢复和发展生产，具有一定积极作用。

释放奴婢。诏令规定，凡因饥饿而自卖为奴者，皆免为庶人。

对于罪犯，除死罪外，一律予以释放。这条不知是否会增加社会不稳定因素，不过有一点是可以肯定的，就是只要是个健康的大活人，待在监狱外面总要比待在里面更能创造社会价值。

让各类人都回到生产中去，的确是好事，但是如果像秦朝那样，不榨干每个人的剩余价值决不罢休，那么刘邦还是赶紧给汉朝打制一副好点的棺材吧，省得后代动手能力差，将好不容易打下的江山抛尸荒野。

好在我上面说的是“如果”，是假设，毕竟出身草根的刘邦要比出身贵族的秦始皇更加珍惜胜利果实。

刘邦为了让百姓能够生存下去（事实证明，处在生存线稍上的人反抗意识最为薄弱，每天想着解决肚皮问题，哪有工夫去造反；相反，没吃的和吃饱撑着的人却不会安分），在税赋徭役方面，采取了很多惠民措施。

先来说税赋。汉朝建立之初，赋税主要有田赋、口赋和献费。

田赋是土地所有者向国家交纳的地税。汉初，刘邦曾实行过“什五税一”（即上交收成的十五分之一），后又改为“什一之税”。无论是前者还是后者，说实话，相对于秦朝动辄就过半的田赋，已经是很轻的了。

口赋即人头税，是国家按照丁、口索取的一种财政收入。根据规定，人头税分为口钱和算赋两种。

其中口钱是人头税的儿童版，征收对象主要是七岁到十四岁的男女，每口每年交二十钱。算赋是人头税的成人版，征收对象主要是十五岁到五十六岁的男女，每人每年交一百二十钱，称为一算，若是商人和奴婢，则加倍。

有意思的是，到了刘邦儿子汉惠帝时，算赋又进行了细化，规定女子如果十五岁到三十岁还未出嫁，就要分五等加征，每等加一算。

献费是诸侯王、通侯和地方官吏献给皇帝的赋税。刚开始无定制，贪官污吏就借此竞相搜刮，民不堪命。后来刘邦下诏规定，据所辖地区人口，每人每年交六十三钱，以此贡献于皇帝。

除了赋税，汉朝成年男子无法逃避掉的还有徭役。当时的徭役主要有更卒、正卒、戍卒三种。

更卒就是到各级衙门服徭役。根据汉制，更卒应役，可以自己赴役，也可以花钱雇人代劳。汉初役期不一，刘邦时几年一次，一次五个月，汉文帝时改为一年一次，每次一个月。

更卒实际就是力役，此外还要承担兵役。

汉初规定，成年男子需服兵役两年，一年在地方，称“正卒”；另一年任禁卫军或边防兵，称为“戍卒”或“卫士”。戍卒也可花钱由官府雇人去干，只是这种兵役比较苦，愿意代役的人不多。

从汉承秦制到剪灭异姓王

惠民措施使百姓不闹腾了，但并不意味着大汉王朝就坚若磐石，因为作为统治阶级的官僚体系，如果不能健康、高效地运转，照样摆脱不了“忽喇喇似大厦倾”的命运。

刘邦等人是秦帝国的掘墓者，对一个王朝处于“墙倒众人推”的境地有着深切感受，他们认为，秦的灭亡和制度没有太多关系，主要是由于统治阶级的暴政。只要克服了这个问题，汉朝就是没有万世，也应该有万岁。

于是，当西汉建立后，准备在中央行政体制方面继续沿袭秦朝的那一套，即所谓“汉承秦制”。其主要内容是，在皇帝之下，仍设三公九卿，丞相、太尉、御史大夫分掌政务、军事、监察，所不同的仅仅是改变了一些官职名号，充实并强化了某些官僚机构的职能，如奉常改为太常，郎中令改为光禄勋，典客改为大行令或大鸿胪 [lú]，治粟内史改为大农令或大司农，等等。

不过需要补充说明的是，西汉前期的相权要比秦朝重很多，丞相确实能够达到一人之下万人之上的地步。关于其职责，陈平曾进行过述说：“宰相者，上佐天子，理阴阳、顺四时，下育万物之宜，外镇抚四夷诸侯，内亲附百姓，使卿大夫各得任其职焉。”

看看这口气，秦朝的丞相敢对秦始皇这么说？当然，汉初丞相权重，既有历史

汉殿论功图（局部）（明代 / 刘俊）

传统，又有现实原因，皇帝虽然不快，有时甚至找借口打击一下相权（比如免职），但并未从制度上予以削弱。这个问题直到汉武帝时期才得到彻底解决。

除了中央政体，汉初在地方行政方面，仍采用郡、县、乡、亭的组织形式，只是加强了地方监察制度，由原来的郡自察改为丞相特派人员督察。

而真正与秦朝不同的，是刘邦在推行郡县制的同时，还分封了一些诸侯王，也就是所谓郡国并行制。在分封的诸侯王中，既有同姓王，也有异姓王，这里单讲一下后者。

汉初异姓诸侯王可以说是时局发展的产物，当年楚汉之争，刘邦为了笼络一些重要将领合力击败项羽，曾分封韩信、彭越、英布等人为王。汉朝建立后，被分封的异姓王增加至七个，即楚王韩信、梁王彭越、淮南王英布、赵王张敖、韩王信①、燕王臧荼、长沙王吴芮。

这些异姓王占据关东广大地盘，大体范围相当于战国末年的六国故地，势力极其雄厚，而作为中央政府的汉王朝，直接控制的地盘仅仅局限于关中、巴蜀与河南的部分地区，其中还杂错着 140 多位功臣的侯国以及皇族用来收取赋税的"汤沐邑"②。

由于当时各种制度处于草创阶段，中央对诸侯的制衡缺少法律的保障，所以在刘邦眼中，那些拥兵自重又会打仗的异姓王早已不是昔日的左膀右臂，而是今天埋在身边的地雷，时刻威胁着建立不久的王朝根基。

对此，刘邦寝食难安。

刘邦在床上"摊煎饼"的过程中，思来想去觉得治疗自己失眠的最好办法就是让那些异姓王长眠。于是，他决定不惜一切代价将这些心头之患剪除。

---

①韩襄王庶出孙子，身高八尺五寸（1 米 96），因他也叫韩信，为避免与同时期同名的淮阴侯韩信混淆，史书上多称其为韩王信。

②源于周代的制度，指诸侯朝见天子，天子赐以王畿以内的、供住宿和斋戒沐浴的封邑。后指国君、皇后、公主等受封者收取赋税的私邑。

其中最先被拿来开刀的是韩信。韩信与萧何、张良并称为汉初三杰，在所有将领中，他的军功位列第一。因此，韩信要是造起反来，十个刘邦绑一块儿也不是对手。好在刘邦老谋深算，在与项羽垓下决战胜利之后，立马奔赴韩信军营，在没有任何征兆的情况下，解除他的兵权；并将韩信由原来的齐王改封为楚王，以便使其远离根基深厚的齐地。

公元前 201 年，有好事者向刘邦打小报告，说韩信每次下去视察工作，都有大批军队开道，其谋反之心，昭然若揭。刘邦正愁没机会对韩信下手，听到这个情报后，一方面很想起兵讨伐，另一方面又怕干不过对方，因此很是纠结。

正在这时，他的谋臣陈平建议说："对付韩信这种人，应该像对付项羽一样，斗智不斗力。陛下您不如去云梦（今湖北云梦）假装考察，然后趁接见诸侯王的机会拿下韩信，可以说兵不血刃就能达到目的。"刘邦依计而行，果然很容易就捉住了韩信，只是当时缺乏他造反的有力证据，只将其改封为淮阴侯押回京城软禁起来。

韩信的问题暂时解决后，刘邦又把矛头指向韩王信，将他从原来封地调往太原郡去抵抗匈奴。公元前 201 年秋，匈奴大军围困韩王信于马邑（太原郡改为韩国，马邑为国都），韩王信自知不是对手，就多次遣使与匈奴谈判求和。刘邦虽派兵前去援救，但同时怀疑韩王信私通匈奴，便让人责备他不全力抵抗。

韩王信自从韩信被抓后，一直对刘邦怀有很大疑惧，现在一听这话，心想还是算了吧，我这投降还没成功呢，风言风语就已传得满天飞，要是回头真给我扣个里通外国的帽子，我岂不是亏大了。于是他一咬牙一跺脚，投靠了匈奴。

刘邦听到韩王信投靠匈奴后，极为震怒，也就不到半秒钟的时间，他便做出亲率大军前去讨伐的决定。在他看来，对付韩信可能有些困难，但是对付韩王信还是绰绰有余的。

公元前 200 年冬，刘邦带着三十万大军踏上了讨伐匈奴、镇压韩王信的征途。或许是皇帝亲征使得士气高涨，汉军在进入太原郡后，连战连捷，如入无人之境，直打得韩王信忙去寻求匈奴的庇护。匈奴首领冒顿 [mòdú] 单于向来看不上

汉代匈奴服饰复原图（当代 / 刘永华）

汉军的战斗力，因此当他与韩王信的残兵败将会合后，认为自己只需用六七成的功力，就能把刘邦等人踹回长安。

结果，匈奴被仍处于亢奋状态的汉军打了个四仰八叉。

冒顿单于这才明白一个道理，战场上轻视敌人就等于轻视自己的命。他决定放下身段，用这些年南征北战积攒下来的手段与刘邦认认真真打一仗。然而此时的刘邦却不这么想，他认为自己只需用六七成的功力，就能把冒顿等人踹回大漠。

结果，被刚进入亢奋状态的三十二万匈奴大军围困在白登山。

刘邦现在明白什么道理都已晚了，汉军一时处于内无粮草、外无援兵的境地，组织几次突围都以失败而告终。唯一值得庆幸的是，当时正值隆冬季节，无论是守方还是攻方，都面临很大的困难，匈奴围困了七天七夜，也未占领白登。当然，如果是这么一直耗下去，刘邦等人先被冻成冰雕的可能性还是蛮大的，毕竟相对于粗糙的匈奴，汉军还属于细皮嫩肉不经冻型的。

最后没办法，刘邦便采纳陈平的建议，贿赂匈奴皇后，让她给冒顿吹吹枕边风，才得以趁着大雾弥漫逃脱。白登之围后，刘邦再无征讨匈奴的雄心和信心，一心一意把精力放在剪除异姓王的“内斗”上。

公元前 198 年，刘邦的大女婿赵王张敖（张耳之子，娶吕雉女儿鲁元公主为妻）受谋反部下牵连，被逮捕至长安，后虽查明他不知此事，但王位被拿掉，换成了宣平侯。

公元前 196 年，当刘邦带兵征讨赵国相国陈豨 [xī] 叛乱时，吕雉则与萧何合谋，以淮阴侯韩信勾结陈豨叛乱为由，将他诱骗至长乐宫钟室处死（因韩信是被萧何举荐，又是被萧何给弄死的，所以才有那句大家熟知的“成也萧何，败也萧何”的俚语），并夷其三族。

不久，彭越也被刘邦找了个借口诛杀灭族。

韩信、彭越相继被杀后，引起了淮南王英布的极大恐慌，于是他就密令部下集中兵马，伺机进行反抗。英布手下有个名叫贲赫的中大夫与他有矛盾，就趁机告他谋反，英布遂公开举兵反叛。刘邦带病出征，最后平定叛乱，英布兵败被杀。

这样一来，除长沙王吴芮（著名的马王堆汉墓便是他的相国轪 [dài] 侯利苍的家族墓地）因封地偏远，国小势弱，对汉廷构不成威胁，得以延续下来之外，其余的异姓诸侯王都被逐一铲除。不过，后来因吴芮后代无子，这个硕果仅存的异姓诸侯国也未能传续下去。

刘邦铲除异姓王这件事，说深奥点，是为了建立封建大一统的政治需要；说直白点，就是看这些异姓王不顺眼，毕竟他畏惧的不是封邦建国的分封制，而是那些与他没有亲缘关系的异姓王。

因此，刘邦在消灭异姓王的过程中，不但主观地认为秦朝的迅速灭亡与它没有分封同姓子弟为王有关，而且他还陆续分封自己的子侄为王，即所谓分封同姓王。

同姓王共有九个，分别为：齐王刘肥、楚王刘交、吴王刘濞 [bì]、代王刘恒（即后来的汉文帝）、淮南王刘长、梁王刘恢、赵王刘如意、淮阳王刘友、燕王刘建。刘邦的想法是，只要有这几个刘氏宗族力量来拱卫皇室，我大汉王朝别说万岁，就是万世也没问题。

但刘邦也并不是对自家人就完全放心，他在分封同姓王的过程中，还特意制定一些限制诸侯王的措施，如规定同姓王由汉中央委派太傅辅佐；王国丞相由中央任命，统领王国百官；诸侯王无皇帝所颁虎符，不得擅自发兵，等等。另外，诸侯国的封地犬牙交错，只要这边竖起一杆反旗，邻国肯定能够第一时间发现。

这些处心积虑的措施看起来犹如铜墙铁壁，可事实上，它是一个不折不扣的豆腐渣工程。

远的如“七国之乱”先不说，近的像中央政府一直处于“尾大不掉”的状态就是一个严重问题。在西汉初年，全国共有五十多个郡，而诸侯国一下子就占去了近四十个，其中有些大的王国甚至跨州兼郡，连城数十，像齐国一个就辖地七郡。而作为领头羊的汉室中央，直接管辖的郡仅有十五个。除了拥有大片土地，诸侯王还拥有自征赋税、自铸货币、自集军队等权力，所有这一切，就使得汉初强枝弱干的局面并未随着异姓王的消亡而消亡。

吕后：彪悍的人生不需要解释

吕雉是刘邦的老婆，他们俩结婚那会儿虽谈不上郎才女貌，但也算歪锅对瘪灶，挺般配的。后来，刘邦忙于造反工作，把吕雉和俩小孩扔在家里不管不问，几年都不回去见一面。吕雉上伺候老（刘太公），下照顾小，甚至还受刘邦的牵连蹲过牢。可以说，作为妻子，吕雉超额完成了这一角色赋予她的本职工作。

而与之形成鲜明对比的是刘邦。

按理说，刘邦从事的造反事业又不是什么秘密工作，只要愿意，凭借他手里的那些权力，跟秘书打声招呼就能把吕雉娘几个接到身边享福。可他没有这么做，不是想不到，而是根本没想，因为当时他正忙着把精力放在另一个女人身上。

这个女人便是历史上赫赫有名的戚夫人。

戚夫人是歌舞名家，身材好，容貌也好，吐口香气能让刘邦酥软半个身子。显然，这些绝不是干惯了农活、腰似水桶、口嚼大葱的吕雉所能比的。因此，可以想见，刘邦要是把暴脾气的吕雉也带到身边，一定会出现前方战火纷乱、后方醋味弥漫的景象。明白了这个道理，也就不难理解吕雉被项羽抓住后，刘邦为啥没有对她表现出特别的关心。

然而吕雉对此没有表现出丝毫怨言，她很清楚自己的处境，既然没法和戚夫人比硬件，那就用这些年积攒下来的声望，和她比贤德。刘邦一看吕雉如此深明大义，不仅对自己宠爱戚夫人的事不闻不问，而且还能与之和睦相处，非常高兴。于是他暗下决心，不管到什么时候，吕雉在后宫中 No.1 的地位是绝对不可动摇的。

因此，刘邦可能不是个好丈夫、好父亲，但他却是一个好领导，无论是在统领军队还是在统领女人方面。

西汉建立后，吕雉如愿以偿地当上了皇后（即吕后），这也算是她多年付出的一个补偿吧。不过，随着吕后地位的逐渐巩固，她开始由昔日的为生存战斗转为与后宫女人的战斗。

看过宫斗剧的人都知道，由于皇后不是终身制，这就使得不少嫔妃想通过斗色、斗智、斗勇、斗法等手段取而代之。而皇后为了维护自己的地位，也会使出浑身解数，打击对手，向皇帝争宠。打击对手我们很好理解，但向皇帝争宠可是个技术活儿。

一般来讲，皇后要想赢得皇帝的宠幸，首先容貌要有足够的吸引力，毕竟皇帝也是有七情六欲的，没有谁愿意整天对一个黄脸婆卿卿我我秀恩爱。但是无论皇后多么漂亮，总有一天也会年老色衰。色衰而爱弛，爱弛自然恩绝，若按照这个规律，岂不是皇后最后没有一个会有好下场？显然又不是，这就说明除了容貌之外，还有一个重要砝码能在这场权力博弈中起到关键作用。

这个砝码就是看你是否能生养儿子，如果你的儿子还幸运地被立为太子，那么恭喜你，只要你的儿子平安无事，就不会有人轻易敢打你的主意。此为“母以子贵”，皇后当完，说不定还能混个太后当当呢。

吕后的模样我前面已经有过描述，这里就不再复述。如果不出意外的话，皇后的位子吕后应该还是能坐稳的，但能否坐上太后的位子，就不好说了，因为她儿子刘盈的太子位正在受到戚夫人儿子刘如意的威胁。

刘邦晚年不太喜欢刘盈，认为他“为人仁弱”，没有得到自己真传，而刘如意与己颇为相似，所以就想改立他为太子。戚夫人没当上皇后原本就有些不甘，现在见刘邦动了改立太子的念头，便抓住时机，每天怂恿他赶紧付诸实践。刘邦最后被缠得没办法，只得答应廷议废立太子事宜。

然而令他没有想到的是，这个议题甫一抛出，便一石激起千层浪，引起朝野上下许多大臣的反对，比如患有严重口吃的御史大夫周昌便谏诤说："臣口不能言，然臣期期知其不可；陛下欲废太子，臣期期不奉诏！"（"期期艾艾"这个成语便与此有关。）此外还有一些大臣甚至以死相逼，认为刘邦此举有违宗法制的原则。

刘邦一见反对者众多，只得作罢。

事情虽然有惊无险地过去了，但是给吕后带来的惊吓可不小。吕后只有一个儿子，就是她愿意，也无法立马按刘邦的标准给他生一个符合条件的，所以她没有退路，刘盈哪怕再不济，也得把赌注全部押在他身上。

为了增加获胜的概率，吕后还特意把"智囊"张良给请出山来。

自从刘邦定都长安后，张良由于深悟"狡兔死，走狗烹；飞鸟尽，良弓藏；敌国破，谋臣亡"的道理，便开始托词多病，自请告退，以便躲避灾祸。若是论功行封的话，张良的功劳，即使不封王，怎么着也得封个万户侯什么的。可谁知，在他的辞让下，最后他只在与刘邦相遇的留邑（今江苏沛县）分得一块够喝粥的地盘（张良也因此被称为留侯）。后来，随着刘邦皇位的巩固，张良又逐渐从"帝者师"退居"帝者宾"的地位，扮演着一个可有可无、时进时止的角色，哪怕在西汉皇室明争暗斗的残酷

商山四皓图（局部）（近代／柳滨）

斗争中，他也是恪守“疏不间亲”的古训。

但是这次事件不一样，因为当时天下方定，随意废立太子很容易动摇汉朝的统治根基。基于这个大局，张良于是建议吕后不如去请德重才高的“商山四皓”[①]来辅佐太子，这样一来，刘邦就是想挑理也找不出。吕后照计施行，请来“商山四皓”，果然起到意想不到的效果。

公元前 196 年，淮南王英布谋反，消息传到长安时，刘邦正卧病在床。他本想派太子刘盈率兵去镇压。吕后怕在那期间出现什么意外，就劝刘邦带病亲自征讨。刘邦同意了，让张良辅佐太子留守都城。

英布当初造反时，曾料想刘邦年老患病不能亲征，而汉军诸将中能与他匹敌的韩信、彭越已经归西，所以有些有恃无恐。可他没想到刘邦油尽灯不枯，真的挂帅亲征。这让英布极为震惊，结果慌了手脚，导致大败。

不过刘邦的这次胜利并不完美，因为他在平叛过程中，不幸被流矢射中，等回到长安后，整个人已经快不行了。刘邦自知大限将至，就趁着还有口气赶紧交代后事。他一千句压缩成十句，断断续续说了半个时辰，吕后却只听到五个字：“让太子接班。”

这就够了。

公元前 195 年，刘邦病逝，年仅十六岁的刘盈即位，是为汉惠帝。汉惠帝是个孝子，他的母亲吕后便利用这个“优点”趁机独揽朝纲。吕后掌权后，首先想到的自然是除掉她的头号情敌——戚夫人。在对付戚夫人的过程中，吕后充分发挥自己的创造性思维，先是毒死戚夫人的儿子刘如意，然后断掉戚夫人的手脚，挖去她的眼睛，熏聋她的双耳，最后又迫使她饮以哑药，将其丢入茅坑，称之为“人彘”。

做完了这些，心理变态的吕后还特意邀请汉惠帝去欣赏她的“杰作”。汉惠帝看后精神受到强烈刺激，痛哭不止，说：“此非人所为，臣为太后子，终不能治天下。”从此以后就再也不理朝政，每日饮酒作乐，只在位七年便一命呜呼。

汉惠帝死时，与皇后张嫣 [yān] 并无子嗣。张嫣即吕后女儿鲁元公主与宣平侯张敖的女儿，换句话说，她不但是汉惠帝的老婆，而且还是汉惠帝的亲外甥女。

这桩婚姻看似荒唐，却是吕后一手导演的。吕后认为，让儿子与张嫣结合，不但能亲上加亲，还能防止皇权外流，实在是一举两得。好在汉惠帝人心未泯，对这桩婚姻一直是强烈抵制，他虽整日与宫女男宠厮混饮酒，却从未亵渎过张嫣。

---

① “商山四皓”是指四个博学的白发老人，分别为东园公唐秉、夏黄公崔广、绮里季吴实、角 [lù] 里先生周术。这四人曾是秦始皇时七十名博士官中的四位，极有学问，秦亡后他们不愿为官，就长期隐居在商山 (今陕西省商洛市境内)。后人也用“商山四皓”来泛指有名望的隐士。

张嫣无子，吕后无奈，最后没办法，吕后就从后宫和皇族中选了两个幼童先后立为皇帝，不过很快又将其废掉。这样一来，从公元前 187 年到公元前 180 年，朝廷是没有皇帝的，或者可以说吕后就相当于皇帝。

吕后统治时期，除了清除竞争对手，她还处心积虑地培植自己的势力。为了行事方便，她在极短的时间内就剥夺了一些元老重臣的权力，迫使他们提前退休。做完了这些，吕后便打破刘邦死前规定的“非刘氏而王”的禁令，大封吕氏子弟为王，借以巩固自己的权位。及至吕后去世，她先后共分封吕台、吕产、吕禄等人为王，吕庄、吕种等数人为侯，由此造成了诸吕与刘氏诸王及朝廷大臣之间的对峙局面。

一场宫廷流血斗争已无法避免。

公元前 180 年，吕后病逝。在死前，她任命赵王吕禄为上将军，统领北军；让梁王吕产统领南军，控制京师和宫廷的卫戍部队。吕禄、吕产曾一度准备发动政变，诛除效忠刘氏的元老大臣，但内惧周勃、刘章（刘肥次子）等朝臣，外恐齐、楚等诸侯国发兵靖难，因此一时举棋不定。

而相对于诸吕的犹豫不决，周勃、陈平等人就显得果断得多。他们趁吕禄还未拿定主意之前，用计一举夺取了南北军的控制权，并将吕氏集团诛灭殆尽。铲除吕氏势力后，周勃等人鉴于同姓王势力的存在，就与诸大臣议定迎立力量较弱的代王刘恒继承皇统。

公元前 179 年，刘恒即位，是为汉文帝。

刘邦种下的恶果：七国之乱

汉高祖刘邦共有八个儿子，除太子刘盈外，其余的几个都被封王。吕后专政期间，为了给儿子清理潜在威胁，就对刘邦的其他儿子大开杀戒，先后弄死了四个。等到吕后死时，刘邦八个儿子就只剩下四子刘恒和八子刘长。

刘恒的母亲薄姬，原是项羽部将魏豹的姬妾，魏豹被韩信击败后，薄姬就被召入汉宫。一次偶然的机会，刘邦临幸了薄姬，然后就有了刘恒。由于薄姬并不受宠，刘恒打小就懂得谨慎做事，不招惹是非。这给包括吕后在内的众人留下了很不错的印象。

刘恒八岁时经三十多位大臣保举被封为代王（由此可见他从小就挺有人缘），虽然地位和封国没有其他几个兄弟显赫，但这恰好帮助他躲过了吕后的迫害。所以说这个世上没有绝对的坏事，只有你意想不到的好事。

可能是皇位来得过于容易，刘恒在即位之初就怀有一种不安全感。为了消除这种负面感受，文帝第一道诏令便是任命自己的心腹负责皇宫和京城的安保工作。接着，他为了摆脱功臣们的掣 [chè] 肘，又下令所有列侯一概不准在京城待着，需回到封地就职。

实行上面两个谨慎而富有谋略的措施后，文帝很快就将京师的局面牢牢控制在自己手里。但他当了一段皇帝后，就发现这个位子不好坐，当时，最让他头疼的是匈奴和诸侯王的问题。

匈奴问题秦朝时就已存在，汉初刘邦试图解决，结果差点连命都搭进去。文帝自知在文韬武略方面与老爷子还有一定差距，在对付匈奴方面，除了和亲，只能是进行有限度的抵抗。所以终其一朝，他都是处于被动守势的地位。

但无论如何，匈奴问题毕竟属于外部问题。他们习惯了放羊牧马，对中原种庄稼的土地不太感兴趣，每次都是在边疆地区骚扰一番，抢完需要的东西也就走了。而与之相对应的诸侯王问题，则是亟须解决的内部问题。

文帝即位之际，由于吕后时分封的吕氏诸王均被铲除，而代国也因他入统帝位而王位虚悬，因此旧有的诸侯王国，就只剩下楚、吴、齐、淮南、长沙五国。这本是加强中央集权的绝好机会，然而因文帝本人乃是由宗室大臣拥立而登上帝位的，在朝廷中根基不深，所以他不仅不敢贸然削夺已有的诸侯王，而且为笼络刘氏宗室，又陆续分封了十多个诸侯王，数目比刘邦时还多。

人数一多，便会闹腾，加之这些列国平日里的内政不大受到干预，因而就使一些诸侯王骄恣妄为，根本不把中央政府放在眼里。比如淮南王刘长是文帝的异母弟，见了皇帝的面不叫陛下，而是直呼“大兄”。文帝一再宽宥 [yòu]，他却蹬鼻子上脸，变本加厉。又如文帝的堂兄吴王刘濞，因儿子被太子刘启（即后来的汉景帝）误伤而死，心怀不满，就称病不朝，在家埋头苦干准备造反。文帝气得干瞪眼，也没有什么好办法解决。

直到一个名叫贾谊的人出现。

贾谊是洛阳人，少有才名，早有大志，十八岁就以能“诵诗属文”受到河南郡守吴公的注意。吴公与法家代表人物李斯是老乡，又是李斯的学生，无论是做官还是做学问都很有水平。他见贾谊是个好苗子，就把他召至自己门下学习。几年后，吴公被汉文帝提拔为最高人民法院院长（廷尉），他任职后不忘自己的得意门生，就向文帝推荐说：“我给你推荐个青年才俊，人品和能力都没得挑，你用用就知道了。”

文帝正处于求贤若渴的阶段，便接受吴公的举荐，把贾谊召到中央，任命为博士。博士相当于皇帝的智库，皇帝有啥不明白的，可以向其咨询。贾谊学识渊博，头脑堪比电脑，反应快，每次皇帝抛出问题他都能对答如流，并说出自己的看法。文帝一看他的水平比自己想象的还要高，就破格提拔他为太中大夫。

贾谊在当太中大夫期间，曾建议文帝改正朔，易服色，法制度，定官名，兴礼乐，将法家的那一套全部变革为儒家制度。文帝对他的建议很重视，但同时又表示现在时机还未成熟，全部实行的话会有很大的风险。

贾谊（近代／佚名）

不久，文帝准备授以贾谊公卿之职，但令他想不到的是，这一决定引起了功臣们的恐慌，包括周勃、灌婴在内的一帮老牌政客都起而反之，指责贾谊“专欲擅权，纷乱诸事”。文帝无奈，只好于公元前 177 年外放贾谊为长沙王太傅，三年后，又调任他为梁怀王太傅。

在梁怀王太傅任内，贾谊针对文帝时代政治社会上的种种病象，提出了一套规模宏大的革新计划，这便是《治安策》。

《治安策》指出，当时最为严重的问题是中央弱而封国强，像肿病患者肢体和指头不能屈伸一样，若不立马解决，扁鹊再世也没救。贾谊怕文帝没招儿，在文中就提出自己的解决方案。他说，最好的办法莫过于“众建诸侯而少其力”，即对现有封国进行再分封，直到地尽而止。这样一来，各个诸侯国小力弱，想有歪念头也无实力支撑，天子便能省下不少事。

贾谊的这个意见文帝当年就看到了，但他没有立即做出回应。公元前 169 年，梁怀王刘揖骑马不慎摔死，作为太傅的贾谊认为这是自己没有照顾到位导致的，深以自责，第二年便忧伤而死，年仅三十三岁。

公元前 165 年，齐文王刘则死，无子，文帝便趁机将齐拆分为六国；接着，又将淮南王国一分为三。这显然是在贾谊“众建诸侯而少其力”的思想指导下做出的决定。只不过，文帝魄力有限，未能持续进行下去，结果，不仅不能抑制诸侯王的发展，反而引起他们的猜忌，促使割据势力加快叛乱步伐。

公元前 157 年，汉文帝病逝，三十二岁的太子刘启即位，是为汉景帝。

汉景帝像（清代 / 佚名）

汉景帝执政之初，中央与诸侯王的关系几乎到了势同水火的地步，别说让他们屏藩汉室了，就是让其消停一会儿也不太可能。在众多蠢蠢欲动的诸侯王中，野心和实力最大的当属吴王刘濞。

刘濞是刘邦的侄子，因在平定英布叛乱中立功被封为吴王。当初封王拜印时，刘邦见他不像个安分守己的人，还特意用狠话敲打他一番，说："老夫昨晚做梦，梦见几十年后东南方有叛乱，该不会是你小子吧？"刘濞吓得冷汗直冒，连忙对天发誓否认。刘邦尽管仍未消除疑虑，但封王诏书已下，也不好反悔，只得作罢。

但不得不说的是，刘濞打仗是把好手，发展经济也很有一套。他所受封的吴国，面积不是最大，人口不是最多，GDP 却是每年第一。刘濞治吴四十余年，深谙"儿子没钱，当不了孝子；国家没钱，就缺乏凝聚力"的道理，始终强调以经济建设为中心。他利用吴国地理优势，开山铸钱，煮海制盐，目的只有一个，就是让国家有钱，让百姓有钱。

像他这样的人，想不被领导"重视"都难。

汉文帝时，朝廷为防止刘濞有不臣之心，就让他的嫡长子刘贤进京陪皇太子刘启解闷——其实是变相扣押人质。一天，"皇二代"刘启请"王二代"刘贤饮酒下棋，不料中间却发生了争执。两人平时都被人惯着，自然谁都不肯退让，刘启手潮，一个不小心就用棋盘将刘贤砸死了。

刘贤死后，文帝让人把尸体运回吴国。刘濞忍着丧子之痛，悲愤说："天下同姓一家，现在人都死了，还是哪儿死哪儿埋吧！"说完让人又把遗体运回长安下葬。这下，刘启算与刘濞彻底结下了梁子。刘濞自此开始"称病不朝"，逐渐露出反意。

不过，真正促使刘濞造反的却是御史大夫晁错提出的"削藩策"。

晁错是颍川人，早年拜师张恢学习申商刑名之学，胸怀奇才，博学善辩。文帝时，晁错任太子家令，深得当时还是太子的景帝信任，被称为"智囊"。景帝知道晁错乃旷世之才，所以即位后立即提拔他担任内史重职，接着又拜为御史大夫，位列三公。

当时，吴国强横跋扈，反势已成，根本没把西汉皇帝当成哪根葱。晁错很早以前就以其政治敏感意识到，诸侯王是西汉政权统一的严重障碍，因此他一当上御史大夫，便向景帝上了一封"削藩策"的奏章。在奏章中，晁错主张借诸侯王触犯法网的机会，削减他们的封地。他还特别指出，吴王刘濞正招诱天下罪犯，图谋叛乱，今“削之亦反，不削亦反”，早反祸小，迟反祸大，故晚削不如早削。

景帝采纳晁错的建议，楚、赵、胶西三国分别以罪被削，一时诸侯王哗然，形势到了一触即发的地步。吴王刘濞见朝廷使用“温水煮青蛙”的方式不断下令削地，料到很快便会轮到自己，于是决心公开叛乱。

公元前154年冬，刘濞趁景帝下诏削吴国会稽、豫章等郡的机会，终于扯开反叛大旗，公开向朝廷叫板。为了赢得胜利，他在王国内征发十四岁至六十岁之间的所有男子计三十余万人从广陵出发，向西汉统治中心区域进攻。接着，事先就与吴国串通好的楚、赵、胶西、胶东、菑川、济南等六国也都起兵响应，其中赵王甚至还派人与匈奴进行了联络。

此即是历史上的“七国之乱”。

叛乱的消息传至长安时，七国联军已经以神话般的速度占据汉朝半壁河山，这让景帝大为震恐。他没想到对手会如此强大，如果当时有后悔药的话，他一口气吃掉二斤肯定没问题。但现在说什么都晚了，景帝无奈，硬着头皮一面派周亚夫（周勃儿子）、窦婴等大将率兵前去迎击，一面召集谋臣商议下一步对策。

然而正在这时，一个名叫袁盎的人要求觐见景帝。袁盎素与晁错不合，他在担任吴国丞相期间，曾因受贿被晁错治罪。景帝见他是个人才，就开恩赦免他为庶民。谁知晁错有点小心眼，不愿放过他，便借七国叛乱的机会又向景帝告发袁盎，说他知情不报，应该判刑。结果，有人转脸便把晁错的话复述给袁盎，袁盎一听就急了，慌忙前来求见景帝。景帝接见了他，袁盎却说：“我不是来辩解我的那些

袁盎却坐图（局部）（现代／徐操）

慎夫人受汉文帝宠幸，常和文帝、皇后同席而坐。一次，文帝到上林苑游玩，就座时，袁盎把慎夫人的座席向后拉退了一些。文帝和慎夫人很生气，袁盎劝谏文帝：“陛下已立皇后，慎夫人是宠妾，怎能和主上同席而坐？陛下难道不知道戚夫人被做成人彘的事吗？”文帝这才高兴起来，并把袁盎的话告诉了慎夫人，慎夫人便赐给袁盎五十斤黄金。

破事的，我是为叛军之事向陛下献计来的。”

景帝一听这话便来了精神，问：“那你说说看！”

袁盎答：“陛下应该看到前线战报了，以刘濞为首的叛军打的可都是‘诛晁错，清君侧’的旗号。这说明什么问题？说明吴、楚等国反叛，皆是由晁错鼓吹削藩引起的。因此，现在要想避免更多的流血牺牲，唯一的办法就是杀掉晁错，赦免七国君主罪行，将削掉的封地再归还给他们。”

景帝为人仁慈，听说需要杀掉自己的股肱之臣才能平息叛乱，多少有些犹豫。

袁盎见景帝沉默不语，就用话进一步激他，说：“牺牲一人便能换取天下的安定，绝对超值啊！如果我是那个人，早就自觉自愿提头来见陛下了，这有什么，自己犯下的错理应由自己去承担……呃，我先声明一下啊，这些话可都是我从大局角度分析的，里面绝没有夹杂丝毫公报私仇的成分。”

景帝听后觉得很有道理，加上他见袁盎说得情真意切，于是决定诛杀晁错。

晁错死后，景帝日夜盼着刘濞撤军，但当校尉邓公从前线归来时，他的希望才彻底破灭。邓公向景帝指出：“刘濞蓄谋造反有几十年了，可以说和晁错没有半文钱的关系，陛下杀掉晁错，看来是个错误的决定。”

景帝喟然长叹说：“看来我还是太天真，你说得对，如果现在有后悔药，我一口气能吃掉二十斤！”

谋和的路被堵死，摆在景帝面前的只有武力镇压了。于是，汉军在主帅周亚夫率领下，开始了绝地反击。

当时，吴、楚军队正加紧围攻梁国，周亚夫却不顾景帝让他前去支援的命令，毅然派兵切断吴、楚联军粮道。吴、楚军久攻梁国不下，士卒饥疲，终于自行撤退。周亚夫见机会已到，急令军队衔尾追击，很快就大破吴、楚联军。

最后，楚王刘戊自杀，吴王刘濞率数千人逃走，不久即被东越人诱杀。其余各国，一看主力吴、楚战败，也都次第投降。而这场战乱，前后仅持续三个月的时间。

七国之乱平定后，汉政府趁机收回一些诸侯国的部分土地，并对其内部进行大力整顿，如规定诸侯王不得亲理国政，王国的重要官吏皆由中央任命，等等。诸侯国的官僚体系，也是改的改，撤的撤，像丞相被改称为相，御史大夫、廷尉、少府、宗正、博士等官均被废除；即使未废除的机关，在人员上也都进行了限制。

自此，王国在行政上几乎等同于中央直辖的郡县，诸侯王问题终于不再是政治上的严重问题。

黄老无为与文景之治

前文已经介绍，西汉王朝是在亡秦的废墟上建立起来的，汉高祖刘邦和他的许多文臣武将，几乎都是从社会底层一级一级爬上来的。这些人在造反之前，由于活动范围和阅历有限，见过的最大的官一般也就是县令，更别说当过什么大领导了。

现在，这帮“土鳖”出身的造反派头目突然手里握着一个庞大的帝国，你让他们去管理好，还真有些为难。至于后世有些学者用赞誉的口气将其称为“布衣卿相”（见下表），其实是因为他们没有真正看到这里面所透露出的无助和无奈。

汉初布衣卿相简表

姓名	官职	出身	姓名	官职	出身
萧何	丞相	刀笔吏	陆贾	太中大夫	儒生
曹参	丞相	狱警	郦商	曲周侯	士兵
任敖	御史大夫	狱警	郦食其	广野君	保安
周昌	御史大夫	文书	夏侯婴	太仆	司机
傅宽	丞相	家臣	樊哙	左丞相	屠夫
申屠嘉	丞相	武卒	周勃	太尉	吹鼓手
陈平	左丞相	农民	灌婴	丞相	布贩子
王陵	右丞相	县豪	娄敬	关内侯	司机

由于水平有限，刘邦对于如何治理这样一个国家，心里没谱。他读书不多，也看不起读书人。但是有一点刘邦同志做得很好，就是善于听取别人意见。

前文提到的那个儒生陆贾，曾劝刘邦不要光继承秦始皇的缺点，一定要改变对读书人的错误看法。刘邦虚心接受，不但表态说以后不侮辱文人，而且还让陆贾制定一个治国方针。

陆贾于是向刘邦提出“无为而治”“与民休息”的政策。

刘邦非常赞同，只不过在其统治时期，西汉政权初立，他把主要精力放在了封王、废王、东征西讨上面，政治方面顾及甚少，因此“无为而治”作为一种施政原则，其实是在刘邦死后，汉惠帝时才开始的。

汉惠帝在位期间，他母亲吕后秉权，在后宫大要淫威，排抑宗室诸王，扶植吕氏势力，一度使统治集团内部矛盾十分紧张。但是在内政上，吕后却遵循刘邦遗嘱，任用曹参为丞相，将“无为而治”发挥到极致。

曹参像（清代 / 佚名）

曹参是沛县人，与刘邦算是老乡。在造反之前，曹参任沛县的狱警，萧何为他的上司。刘邦起兵反秦后，曹参、萧何等人开始跟随他四处征战，屡立战功。西汉建立后，刘邦对有功之臣论功行赏，曹参功居第二（萧何第一），赐爵平阳侯。

汉惠帝二年（前 193）丞相萧何去世，曹参继任相位。曹参为相几年，最著名的政绩就是推行黄老政治，即主张“无为而治”。

黄老政治脱胎于黄老思想，是一个依托黄帝发挥老子学说的派别。这个派别在哲学思想上祖述老庄，强调天道自然无为，推崇贵柔守雌的哲学方法论。在社会政治思想上，以道家的“无为而治”为体，调和儒、法，用天道无为、顺乎自然的思想解释法治的主张，并把道家的贵柔与儒家的惠民思想糅合起来，提倡仁义与德政。

就这样，曹参在黄老思想的指导下，遵循不治理就是最好治理的原则，对萧何制定的法规制度，皆无所变更（也就是所谓“萧规曹随”）。他任用官员，不以能力为标准，专挑那些岁数大、说话不利索的忠厚长者；而对那些言文深刻，想通过做官捞点名声或油水的，则一概不予重用。

什么？你问曹参干什么？他什么都不干，要说干的话也是睡觉、喝酒、K 歌。

汉惠帝对此很不满意，就让曹参的儿子曹窋 [zhú] 私下里去劝劝父亲。曹窋领命后，回家便对曹参说：“爹，你总不能光拿工资不干活吧，弄得现在皇上都有意见了。你就是不顾自个儿，也得考虑到我的感受吧，我以后还要在朝廷混饭吃呢。”

老爷子当时正在剔牙，一听曹窋这么说，勃然大怒：“什么时候轮到你来教训我了，来人，把他拖出去先打二百个板子长长记性。”

惠帝一看曹窋的屁股都快被打烂了，更加不高兴，就问曹参为什么打他。

曹参不直接回答，却脱帽赔礼说：“咱先不说这件事的对错，我只问陛下，您的才能与先帝相比如何？”

惠帝实话实说：“我哪能和他老人家比，我就是踩高跷也摸不到其项背。”

“那陛下看我与萧丞相谁更贤能呢？”

“恐怕你得借一下我的高跷用才能和他比吧。”

曹参听到这话，叹了口气说：“谁说不是呢，先帝和萧丞相的才智比我们高出百倍，他们制定的制度刚实行不久，我们若推翻重来，岂不是瞎折腾？所以说，今天我们这些人奉职，只要能把以前的措施落实好，别出什么意外，回头就可以给先帝交出一份满意的答卷。”

惠帝点点头，说：“无过便是有功，你讲得很对，不过我希望你别只想着给先帝交份满意答卷，也要给黎民百姓交一份。”

曹参俯首叩拜说：“陛下仁德，令老臣五体投地、无地自容，我一定不会辜负您的期望。”

于是，在曹参的积极倡导下，“黄老无为”一时深入人心，在相当长的时期内为统治者所取法。如惠帝时修建长安城，为了不耽误农时，每次征发徭役都是利用农闲时间，且每年不超过一个月，以致长安城历时六年才完成。

汉文帝露台惜费（清代／佚名）

文帝本想造一座露台，就招来工匠计算费用。工匠说：“需要百金。”文帝便说：“百金相当于十户人家的财产。如今为了建一个露台，破费十家的产业，难道不可惜吗？我继承了先帝的宫室，不能算不宽敞，就是这样，我还经常忧虑自己德行不足，玷污了先帝的英名。又哪里可以浪费百姓的资财，而从事这无益的工程呢？”于是取消了建造露台的计划，复不兴造。

汉文帝像

惠帝和吕后相继死后，文帝、景帝在位时期，继续推行“与民休息”的无为政策。文帝十分重视农业生产，曾屡诫百官守令劝课农桑。文帝十三年（前 167）一度诏免田租，至景帝元年（前 156）复又收田租之半，即三十税一，从此成为汉朝定制。

租子收得少，百姓拥有的粮食就多，以前能养活三口之家，现在能养活五口之家，以前一个村有三十户人，现在一个村有五十户人。根据史料记载，由于汉初惠农政策的实行，一些较大的诸侯国已由当初的一万来户发展到后来的三四万户，粮食价格也大大降低，一石粟的价格仅十余钱。

百姓生活富足了，政府在财政、维护社会治安等方面的压力就会小。而作为一国之主的皇帝，适度腐败一点也是可以理解的。

但令人奇怪的是，汉初的几代统治者，都像是过着“苦行僧”的生活。刘邦自不必说，他出身寒微，思想境界又不高，按理说他从社会底层一下子跃至金字塔的顶端，应该有一个暴发户的心态才对。

但事实上，刘邦终其一生都未被贴上“铺张浪费”的标签，他曾见萧何负责修建的未央宫（皇帝寝宫）过于“壮丽”，就批评说：“浪费是极大的犯罪，秦朝灭亡就是因为浪费，我们不能踩着前人的脚印掉进同一个粪坑啊。”虽然从话里可以看出刘邦不是不想浪费，而是不敢，但无论如何，态度还是值得肯定的。

刘邦之后，惠帝、吕后同样继承了他的这个优点，未有过分铺张豪华之举。等到了文帝时期，统治者可以说已将节俭发挥到了极致。在文帝执政的二十三年里，他没建过宫室园囿，没添过华彩衣服，没配过额外车马仪仗，就连他的宠妃慎夫人，为了节省布料，都把长裙改成短裙穿（衣不曳地）。

除了节俭，汉初统治者还主张宽刑慎罚。

由于汉朝法律沿袭秦律，非常烦苛，所以统治阶级为了更好地维护统治，就陆续进行了一系列的改革。如汉惠帝四年（前 191），废除秦的《挟书律》，开始允许私人藏书；吕后元年（前 187），废除夷三族罪和“妖言令”；文帝时，鉴于黥（脸上刺字）、劓（yì，割鼻）、刖（yuè，斩足）、宫（阉割生殖器）等肉刑对人伤害太大，便下令将其改用笞 [chī] 刑代替；及至景帝时期，又把笞刑进一步减轻，避免罪轻罚重的现象发生。

这样一来，经过汉初几代君臣的勤俭持政，励精图治，西汉统治终于稳固下来，一时呈现出封建史家称誉的“文景之治”局面。

不过，需要指出的是，上文中提到的“宽刑”并非放弃刑罚，“与民休息”也不是否定对人民的剥削。它只是把刑罚和剥削限制在社会可以接受的范围内，从而使社会得以休养生息，以达到恢复和发展生产的目的。

而让人担忧的是，一些看起来对农民有利的措施，其实对地主、商人更有利。长此以往，这就滋生了一些隐藏于安定富足表面之下的不稳定因素，如诸侯强大难治，官员结构老化，商贾弄法使假，金融秩序紊乱，等等。

文帝和景帝在位期间可能对此已经有所察觉，却没有给予充分的重视，从而在统治政策上出现了明显失误，以致“畜乱宿祸”。

最终，所有的这些问题都抛到了那个雄才大略的汉武帝手中。

汉武帝这小子运气不错

汉武帝刘彻是景帝第十个儿子，他既非嫡长子，又不特别受重视，因此，他能当上皇帝，只能说这小子运气不错。由于汉武帝一生波澜壮阔，他的很多行为举止都对后世产生了深远影响，所以要想对他有个全面了解，必须得从他的身世说起。

和很多帝王一样，汉武帝出生时也伴随着异象，据传他母亲王美人初有身孕时，曾梦到太阳钻进她怀里。王美人为了引起重视，就把这个梦告诉当时还是太子的景帝。景帝说这个梦是吉兆，你乖乖把身体养好，回头给我生个胖小子。

王美人生下刘彻时，景帝已经继承皇位，他见刘彻和别的儿子也没什么区别，就未将其特殊对待。景帝原来有个皇后姓薄，是汉文帝母亲薄太后（即前文讲到的薄姬）娘家的孩子，他对薄皇后很不喜欢，待薄太后一死，便立马将她废掉。

皇后被废，这对其他姬妾来说是个绝好的机会，尤其是一个名叫栗姬的女子，因为她的儿子刘荣已经被立为皇太子。

遗憾的是栗姬是个极其没见识的人，她仗着自己受宠和儿子是太子，从未把除她之外的女人放在眼里，包括景帝的亲姐馆陶长公主[1]。

---

①自汉朝起，“公主”须经过皇帝册封才能称之。一般来说，皇帝的女儿称为“公主”，皇帝的姐妹或嫡长女称为“长公主”，皇帝的姑母称为“大长公主”。公主通常也有封地，像此处的“馆陶长公主”中的“馆陶”就是封地的名称。

长公主是个颇有心机的人，她为巩固自己的地位，很想把自己的女儿阿娇许配给皇太子刘荣做正房，以便先占个座将来能当皇后。谁知栗姬嫉恨长公主经常替其他后宫女子说好话，就一口回绝了长公主的要求。

长公主在栗姬那里碰了一鼻子灰，恼怒之余又显得不甘心。她想，我女儿要嫁的是皇太子这个身份，又不是嫁你栗姬儿子的一副臭皮囊，既然你如此不识抬举，那我使点手段换个人当皇太子不就成了嘛。

于是，长公主找到了与她关系相对不错的王美人商议对策，说只要能搞垮栗姬和她儿子，便愿意帮刘彻登上太子宝座——当然，皇后的位置必须得给阿娇留着。王美人一听自己的儿子居然还有机会当太子，非常高兴，忙表态一定会全力配合。

长公主对付栗姬的方法很简单，那就是不断地在景帝面前说她坏话，同时又不断夸奖王美人的儿子长得好，体格好，人品好。这话要是别人对景帝说，估计十遍就能让他耳朵长茧，听不下去，但长公主是他的亲姐，耳朵即使长茧他也能接收到信号。因此时间一久，景帝对栗姬印象越来越差，达到了想到栗姬就气得吃不下去饭的地步。

一次，景帝病重，怕自己挺不过去，便想提前交代后事。他对栗姬说："我要是不在了，你要多照顾一下我的其他女人和儿子，千万别像现在一样钩心斗角啊。"

这本是一个表达感情的好机会，别管你能不能做到，先答应了再说，但栗姬不知是蠢得要死还是怎么着，反正是一听到这话，就开始醋意大发。她不仅没答应景帝的嘱托，反而冷嘲热讽，出言不逊，大有将其他女子挫骨扬灰的架势。

景帝一看她的反应如此强烈，心想："得，我还是咬咬牙再挺一阵子吧，现在要是闭上眼，估计后宫立马会上演一部类似当年吕后导演的悲惨世界。"长公主见时机已经成熟，便顺势又加了一副催化剂，详细地向景帝比较了一下刘彻和刘荣的优缺点。

结果当然是刘彻完胜。

景帝终于下定决心要废太子，只不过，他还需要找一个合理的借口。

王美人获悉情况后，知道到了自己出马的时候了。她先找到一个大臣，让他趁向皇帝奏事的机会，建议皇帝立栗姬为皇后。这位大臣不知底细，认为刘荣既然是太子，母以子贵，栗姬升为皇后也是理所当然的，所以他就傻乎乎地向景帝说应该册立栗姬为皇后。

景帝一听居然有人关心起他的家庭问题了，而且是不愿提及的家庭问题，勃然大怒，手一挥就让人把这个不识趣的大臣拉出去砍了。接着，他又下令，撤掉刘荣皇太子的封号，改为临江王。栗姬听到这个结果后，顿时傻眼了，气恼不过，不久害病死去。

刘荣被废掉，刘彻却未立即受封为太子，因为还有一个竞争对手横亘在前，这个人就是他二叔，梁王刘武。

梁王刘武是汉景帝的亲弟弟，同为窦太后所生。前几年有个热播的电视剧叫《美人心计》，其主要讲述的便是窦太后波谲 [jué] 云诡的一生。汉武帝即位后，由于窦太后经常干预朝政，产生很大影响，所以这里有必要对她进行一个简要介绍。

窦太后出身贫贱，当年是以“良家子”的身份进入后宫给吕后当使女的。后来吕后为收买人心，便将自己手下的女子调出一些，给刘邦几个为王的儿子每人分五个。窦太后也在分配之列，分配的对象为当时还是代王的刘恒。刘恒对窦太后很宠爱，两人共育有二男一女。几年后，吕后病逝，朝廷发生政变，周勃、陈平等人在诛灭了吕氏家族后迎立刘恒为皇帝。

刘恒原本有个王后，但是命不好，在生下四个儿子后即去世。等到刘恒成为汉文帝后，王后所生的四个儿子的命更不好，也都相继病故。这样一来，窦太后就递补为皇后，她的大儿子刘启也顺理成章地被立为皇太子。

不过，相对于刘启，窦太后更喜欢二儿子刘武，其喜欢程度不亚于春秋时期武姜对共叔段的溺爱。刘启当上皇帝后，为讨母亲高兴，与刘武入则同辇，出则同车，关系好得撕不开。

一次，景帝刘启设宴招待已被封为梁王的刘武，由于当时朝中还未立太子，可能有些喝大了的景帝便对刘武说：“老弟，等我百年之后，这个皇位就是你的。”刘武知道不太可能，连忙起身辞谢。但是，坐在一旁的窦太后却把这事当真了，更要命的是，随着时间的推移，刘武也把这事当真了。

所以当太子刘荣被废后，对皇位垂涎三尺的刘武立马跑到京城进行活动，希望取得皇位继承权。窦太后表示支持，并把刘武的想法转告给景帝。景帝听后，连连叫苦，却又无法反驳，只得召集大臣进行讨论。

曾间接导致晁错死亡的袁盎这时带领一帮大臣站出来表示反对，说当年宋宣公曾做过传弟不传子的事，结果引起大乱，故希望景帝引以为戒。

景帝于是回复窦太后说：“看到了吧，不是我拒绝老弟接班，是反对的人太多，我怕以后出乱子啊。”

刘武希望落空，满腔失落和愤恨无处宣泄，便在谋士的策划下，将从中作梗的袁盎等十几位大臣暗杀。虽然案件最后不了了之，但好在年仅七岁的刘彻终于有惊无险地当上了太子。

时间是公元前 150 年。

我不知你身边是否有这样的人，性格比较要强，城府很深，做起事来一半是海水一半是火焰，尽管有很多缺点，却还是靠自己强大的气场吸引很多人围着他转。如果有的话，那你可能会更容易理解接下来这个人的所作所为；如果没有的话，那你在看完接下来这个人的所作所为后，可能会更容易理解与其类似的人。

如你所猜，这个人指的就是汉武帝刘彻。

刘彻刚当上太子时，还正处于在床上“画地图”的年纪。由于景帝平时工作忙，没时间对他进行管教，就请了一个德高望重的老师照顾他的生活和学习。此人名叫卫绾，不仅当过文帝的司机兼保镖，而且学问很大，尤其是在儒学和文学方面有很深的造诣。刘彻在这么好的老师的教导下，进步很快，每天学习劲头比高三补习班的学生还要足。这为他将来发展成为一个能文能武、有胆有识、思想活跃的帝王打下了良好的基础。

公元前 141 年，汉景帝驾崩，十六岁的刘彻即位，正式成为汉帝国这艘大船的舵手。

“老子”不再是天下第一：罢黜百家，独尊儒术

汉武帝刘彻即位时，汉朝经过他的父辈、爷辈和太爷爷辈六七十年的苦心经营，经济终于得到恢复和发展，社会财富已经达到饱和状态。据史料记载，说是只要不遇到大的水旱灾害，国家便会面临两大难题：一个是国库的钱花不完，只能任由其朽烂；一个是粮库的粮食吃不完，只能任由其腐烂。也就是说，从汉武帝上班的第一天起，他就必须学会如何花钱，而不是如何挣钱。

幸运的是汉武帝不但会花钱，而且会挣钱，不幸的是他的挣钱速度赶不上花钱速度。

除了头疼如何花钱，汉武帝当时还面临着一些别的问题，如北方匈奴的侵扰，中央和地方权力的冲突，社会经济结构发展畸形，等等。

我们还是先从民生问题说起。前面我曾提到过文景之治带来社会繁荣的同时也面临着一些潜伏的问题，这些问题像肿瘤一样，早期很难引起人们的重视。等到了汉武帝时期，“肿瘤”开始急剧增大，如果不将其果断切除，用不了多久它就会危及生命。

按照中医理论，要想治好病人，光知道病情还不够，还必须知道病因在哪儿，

否则便无法对症下药。经过诊断得知，汉朝当时所患的病是由之前片面强调“无为而治”引起的。中国有个成语叫“过犹不及”，意思是说事情做过了头，就和做得不够一样。

“无为而治”做过了头，结果就出现了一大堆问题：诸侯王缺乏约束，跋扈自恣，有的王国甚至凌驾于朝廷之上；各级官府消极苟安，缺少上进心；富商大贾扰乱市场，利用高利贷兼并农民土地；对匈奴一味采取屈辱、退让的政策，边疆局势日益不稳，等等。

所有的这些问题都在说明一个问题，“黄老无为”的思想已经不再适应社会发展需要了。当初贾谊就曾在《治安策》中大声疾呼，强烈要求“无为”变“有为”。可惜没人搭理他，因为统治思想和统治政策是一个国家的灵魂，牵一发而动全身，真要进行改变，也得有一种成熟且靠谱的理论来代替它。

汉武帝看中了儒学。

首先他从小受到的教育主要是儒学的教育，他的老师卫绾就是一个儒学的行家里手；其次汉武帝是一个很有上进心的年轻人，每当面对“汉家庶事草创，加四夷侵陵中国”的局面，他便会感觉不忿，认为自己有信心也有能力带领国家走向繁荣富强；最后是儒学的积极入世的实践精神非常适合时代发展的需要。

虽然看中了儒学，但是汉武帝并没能立即实行下去，因为他的祖母窦太后反对。窦太后当时是以太皇太后的身份摄政，端着一副佘 [shé] 老太君[①]的架子过问朝中大小事务。由于她笃信黄老之说，对汉武帝崇儒的举动不以为然，所以常出面干预，致使改革步履维艰。汉武帝素有“孝子贤孙”的美誉，不便忤逆窦太后，只得暂缓以儒治国的步伐。

不过下面那些鼓吹儒学的大臣无法体会汉武帝的难处，纷纷上书劝汉武帝不用啥事都听太皇太后的，让他认准的事就去做，用事实去堵住那些说三道四之人的嘴。结果这事立马就被窦太后知晓，窦太后听罢，怒不可遏，逼迫汉武帝下令革去领头的赵绾、王臧等人的职位。汉武帝无奈照办，改革彻底处于停滞状态。

建元六年（前 135），窦太后病逝，黄老之学的最后一个顽固堡垒崩坍，汉武帝终于可以放开手脚去做他想做的事了。他鉴于非大批良才无以治国的理论，下诏给宰相以下的官吏，号召他们推荐人才。

---

①长篇小说《杨家将》中人物，也称杨令妻，北宋名将老令公杨业之妻。在西夏侵扰时，她已百岁高龄，仍身挂帅印，率领杨家十二寡妇征西。她以一老妇人而享有高度威望，是古典作品中少见的人物。一说佘老太君实姓折，山西保德折窝村有折太君碑，后人误折为佘。

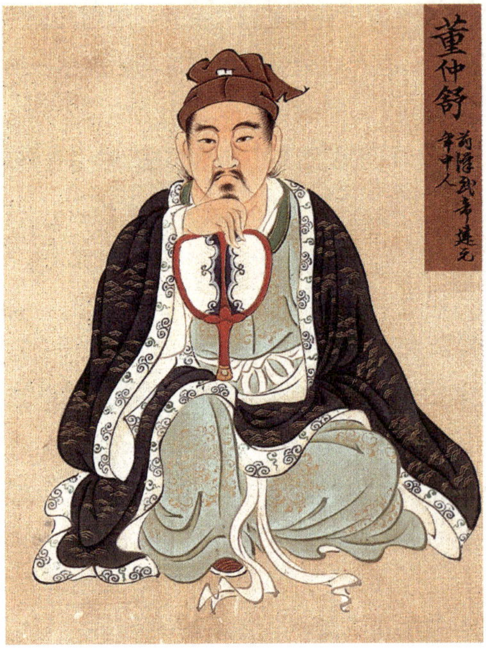

董仲舒（近代／佚名）

不久，全国各地官员经过海选、初试、复试等环节推荐出一百多个人让武帝挑选。汉武帝为防止里面有浑水摸鱼的，便命令这些人集中到长安进行笔试，成绩合格的再由自己面试。最后，大名鼎鼎的董仲舒在这次考试中名列榜首。

董仲舒是广川（今河北景县）人，年轻的时候爱学习，房后有一花园，他埋头苦读，三年都没有去瞅一眼，被誉为“三年不窥园”。如果是一般人这么做，难免会成为书呆子，但董仲舒死读书而不读死书，年纪轻轻便成为所在地区的名师，从学弟子达几千人。董仲舒的思想主要体现在汉武帝与他的问与答中，即所谓“举贤良对策”。

在“举贤良对策”中,董仲舒系统提出了“天人感应”“大一统”和“罢黜百家，表彰六经”的主张。

汉武帝采纳了他的建议，但并没有重用他，反倒是同样研究儒学，学问不如董仲舒却善于阿谀奉承的公孙弘留在朝廷，并逐渐当上了丞相。董仲舒先是去做江都国（今江苏扬州一带）的丞相，后来又被公孙弘推荐去做胶西国（今山东高密一带）的丞相。

江都王刘非和胶西王刘端都是汉武帝的同父异母兄弟，脾气大，不好伺候。像以前朝廷派给刘端的国相，要么洁身自好，被他毒死，要么与他同流合污，被朝廷法办。董仲舒任职期间，严于律己，晓以大义，用礼义去感化他们的污浊灵魂，取得不错效果。不过，虎狼之地非久居之所，董仲舒没干多久便打了个病假报告，辞职回家埋头著书。

在大举贤良的同时，汉武帝在丞相田蚡 [fén]（汉武帝亲舅，好儒术）的协助下，置五经博士，把那些不治儒家五经的博士官一律罢免，这便是著名的“罢黜百家，独尊儒术”。独尊儒术后，官吏主要出自儒生，儒学的地位日益提高。

汉代的儒学思想内容由董仲舒奠定基础。董仲舒认为，天和人是息息相关的，灾变就是上天对人事的对话，“唯天子受命于天，天下受命于天子”。天子受命于天，就要按天道行事，违反天道，老天爷会用灾变给你一点警示，你若不反省，继续违反天道，那老天爷就会把你带走亲自向你面训了。至于“受命于天”，可以说一下子说到皇帝的心坎儿里了，因为这句话夯实了天子统治的神圣性与合法性，汉武帝喜欢，历代帝王都喜欢。法家的法治和道家的“无为而治”在不同时期起过不同的作用，但都敌不过“受命于天”。

仅凭这一句话，除儒家之外的诸子百家就输定了。

至于这个命题对天子还有约束，要求他们按天道行事，愿意听的人就不多了，毕竟只顾眼前，不管将来的皇帝太多了。由此可以看出，这里的儒学与孔孟时期的儒学已经大不一样了。孔子说“子不语怪力乱神”“未知生，焉知死”，意思是要对鬼神敬而远之，先把这辈子活好了，死后的事我们不去评论，对未知的东西采取存疑的态度。但是到了董仲舒这里，他就把孔子的意思改成了天人感应，说你们这些草民别动不动就起义啊什么的，不利于社会和谐，皇帝不像话有老天管着呢。于是后世皇帝要是知道自己做坏事了，便会斋戒沐浴，下罪己诏，臭骂自己一顿。百姓一看皇帝认错态度很诚恳，老天都原谅了，那咱们也就原谅吧，皆大欢喜。其实罪己诏是古代帝王作秀的不二法宝，屡试不爽。

除了喊口号神化皇权外，汉武帝对儒家所提倡的大典如巡狩、封禅、郊祀、受命改制等事，也都一一遵循。

太初元年（前 104），他接受朝臣公孙卿、司马迁的建议，改易历法，废除秦历而使用夏正，以正月为岁首，称为“太初历”；同时还规定汉为土德，色尚黄，数用五，以论证汉取代秦的历史合理性。

而年号的创始，也是一件大事。公元前 122 年，汉武帝到雍县祭祀五帝期间，猎获一只纯白独角奇兽，以为是麒麟，就写了一篇《白麟之歌》以记其盛，后来群臣请定这一年为“元狩”元年，然后倒推把汉武帝已经在位的十八年分为三段：建元、元光、元朔。这是中国帝王使用年号的开始。

汉武帝的另一面：揽权高手

前文已经讲到，汉初的国家政治体制大体沿袭秦制，如皇帝制度、三公九卿制度、郡县制度，等等。但是到了汉武帝时期，随着国家政治、经济、边疆形势的变化，旧有的一些体制已经与现实脱节，这就需要对中央中枢机构、行政监察体制、人事

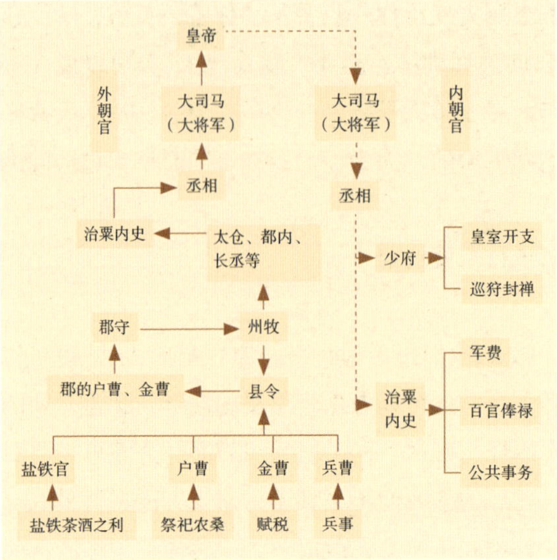

汉代政府组织系统简表

选举制度、经济军事等方面进行一系列的调整和改革，以适应时代的发展。

其内容主要有以下几个方面：

一、建立“中朝”

我国古代，皇帝作为权力金字塔的顶尖，除了受制于那个看不见也摸不着的“天”之外，几乎不受任何限制。在他的周围，左有后妃，右有宦官，下有丞相。这些人中，后妃擅长枕头风，宦官擅长放冷箭，真正能做些正经事的也就是丞相及他下面的那些官员。

在秦朝和汉初，中央实行丞相制度，由丞相总理万机，统辖百官。举凡官员的奖罚、郡国的考核、官员的奏事和封驳谏诤等，都在丞相的职权范围内。只要丞相有能力，皇帝就是当个甩手掌柜也能把国家治理得有条不紊。然而，随着相权的增大，皇帝会逐渐感觉到自己越来越边缘化，大臣有事都跑到相府去了，把我一个人晾在皇宫算是哪门子事！如此一来，就会出现这样一种情况：皇帝要是总揽大权，哪怕累死活儿也干不完；皇帝要是把权力下放到丞相那里，又担心相权过重，威胁自己的统治。因此可以说，皇权与相权是两个相互依存的天然敌人，无论离了谁，封建统治都不能健康有序进行。

汉武帝时，丞相田蚡骄横，他所举荐的人，有的一起家就到两千石的职位，权力几乎超过了皇上。这让权力欲极强的汉武帝很不爽，他对田蚡说：“你的人任用完了没？别忘了给我留几个职位，我也想任几个自己的人！”这话说得比较重，要不是田蚡是汉武帝的老舅，估计吓也能被吓死。后来田蚡虽然有所收敛，但汉武帝还是觉得，要想一劳永逸地解决相权过重问题，必须建立相应的制度对其限制。

元朔五年（前124），汉武帝打破封君为相的惯例，任用布衣出身的公孙弘为丞相。公孙弘以治经起家，在朝中关系简单，唯皇命是从，是个地地道道的顺毛驴。从此以后，功臣列侯及其子嗣独占相位的局面宣告结束，丞相逐渐居职充位，成为皇帝一手操纵的工具。

与此同时，汉武帝还从贤良文学、上书言事的人中先后选拔一批亲信臣僚，在他们的本职之外，另授予侍中、给事中、中常侍等兼职，让他们出入禁省，在皇帝左右参与政事。

其他的贵宠僚属如卫青、霍去病等，也都授予侍中，参与中枢决策。此外还任用一些有文化的太监充任中书，掌尚书（少府属官）之职，出纳文书。

上面我所说的这些人，由于经常侍从皇帝左右，所以就逐渐形成了一个宫内的决策机构，称为“中朝”或“内朝”，而以丞相为首的政务机关则成为“外朝”。“外朝”的组织机构表面上看与先前没有什么变化，但从职能上看已经演变为一般的执行机构。

汉武帝之后，随着皇权的发展和皇帝不愿过多过问政事，“中朝”的常设机构尚书的权力不断增强。等到了东汉时，尚书已经成为总理国家政务的中枢机构。

不过，中朝的首脑并非尚书，而是大将军或其他将军。如果遇到皇帝不能亲政的情况（如年龄太小），往往由大将军领尚书事执掌国家政权。而常侍、中常侍、给事黄门等加官（在原有官职外加领官衔以示尊崇称为加官），西汉时一般由士人充任。东汉以后，改任宦官，这就使得宦官权势进一步膨胀，出现了宦官专权的局面。

二、察举制和兴太学

封建专制统治的本质是人治，与我们今天所提的法治不同。在人治的过程中，各级政府官员素质和能力的高低决定着国家政策的实现水平。因此，统治阶级始终把选拔和任用人才提高到国家兴亡的高度，先后建立和执行了许多选官和任官制度。

在早期宗法社会，选官制度是世袭制，比如你爹是县长，你就是再不济也能混个镇长当当，这个制度的主要表现形式是西周时期的世卿世禄制。世袭制的弊端是不分贤愚，只问血统，是制造低能统治阶级的温床。战国以后，为适应兼并统一战争的需要，军功制应运而生，并在历史上发挥了积极的作用。但是军功制毕竟是战争年代的产物，无法满足和平建设时期选拔管理人才的要求。

汉初承秦旧制，选官主要有军功制和郎选制两个途径。

郎官是皇帝身边的侍卫集团，他们内守门户，出充车骑，有缺则可补授其他官职，是地主阶级出仕朝廷的重要阶梯。如果你家世不好，但是很有钱，则可通过“赀 [zī] 选”的途径进入仕途，郎官中留有一部分名额就是为此准备的。

“赀选”说白了就是公开花钱买官，这个办法秦代已有，像韩信年少时，便曾因家贫而不得推择为吏，后来只得靠投军立功爬上权力高峰。不过这种制度仍不能适应日益加强的专制王朝需要，统治阶级只好继续求索。

元光元年（前 134），汉武帝采纳董仲舒的建议，把察举制正式确立为朝廷重要的选官制度。

汉武帝蒲轮征贤（清代 / 佚名）

武帝喜好儒术，他听说申公学问高，便派遣使者去聘请他，又听说申公年老，担心他承受不了旅途的劳顿，便令使者安排了一辆安车（古车立乘，此为坐乘，故称安车），并且在车轮上包裹了柔软的蒲草。同时，用丝帛、玉璧作为给申公的见面礼。申公于是受聘来到朝廷，武帝授以他太中大夫之职。

察举也叫“选举”，是一种由地方长官在辖区内随时考察、选取人才并推荐给上级或中央的选官制度，严格地说是从汉文帝时期开始的。其具体办法是由列侯、二千石郡守每年从地主阶级中推举孝、廉各一人，最后由中央政府分配工作。这样一来，举孝廉就成为士大夫进入仕途的主要途径，和今天的公务员考试差不多。

除了察举，征辟 [bì] 也是一种有效的选官制度。

所谓征，是指皇帝听说你不错，把你征到中央为朝廷效力；所谓辟，是指郡守之类的官员听说你不错，把你辟为僚属，替朝廷效力。征辟的起源很早，是一种比较尊荣的入仕途径，就是名额有限，毕竟皇帝和大臣每天见那么多人，有那么多应酬，想甄别谁是牛人还真不容易。

察举、征辟制度在一定程度上解决了世袭制存在的弊端，但也很不完善，主要问题是有人在举荐过程中会带有浓厚的个人好恶倾向，比如在同等条件下我肯定会举荐与我关系不错、看着顺眼的人，在不同等条件下我也可能会倾向于给我送过礼的，或者是我亲戚之类的人。

另外为了有计划地培养人才，汉武帝还先后采纳董仲舒和公孙弘的建议，在元朔五年（前 124）于长安西北部设立太学。

太学的学生一般是由太常选择十八岁以上的优秀地主子弟充当博士弟子；又由郡国经常选拔一些有条件的青年到长安同博士弟子一起学习。这些太学生学习的内容都是儒家经典，一年考一次试，合格的可以在掌管文书的部门补缺，优秀的还可以做到郎中。

汉武帝时期的太学，规模还很有限，只有几位摇头晃脑的经学博士和五十名点头称是的博士弟子。不过等到了汉成帝时期，太学生已经增加到三千人，及至王莽时代进一步扩建太学，一次就曾营造校舍“万区”。

三、推恩令和附益之法

景帝时期，各诸侯国在“七国之乱”后普遍都有所削弱，但有些王国仍然连城数十，地方千里，威胁汉中央政权。如汉武帝叔叔梁王刘武，根本不把武帝放在眼里，出行时千乘万骑，前呼后拥，比天子还拉风。

汉武帝作为一个狂热的绝对君权主义者，肯定不会允许有另一种与之相抗衡的势力并存，于是他为了让自己屁股下的龙椅稳妥点，决定采取“强干弱枝”的政策，继续对诸侯王进行打击和削弱。

元朔二年（前127），汉武帝采纳大臣主父偃的建议，颁布推恩令。

推恩令的主要内容是诸侯王除了由嫡长子继承王位以外，还可以“推恩”，把王国的一部分土地分给其他子弟，为列侯，由皇帝制定这些侯国的名号。

有人看到这里可能会觉得眼熟，这不就是当年贾谊提出的那个“众建诸侯而少其力”的理论吗?

没错，就是那个理论，不过现在是新瓶装旧酒，一样能卖个好价钱。

按照汉武帝的意思，在一个王国中，嫡长子继承老爸的王位，其余的诸子却只有羡慕的份儿，这不公平——大家都是父母的亲骨肉，我只比你晚生几年甚至几分钟就有云泥之别，请别劝我想开点，因为谁摊上这事都想不开。为了防止想不开的人得抑郁症，汉武帝说，要不这样吧，所有王国的嫡长子都大度一点，匀出一些土地让兄弟们建立侯国；侯国的嫡长子也一样，然后以此类推。

而根据汉制，侯国归所在郡管辖，地位与县相当，只能享受衣食租税，无治民权，更无统兵权。因此，王国越分越小，实力越来越弱，在和朝廷叫板之前明显会有一种“心有余而力不足”的感觉。这样一来，诸侯王强大难制的问题，就解决了。

诸侯王的问题解决后，全国还有百余个列侯。汉武帝接着又采取“酎[zhòu]金夺爵”的措施，加强中央集权。

所谓酎金，就是指诸侯献给朝廷用来祭祀的贡金。汉武帝拿酎金做文章，亲自验收，看谁交上来的黄金成色不够，就借机夺取其爵位。比如在元鼎五年（前112），汉武帝就曾以酎金成色不足为名，一口气削夺106个列侯的爵位。

看来上坟烧报纸，并不是所有时候都能糊弄住鬼。

然后要说的是附益之法，即不允许诸侯王结交宾客或聚敛财富，只能够窝在自己地盘上衣食租税。这样做的目的是孤立诸侯王，使其在财政上无法聚敛，在政治上无法组成自己的小集团。从此以后，看着尊荣无比的诸侯王，其实一个个已经成为衣食无忧的地道宅男，在家里发发牢骚还可以，想参政议政或去别的地方旅游散心，门儿都没有！

四、刺史制度

汉武帝为了监督和考核地方官吏，建立刺史制度。刺史制度是由秦代的御史制发展而来的。在秦代，御史大夫下面设有监御史“掌监郡”，能够代表皇帝监察地方官员。汉初，由于此时实行的是郡国并行，郡的权力不大，所以就减省了秦代御史监郡的制度，改由丞相不定期派使者到各地巡察。

到了文帝时期，皇帝和丞相有时都会遣使分巡各地，但至武帝之前一直未形成定制，所派出的既有御史，又有丞相史，监察地区也无固定划分，很难保障将各地置于朝廷的直接控制之下。鉴于此，汉武帝于是在元封五年（前106）正式设置刺史制度。

刺史制度的主要内容是先将全国划分为十三个州部（监察区），然后每州部派刺史一名，负责监视区域内的郡县。刺史的工资不高，年薪仅六百石，但却有监察年薪两千石的郡守和王国相的权力，灰色收入应该不会少，算是个实打实的肥差。

五、编户齐民

编户齐民指的是西汉政府将百姓按照姓名、年龄、籍贯、身份、相貌、财富情况等项目逐一载入户籍的行政管理制度。根据规定，凡是被正式编入政府户籍的百姓，都具有独立的身份，需要依据资产多少承担国家的赋税、徭役和兵役。

六、盐铁官营和币制改革

汉武帝即位之初，国库充盈，钱多得花不完，这个我前面已经讲过。不过随着封建经济的发展，封建经济结构和阶级关系逐渐发生变化，一些先富起来的人不但没有带动后富，反而利用自己手里的权力，兼并土地，巧取豪夺，使自耕农民日益减少，以致国家税源逐渐枯竭。此外再加上汉武帝是个会花钱的主儿，每次出兵打仗和营建宫殿都消耗大量人力、物力、财力，因此，祖上积攒下来的巨额财富并没能让他挥霍太久，他所面临的问题，很快就从怎么花钱变成了怎么挣钱。

当时，政府来钱的途径主要是租税，但这些收入都是固定的，所以要想彻底解决财政困难，除了“节流”（这点汉武帝不容易做到），还必须“开源”。

于是汉武帝把目光瞄准了盐和铁。

盐、铁在今天看来应该是最为平常的东西，很少有人注意，但你要是深入一想，便会发现这玩意儿简直和空气、水一样，几乎算是生活必需品——没有米饭，你可以改吃馒头，没有盐，恐怕你连改吃的力气都没有。盐、铁如此重要，政府为了国计民生的需要，对其重点关注也是理所当然的。

在汉武帝之前，盐、铁为私人经营，国家仅设官收税而已。于是一些富商大贾、豪强地主便占据山海，或采矿冶铁，或煮海制盐，自己赚了个盆满钵满。汉武帝正缺钱花，就采纳大商人孔仅和东郭咸阳的建议，决定把冶铁、煮盐、酿酒等私营权收归政府，由国家垄断经营。这样一来，政府赚到钱了，百姓吃盐做饭也有保障了，皆大欢喜。

除了盐铁官营，汉武帝还进行了币制改革。

我国古代的钱没有防伪标识，只要你能开出矿来，自己就能做。如汉文帝曾赏赐给他的宠臣邓通几座铜山，结果邓通很快就成为西汉首屈一指的富翁。汉武帝时期，为防止私人铸造质量不合格的钱扰乱市场，决定统一货币种类和统一货币发行权。

元狩五年（前 118），汉武帝下令郡国铸造五铢钱，以代替旧有钱币。五铢钱枚重五铢，形制规整，重量标准，铸造精良，是秦汉货币史上的一个大转折，同时也是我国货币史上使用时间最长的货币，其重要性和意义可想而知。

死对头之匈奴

匈奴是诞生于今内蒙古河套及大青山一带的一个游牧民族，长期过着逐水草而居的日子。由于生产力落后，匈奴在壮大的过程中，发现打家劫舍要比游猎放牧更容易得到自己需要的东西，就经常侵扰中原。秦始皇在位期间，他曾派大将蒙恬率三十万大军击退匈奴七百余里，使“胡人不敢南下而牧马，士不敢弯弓而报怨”。

然而，秦朝没有坚挺几年，便赶上中国历史上第一次大规模的农民起义，接着又是楚汉之争。匈奴见中原一片闹腾腾，就趁着刘邦与项羽争斗的机会，又迅速强盛起来。当时匈奴的首领是冒顿单于。

单于相当于中原的皇帝，至高无上，说一不二，骏马任骑，臣民任杀，美女任娶。正因为如此，围绕继承权展开的斗争从未停止过，一不留神就会上演父杀子、子弑父，兄火弟、弟害兄这样的伦理悲剧。冒顿的单于位置就是通过这种非正常手段得来的。

冒顿的爹叫头曼，是匈奴的第一任单于。他为了立爱妾所生的幼子为继承人，就把长子冒顿送到月氏 [yuèzhī] 国当人质。冒顿在月氏国接风酒还没喝完，头曼已经出兵攻打月氏国了，这明显是想用借刀杀人的办法弄死他。不过老爹显然低估了儿子的能力，早有防备的冒顿一见到情况不对，立即盗得一匹骏马成功逃离月氏国。

回到家后，冒顿对老爹的做法绝口不提。头曼也跟着装糊涂，暂时把废长立幼的计划搁置下来，并且给了冒顿一万人马以掩饰自己的心虚。

冒顿手握兵马后，开始着手将自己的手下训练成死士。他发明了一种名叫“鸣镝 [dí]”的骨箭，在上面穿上孔，使其在发射时发出刺耳声响。他对部下说：“我的鸣镝射什么，你们的箭也得射什么，不听话的趁还活着赶紧和妻儿告个别。”冒顿先后用鸣镝射自己的爱马和爱妾，有几个部下以为是闹着玩儿的就没有射，结果被杀死了。于是剩下的人都知道了，大哥是认真的，以后他射哪儿我们就射哪儿。

最后冒顿把鸣镝射向了自己的老爹头曼，头曼就这样稀里糊涂地成了“刺猬”。

从犯罪心理学的角度分析，罪犯杀第一个人的时候最困难，但只要开了头，再杀下去就不会有心理障碍了。冒顿在杀掉自己的亲爹后，一不做二不休，接着又把继母、弟弟以及父亲的亲信一起杀掉，自己一身轻松地自立为单于。

冒顿掌权后，野心进一步膨胀，开始率领他的嫡系部队四处征伐。他东败东胡，北服丁零，西逐大月氏，并重新占据河套。其统治区域东达今朝鲜边界，然后横跨蒙古高原，向西向南延伸到河套甚至今天的晋北、陕北一带。

那时候汉高祖刘邦刚把国内局势稳定，见冒顿来势汹汹，就率兵前去迎战，然后便有了我前面提到的白登之围。白登之围后，刘邦深感国力虚弱，被迫采纳娄敬的建议，把宗室女“伪装”成公主，嫁给单于为阏氏 [yānzhī]，与匈奴和亲。同时，汉朝每年馈赠丝帛酒食等礼物给匈奴，并开放关市，以缓和匈奴的侵扰。

但这些仍未填满匈奴的胃口，刘邦去世后，冒顿更加我行我素，有次闲得无聊，他甚至给吕后写了一封极具挑逗性的情书，说：“听说你男人死了，恰巧我女人也死了，你要是没意见的话，要不咱俩就搭伙一块儿过日子算了，省得我们两军一照面就刀光剑影的，多不安全。”吕后看后气得吐血（如果刘邦地下有知的话，不知他会不会从棺材里跳出来与冒顿 PK），却也无可奈何，最后只好回复说：“我太老了，还需要人照顾，肯定侍奉不了你，不过我倒是可以挑个年轻貌美的公主替我，希望这事到此为止，以后我们能够化干戈为玉帛，相亲相爱如一家人。”弱国无外交，看来这事不光适用于今天，古代也一样。

等到了文景时期，虽然西汉与匈奴继续和亲，厚予馈赠，但匈奴似乎已经成了一只喂不熟的白眼狼，得空就侵犯汉朝边境。其中最为严重的一次发生在文帝十四年（前 166），匈奴十四万骑兵南下，直逼长安城，烧掉了皇帝的行宫回中宫。

面对如此局面，文帝知道汉朝与匈奴早晚会有一场恶战，就采用晁错建议，募民实边，在西北和北部边郡设立三十个牧马场，训练军马。事实证明，他的这一举措非常具有前瞻性，对后来汉武帝发起对匈奴的反击战有着不可忽视的作用。

汉武帝即位后，凭借着文、景两朝积聚的社会财富和充足兵源，对周边包括匈奴在内的少数民族发动了一系列战争。

元光二年（前 133），雁门马邑（今山西朔州）豪富聂翁壹出于对匈奴的熟悉和对汉王朝边患不息的焦虑，通过大行（官名，相当于今天的外交官）王恢向武帝建议，现在匈奴与汉和亲已久，可趁其麻痹无备之机，将马邑作为诱饵，佯赠给匈奴，然后待其主力来后，一举将它围攻歼灭。汉武帝听后，认为这个计谋值得冒险，就于当年六月派大名鼎鼎的飞将军李广等人率三十万大军埋伏在马邑附近的山谷中。

计划开始很顺利，匈奴单于亲率十万轻骑准备前去接管马邑。可谁知半道消息泄露，匈奴获知前面有埋伏，便急忙退兵，结果使几十万汉军趴在草窝里喂了几天蚊子。

“马邑之谋”以失败而告终，汉与匈奴关系公开破裂，武帝被逼到战争的悬崖上。

在战争初期，汉军形势极为不利，主要是因为当时匈奴领土分为左中右三部统治，单于直辖的中部主攻，左部牵制助攻，右部则为后勤基地，

李广射石图（清代／任颐）

《史记》记载，李广出去打猎时，看到草丛中的一块石头，以为是老虎。他张弓就射，结果把整个箭头都射进了石头里。再仔细看去，原来是石头，过后李广再射箭，就怎么也射不进石头里了。

苏武牧羊图（清代 / 任颐）

天汉元年（前 100），苏武任中郎将，奉命出使匈奴，以其副使张胜卷入匈奴内部斗争，因受牵连，被拘留。匈奴多次威胁诱降，后将他迁到北海边牧羊，扬言要公羊生子方可释放他回国。苏武历尽艰辛，留居匈奴十九年持节不屈。始元六年（前 81），苏武方获释回汉。

战线绵长达四五千里。汉军根本无法向机动灵活、飘忽不定的匈奴骑兵发动攻坚战。

后来汉军改变战略，每次出征，都是以一个或者数个庞大的兵团深入沙漠，采取迂回作战，一方面坚攻或佯攻，另一方面则以骑兵主力迅速移动，捕捉匈奴主力加以歼灭。匈奴对这种新玩法很不适应，屡败屡战，屡战屡败，实力大为受损。

元狩四年（前 119），汉朝与匈奴的总决战终于在漠北展开，指挥这次战斗的是卫青和他的外甥霍去病。

卫青出身贫贱，他的母亲曾是汉武帝同胞姐姐平阳公主的女仆。一次武帝去灞上祓 [fú] 祭（去凶除垢的仪式），在回宫路上去平阳公主家做客，无意中喜欢上了卫青的姐姐卫子夫，于是卫青就稀里糊涂地成了皇帝的小舅子。而平阳公主后来由于丈夫去世，就改嫁给了汝阴侯夏侯颇。

不料没过几天舒心日子，夏侯颇就因与父亲爱妾牵扯不清而自杀，平阳公主再次成为寡妇。经历过两次失败婚姻打击后，平阳公主为了摘掉寡妇专业户的帽子，决定找个身体和品行都靠得住的人做丈夫，然后她就看上了卫青并嫁给他。

也就是说，汉武帝与卫青之间的关系是互为姐夫和小舅子（感觉有点乱吧）。

有了这层关系，卫青能当上征讨匈奴的将军也就不奇怪了。不过卫青虽然上位的过程有些含糊，但是打起仗来却一点也不含糊。据说他善于以战养战，用兵敢于深入；再加上他为将号令严明，能与士卒同甘共苦，故在军队中有很高的威信。

而他的外甥霍去病，更是天生一块打仗的料。史料记载，霍去病曾亲率八百勇士横绝大漠，一举歼灭匈奴两千余人，俘获匈奴的相国和当户，并斩杀一个单于的叔公（父亲的叔叔）。霍去病首战成名，横空出世，被汉武帝封为冠军侯，食邑二千五百户。

有了这两位不世出的大将出战，就是再牛的匈奴也得装熊。

于是，卫青、霍去病率骑兵十万，步兵及后勤部队数十万人，分东西两路向匈奴发起了进攻。卫青率西路军从今内蒙古和林格尔县附近出发，在漠北歼灭单于主力，使得单于带着几百骑兵狼狈逃遁。霍去病则率军从东路出击，大败匈奴左贤王，袭杀匈奴七万余人，一直把军队开到今蒙古国首都乌兰巴托附近。

这一仗可以说把匈奴残余的那点脾气也给打得精光，此后十六年间，匈奴再也不敢嘚瑟，汉匈之间出现了一个短暂且宝贵的和平时期。

不过，卫青、霍去病虽然厥功至伟，但是也把汉朝的家底用了个差不多。同时，军队中又发生了山西军人与外戚军人的严重派系摩擦，山西军人中偶像派与实力派兼具的李广因受卫、霍的排挤，愤而自刎（霍去病心胸狭小，只比李广多活两年便病死，看来还是度量大点好，否则容易受内伤）。李广死后，两个派系明争暗斗日趋激烈，终于在汉武帝晚年，使汉朝的军事战役受到极大的挫败。

太初二年（前103），汉武帝派名将赵破奴（名字起得好）再伐匈奴，结果全军覆没，赵破奴被俘（看来名字没帮上忙）。几年后，武帝又派他的大舅子李广利率军与匈奴去打群架，为了确保胜利，还特意让李广之孙李陵进行协助。谁知李陵与匈奴没打几个回合，便因战术失误和人少等原因败而受降，给汉武帝来了个措手不及。

武帝为此茶饭不思，最后没办法，便召集大臣开会商讨对策。开会期间，他特意咨询学识渊博的司马迁有什么看法。司马迁当时任太史令，年纪不小，却没什么政治经验，很有一股愣头青的耿直。他认为李陵品行不错，先前立了不少战功，这次选择投降肯定非其所愿，应该是想将功赎罪报答陛下，因此这事还是慎重处理为好。汉武帝一听司马迁居然替李陵辩护，等于间接把责任都推到自己大舅子身上，甚为恼怒。结果司马迁不但被停发工资，而且还落了宫刑的处罚——上哪儿说理去？

不过匈奴尽管取得一些胜利，却没有真正恢复元气，无力再像当初一样发动大规模进攻。双方势均力敌，出现了一个胶着式的和平局面。

汉宣帝（武帝的嫡曾孙）时期，匈奴内部贵族发生分裂，出现了五单于争立的场景，随后分裂为南北两部。

南匈奴呼韩邪单于降汉，北匈奴郅[zhì]支单于被迫西迁，后被汉军袭杀。竟宁元年（前33），汉元帝（汉宣帝之子）把宫女王昭君以公主的身份嫁给呼韩邪单于，恢复与匈奴的和亲，结束了汉同匈奴之间的战争。

“点背哥”张骞

“西域”所指的地区有狭义和广义两种。狭义的指玉门关、阳关以西和葱岭以东的广大地区；广义的指凡是通过狭义的西域所能到达的地区，包括亚洲的中西部、印度半岛、欧洲的东部和非洲的北部等。在西汉时期，人们通常把玉门关、阳关以西乃至中亚或更远的地方称为西域。

今新疆境内的西域指天山南北，葱岭（今帕米尔高原）以东的地区，西汉初年，西域共有36国，绝大部分分布在塔里木盆地南北边缘的绿洲上。这些国家，语言不一，互不统属，多以城郭为中心，兼营放牧，有的还能自铸兵器。可能是受到自然条件的限制，西域各国中除乌孙有六十三万人以外，别的国家一般只有几千到两三万人，最少的甚至只有一二百人，还没有今天一个居民楼住的人多。

在今天甘肃西部的敦煌一带，原本居住着一个名叫大月氏的部落。汉武帝即位之前，匈奴人看中了此处的肥美水草，想在这儿放牧，于是，他们不但把大月氏赶走，而且还把杀死的大月氏王的头盖骨做成酒器。大月氏人对匈奴恨之入骨，却没丝毫办法，只得步步向西远遁。

武帝即位后，从投降过来的匈奴人口中得知这个信息，非常重视，认为可以利用大月氏对匈奴的仇恨，与其结盟，共同对付匈奴。但是，大月氏离开敦煌后，究竟迁往何处，没人知道。在这种情况下，要想达到联络大月氏的目的，就必须派人亲赴西域寻找。

建元三年（前138），汉武帝悬赏招募西域使者，郎官张骞对这个差事很感兴趣，最后应聘成功。紧接着上岗培训、组织考察、领导谈话、欢送仪式，走完这一系列程序，张骞便带着一百多个随从人员从长安出发，踏上那条陌生、遥远而又神秘的征途……

是不是看起来很浪漫？可我要是告诉你这帮人刚出玉门关便被匈奴给捉住了，你会不会顿时感觉刚才投入的浪漫感情其实就是浪费？

不过张骞被抓住后，匈奴单于并未将其杀掉，而是采用笼络手段，给他娶妻生子，准备为己所用。然而，令人没有想到的是，张骞是一个思想过硬、信念坚定的“大汉之子”，在匈奴的十余年间，始终“持汉节不失”，最后还是找到一个机会溜了。

逃离匈奴势力范围后，张骞向西奔走数十天，越过葱岭，来到大宛国。大宛国国王对张骞礼遇有加，特意派人将他护送到目的地大月氏。但是，此时大月氏的情

汉通西域（当代 / 刘永华）

况已经发生了很大变化，月氏王一听张骞来的目的，顿时笑了，说："月氏与匈奴的恩怨都哪年的事了，你不提我还真想不起来。现在我们生活得很好，对复仇不感兴趣，你还是哪儿来哪儿回吧。"

张骞没办法，只好回去复命，谁料在路上又被匈奴人给逮着了（点也太背了）。可能这次逮张骞的匈奴人与上次不是一个部门的，保住性命的张骞在监牢里待了一年多，就趁着匈奴内讧再次逃走，最后回到长安。

此时距他当年离开长安前往西域已有十三年之久，这应该算是史上最长时间的一次出差了（关于这次出差，司马迁特意称之为"凿空"）。

而早就不指望张骞还能回来的汉武帝，突然看见他出现在自己面前，自然是非常高兴，当即就升张骞为太中大夫。张骞则为了证明自己不是窝囊废，以及这次出使还是有意义的，就根据他在西域的所见所闻，详细撰写了一份工作报告交给武帝。于是武帝这才知道西域不但地域广大，而且物产丰富，诸如出产汗血宝马之类的异物。

很快，通西域的事，又被提到汉王朝的议事日程上来了。

元狩四年（前 119），汉武帝派张骞率三百多个随从，携带数万只牛羊，并持以金币丝帛巨万，再次出使西域。与上回不同，此次张骞的目的是招引乌孙返回河西故地，以"断匈奴右臂"，并与西域各国取得联系。然而张骞赶到乌孙时，恰逢乌孙内乱，结果前一个目的就泡汤了。

不过，张骞分遣副使出访大宛、康居、大月氏、安息（今伊朗）等国却取得外交上的巨大成功，这些国家纷纷与汉朝建立友好关系。这对后来丝绸之路的开拓有着重大的现实意义。

武帝晚年的家庭悲剧

若单从文治武功上来讲，汉武帝开拓事业的成就，要远超秦始皇。因为他不但尽复秦的旧疆，而其他秦势力达不到的地方，如东北的朝鲜，西方的西羌，西南夷和西域诸国等，也莫不收入版图或夷为藩属，使汉朝领土比秦时大了约一倍。

不过，汉武帝的这种倾海内之力与匈奴等各种力量搏战，以求敬告神明、宣扬威德的做法也造成了很大的负面影响，比如使天下变得骚动不安，百姓生活日益窘迫，等等。

针对这种情况，董仲舒曾建议采取偃甲息兵、轻徭薄赋的措施缓和矛盾。但由于这些建议不符合统治者的眼前利益，故无法实行。

在这种情况下，一些穷极愁苦的农民为了求生存，被迫铤而走险，不断发动武装暴乱，致使西汉王朝一度出现“袭亡秦之迹”的危险局面。

汉武帝开始是派人分区镇压，甚至还颁发了“沈命法”，规定太守以下官吏如果不能及时发觉并镇压起义，便处死罪。结果官吏畏罪惧祸，多隐瞒不报，农民起义愈演愈烈。

幸亏汉武帝很快便认识到，起义就像弹簧，压得越低弹得越高，要想稳定统治、平安无事，必须在政策上进行改变，让农民喘口气，完了该咋的再咋的。

征和四年（前 89），汉武帝断然拒绝桑弘羊等人提出的遣派田卒屯田轮台（今新疆轮台），以威西域的建议，并借机颁布了著名的“轮台罪己诏”，公开承认自己过去兴师不当，表示以后要“禁苛暴，止擅赋，力本农”，把行政重心转移到安定生产上面来。接着，他又封谨厚持重的田千秋为富民侯，以示自己不是在作秀喊口号，确实是为了让百姓得实惠、促发展。

汉武帝晚年，相信方士神巫，偏执多疑，喜怒无常，时常精神恍惚。像他这种人，搁现在即使不送进精神病医院，也得雇俩人寸步不离地看着。但汉武帝是皇帝，他要是不正常，不仅没人敢强迫他，他还能把别人整得不正常。

别人不正常的主要表现为，皇室内部的无底线相互残杀，以及在绝望中使出的荒唐伎俩。在封建专制统治时代，皇亲、贵戚、王子、后妃之间的斗争是同这个制度相始终的，只不过各个时期的内容和形式不同罢了。

汉武帝时期，皇室内部的矛盾斗争集中表现为后妃间的冲突，其形式则为“巫蛊祝诅之祸”。

“巫蛊”和“祝诅”本是流传于民间的巫术，其具体做法是用桐木削制成仇人的形象，然后插以铁针埋入地下，用恶毒语言诅咒，以期能够给对方带来灾祸，甚至死亡（唐僧念的紧箍咒其实也是一种诅咒，只不过能起到立竿见影的效果）。这事在我们今天看来，显然是一种迷信行为，然而在那时，当皇宫上下每个人都相信这玩意儿，性质就不同了——已经由迷信变成了“信仰”——汉代法律严禁“巫蛊祝诅”行为就与此有关。

征和二年（前91），有人举报丞相公孙贺的儿子公孙敬声与阳石公主（武帝女）之间有非同一般的关系，并在汉武帝经过的甘泉宫驰道下暗埋偶人，用恶言诅咒。汉武帝得知后，令人搜查，最后不光把公孙贺父子灭族，连卫子夫的女儿诸邑公主和阳石公主也因受牵连而被处死。

事过之后，汉武帝对“巫蛊”的疑心更大。当时，各地方士和巫师会聚京师，不少女巫往来宫中，有些嫔妃在宫中埋偶人诅咒所嫉妒的仇人，有的则向武帝告发。于是，武帝就将后宫及有牵连的大臣数百名以“巫蛊祝诅”的罪名诛杀，使得“巫蛊之祸”的范围进一步扩大。

熟悉汉武帝的人都知道，他是出了名的风流种，据说他的后宫有美女一万八千人。让人佩服的是，汉武帝在游刃有余地处理国家事务的同时，居然还能做到宁肯三天不吃饭，也不可一日无女人（能三日不食，不能一日无妇人）;更让人佩服的是，在这种情况下，他竟然还能活到七十岁（古代皇帝平均寿命三十九岁）。

钱钟书说：“有鸡鸭的地方，粪多，有年轻女人的地方，笑多。”

后宫是女人扎堆的地方，自然缺不了笑，不过这种笑不是欢乐的笑，而是凄厉的笑。因为所谓三个女人一台戏，多半都是悲剧，尤其是在血雨腥风的皇宫。

在皇宫中，所有人和事都需要围绕着皇帝去转，有些人太靠外了，想往里挤挤，结果在挤的过程中，难免会与别的人发生碰撞或摩擦。如果摩擦得比较厉害，就会产生火花，要是火花不小心点燃一条未知的导火索，则可能会引发一场灾难。

汉武帝时期，由权力摩擦引起的最大灾难是“巫蛊之祸”。由于这起事件直接影响到汉武帝死后继承人的确定，因此在历史上有较大影响。

武帝老婆虽多，儿子却没几个，共有六个：卫子夫生刘据；钩弋夫人生刘弗陵；王夫人生齐怀王刘闳；李姬生燕王刘旦、广陵王刘胥；李夫人生昌邑哀王刘髆 [bó]。其中刘据于元狩元年（前122）被立为太子，如果不出意外的话，汉武帝死后应该由他接班。

据《资治通鉴》记载，太子刘据性格仁恕温谨、敦重好静，与好大喜功、用法严酷的汉武帝有很大不同。刚开始的时候，武帝对刘据的印象很不错，在其成年之后，还特意给他建了一座“博望苑”，让他按照自己的意愿，广交宾客。这使刘据身边聚集了一批人才。

然而随着权力交接的临近，父子由于行政倾向有所不同，心理裂痕越来越明显，政治关系开始发生了微妙变化。在这种特殊政治背景下，具有相当政治敏锐性，又有投机之心且受到汉武帝信任的大臣江充，利用汉武帝父子之间的矛盾，制造了太子宫中的“巫蛊”冤案。

江充敢于拿太子刘据开刀，并非他铁面无私，而是因为他曾经得罪过太子。他害怕刘据即位后和自己秋后算账，就利用汉武帝让他搜查巫蛊之机，通过伪造现场的办法，嫁祸刘据。

刘据此时已当了三十多年的太子，在得知这个消息后，顿感头皮发麻。他觉得这事无法自明，无奈之下，遂与母亲卫后商议，矫诏发兵捕杀江充，并攻入丞相府。丞相刘屈氂 [máo] 侥幸逃脱，连忙向还在甘泉宫度假的汉武帝报告。汉武帝毕竟是经历过大事的人，沉着应对，迅速对刘屈氂下达了围捕太子的命令。

刘屈氂与刘据两兵交战，大战五日，死者数万，最后以后者的失败而告终。不久，刘据在逃亡途中被迫自刎而死，卫后亦自杀。

太子死后，武帝很快就发现江充诬告多有不实之词，可惜为时已晚。

在汉武帝最后几年，他最为宠爱的女人是钩弋夫人，于是钩弋夫人的儿子刘弗陵就顺理成章地被立为太子。

我前面曾讲过，后宫女人除了费尽心思攀爬皇后的高位，还要给自己的儿子打造一个金光闪闪的未来，以便以后能够“母以子贵”，混个太后当当。

然而到了汉武帝这儿，情况发生了变化。

因为他在临死之前，怕重蹈吕后乱政的覆辙，就以“母壮子弱”为借口，把太子刘弗陵的母亲钩弋夫人杀掉。后来，到了北魏时期，当权者又把这个原本是特殊情况下才发生的事情推而广之：立子必杀其母（这就有点变态了）。结果，原本希望生儿子的后妃立马转变观念，祈祷还是生闺女吧。我想这应该是中国古代特定时期唯一重女轻男的地方。

好在这项政策没有被延续下来，到了北魏孝文帝时又被废止，否则真不知有多少人会亲手掐死自己的儿子。

西汉隆盛的顶峰——昭宣中兴

汉昭帝刘弗陵（唐代 / 阎立本）

公元前 87 年，汉武帝死，年仅八岁的幼子刘弗陵即位，是为汉昭帝。根据武帝遗诏，在刘弗陵亲政之前，由大将军霍光、车骑将军金日磾 [mìdī]、左将军上官桀、御史大夫桑弘羊四人共同辅政。

霍光是卫子夫的外甥，名将霍去病的异母兄弟，跟随汉武帝二十余年，以忠谨为武帝赏识。金日磾原是匈奴休屠王太子，没有什么政治野心，在辅政期间甘愿做霍光副手，于昭帝即位的第二年就去世。因此，真正对霍光构成威胁的是上官桀和桑弘羊。

上官桀与霍光本为儿女亲家，关系很不错。昭帝即位后，上官桀通过活动关系，很快使自己的孙女（也是霍光的外孙女）成为昭帝的皇后。加之上官桀早在武帝时期就已位列九卿，地位远高于霍光，所以就有些飘飘然，不太把霍光放在眼里。

后来，随着矛盾的激化，上官桀与燕王刘旦（刘弗陵之兄）、桑弘羊、盖长公主等人结成阴谋集团，企图杀掉霍光，废掉刘弗陵，自立为皇帝。遗憾的是上官桀有当皇帝的心，没当皇帝的命，这事很快被霍光发现了。霍光主动出击，对其进行镇压，盖长公主、刘旦自杀，上官桀被灭族，桑弘羊也被处死。

这样一来，霍光独自辅政，权倾朝野，其儿子、女婿、弟弟纷纷担任要职，霍氏家族势力达到高峰。

在独自辅政期间，霍光大体以汉武帝“轮台罪己诏”为施政方针，轻徭薄赋，与民休息；在对外关系上则与匈奴言和，避免战争，同时又加强边防的巩固。此外，汉武帝时代所开拓的广大疆土，也因朝廷的加意垦殖而日趋富庶。

总之，汉帝国从昭帝起，开始走上了承平之途。

元平元年（前 74），年仅二十一岁的汉昭帝病死，因为他没有儿子，霍光便拥立武帝的孙子刘贺即位。但刘贺荒淫无度，秽乱后宫，在位不到一个月，竟然干了一千多件坏事。霍光见这样下去，用不了多久自己也会被带进沟里，就将他废掉。刘贺被废，皇位空缺，霍光最后把汉武帝太子刘据的孙子刘询迎进宫中。

这便是汉宣帝。

汉宣帝刘询运气不好，他刚出生几个月就赶上“巫蛊”大案，在襁褓中被牵连入狱。幸亏他受到有关官员的怜护，被安置由女犯乳养，后来遭逢大赦，释放出狱，并恢复了皇族的身份。从这点来看，他的运气似乎又不差。

刘询幼年得到了应有的教育，在研习《诗》《书》之余，比较向往豪迈奔放的游侠生活。他经常往来于长安市井之间，在基层与平民少年一同斗鸡走马，熟悉贵族阶层难以知晓的下层社会生活，使他在一定程度上体察到民间疾苦，并具有了一般皇族子弟不可能具有的政治素养。因此,在汉宣帝统治期间,他能够做到赏罚分明，“吏安其职，民安其业”，并非偶然。

汉宣帝十九岁即位，起初委政于霍光。霍光死后，他开始亲政，将不少精力放在了整顿吏治、加强皇权上面，陆续把霍家实权人物调任外官或贬损其权力。很快，汉宣帝的这些举动使霍家集团惶恐不安，于是铤而走险，发动叛乱。

面对叛乱，汉宣帝丝毫没有慌乱，表现出一个杰出帝王的高素质。很快，他凭借着自己打小锻炼出的沉毅和果敢，迅速将叛乱平息下去，扫清了政治上的最后障碍，确立了自己的绝对统治。

汉宣帝在位二十五年，执政期间，他勤政事、明刑赏、严吏治、敦教化，可以说做了一个好皇帝应该做的所有事。

我前面曾经讲过，汉武帝为了加强皇权，特意打破以功臣列侯及其子嗣独占相位的局面，任用布衣出身的公孙弘为丞相。这虽然是进步，不过汉武帝终其一生都对丞相持有猜忌，他在位五十四年间，换丞相比换衣服还频繁，前后共任用十二人，其中除四人在任上正常死亡外，有三人被免职，两人畏罪自杀，三人被下狱处死。而汉宣帝改变了这一现状，他坚持疑人不用，用人不疑的原则，对丞相委以国政，亲密无间，只要你不犯原则性错误（比如造反），一般不会轻易更换。所以，汉宣帝时期政治人才辈出，像著名的贤相魏相、丙吉，几乎可以与汉初的萧何、曹参媲美。

除了丞相，宣帝时代的大将也不少，比较著名的有赵充国、辛庆忌、常惠、郑吉等人。宣帝一朝对外的三件大事，大都是由他们完成的。一是赵充国以屯田制敌的方式讨平西羌；二是在今新疆地区设立西域都护府；三是在历史上曾煊赫二百年、以强悍不屈著称的匈奴，由于外受汉军夹攻，内有天灾政变，匈奴单于呼韩邪不得不入朝觐见。

呼韩邪的觐见，使汉帝国的隆盛达到了顶峰，当时著名的经学家和文学家刘向曾赞誉这一时期“政教明,法令行,边境安,四夷清,单于款塞,天下殷富,百姓康乐”,认为汉宣帝所创造的治世，要超过汉文帝时代。

事实也确实如此，因为随着匈奴巨患的解决，到西汉末年，北方呈现了六十余年“边城晏闭，牛马布野，三世无犬吠之警，黎庶亡干戈之役”的盛况。

但是宣帝在政治上也有一些不足之处，比如重用外戚和宦官，比如在最后关键时刻把皇位传给了极端尊崇儒学，却懦弱无能的儿子——刘奭。所有的这些，都为西汉由盛转衰，由安定转向动荡埋下了伏笔。

爷俩看谁更不靠谱

黄龙元年（前 49）十二月，四十四岁的汉宣帝死于未央宫，接替帝位的是二十七岁的太子刘奭，即汉元帝。

汉元帝“仁柔好儒”，以前当太子的时候就对宣帝用严刑镇压维护统治的办法不以为然，结果被老爹痛斥了一顿。现在他当上了皇帝，终于可以按照自己的意愿施政了。他打破以前软硬兼施的政治路线，实行春风化雨般的怀柔政策，放弃了汉初以来迁徙关东豪强以充实关中陵寝地区的制度，使地方豪强和宗法家族势力急剧膨胀。

元帝在生活上号称“恭俭”，然而后宫的嫔妃却多得数不清，以至于必须通过画像才能临幸她们。当时元帝的画师是毛延寿，嫔妃们为了能接触到皇帝，纷纷向他行贿。毛延寿看到其中商机，便将送钱的画成写真照，不送钱的画成抽象照。有个名叫王昭君的宫女不愿随波逐流，坚持不肯行贿，就始终没机会和元帝照面。

公元前 33 年，匈奴单于呼韩邪向汉朝求婚，元帝不愿挑皇亲国戚的女儿去北方吃沙子，就贴出告示征集志愿者。王昭君不甘心做个白头宫女，心想去匈奴那儿当第一夫人也不错，就毛遂自荐出塞嫁给了呼韩邪单于。

当时呼韩邪差不多已是奔七十岁的人了，和王昭君结婚后，没过几年日子便翘辫子了。这事要是在中原，王昭君即使不想当寡妇恐怕也没人敢要。但是匈奴实行的是收继婚制，所以呼韩邪一死，他的儿子就把王昭君给娶了。后来，呼韩邪的儿子死后，他的孙子也要娶王昭君，亏得没有成真，否则这段历史就太重口味了。

王昭君在匈奴共生育一男二女，其子女为汉匈之间的和平也都做出了贡献。著名史学家翦伯赞为此曾写过一首诗称赞王昭君，说“汉武雄图载史篇，长城万里遍烽烟。何如一曲琵琶好，鸣镝无声五十年”，意思是汉武帝打了那么多年的仗，还

明妃出塞（明代 / 仇英）

王昭君，名嫱 [qiáng]，字昭君，西汉南郡秭归（今属湖北）人，与貂蝉、西施、杨玉环并称中国古代四大美女。晋朝时为避司马昭讳，改称她为“明妃”。

不如王昭君出塞一曲琵琶好使。其实并不全是这样，因为王昭君之前汉朝也没少送宫女与匈奴和亲，也没见管什么用。而这次之所以管用，主要是由于匈奴已经被打服了，所以，这个和平说到底还是建立在军事胜利的基础上。

汉元帝死后，他的儿子刘骜即位，是为汉成帝。汉成帝比他爹更不靠谱，经常在上班时间跑到长安街巷斗鸡走马，胡作非为，使得公卿百官无法正常向他汇报工作。

除了工作不着调，汉成帝在荒淫奢侈方面也是独具特色，他即位后的第一件事不是大赦天下，讨好百姓，而是下诏征集良家女子以充后宫。在后宫中，皇后赵飞燕舞技绝妙，可以说集万千宠爱于一身，于是，成帝特意给她营建了一座昭阳舍，用大量的黄金、白玉、珠玑 [jī] 做装饰，极尽奢华。而成帝为了让自己死后也能像活着一样舒坦，他还不惜废弃已经建造十年、耗资巨万的延陵，另建昌陵于戏亭。

皇帝耽于声色犬马，势必会给亲近宦官和外戚提供弄权专朝的机会。元帝时，宦官石显干朝乱政，结果导致百官相互倾轧。成帝时，他的舅舅王凤（元帝皇后王政君兄）以“大司马大将军领尚书事”的名义辅政，广收人才，奠定了此后王家不可动摇的政治势力。王凤死后，他的几个弟弟王音、王商、王根及侄儿王莽先后以大司马等官衔辅政，其声势犹如旭日中天，让人不可直视。

自此，西汉王朝的根基彻底腐烂，只待有人飞踹一脚，它便应声而倒。

王莽：假皇帝，真皇帝

王莽是汉元帝皇后王政君的侄子。王政君是汉成帝的生母。成帝时，王家一门十侯、五大司马，声势显赫，朝内及州郡守卫，多出其门下。虽然王莽出身豪门，但他的父亲王曼命短，还未及封侯便已死去，故王莽与其他叔伯兄弟相比，属于相对无权无势的一个“另类”。

不过，正是由于这种特殊境遇，王莽一方面能够混迹于统治阶级最高层，另一方面又比一般纨绔子弟更加懂得权势的重要，以及用何种手段取得权势。为此，先天条件不足的王莽为了改变自己的命运，很早就认识到长知识、学文化的重要性。据史料记载，王莽酷好儒术，平时衣着打扮也如儒生，不知道的人绝对不会把他和贵族联系到一块儿。

阳朔三年（前 22）秋，大司马王凤死前，将颇受他赏识的王莽推荐给妹妹王政君和外甥汉成帝，于是二十四岁的王莽以黄门郎身份进入了仕途。

踏入政治舞台后，王莽低调做人，高调做事，很快就博得叔伯及皇帝的欢心。永始元年（前 16），王政君为了奖赏王莽的表现，特意追封王曼为新都哀侯，三十岁的王莽嗣爵，并升迁为骑都尉、光禄大夫、侍中（内朝宿卫天子的近臣）。

然而，王莽爵位愈尊，节操愈谨，他甚至不惜谦恭下士，广施财物，以致家无余资。但是他的这些付出却为他赢得了如潮的赞誉，当时在朝的名公将相和卿大夫全都争相推荐他。王莽的名声逐渐超过他的那些叔伯们。

绥和元年（前 8），王莽出任大司马，年仅三十八岁。第二年，汉成帝死，无子，就由他的侄儿刘欣即位，是为汉哀帝。哀帝的祖母傅太后多谋擅权，喜欢过问政事，与王莽不和。结果，王莽被开除公职，逐出朝廷，后回到南阳新都的封国。此后，汉中央朝廷由外戚傅氏和丁氏（哀帝母家）把持，王家遭到暂时的顿挫。

汉哀帝本是个很有抱负的领导，年轻时熟读经书、文辞博敏，深受家长和老师的喜爱。更为难得的是，他还是个不好声色的君主。

但你别高兴太早，汉哀帝不好声色，是因为他是个地地道道的同性恋者。他所宠信的男宠名叫董贤，是御史董恭的儿子。据《汉书·董贤传》记载，汉哀帝与董贤不仅出入同车，而且同床共枕。一次俩人睡觉，汉哀帝早醒，发现自己的衣袖被仍在熟睡的董贤压着。他为了不惊醒对方，拔剑一挥，居然将袖子斩断。后来“断袖之癖”在古代就被隐喻为男同性恋。

但是董贤这个人，除了贪婪和谄媚，没啥本事。哀帝对此似乎不以为意，不但提拔他为“大司马卫将军”，还给他建造了一栋与皇宫类似的宫殿，并将御用品中最好的送给董贤，自己用次品。有一次汉哀帝还曾半开玩笑地对董贤说，想效仿帝尧把王位禅让给舜的做法，把皇位也传给董贤——这种不要江山要美男的做法着实把旁边的大臣吓了一跳。

遗憾的是哀帝身体不好，又不掌权，否则汉朝葬送在这样一个人手里，也算填补了古今历史的一项空白。哀帝不靠谱，傅氏和丁氏又都骄奢庸妄，所以越来越多的人都希望王莽能回来继续掌权。

而此时的王莽虽然远离朝廷，却在民间声誉日隆，如有一次他的儿子王获杀了一名奴婢，按照当时的法律以及王氏家族的声威，这种事情花点钱就能摆平，但是王莽矫情干誉，居然逼迫王获自杀偿命。他的这一举动引起了极大的正面效应，很多吏民都为他被免职抱不平，有的甚至把肉麻赞誉写出来上书给皇帝，让朝廷的人跟着一块儿肉麻。

王莽的这些作秀举动很快有了结果，元寿元年（前 2），周护、宋崇等人趁着发生日食的机会，在皇帝面前替王莽鼓吹。哀帝于是把他从封地召回京师，陪侍王政君（此时的身份是太皇太后）。

第二年，哀帝死，傅、丁两位太后也已先死，王政君又成为宫廷的主人。她立即恢复王莽大司马的职位，并由王莽选定一位九岁的宗室中山王刘箕子（元帝孙）继任为皇帝，也就是汉平帝（即位后改名刘衎 [kàn]）。

王莽重掌大权，知道不能继续做老好人了，便开始积极培植党羽，铲除异己。他首先将成帝赵皇后和哀帝傅皇后废为庶人，逼她们自杀，然后又下令禁止平帝的母亲卫氏进京，以便彻底根绝与王氏外戚为敌的其他外戚集团崛起的可能。令人感到惊悚的是，王莽在加强自己权力的时候，可以说做到了“六亲不认、一视同仁”。他的嫡长子王宇因为帮助过卫氏集团，被王莽知悉，居然也被处死，连怀孕的儿媳亦在产子后被杀。

不过，随着平帝的懂事，他开始对王莽专权，禁止母亲来京，以及放逐和杀戮自己亲戚等做法表现不满。王莽见平帝对自己的政令持抗拒之心，知道这样一直拖延下去，将会使自己越来越被动。于是他心一狠，想，我连自己的儿子都杀了，你一小毛孩，不过是我手里的一枚棋子，丢掉了我还下不了棋不成？结果，平帝的反莽行动还未实施，就被王莽毒死了。

平帝死后，王莽表示“深切哀悼”，大赦天下，下令官吏凡年薪六百石以上者，皆服丧三年。接着，他又从刘氏宗族中扒拉出一个只有两岁的孩童刘婴（宣帝玄孙）拥立为皇太子，号曰孺子婴，改年号为居摄，继续执政。

婴儿果然比叛逆少年容易控制，王莽拥立孺子婴不久，便效仿西周初年周公辅佐成王的做法，以摄政名义居天子之位，朝会时称“假皇帝”，臣民称“摄皇帝”，并将公元 6 年定为居摄元年。

“假皇帝”和“摄皇帝”都是代理皇帝的意思，但事实上，他这个代理皇帝比真皇帝还要拉风，孺子婴不过是他手中的提线木偶罢了。

王莽的这一举动，自然引起不少“粉丝”的拥护，可也有很多人反对，像时任东郡太守的翟义就看出了王莽的野心，第一个起兵表示反对。这次起义的规模很大，人数最多的时候有十万之众，一度震动长安，可惜很快被镇压。事态平息后，王莽心想，既然你们反对我当这个“假皇帝”，那我成为真皇帝不就得了。

于是，他把居摄三年（8）改为初始元年，之后五十三岁的王莽自立为帝，国号为“新”，“假皇帝”终于转正成了“真皇帝”。

有一种改制叫折腾

王莽即位后，做的第一件事就是将那个还在穿开裆裤的孺子婴逐出皇宫，封为安定公。在这个过程中，王莽为了体现当皇帝“非己所愿”，便握住孺子婴的小手，流涕唏嘘，摆出一副无可奈何的样子说:“我本想以周公为楷模，辅佐你到亲政为止，奈何天命不可违，上天一定要我代汉而治天下，因此，只好委屈一下你的小屁股给我腾个位出来。”

关于王莽篡汉，我不想多说，更不想用“伪君子”这样颇有侮辱性的词汇去描绘他，因为在中国历史上，王朝更替不过是一个复制粘贴的过程，无所谓对和错。另外，在王莽生活的时代，我们熟知的王朝制度还没有定型为传统。一个朝代做不好，就由另外一个朝代取代，在大家眼里是最正常不过的事情了。我前文论述的“五德终始说”，其实就是改朝换代的理论基础。汉武帝比较信这个，只是他想通过换年号的办法来避免换朝代，所以他每隔几年就换一个年号。

基于上面的原因，我想来想去，决定还是再借柏杨老爷子的话来表达一下我的看法：

> 中国历史有一个现象，每一次政权转移，都要发生一次改朝换代型的大混战，野心家或英雄们各自握有武力，互相争夺吞噬，最后剩下的那一个，即成

为儒家学派所称颂为“得国最正”的圣君，在血海中建立他的政权。王莽打破这种惯例，他跟战国时代齐国的田和一样，用和平的方法接收政权，同时也创造了一个权臣夺取宝座的程式，以后很多王朝建立，都照本宣科。西汉王朝在平静中消失，新王朝在平静中诞生，两大王朝交接之际，没有流血。

王莽是儒家学派的巨子，以一个学者建立一个庞大的帝国，中国历史上仅此一次。他夺取政权的目的与刘邦不同，刘邦之类只是为了当帝当王，满足私欲。王莽则有他的政治抱负，他要获得更大权力，使他能够把儒家学说在政治上一一实践，缔造一个理想的快乐世界。他认为古代社会中，人人平等，可是到了后来，互相争夺，遂发生不平等现象。富人有很多土地，穷人则一无所有。男子沦为奴隶，女子沦为婢女。幸而仍保持自由的，父子夫妇，终年辛苦耕种，却不能吃饱。

于是，为了改变这种不公平，也为了巩固自己的政权，王莽在“新朝”成立后，用他所崇奉的儒家经典，打造出了一套上到国家的宗庙社稷、宫室、封国、刑罚、礼仪、车服等仪制，下到人民的养生、嫁娶、奴婢、田宅、器械等品级的全新制度，以便建立一个完美无缺的太平盛世。

王莽的众多改制，主要体现在土地、货币和制度上。

王莽认为，西汉之所以衰败，很大程度是井田制的瓦解和土地买卖造成的，因此他规定：天下的土地全都改称王田；天下的奴婢一律改称私属，不准进行买卖；男口不足八人而土地超过一井（九百亩）的人家，要把多出的土地分给九族、邻里、乡党；无田者按一夫百亩的制度受田。违令者重罚。

在币制改革方面，王莽前后共进行了四次。居摄二年（7），王莽加铸错刀、契刀、大钱等三种钱币，规定错刀一值五千，契刀一值五百，大钱一值五十，与五铢钱同时流通。两年后，王莽又进行货币改革，废除错刀及五铢钱，另外发行“宝货”，计有五物（钱、金银、龟、贝、布）六名（钱货、金货、银货、龟货、贝货、布货）共二十八品。

由于货币种类太多，换算困难，流通不便，百姓对新币根本不买账，都私用五铢钱。王莽不愿认输，采取一连串的压制手段，如实行五家连坐的盗铸法，规定凡违反者一律没为官奴婢，铁索系颈，罚做苦役。不过随着人民越来越密集的反抗，王莽很快就有点招架不住，最后迫于无奈，只得于天凤元年（14）重新发行“货布”“货泉”两种新币，将其余旧币全部废掉。

很显然，王莽的币制改革，不但没有达到预期效果，反而引起经济混乱，加速了新朝财政的崩溃和人民的破产。

制度改革方面，主要体现在官制和政区的改易。

据说王莽好鬼神，比较信符命，凡事都要在圣王事迹和儒学经典中找到根据才能睡踏实。比如在官制上，他把大司农改称为羲和、纳言，把少府改称为共工，把太守改称为大尹，把县令改称为宰，等等。这些改易其实只是名称上的变化，你以前干啥现在还是干啥。

而在政区改革上，王莽则将汉的 13 州改为 9 州，并增设了 22 个郡、615 个县。郡县增加了，管理起来自然会麻烦，可王莽不仅不怕麻烦，他还将郡县的名称进行了更改。据《汉书·王莽传》记载，有些地名反复变更，多的能达到四五次，有的改来改去最后居然又改回来了。地名频繁变化，使得官民不能明辨，每次上头颁布诏书涉及地方政策时，不得不在新地名之后加注原来的地名。

王莽是一位理想主义学者，也是一位经济思想家，但不是一个政治家。政治家永不会认为自己比任何人都聪明，王莽却恰恰相反，因此他不能容纳与他意见相异的建议，而固执地坚持自己的见解高人一等。

这样做的结果是，几乎所有的政务都压在了他一个人身上，以至于他每天都过着“别人下班他上班，别人上班他加班”的日子也无法处理完案头的公文，最后导致刑罚案件累年不能判决，官吏调派三年不能交代，百务为之壅滞。

尽管王莽很勤政，局势却一直朝着坏的方向发展，慢慢到了不可收拾的地步。为了挽回威信，拯救危亡，王莽一面继续玩弄符命的把戏，欺骗人民；一面转移国内的矛盾，发动对匈奴和对东北、西南边境各族的不义战争，使四面告急，物价飞涨。

简而言之，百姓在赋税、徭役、战争、刑罚的多重打击下，除了造反，已经没有第二条路可走了。

一场酝酿已久的全国性农民大起义，就这样爆发了。

绿林、赤眉起义与东汉建立

王莽本想通过改制挽救封建统治危机，但他没想到最后却引发了大规模农民起义。究其原因，主要在于他的盲目复古思想作祟。在这种思想的操纵下，王莽脚步向前，眼睛却朝后看，最终他累垮了自己，同时也逼死了百姓。

始建国三年（11），并州等北方边郡首先爆发了小股农民与士兵的暴动，拉开了反抗王莽政权的序幕。天凤四年（17），荆州一带发生饥荒，不少人跑入山泽靠挖野荸荠 [bíqi] 为生，新市（今湖北京山）人王匡、王凤帮饥民排难解纷，赚得不少威信，被推为领袖。这帮人以绿林山（今湖北大洪山）为根据地，举起反抗大旗，因而被称为“绿林军”。

绿林军发展很快，数月内就由几百人发展到七八千人。刚开始，他们并没有攻城略地的打算，只盼年成好转，能够继续回家刨地种田。但是，当地政府却把绿林军列入黑名单，欲除之而后快。地皇二年（21），荆州牧派两万大军前去征剿，绿林军出山迎击，大获全胜，转眼队伍就发展到五万之众。

第二年，绿林山发生瘟疫，起义将士死者近半，绿林军被迫分兵转移，一支由王匡、王凤率领，北入南阳，称“新市兵”；一支由王常、成丹率领，向西进入南郡，称“下江兵”。七月，新市兵进攻随县，得到平林人陈牧和廖湛领导的“平林兵”响应，队伍迅速壮大。

不久，西汉宗室刘玄也加入了平林兵。

当王匡等人在绿林山举旗造反的时候，还有一支农民起义军在东方突起，这就是赤眉军。赤眉军由琅玡（今山东诸城）人樊崇领导，于天凤五年（18）在莒县起兵。最开始起义军只有一百多人，但这时正是造反的旺季，队伍很快就发展到了数万人。

如此庞大的造反人员每天在社会上晃荡，很快引起了中央的注意，地皇三年（22）四月，王莽派自己的侄子太师王匡和更始将军廉丹率十万大军征讨樊崇。

由于当时无论是政府军还是起义军，都是由贫民组成的，各自没有统一的着装，打起仗来经常分不清敌我，所以樊崇就让每个起义兵把眉毛涂成红色，以便与官兵相区别。因此，樊崇的军队亦被称为“赤眉军”。

赤眉军不仅眉毛红，打起仗来眼睛也红，几个回合下来，便将王莽派的军队击败。接着，赤眉军又乘胜四处征战，部众很快达到了十万余，取得了东方战场的主动权。

而在农民起义风起云涌之际，刘姓贵族也乘机举兵反莽。

地皇三年（22），南阳大地主，西汉宗室刘縯 [yǎn]、刘秀兄弟以汉室“再受命”为思想根据，以“复高祖之业”为口号，联络附近各县地主组建了一支名叫“舂 [chōng] 陵军”的军队。这支军队人数虽然不多，但根正苗红，特别会做宣传工作。于是，在他们的煽动下，社会上很快就形成了一股人心思汉的思潮。

但是，打仗光靠口号还不行，还得看实力。不久，由于舂陵军与王莽军在交战中接连失利，只好从单干转向与新市兵、平林兵联合。地皇四年（23），已经发展到十余万人的绿林军为求统一指挥，协同作战，在淯 [yù] 阳（在今河南南阳境内）拥立刘玄为皇帝，恢复“汉”的国号，年号更始，史称更始政权。

更始政权建立后，绿林军分路出击，一路由刘縯率领进攻南阳，一路由王凤、刘秀率领北上。其中北路军战果辉煌，连续攻下昆阳（今河南叶县）、郾城、定陵（今河南舞阳）等地。王莽见事态严重，连忙派司徒王寻、大司空王邑征调士兵四十二万，号称百万，向绿林军反扑过来。

同年六月，王莽军队包围了昆阳，将八九千绿林军困于城内。如果按照实力对比，王莽军几乎五十倍于起义军，别说打了，就是吓也能把对方吓个半死。正是因为优势太大，王寻、王邑决定采用猫捉老鼠的游戏，把绿林军给玩死。但刘秀并不认输，他力主王凤、王常等义军领袖坚守昆阳，自己则带着十三轻骑乘夜突围，到定陵、郾城去搬救兵。

最后，各地共派出三千援兵，虽然很少，但个个都像打了鸡血，斗志昂扬。这些人在刘秀的带领下，以大无畏的精神向敌人发起猛冲。王凤等人一看救兵来了，知道机会稍纵即逝，赶紧乘势冲出，与刘秀军队形成一个内外夹攻之势。结果莽军大乱，自相践踏，死者不计其数，主帅王寻毙命，王邑则率残卒数千人逃返洛阳。

昆阳之战是中国军事史上以少胜多的著名战役，这场战役使得王莽主力损失殆尽，双方的力量对比自此发生了根本性变化。

然而，随着形势的好转，起义军集团内部的矛盾却越来越激化。不久，更始帝刘玄在张卯等人的支持下，用计杀死了刘縯。刘秀当时羽翼未丰，无法与刘玄相抗，只得采取暂时隐忍的策略，不言昆阳之功，不为刘縯服丧，最后受封为大将军，持节到黄河以北镇抚州县。

地皇四年（23），以刘玄为首的绿林军开始向王莽展开大规模的攻势。九月，更始军攻入长安，城中也发生暴动，结果王莽被杀于未央宫的渐台，时年六十八岁。

可叹王莽年少得志，只因一念之差，弄得身败名裂，死无葬身之地。不过他的一生虽然光怪陆离，却也极不平凡，他是现实政治的失败者，也是复古思想的殉道人。在他之后，汉儒变法禅贤的政治理论从此消失，逐渐变为帝王万世一统的思想，这应该是中国政治思想演进过程中，一段最具借鉴作用的悲剧。

新朝覆灭后，更始帝进驻长安，开始了他的荒淫腐化生活，由于无心理政，日夜与美女饮宴后庭，群臣请求上奏言事，他往往醉而不能见。而此时的刘秀，则在他的辖区内，实行安抚宽惠的政策，深得民心，势力日渐增长。更始帝疑忌不安，想把他薅 [hāo] 回京城，但刘秀此时已经怀有政治野心，自然不肯从命。

更始三年（25）六月，刘秀在鄗 [hào] 县（今河北柏乡）称帝，国号为汉，年号建武。十月，刘秀定都洛阳，史称东汉。

（未完，欢迎阅读《鬼脸历史课 2 · 东汉至隋唐》）

阅读链接

秦汉时期一夫一妻制是主流，当然，这主要是针对民间。贵族盛行多妻，除主妻外，还有小妻、旁妻妾等。汉代流行早婚，你像汉昭帝十二岁结婚，上官皇后比他还要小，只有六岁。但一般来说，男子十五六岁要是还娶不到老婆，就应该被列入老光棍的行列了，同理，女的要是十三四岁嫁不出去，也应该被列为剩女。

董仲舒根据天道“阳尊阴卑”的原则，提出了大家熟悉的“三纲五常”的伦理道德观念。所谓三纲，指的是君为臣纲，父为子纲，夫为妻纲；所谓五常，指的是仁、义、礼、智、信。在董仲舒的理论体系中，这些道德观念是符合天意的，由于天是不可变的，因此“三纲五常”也是永恒不变的。

大家每天吃的盐其实有很多种，这些种类在汉代就已形成。海盐产于东部滨海地区，用锅盆煎或者在海滩上晒干海水而成，产量最多，供给的人口也最多；池盐产于今山西、宁夏一带，靠的是“引水种盐”，主要解决的是边疆人民吃盐的问题；井盐产于今四川、云南一带，方法是凿井取卤，然后煎煮而成，主要供当地食用。正是因为盐是生活必需品，所以汉武帝才看出这里面的商机，实行垄断专卖。

西汉中期以后，铁的生产量猛增，技术迅速发展，质量显著提高。铁的品种有生铁、熟铁和含碳量不同的钢等。当时用反复折叠捶打方法制造的刀剑用钢，被后世誉为“百炼钢”，而用生铁“炒”成钢的新工艺被称为“炒钢法”，这是炼钢技术的重大进步。

汉武帝时开龙首渠，水工们发明井渠之法，它对后来新疆地区开凿坎儿井有很大启发。西汉农学家氾胜之总结农业生产经验，撰成农书18篇，史称《氾胜之十八篇》。《氾胜之书》一名始见《隋书·经籍志》，后为该书通称。汉代农书基本上都散失了，经19世纪前半期洪颐煊、宋葆淳、马国翰，以及20世纪50年代石声汉、万国鼎等先生的辑佚之后，得到了约3700字，这就是今天所见到的《氾胜之书》。

《黄帝内经》是我国现存最早的医学典籍，其成书时间大约从春秋战国至两汉之间，是秦汉以前医学临床试验的经验总结，包括《素问》和《灵枢》两部分。它的问世，开创了中医学独特的理论体系，同时也标志着祖国医学由单纯积累经验的阶段发展到了系统的理论总结阶段。

在汉代，牛是真正的国家一级保护动物，根据汉初法律规定，杀牛、盗牛者将被严判。当然，与今天不同的是，汉代保护动物不是为了圈起来收门票赚钱，而是为了让牛干活。汉武帝时牛耕在黄河流域盛行，后来逐步推广到长江流域、珠江流域。这么多地方推行了牛耕，没有牛怎么能行？

“衣食住行”中穿衣排在第一位，可见其重要性。在汉代，纺织业在手工业中，无论是规模还是品种，都属于巨无霸部门，像当时的长安、临淄、成都、襄邑都是著名的纺织业城市，而成都产的蜀锦和临淄产的临淄锦更是畅销全国的名牌产品。长沙马王堆汉墓曾出土了大量的纺织品，可以反映出当时纺织技术的高水平，其中有一件素纱禅[dān]衣，衣长128厘米，通袖长190厘米，重量却不到一两，简直可以和今天的尼龙纱媲美。

西汉农耕技术的另一项重大发明是耧播技术。汉武帝时赵过发明了耧车，一人一牛，挽耧下种，同时进行，一天可以播种一顷。这是当时最先进的畜力播种机，一次可以完成开沟、下种、覆土等工序。耧播下种，深浅一致，出苗整齐，行距均匀，通风好，光线足，非常利于作物生长。

附：

西汉年表

包括王莽（9—23）和更始帝（23—25）

称呼	年数	时间	称呼	年数	时间	称呼	年数	时间
高帝（刘邦）	12	前206		征和4	前92		河平4	前28
惠帝（刘盈）	7	前194		后元2	前88		阳朔4	前24
高后（吕雉）	8	前187	昭帝（刘弗陵）	始元7	前86		鸿嘉4	前20
文帝（刘恒）	16	前179		元凤6	前80		永始4	前16
	（后元）7	前163		元平1	前74		元延4	前12
景帝（刘启）	7	前156	宣帝（刘询）	本始4	前73		绥和2	前8
	（中元）6	前149		地节4	前69	哀帝（刘欣）	建平4	前6
	（后元）3	前143		元康5	前65		元寿2	前2
武帝（刘彻）	建元6	前140		神爵4	前61	平帝（刘衎）	元始5	公元1
	元光6	前134		五凤4	前57			
	元朔6	前128		甘露4	前53	孺子婴（王莽摄政）	居摄3	6
	元狩6	前122		黄龙1	前49		初始1	8
	元鼎6	前116	元帝（刘奭）	初元5	前48	[新]王莽	始建国5	9
	元封6	前110		永光5	前43		天凤6	14
	太初4	前104		建昭5	前38		地皇4	20
	天汉4	前100		竟宁1	前33	更始帝（刘玄）	更始3	23
	太始4	前96	成帝（刘骜）	建始4	前32			

注：“后元”“中元”之所以加括号，是因为这并不是真正的年号，而是后世历史学家加上去的，年号的发明者是汉武帝刘彻。

参考书目

《资治通鉴》，司马光编著，中华书局，2009 年版。

《史记》，司马迁著，中华书局，2009 年版。

《中国人史纲》，柏杨著，山西人民出版社，2008 年版。

《赫逊河畔谈中国历史》，黄仁宇著，生活·读书·新知三联书店，1997 年版。

《中国大历史》，黄仁宇著，生活·读书·新知三联书店，2007 年版。

《白话本国史》，吕思勉著，中国友谊出版公司，2009 年版。

《吕著中国通史》，吕思勉著，华东师范大学出版社，2005 年版。

《国史大纲》，钱穆著，商务印书馆，2010 年版。

《中国史纲》，张荫麟著，中华书局，2009 年版。

《先秦政治思想史》，梁启超著，岳麓书社，2010 年版。

《先秦史》，吕思勉著，上海古籍出版社，2005 年版。

《先秦史》，萧璠著，九州出版社，2009 年版。

《先秦史十讲》，徐中舒著，中华书局，2009 年版。

《中华远古史》，王玉哲著，上海人民出版社，2003 年版。

《殷商史》，胡厚宣、胡振宇著，上海人民出版社，2003 年版。

《西周史》，杨宽著，上海人民出版社，2003 年版。

《春秋左传注》，杨伯峻编著，中华书局，2009 年版。

《春秋史》，顾德融、朱顺龙著，上海人民出版社，2003 年版。

《春秋史》，童书业著，上海古籍出版社，2010 年版。

《战国策》，缪文远、缪伟、罗永莲译注，中华书局，2012 年版。

《战国史》，杨宽著，上海人民出版社，2003 年版。

《汉书》，班固撰，中华书局，2007 年版。

《剑桥中国秦汉史：公元前 221—公元 220 年》，[英]崔瑞德、[英]鲁惟一编，杨品泉等译，中国社会科学出版社，1992 年版。

《秦汉史十五讲》，翦伯赞著，中华书局，2012 年版。

《细说秦汉》，黎东方著，陈文豪整理，王子今补编，上海人民出版社，2002 年版。

《秦汉史》，林剑鸣著，上海人民出版社，2003 年版。

《秦汉史》，吕思勉著，上海古籍出版社，2005 年版。

《秦汉史》，钱穆著，生活·读书·新知三联书店，2005 年版。

《秦汉史》，邹纪万著，九州出版社，2009 年版。